国家社会科学规划基金项目资助
项目批准号：15BYY011
项目名称：基于ERPs的中国高校学生口译增效策略研究
成果名称：认知口译学(Cognitive Interpreting Studies)

# 认知口译学

康志峰　著

复旦大学出版社

# 内 容 简 介

《认知口译学》以口译认知心理学为理据,以高校口译学生译员为研究对象,从历时的视角对国内外口译认知研究做了回顾。按照国家人文社会科学研究项目"基于ERPs的中国高校学生口译增效策略研究"(批准号15BYY011)的研究计划,本研究在认知口译学的概念、理论、研究方法、双语加工、口译行为的ERPs证据、认知记忆基础理论、多模态双语记忆、情感因素以及认知口译的发展取向等方面做了较为深入的研究。在系列研究中,本书对高校学生译员五个维度的实证研究更为凸显:1)对冲突适应独立于意识:来自口译行为和ERPs的证据研究;2)不同情绪背景下口译来源记忆的ERPs研究;3)口译中的工作记忆和长时记忆共享信息表征的ERPs证据研究;4)基于ERPs的研究:认知灵活性对非熟练双语者语言转换的影响;5)口译情境模型中时空维度更新与语码转换的相互影响研究。本书走在口译研究的学术前沿,提出了口译认知教育的崭新理念,理论与实践结合,学术思想鲜明。书中以新的方法论和ERPs的口译研究为契合点,把这些理论应用到口译实践中去,不仅丰富了口译认知心理学理论体系,还推动了口译教学理论和认知心理学理论的发展。在这种新思路的指导下,作者以学生译员为中心,以提高学生译员的口译能力为目的,对其做了大量的实证研究,探究口译增效策略,凸显了其对学生译员在口译操作中的应用价值。本书独到的学术价值对口译实践和口译教学都会产生积极的理论指导意义。

# 序

农历戊戌年八月刚刚过去,就收到了复旦大学外文学院康志峰教授的来文,邀约我为他刚完成的新作《认知口译学》写序,我看完书稿之后,倍感欣慰。

《认知口译学》为口译新论,全书共分9章,30多万字。具体内容分布如下:

第一章　绪论
第二章　认知口译学理论
第三章　认知口译学研究方法论
第四章　人脑与口译认知功能
第五章　多模态双语记忆研究
第六章　口译认知的元情绪研究
第七章　口译行为的ERPs实证研究
第八章　口译行为的眼动实证研究
第九章　口译认知研究对策与展望

从上述9章的目录中,读者可以清楚地看到该书的扼要内容。但是,我们还是会很自然地向作者提出问题:全书"新"在何处、"论"又有何特点呢?笔者认为,该书是一部具有创新思维的专著,学术特点鲜明,很值得翻译学术界来共同探讨。

首先,这是继作者的《认知心理视阈下的口译研究》和《口译认知心理学》之后的新发展。

大家都知道，这并不是康志峰教授第一次发表口译著述。早在他还是副教授的时候，就已经在全国一些核心刊物上发表了许多谈及口译研究的论文。2012年10月，国家重点出版社公开出版了他谈口译与认知心理跨学科研究的专著《认知心理视阈下的口译研究》，该书对口译与认知心理跨学科的学术内容进行了深入探讨，受到了同行学者和广大读者的青睐。但是，作者在该书中尚未提出"认知口译学"这一学科概念，也未提及其发展方向和发展目标。可见，作者对认知口译学的研究是逐步深入和不断前进的。也就是说，作者现在的专著《认知口译学》里明显是有"新论"的了。

其次，作者长期坚持口译研究，当下提出"认知口译学"概念，极富时代意义。

由于国内外口译研究的不断深入，口译与认知心理跨学科研究成为我们口译研究的一种新趋势。在这种趋势中，志峰教授的口译研究，已走在国际口译研究的前沿，这也是学术界同行学者所认可的。志峰教授在翻译传译认知国际会议上多次做主旨发言，其发言的学术水平得到国内外专家的充分肯定。"认知口译学"是国内外研究的新方向，而作为一个学科的进展推出，不仅走在国际口译研究的前沿，而且助推了我国认知口译学作为一种研究方向和一门学科的发展。

大家知道，20世纪中叶，西方国家开始出现了口译研究者；1960年代兴起的实验心理学研究促进了口译研究的发展。1970年代形成以"释意理论"为标志的"巴黎学派"，曾长期占据西方口译研究的主导地位。以1980年代在意大利的里亚斯特（Trieste）举行的口译大会为转折点，口译研究出现了前所未有的新面貌，这体现了主题研究多样化和研究方向的重新定位。同时，跨学科研究也开始兴起，如口译的神经语言学和神经生理学研究、口译认知心理学研究、口译语篇学研究、口译语用学研究等。1980年代至1990年代，口译的学科地位基本确立，由此构建了口译研究的多模态。

我国的口译研究始于1970—1980年代。然而早期的口译研究主要是职业译员的经验性总结和口译技巧方向的研究。这些研究主要以教学为目的。20世纪90年代以后真正学科意义上的口译研究发展起来。2005年,我国开始设立口译博士点,口译研究才开始进入大发展阶段。刘和平(2005)指出:"口译参与人员的范围从最早的几个国家扩展到几十个国家,涵盖的语种从初期的英语和法语为主发展到现在的十几个语种。"截至2018年4月,开设有本科专业的院校已达272所,翻译硕士专业学位培养单位达249所,翻译学博士培养单位将近40所。由此可见,口译人才的培养规模正在不断扩大,口译方向研究论文的发表数量正在不断增加,口译研究正在不断深入。

最后,"认知口译学"理论有助于口译质量的提高和发展。

认知口译学是以口译信息加工为核心的口译活动性的动态型认知学问。在纷繁复杂的口译过程中,有诸多的认知心理活动参与其中,诸如知觉的形成、注意力的分配、记忆信息的加工、客观对象的影响、心态焦虑的产生以及触及问题的解决等项,均已成为认知心理学研究的对象。此外,口译的过程是各个纷繁复杂认知过程的综合体现。因此,利用认知心理学对交传、同传的复杂过程进行认知分析,有助于更好地理解大脑的思维方式。这对口译研究的全面深化、口译理论的完善建设,尤其是对认知口译心理学学科的发展具有重要意义。理论指导实践,多实践才会出真知。从实践的视角来说,口译过程的认知探析对口译质量的提高也具有重要的参考价值。

无须赘言,翻译是随着人类社会的发展而不断发展的。中国翻译认知研究会在进一步推动我国翻译传译认知研究、加强与国际翻译认知研究领域专家学者的学术交流方面起到了积极的良好作用。2017年5月、11月,2018年5月、8月,2019年3月分别在复旦大学、浙大宁波理工学院、郑州工业大学、日本北海道大学、香港城市大学等地成功举办了五届学术研讨会,2019年4月在复旦大学举行了第六届翻译传译认知国际研讨会。在新的时代,如何进一步推动中国翻译事业的发展,外语人才如何更好地为中国和人类的和平、繁荣发展服务,成为翻译学术界共同关心的热点议题。

综上所述,当前出版《认知口译学》不仅适应文化走出国门、"只留清气满乾坤"的人文情怀,而且对助推中国翻译事业的进一步发展,很有积极的学术意义。

因此,笔者衷心祝愿《认知口译学》早日出版,以满足广大读者的需要!

是为序。

李亚舒于中国科学院

2019年9月8日

# 前　言

在新时代全球创新理念背景下，本书以口译认知心理学（康志峰，2013）理论为依据，以高校口译学生译员为研究对象，从历时的视角对国际和国内口译认知研究做了回顾，进而提出了"认知口译学"和"认知口译教育"的概念，以期国内外口译认知研究者更加系统、完善地进行口译研究，并将国内外认知翻译过程研究推向深入，推向高潮。

本书按照国家人文社会科学研究项目"基于 ERPs 的中国高校学生口译增效策略研究"（批准号 15BYY011），对认知口译学的概念、理论、研究方法、双语加工、口译行为的 ERPs 证据、认知记忆基础理论、多模态双语记忆、情感因素、口译的眼动研究以及口译认知的发展取向等方面做了较为深入的研究。在系列研究中，本书对高校学生译员五个维度的实证研究更为凸显：① 对冲突适应独立于意识：来自口译行为和 ERPs 的证据研究；② 不同情绪背景下口译来源记忆的 ERPs 研究；③ 口译中的工作记忆和长时记忆共享信息表征的 ERPs 证据研究；④ 基于 ERPs 的研究：认知灵活性对非熟练双语者语言转换的影响；⑤ 口译情境模型中，时空维度更新与语码转换的相互影响研究。本书走在口译研究的学术前沿，提出了口译认知教育的崭新理念，理论与实践结合，学术思想鲜明。随之以新的方法论、以 ERPs 的口译研究为契合点，把这些理论应用到口译实践中去，不仅可以推动建立系统性较强的口译认知心理学理论,而且也是对口译教学理论和认知心理学理论的丰富和发展。本书所研究课题独到的学术价值对口译实践和口译教学都会产生积极的理论指导意义。在这种新思路的指导下,本书对学生译员做了大量的实证研究,以学生译员为中心,以提高学生译员的口译能力为目的,发现口译增效策略在我们的研究中更具应用价值。

从历时视角观之,20世纪50年代,口译研究者在西方国家开始出现;1960年代实验心理学研究之兴起促进了口译研究;1970年代以"释意理论"为标志的"巴黎学派"曾长期占据西方口译研究的主导地位;以1980年代在意大利的里亚斯特召开的口译大会为转折点,口译研究迅猛发展,不仅有口译本体论研究,而且凸显口译研究主题多样化之特点。跨学科研究随之开始兴起,如口译的神经语言学和神经生理学研究、口译认知心理学研究、口译语篇学研究等;1980年代至1990年代,口译的学科地位基本确立,促进了口译研究多模态的建构(康志峰,2013)。

随着国际口译研究的进一步深入,吉尔(Gile, 1995)的认知负荷模型理论(effort models)指出了人脑信息处理容量和注意力资源的有限性。在任务处理过程中,图式及图式的自动化有助于降低认知负荷。斯比尔贝格(Spielberger, 1983)在其认知心理的研究过程中提出了状态-特质理论,卡尼曼(Kahneman, 1973)提出了注意力分配模式(energy assignment pattern)理论,卡萨迪和约翰逊(Cassady & Johnson, 2002)提出了认知测试焦虑模型理论(cognitive test anxiety model)等。因此,吉尔的认知负荷模型理论、斯比尔贝格的状态-特质理论、卡尼曼的"注意力分配模式"理论以及卡萨迪和约翰逊的认知测试焦虑模型理论等为口译认知研究提供了研究理据(ibid.)。

同样从历时视角观之,1970—1980年代中国亦开始口译研究,但主要是职业译员的经验总结和口译技巧研究,而这些研究主要以教学为目的(ibid.)。1990年代以后真正意义上的口译研究才进入发展时期(ibid.)。2005年我国开始设立口译博士点,口译研究开始进入大发展阶段。刘和平(2005)指出:"口译参与人员的范围从最早的几个国家扩展到几十个国家,涵盖的语种也从初期的英语和法语为主发展到现在的十几个语种。"据刘绍龙、王柳琪(2007)的不完全统计,1996—2005年发表在国内14种外语类核心期刊上的口译研究论文共计161篇;2006—2018年这12年间口译论文的发表数量在迅速增加(康志峰,2013)。截至2018年4月,开设有翻译本科专业的院校已达272所,翻译硕士专业学位培养单位249所,翻译学博士培养单位也近40所。由此可见,口译人才的培养规模在不断扩大,口译方向研究论文的发表数量在不断增加,口译研究日趋深入。

随着研究的不断深入,口译认知过程研究成为口译研究的一种趋向。中国翻译认知研究会(China Association for Translation, Interpreting and Cognition, CATIC)带领全国的认知翻译(包括口、笔译)研究工作者,出版了《翻译研究与教学》集刊,汇集了认知翻译研究成果。本书使用ERPs、Tobbi眼动仪、E-prime、EEG、fMRI等先进的技术手段进行实证研究,用SPSS等先进的软件进行科学计算,顺应国际口译研究的潮流,走在国际口译研究的前沿,对口译认知做了较为深入研究。

本书作者自2002年开始研究口译认知,2009年完成了博士论文《口译中听、译两种焦虑模态的认知心理管窥》("A Study of Auditory Anxiety Mode and Interpreting Anxiety Mode in Interpretation from the Perspective of Cognitive Psychology"),2012年10月由国防工业出版社出版了口译与认知心理跨学科研究的专著《认知心理视阈下的口译研究》,2013年8月由北京燕山出版社出版《口译认知心理学》,发表论文如《双语转换代价与口译增效策略》(《外语教学》2018年第三期)、《口译行为的ERPs证据:

认知控制与冲突适应》(《中国外语》2017 年第四期)、《汉英增效口译：长时记忆与工作记忆的 ERPs 实证研究》(《外语电化教学》2016 年第四期)等口译认知相关论文 50 多篇，荣获国家社会科学基金项目"基于 ERPs 的中国高校学生口译增效策略研究"(批准号为 15BYY011)、教育部人文社科研究项目"认知心理视阈下的口译焦虑模态研究"(批准号：12YJA740033)以及上海市哲学社会科学规划项目"口译中听、译两种焦虑模态的认知心理研究"(批准号：2011BYY001)等作为前期研究基奠。《口译认知心理学》一书虽然是对口译认知心理跨学科的深入研究，但并未提出"认知口译学"这一概念，也未采用现代研究方法，更未提出其研究发展方向和学科发展目标。而《认知口译学》明确了口译认知的研究方向和目标，是《口译认知心理学》的继承和发展。

《认知口译学》正式提出了"认知口译学"概念，它不仅将口译研究的高度提高到教育层面，而且可以作为一个学科进行发展。因此，本书不仅走在国际口译研究的前沿，而且推进了我国认知口译学作为一种研究方向和一门学科的发展。

"认知口译学"是以口译信息加工为核心的口译活动性的动态型认知心理科学。在复杂的口译过程中，诸多认知心理活动参与其中，如知觉的形成、注意力的分配、记忆信息的加工、焦虑的产生以及问题的解决等已成为认知心理学研究的对象。另外，我们不难发现，口译的过程其实是各个极其复杂的认知过程的综合体现。因此，利用认知心理学对交传、同传的复杂过程进行认知分析，有助于更好地理解大脑的思维方式，对口译研究的全面深化、口译理论的完善建设，尤其是对口译认知心理学学科的发展具有重要意义。从实践的视角来讲，口译过程的认知探析对口译质量的提高具有一定的参考价值。

本书共分 9 章。第一章：绪论；第二章：认知口译学理论；第三章：认知口译学研究方法论；第四章：人脑与口译认知功能；第五章：多模态双语记忆研究；第六章：口译认知的元情绪研究；第七章：口译行为的ERPs实证研究；第八章：口译行为的眼动实证研究；第九章：口译认知研究对策与展望。

本书适用于口译专业高年级本科生、硕士研究生和博士研究生以及对科技英语或口译跨学科研究感兴趣的读者。

该书成稿得益于美国认知心理学专家格利登(Laraine M. Glidden)教授的认知心理启蒙教育，承蒙原第二军医大学、现上海中医药大学附属岳阳医院的认知神经语言学专家韩燕教授等的悉心指导，对本课题组成员、本研究者所带博士后李夏青以及硕、博研究生肖婷等的辛苦努力，笔者谨在此向他们表示衷心感谢！

《认知口译学》是继笔者《认知心理视阈下的口译研究》《口译认知心理学》之后的又一口译认知研究之作，由于时间仓促，笔者囿于学识，疏漏之处，恳请专家学者不吝斧正。

此外，该研究得到了国家社科基金项目（批准号15BYY011）"基于ERPs的中国高校学生口译增效策略研究"和复旦大学外文学院大学英语部的资助，对此表示衷心感谢！

康志峰<br>2019年9月于复旦

# 目 录

**第一章 绪论** ………………………………………… 1
  第一节 认知口译学的产生 ………………………… 1
    一、口译与口译学概念 ………………………… 2
    二、大脑神经认知研究 ………………………… 3
    三、认知口译学的衍进 ………………………… 4
  第二节 研究范式与发展路径 ……………………… 8
    一、认知口译学的定义 ………………………… 8
    二、认知口译学的特征 ………………………… 9
    三、认知口译学研究方法论 …………………… 10
    四、认知口译学发展路径 ……………………… 11
  第三节 中西口译认知研究 ………………………… 14
    一、口译认知研究的产生 ……………………… 14
    二、口译认知研究的发展 ……………………… 15
    三、认知口译学的形成 ………………………… 17
  本章小结 …………………………………………… 19

**第二章 认知口译学理论** …………………………… 20
  第一节 认知研究 …………………………………… 20
    一、认知主义 …………………………………… 20
    二、后认知主义 ………………………………… 21

第二节　认知翻译研究 ………………………………… 22
　　一、翻译研究的认知需求 ……………………………… 22
　　二、认知研究途径 ……………………………………… 23
　　三、认知过程研究 ……………………………………… 23
第三节　口译认知过程研究 …………………………… 27
　　一、理论模型建构 ……………………………………… 27
　　二、国内相关研究 ……………………………………… 33
　　三、口译认知理论构念 ………………………………… 35
本章小结 …………………………………………………… 37

# 第三章　认知口译学研究方法论 ……………………… 38

第一节　研究方法论革命 ……………………………… 38
　　一、认知科学的研究方法 ……………………………… 38
　　二、口译学的研究方法 ………………………………… 39
　　三、认知口译学的研究方法 …………………………… 40
第二节　EEG 和 ERPs 测量法 ………………………… 40
　　一、EEG 和 ERPs 缘起 ………………………………… 40
　　二、ERPs 原理 …………………………………………… 42
　　三、ERPs 优势与劣势 …………………………………… 44
　　四、ERPs 相关研究 ……………………………………… 46
　　五、ERPs 与口译认知研究 ……………………………… 51
第三节　眼动（Eye-tracking）研究测量法 …………… 53
　　一、眼动追踪技术 ……………………………………… 53
　　二、眼动研究法 ………………………………………… 54
　　三、实验准备 …………………………………………… 54
第四节　E-prime 测量法 ……………………………… 54
　　一、反应时精准测量 …………………………………… 54
　　二、刺激变量 …………………………………………… 55

三、机体变量 ·········································· 55
　　四、测量操作 ·········································· 56
　　五、实验方案 ·········································· 58
　　六、口译中的应用 ······································ 59
本章小结 ·················································· 60

## 第四章 人脑与口译认知功能 ······························ 61
第一节 嵌入式研究 ········································ 61
　　一、认知翻译过程 ······································ 61
　　二、口译认知过程 ······································ 62
　　三、C→M→I 嵌入式 ···································· 63
　　四、认知科学与口译学 ·································· 64
第二节 脑神经的联结功能 ·································· 66
　　一、脑科学视角 ········································ 66
　　二、神经联结 ·········································· 66
　　三、惰连与专连 ········································ 67
　　四、神经联接在口译中的作用 ···························· 67
第三节 "中枢执行程式" ···································· 68
　　一、功能与作用 ········································ 68
　　二、影响中枢听觉神经的因素 ···························· 68
　　三、口译与声刺激处理 ·································· 70
第四节 听觉功能效应 ······································ 71
　　一、译员的听觉功能 ···································· 71
　　二、听觉的 ERPs 研究 ·································· 72
　　三、高级中枢听觉识别信息模式 ·························· 75
　　四、听觉障碍对口译的影响 ······························ 76
本章小结 ·················································· 77

# 第五章　多模态双语记忆研究 ·············· 78

## 第一节　STM 增效性与同传成效性 ············ 78
一、STM 定义识解 ····················· 79
二、STM 功能效度 ····················· 79
三、STM 特性凸显 ····················· 80
四、STM 现场实验 ····················· 82
五、STM 增效策略 ····················· 83
六、STM 跟踪实验 ····················· 87

## 第二节　LTM 模态研究 ················· 92
一、LTM 定义识解 ····················· 92
二、LTM 中的情境与语义 ················ 94
三、LTM 遗忘理论 ····················· 95
四、LTM 的容量 ······················ 99
五、LTM 的双重编码 ··················· 100
六、口译中的 LTM ···················· 102

## 第三节　WM 模态研究 ················· 107
一、巴德里和西岐的 WM 论 ·············· 107
二、WM 研究现状 ···················· 109
三、WM 定义 ······················· 111
四、WM 的特点 ····················· 112
五、WM 的复述和组织 ················· 113
六、WM 与智力分析 ·················· 116
七、WM 的研究方法 ·················· 121
八、ACT-R 理论模型 ·················· 126
九、WM 与 STM ····················· 127
十、WM 在口译中的作用 ··············· 129

## 第四节　WM 和 LTM 共享信息表征 ··········· 141
一、缘起 ·························· 141

二、问题提出 …………………………………… 143
　　三、研究方法 …………………………………… 143
　　四、数据解析 …………………………………… 147
　　五、研究发现 …………………………………… 155
　第五节　同传增效研究：WM 维度 ………………… 156
　　一、SL 记忆与 WM 缘起 ……………………… 156
　　二、WM 识解 …………………………………… 157
　　三、WM 理论模型 ……………………………… 157
　　四、WM 在同传中的效应 ……………………… 159
　本章小结 …………………………………………… 167

# 第六章　口译认知的元情绪研究 ……………………… 168
　第一节　口译与情感因素的关系 …………………… 168
　　一、口译的主体因素 …………………………… 168
　　二、情感论研究 ………………………………… 169
　　三、口译与情感因素 …………………………… 170
　第二节　口译中的 AA 模态研究 …………………… 170
　　一、口译中 AA 的多模态 ……………………… 170
　　二、AA 动因研究 ……………………………… 184
　　三、AA 对口译的影响 ………………………… 194
　第三节　多模态 IA 研究 …………………………… 195
　　一、模因论 ……………………………………… 195
　　二、整体论 ……………………………………… 199
　　三、级度论 ……………………………………… 202
　　四、层级量化 …………………………………… 206
　　五、MA 对口译产品的催生效应 ……………… 214
　　六、IA 对口译认知的影响 …………………… 226
　第四节　口译中的 AA 和 IA 对策 ………………… 235

　　　　一、AA 对策 ………………………………… 235
　　　　二、IA 对策 ………………………………… 236
　　　　三、级度唤醒策略 …………………………… 241
　　　　四、情绪调节(mood adjustment)的中介变量 …… 242
　　第五节　良好心理与口译产品 …………………… 243
　　　　一、对学生译员(MTI)的跟踪调查 …………… 243
　　　　二、对学生译员(非专业)的跟踪调查 ………… 248
　　第六节　元情绪背景下学生译员 IMEs 研究 ……… 253
　　　　一、口译元情绪(IMEs)研究的理论基础 ……… 254
　　　　二、口译元情绪的理论建构 ………………… 256
　　　　三、口译元情绪研究的范畴 ………………… 258
　　　　四、口译元情绪研究展望 …………………… 262
　　第七节　元情绪的负效与增效 …………………… 263
　　　　一、元情绪概念 ……………………………… 264
　　　　二、研究对象 ………………………………… 264
　　　　三、研究方法 ………………………………… 265
　　　　四、SPSS 解析 ……………………………… 267
　　　　五、显性研究 ………………………………… 270
　　　　六、对策 ……………………………………… 271
　　本章小结 …………………………………………… 272

# 第七章　口译行为的 ERPs 实证研究 …………… 273
　　第一节　ERPs 中的 N400 和 P600 ……………… 273
　　　　一、N400 概述 ……………………………… 273
　　　　二、ELAN、LAN、P600/SPS 识解 ………… 275
　　第二节　冲突适应独立于意识 …………………… 277
　　　　一、口译行为与控制模型 …………………… 278
　　　　二、研究路径 ………………………………… 284

三、结果解析 ········································· 289
　　　四、讨论 ············································· 293
　第三节　双语转换代价与口译增效策略 ··················· 296
　　　一、双语转换代价假说 ································· 297
　　　二、国内外研究现状 ··································· 297
　　　三、预设与触发 ······································· 299
　　　四、研究程序 ········································· 300
　　　五、讨论 ············································· 306
　本章小结 ················································· 310

## 第八章　口译行为的眼动实证研究 ························· 312
　第一节　视译轨迹策略研究 ······························· 312
　　　一、研究缘起 ········································· 312
　　　二、研究背景 ········································· 313
　　　三、视译眼动实验 ····································· 315
　　　四、数据解析 ········································· 321
　　　五、策略与展望 ······································· 329
　第二节　眼动跟踪靶域与视译速效研究 ···················· 330
　　　一、研究缘起 ········································· 330
　　　二、研究现状 ········································· 330
　　　三、预设与触发 ······································· 332
　　　四、数据解析 ········································· 332
　　　五、析出与策略 ······································· 345
　　　六、结语 ············································· 346
　第三节　视译眼动跟踪靶域：注视点与绩效 ················ 346
　　　一、研究缘起 ········································· 346
　　　二、研究现状 ········································· 347
　　　三、实验准备 ········································· 349

四、数据解析 ……………………………………… 350
　　五、策略与展望 …………………………………… 359
　　六、结语 …………………………………………… 360
　本章小结 ……………………………………………… 360

**第九章　口译认知研究对策与展望** ………………… 361
　第一节　口译认知研究对策 ………………………… 361
　　一、研究不足 ……………………………………… 361
　　二、研究对策 ……………………………………… 362
　第二节　口译认知研究论今 ………………………… 363
　　一、继往开来与时俱进 …………………………… 363
　　二、理论建构创新发展 …………………………… 364
　第三节　口译认知研究前瞻 ………………………… 366
　本章小结 ……………………………………………… 368

**参考文献** ……………………………………………… 369
**附录1**　口译中的主要缩略语及其翻译 …………… 408
**附录2**　中英文词及干扰词 ………………………… 412
**后记** …………………………………………………… 414

# 第一章 绪 论

## 第一节 认知口译学的产生

认知口译学(cognitive interpreting studies,简称 CIS)(康志峰,2018:12)概念由笔者在发表于《翻译研究与教学》的《认知口译学:范式与路径》一文中首次正式提出。它的提出并非偶然,恰是口译(interpreting)与认知心理跨学科研究的必然产物。口译教育(interpreting education)、口译操作(interpreting operation)以及口译产品(interpreting products)的实现离不开大脑的认知过程,因此对译员(包括职业译员和学生译员)口译认知过程的研究不可或缺。

认知口译学乃研究认知口译的一门科学,即研究者利用事件相关电位(event-related potentials,简称 ERPs)、脑电图(electroencephalogram,简称 EEG)、功能磁共振成像(functional magnetic resonance imaging,简称 fMRI)、眼动仪(eye tracker)、血液流变检测仪(hemorheology detector)等现代技术手段研究口译认知过程的一门科学。为此,认知口译学作为专业术语,伴随着口译与认知心理学跨学科研究应运而生;认知口译学作为一种研究方向,将对其涉身性进行深入研究;认知口译学作为一门独立的研究学科已在学习研究。复旦大学外国语言文学学院就走在全国前列,于 2018—2019 年度第一学期把认知口译学作为口译理论与实践研究方向博士生的一门学位研究课程,取得了较好的效果。

## 一、口译与口译学概念

口译主体乃认知口译学研究学科不可或缺的第一要素,它作为一种交际手段,是在双语交际的情况下,译员(interpreter)[①]通过对语言的使用,将源语(source language,简称 SL)的话语内容,用目的语(target language,简称 TL)转述出来,这种口头转述的过程称之为口译。总体而言,口译分为两种:交替传译(consecutive interpreting,简称 CI)与同声传译(simultaneous interpreting,简称 SI)(康志峰,2013:2)。CI 也称连续传译或即席口译,指译员在听辨 SL 的同时,借助已有知识和笔记,正确地理解和记忆 SL 语篇意义,待讲话人部分或全部发言完成后,即刻用 TL 把讲话人所表达的信息以口头形式迅速传播给听众(ibid.)。SI 也称同声翻译或同步翻译,是译员将讲话者所说的内容连续不断地传译给听者(众)的口译方式。SI 可视情况采取以下不同的方法:(1)视阅口译(sight interpreting):也称视阅翻译或视译,是译员事先拿到讲稿,以正常的速度不间断地将全文口译给听众。(2)耳语口译(whispering interpreting):译员将讲话内容轻轻地在耳边传译。这种方法通常在国家领导人或高级政府官员会谈时使用。这一方法往往适用于个人而不是群体。(3)电化传译(video-aid interpreting):译员在装备先进电化设备的会场,通过耳机和话筒进行收听和口译(ibid.)。

口译除了 CI 和 SI 两大形式外,根据其口译的方向又可分为单向式和双向式。单向式是译员将 SL 直接翻译成 TL;双向式是译员

---

① 译员:本书泛指职业译员和学生译员等,以下同。在特定语境会单独注明是职业译员或学生译员。

交替用 SL 和 TL 为操不同语言的交际双向翻译。CI 可以是单向式,也可以是双向式;SI 往往是单向式(ibid., 2012:1-4)。口译按场合、目的还可分为:会议口译(conference interpreting)、谈判口译(interpreting for negotiations)、生活口译(everyday life interpreting)、视阅口译、耳语传译、电化传译、导游口译(guide interpreting)(ibid., 2007:3)。

口译学乃研究口译知识、技能、规律及其艺术的一门科学。它包含 CI、SI、陪同口译等各种口译形式的研究,其研究涵盖口译理论基础和口译实践规范,其研究范式具有口译研究的各种理论体系和口译操作实证研究等。其研究包括口译行为的实践本体研究如口译质量评估、同声传译行为、交替传译行为、联络口译行为等,口译理论研究如吉尔的"口译认知负荷模型"、米祖诺(Mizuno)的"处理模型"(process model)等,口译过程研究如口译过程中的认知记忆、解码过程、双语转换等,以及口译情感因素如焦虑等科学研究。

口译认知的过程是一个经过输入(input)、解码(decode)、理解(understand)、记忆(memory)、编码(encode)、输出(output)等一系列极其复杂的心理变化由 SL 向 TL 的转化过程。故而口译员的口译操作离不开其认知心理、大脑神经认知的变化过程。完美的口译产品实现离不开完美的神经认知过程。

## 二、大脑神经认知研究

《口译认知心理学》(*Cognitive Psychology of Interpretation/Interpreting*,简称 CPI)(康志峰,2013)的出版为研究译员,尤其是学生译员的认知心理奠定了口译研究的理论基础。《口译认知心理学》(ibid.)成为《认知口译学》理论建构之基础。进而,对译员在口译操作中的大脑神经认知过程研究成为目前口译研究的另一路径。

认知是感觉输入的变换(transformation)、减少(reduction)、解释(interpretation)、贮存(storage)、选取(extract)、恢复

(restoration)和使用(use)等的过程(Neisser,1967)。人类对认知活动的理解归结为三种：(1)人脑神经对信息的加工过程。人作为信息加工器，通过人脑对信息进行加工处理的过程即为认知活动。奈舍(Neisser,1967)指出："认知是指信息经感觉输入的变化、简化、加工、存储、恢复以及使用的全过程。"由此观之，这一认知观注重信息在人脑中从输入到输出的流动加工过程。(2)人脑对符号的处理过程。语言是一种符号系统，符号的功能是代表、标志或指明外部世界的事物和个体对外部事物的内部表征，与此同时，还可以标志信息加工操作。有些心理学家认为，对符号加工的过程是人类认知活动的核心之所在。(3)解决问题的过程。这一过程是个体选择、贮存、转换、操作和使用从环境中得到的信息并利用人脑中的知识与经验来认知和解决问题的过程(康志峰,2013:3)。

由此，口译认知过程研究必须考虑人的大脑内部的生物因素如大脑细胞知觉(perception)、注意(attention)、感觉(sensation)、直觉(intuition)等因素，大脑神经的信息加工器对 SL 信息的加工包含输入信息的知觉、注意、记忆、言语、判断、决策、加工、存储、恢复、变化、简化以及使用等，双语代码信息的转换包括选择、贮存、转换等复杂过程，通过如此复杂的认知努力，而后完成从 SL 到 TL 的双语语码信息转换任务。

## 三、认知口译学的衍进

认知口译学概念的正式提出及其研究丰富了口译教育(刘和平、许明,2012:54)之内涵。它源于口译操作实践，而译员的口译实践活动离不开认知，口译产品的实现更离不开认知。故而，认知在整个口译过程研究中不可或缺，精准认知(accurate cognition)有助于口译产品的顺利实现；相反，约略认知(approximate cognition)会产生劣质口译产品或阻碍口译产品的实现。由此观之，认知口译学概念之产生，其认知作用凸显，然而认知的产生离不开元语言(metalanguage),即一种语言对另一种语言之阐释作用,亦即元语言功能(metalingual functions)作用(Jakobson, 1960)。

1. 衍进寻迹

1) 元语言

元语言独立于常规语言和系统,在教师传授知识、组织教学、评价知识等教学环节中作用之大(王明利,2007:27-30),是其他语言无可比拟、无法替代的。元语言在口译课堂教学中的师生话语交际层面起着重要作用,口译中的 TL 即为元语言描述的对象。因此元语言在口译教学中不仅重要,而且必要。元语言使口译教师(interpreting teachers)、职业译员(professional interpreters)以及学生译员(student interpreters)等在口译教学、口译操作以及口译训练环节中发挥极大的认知(cognition)和元认知(metacognition)(Flavell,1976;洪戈力、欧阳昱,1989)效能。

2) 认知

认知是感觉输入的变换、减少、解释、贮存、选取、恢复和使用等的过程(Neisser,1967)。这一复杂的心理过程包括直觉、注意、记忆、推理(reasoning)以及决策等心理活动。这一复杂的心理变化系统综合功能即为认知(康志峰,2014:55)。认知乃外部世界的信息在大脑中之表征(representation),以观"心脑如何运作"(how mind works),如何"映像"(reflects),如何"反应"(reacts),如何"计算"(computes)(ibid.,2011:81)。认知活动包括大脑对信息从输入到输出的流动加工过程,大脑对符号的加工过程以及大脑认识和解决问题的过程。口译认知活动会产生双语转换代价(bilingual switching cost),这一代价产生的过程即译员对口译产品预设的实现过程,亦即口译认知过程。

3) 元认知

元认知(Flavell,1976;洪戈力、欧阳昱,1989)由美国心理学家J. H. 弗拉维尔(J. H. Flavell)在《认知发展》一书中首次提出。元认知乃是个体认知过程的知识和调节这些过程的能力,对思维和学习活动的知识和控制。元认知包括元认知知识(metacognitive knowledge)、元认知控制(metacognitive monitoring)和元认知体验(metacognitive experiences)。元认知是一个人所具有的关于自己思维活动和学习活动的认知和监控。其核心乃是对认知的认知(ibid.)。

在口译操作中,译员是主体,他们对其涉身性的元认知起着凸显作用(ibid.,2014:55),口译产品的顺利实现亦是他们对源语进行大脑神经思维活动以及双语转换付出代价的结果。在职业口译语境(context)中,担当这一复杂活动的主角是职业译员;在口译教学语境中,担当这一复杂活动的主角是学生译员。对口译产品的顺利实现起凸显作用的恰是职业译员或学生译员的元认知。

4) CPI

口译是从一种语言信息到另一种语言信息的转化过程,包含输入、解码、记忆、转换(transfer)、编码、输出等一系列复杂的认知心理变化过程(康志峰,2011:81)。CPI(ibid.,2013)用"认知"一词来标示人的大脑与外部世界之间的信息交流关系,口译学与认知心理学(cognitive psychology)交叉学科研究催生了CPI(ibid.)。CPI是借助于知觉、注意、记忆、言语(parole)、判断(judgment)和决策(decision)等认知心理学理论研究范式,对职业译员和学生译员在口译信息加工过程中认知心理活动特征及其发展规律进行研究的一门科学。CPI是以口译信息加工为核心的口译活动性的动态型认知心理学。在复杂的口译过程中,诸多认知心理活动参与其中,如知觉的形成、注意力的分配、记忆信息的加工、焦虑的产生以及问题的解决等,各类译员的这些认知活动已成为认知心理学研究的主要范围(ibid.)。

# 第一章
## 绪 论

口译研究与认知心理的密切关系正如信息论、控制论、系统论以及空间理论等的发展促进了计算机通信的发展一样,它们的发展同时也催生了认知心理学。现代通信技术的发展,尤其是当代IT的发展促进了认知心理学的发展。随着认知心理学的发展和对之研究的加深,空间论、立体论以及现代网络技术的发展加快了口译理论研究和口译实践的步伐。口译理论研究的深入和口译实践技能的娴熟同样也催生了口译认知心理学(康志峰,2013)。因此,随着口译研究的深入,尤其是口译与认知心理跨学科研究的不断深化,口译认知心理学(ibid.)不仅作为专业术语,而且作为一门独立的学科在今后也会应运而生,口译认知心理学专家(ibid.)、学者将会对之深入研究和学习。

因此,口译认知心理学(ibid.)是口译学和认知心理学综合研究的结晶,是口译研究和认知心理跨学科研究的产物,它将认知心理学如知觉、注意、记忆、语言、判断和决策等理论研究与译员的实践相结合,是对职业译员和学生译员等进行口译实践操作、口译测试以及口译研究等在口译信息加工过程中嵌入认知心理研究的一门科学,它不仅是口译认知心理研究领域的术语、口译学或认知心理学研究的一个方向,同时也是职业译员和口译教师研究、学生译员学习的一门学科。口译认知心理学(ibid.)的诞生预示着我国口译认知心理学(ibid.)作为一门学科进行学习和研究的开始,同时也促使我国口译研究由表层向纵深发展。

认知口译学概念由本研究正式提出,虽忝为新论,然在译界,认知口译学概念之产生并非偶然,恰是口译学(interpreting studies)与认知科学(cognitive science)等跨学科研究(multi-disciplinary studies)之必然产物。翻译过程研究(translation process research,简称 TPR)经过近 40 年的发展(李德凤,2017:1)"已毫无疑问地成为翻译学一个成熟的研究领域"(Alves,2015:17),口译认知过程研究(interpreting cognitive process research,简称 ICPR)在近 10 年的发展亦势如破竹,国内外口译认知过程研究者阿尔维斯(Alves)、雅格布森(Jakobsen)、康志峰、李德凤、王建华等成果迭出,可见一斑。鉴于口译本体论(ontology)本身并不能诠释或不能整体诠释口译认知的心理活动,认知口译学研究必须借助于心理学(psychology)学科和认知心理学学科理论研究才能揭示口译心理活动的特征及其发展规律。近年来,我国的口译研究顺应翻译传译认知研究发展之潮流,凸显了口译认知心理学(ibid.)概念,成立了中国翻译认知研究会(China Association for Translation, Interpreting and Cognition,简称 CATIC),认知口译学亦随之应运而生。

## 第二节 研究范式与发展路径

### 一、认知口译学的定义

谢天振(2015:14)认为现行翻译定义已落后于时代的发展,认知口译学推陈出新,在口译实践的基础上,从认知的视角对口译准备、口译操作过程以及口译产品等进行深入研究。它是继口译认知心理学(康志峰,2013)之后,又一基于口译实证研究和理论研究之构念,认知心理学与口译学跨学科研究之结晶。它包括口译认知信息输入、口译认知记忆、口译认知信息加工、口译认知表达以及口译认知评估等组成的大脑神经认知研究体系。

鉴于此,认知口译学是认知心理学与口译学等跨学科综合研究而形成的口译认知心理学(ibid.)的继承与发展,是口译研究、认知心理研究、脑科学(brain science)研究、大脑神经认知(cerebral neuro-cognition)研究等跨学科研究的必然产物。它从认知的视角将认知心理学,如知觉、注意、记忆、言语、判断和决策等理论研究,与译员的实践相结合,是对职业译员和学生译员等进行口译实践操作、口译测试以及口译研究等在口译认知信息输入、口译认知记忆、口译认知信息加工、口译认知表达以及口译认知评估等过程中认知心理研究的一门科学。它不仅是口译认知研究的术语,而且是从认知的视角对口译进行深入研究的一个方向,同时也是职业译员和口译教师以及学生译员学习研究的一门学科(ibid.)。认知口译学的诞生孕育着我国认知口译学作为一门学科,由硕、博研究生以及博士后进行学习和研究之开端,同时也预示着我国口译研究由单一向多元、由表层向纵深发展。

## 二、认知口译学的特征

综合认知口译学概念、学科和研究之特点,兼顾其内隐认知(implicit cognition)与外显认知(explicit cognition)等因素,其特征可概括为以下几点:

1) 概念性特征:认知口译学这一概念离不开口译主体,无论是同传,还是交传,其本体涉身性理论研究(theoretical studies)或实证研究(empirical studies)均有引用其概念的可能性和必要性。

2) 学科性特征:认知口译学具有本体学科性和跨学科性。① 认知口译学可作为本体学科进行发展,主要是作为口译本体学科的一个分支进行发展;② 认知口译学作为跨学科,即口译与认知科学、口译与认知心理科学(cognitive psychological science)、口译与神经科学(neurological science)等学科的交叉发展。

3) 研究性特征:认知口译学作为口译研究的方向之一,可进行实证研究和理论研究,其目的是研究职业译员和学生译员在口译操作过程中大脑的内隐认知情况和外显认知因素。这一口译认知过程的研究多为描述性(descriptive)口译研究,探究译员在口译时大脑的"黑匣子"(李德凤,2017:1)究竟如何操作,究竟发生了什么。其研究性特征中最重要的是跨学科研究特征，凸显了口译学与口译认知心理学（康志峰，2013）、认知心理学、心理语言学（psychological linguistics）、脑神经科学（cerebral neurological science）等的跨学科研究。

4）元认知和认知特征：认知口译学具有探究译员元认知和认知特征，即译员的心理活动特征。认知乃感觉输入的变换、减少、解释、贮存、恢复和使用等（Neisser，1967）复杂的心理过程，它包括直觉、注意、记忆、推理以及决策等心理活动。这些心理活动构成了一个复杂的心理变化系统，其综合功能即为认知，即人脑加工信息、处理符号、解决问题的过程，经过个体选择（option）、贮存、转换、操作和使用，从环境中得到的信息并利用人脑中的知识与经验来认知和加工双语语言的认知心理活动过程（康志峰，2014：54）。

此外，认知口译学的科学性、逻辑性、缜密性、顿悟性和启发性不容忽视，认知口译学跨学科研究的多样性、多层性、交叉性、合理性以及必然性毋庸置疑。

## 三、认知口译学研究方法论

认知口译学的研究方法很多，有基于口译操作的实证研究，有基于口译实践基础的理论研究，还有贯穿口译理论与口译实践结合的综合研究。研究中采用的具体方法有反应时测量法（the method of measuring reaction times）、抽象分析法（the method of abstract analyses）、口语报告法（the method of verbal reports）、联想回忆测验法（the method of measuring recall）、电脑模拟法（the method of computer simulation）等多种研究方法（康志峰，2013：38）。

近年来，认知口译学研究中除了使用心理咨询法（psychological consultation method）和问卷调查法（questionnaire method）等传

统的研究方法之外,还使用现代的血液流变检测法、ERPs(康志峰,2017:92)检测法、SPSS计算解析法、眼动跟踪法(eye-tracking methods)等新方法,实现了认知口译学研究方法论的革命。

## 四、认知口译学发展路径

1. 研究路径

认知现象非常复杂,它离不开心理活动,离不开大脑、身体、文化、环境以及社会等许多因素,因此认知具有涉身性、内驱性、文化性、外因性和社会性等①(ibid.)。因此,在考察和研究人的心理活动时,既要考虑到人的大脑内部的生物因素如大脑细胞、注意、感觉、直觉等,又要考虑到各种心理活动的外部因素如生活、工作环境、文化以及社会等;在研究人脑是如何处理口译符号信息时,注意译员的大脑变化过程;在研究口译产品产出时,要密切注意译员的量变过程,即大脑中信息转化的脑神经嬗变寻迹。认知通过人的心理活动来实现,那么对于双语转换的口译认知是如何通过心智的运作对SL信息解码、信息转化,对TL信息编码以及TL信息输出呢?回答这个问题需要做大量的认知口译学实证研究和认知口译学理论研究。

1)认知口译学实证研究

早期的认知心理实证研究方法有观察法,即研究者直接观察他人的行为,并把观察结果按时间顺序系统地记录下来;心理咨询法,指研究者通过与被试面对面交谈,在口头沟通的过程中了解被试心理状态的方法;问卷测试法,是给某个特定群体发放设计好的问卷,来评定被试的心理状况;测量法,通过各种标准化的心理测

---

① 涉身性:认知具有涉及个体身体的特性;内驱性:认知具有个体内部心理活动的驱动性;文化性:认知具有个体受文化因素制约的特性;外因性:认知具有个体受外部环境影响的特性;社会性:认知具有个体受社会因素制约的特性。

量量表为被试做测验,以评定和了解被试心理特征的方法;个案分析法,是对某一个体或群体在一段时间做调查、了解、分析及搜集其全面资料,研究其心理变化的过程;实验法,是研究者在特定环境条件下,有目的地给被试一定的刺激以诱发其某种心理反应的研究方法。

　　随着科技的飞速发展,精密仪器测量法乃是认知口译学当今和未来使用的实验研究方法,如以往常用的眼动记录方法有:① 雷纳(Rayner)以视频为基础的瞳孔监视法(video-based pupil monitoring), ② 杜邱斯基(Duchowsky)的图像或录像记录法[photo-OculoGraphy (POG) or video-OculoGraphy (VOG)], ③ 对眼球运动进行观察的观察法等(卞迁等,2009:34-37)。现在使用 Tobii TX300 眼动仪设备,九点校准,采样率 300 Hz 的屏幕式眼动仪,可在 300 Hz、120 Hz 和 60 Hz 的采样下运行。配有即插即用的 23 英寸显示屏,这款高端眼动研究设备可提供高质量、精准的眼动追踪数据和稳定的眼动追踪能力,实现了眼动神经功能的非侵入式研究。除此之外,ERPs 脑神经认知研究(康志峰,2017:92)、EEG 脑电、fMRI 功能性核磁共振成像、fNIRS 功能性近红外光谱技术研究等均为现代的脑神经认知研究。这将成为未来认知口译学研究发展的重要路径之一,其应用价值日趋凸显。

　　2) 认知口译学理论研究

　　一般理论研究需要研究者找到某一维度或视角,具有独特的题材、新颖的观点、创新的构念、深刻的哲理、严密的逻辑和别具特色的语言风格等,研究者的逻辑分析能力和思维水平较高,陈述概念精准,专业理论素养较高。认知口译学理论研究基于交传、同传等各种口译实践和口译教学,总结出口译操作和口译教学顺利进行的一般规律,给出提升口译现场操作和口译课堂教学质量的策略。认知口译学是继口译学、口译认知心理学(ibid., 2013)等之后凸显的口译研究分支,认知口译学理论也从中得以丰富和发展。

随着认知翻译发展之突飞猛进,认知口译学理论研究亦将迅疾前行。其学术研究对口译实践和口译教学都会产生积极的理论指导意义。

3) 认知口译学理论与实践综合研究

在各种口译实践和口译教学的基础上,认知口译学实证研究如 ERPs、EEG、fMRI、眼动跟踪等认知口译研究越来越多,研究成果愈来愈丰硕。认知口译学理论研究的成果如各种口译策略等将会指导译员,尤其是本、硕、博学生译员,使其提高口译操作质量,实现增效口译,创出更多优质口译产品。

2. 学科路径

口译与认知相结合是认知口译学发展的重要路径之一。专家通过对认知口译学的各种实验研究和理论创新,创出该学科的各类研究成果。借此,为外语专业高年级学生、MTI、MA 硕士研究生或博士研究生开设的认知口译学课程,通过课程设置、课程建设、教材规划等使学生译员对之深入学习探究,故而增强认知口译学与其他学科的交叉与渗透,使认知口译学影响力得以提升,认知口译学学科得以发展。

近 10 年随着认知翻译的迅猛发展,不少专家学者对口译认知的研究兴趣亦越来越浓。本书对认知口译学概念的正式提出将对国内外口译认知研究起到抛砖引玉、巡研导航作用,然而口译认知涉及大脑神经认知、SL 和 TL 信息处理、双语符号处理以及双语转换代价等一系列复杂的问题,因此认知口译学研究任重而道远。尽管如此,认知口译学之发展势如破竹、势不可当。认知口译学这一术语在今后的口译研究、口译认知心理等跨学科研究中将被广泛引用;认知口译学的研究将在理论层面、实证层面、理论与实践层面向纵深发展,向多模态、多层面、多级度延伸;认知口译学的学科建构和课程设置将不断完善,使外语专业高年级学生、MTI、MA 硕士研究生或博士研究生学生译员深入学习研究,增强该学科的渗透性和影响力,从而促进该学科的发展。

## 第三节 中西口译认知研究

### 一、口译认知研究的产生

早在17世纪人们就有对情绪采取理性控制之说,到19世纪焦虑便成了毋庸置疑的问题。19世纪中叶,凯尔柯佳德(Kierkegaard)对焦虑进行了直接深刻的研究。20世纪初弗洛伊德(Freud)就认知心理中的焦虑问题曾指出,所谓的"客观焦虑"(objective anxiety)(May,2010:176)属正常焦虑的范畴,是正常焦虑的共同形式之一。20世纪中叶开始,焦虑由潜藏到公开,由隐性到显性,成为共同关切的问题。随之,也就由"隐性焦虑的年代"进入"显性焦虑的年代"(Auden,1947:3)。焦虑从一种"情绪状态"的重大现象,被弗洛伊德模因为"关键问题"(nodal problem)(Freud,1974),由此焦虑作为认知心理研究的视角便成了西方在心理学、哲学、宗教学、教育学、社会学等领域研究的重大课题(康志峰,2013:7)。

吉尔(Gile,1994:149-158)指出,20世纪50年代的西方国家以赫伯特和罗赞(Herbert & Rozan)为代表的日内瓦译员以自身的口译实践为基础出版了"手册式"的著作,这标志着西方口译研究的开始。同时期,口译界两大组织国际译联(FIT)和国际译协(AIIC)成立,口译研究者开始出现。60年代兴起的实验心理学研究促进了口译研究;70年代形成的以"释意理论"为标志的"巴黎学派"曾长期占据西方口译研究的主导地位;以80年代意大利里亚斯特口译大会为转折点,口译研究出现了前所未有的发展,这体现了主题研究多样化和研究方向的重新定位,同时跨学科研究开始兴起,如口译的神经语言学和神经生理学研究、口译认知心理学

(康志峰,2013)研究、口译语篇学研究等;80年代至90年代,口译的学科地位基本确立,由此建构了口译研究的多模态(ibid.)。

然而,早期的口译研究主要是职业译员的经验总结和口译技巧方面的研究,而这些研究主要以教学为目的。一些心理学家也纷纷涉足口译研究,他们大多采用实验法和观察法,研究同传中的时间间隔、注意力分配、停顿、记忆等问题。一些学者如吉尔、拉姆波特(Lambert)、麦凯恩脱旭(Mackintosh)、莫斯-默瑟(Moser-Mercer)、斯比尔贝格、卡萨迪和约翰逊等提倡更为科学的口译研究,比如从认知心理学角度去研究,开创了口译认知研究的先河(康志峰,2013)。

## 二、口译认知研究的发展

纵然认知心理研究开始较早,然而真正意义上的口译与认知心理跨学科研究却较晚。近年随着口译研究在国内外的不断发展,雅格布森等对口译认知的研究不断推进,康志峰提出了"口译认知心理学"(康志峰,2013)概念,出版了《口译认知心理学》(ibid.)专著,李德凤、王建华等的口译认知研究成果也不断涌现。因此,口译认知研究在国内外前景广阔。

中国的口译研究开始于20世纪七八十年代,这一阶段的研究人员多为党和国家领导人的随从人员和教师,而真正意义上的口译研究进入发展的时期是20世纪90年代以后(刘和平,2005:21-24)。1980—1989年中国发表口译论文40多篇,这些论文多为口译研究的"点滴""略谈""漫谈""体会""初议""秘诀"等主题(张威,2011:94-106),其特点为个人口译技能介绍、口译特征归纳以及口译经验总结等。20世纪80年代末至今为西方国家口译研究的新时期,以1986年的里亚斯特口译大会为转折点,口译研究进入了全面系统发展的兴旺阶段。在中国,直到20世纪90年代口译研究才进入缓慢发展时期。这一时期越来越多的教师如胡庚申

(1990:1-6)、盛茜(2000:39-44)等开始进行口译研究。这些教师对口译的认识从感性到理性,由经验总结逐步上升到理论,但总体而言本阶段的研究尚属直觉感受、经验积累及其总结(康志峰,2013:10)。

21世纪初至今为中国口译研究的转型提升阶段。这一阶段随着中国口译教学的日渐兴起,口译博士点的设立、MTI口译硕士专业课程的设置、翻译专业和英语专业本科生以及非英语专业口译选修课程的建设使相关口译研究也日益增多,口译研究内容不断增加,研究层次逐步提升。据刘绍龙、王柳琪(2007)的不完全统计,1996—2005年发表在国内14种外语类核心期刊上的口译研究论文共计161篇;从2006—2020年这14年间口译方向论文的发表数量在迅速增加。据此,中国的口译研究不再只是口译技能的介绍或口译经验总结,而是在向着口译研究理论化、实证研究客观化、技能研究科学化、多模态、跨学科研究多样化的方向发展。

口译认知研究作为口译研究的一部分,主要是对译员口译行为过程的研究。这一研究正在建构其理论体系,向规范化、系统化、前沿化发展。12种CSSCI外语类核心期刊2015—2017年这三年中合计共发表口译方向论文81篇,而口译认知方向论文仅23篇(参见表1-1)。

表1-1 2015—2017年口译认知方向研究论文10种核心期刊数据调查

| 序号 | 外语类核心期刊(CSSCI)名称 | 2015年发表口译认知论文数量 | 2016年发表口译认知论文数量 | 2017年发表口译认知论文数量 | 三年发表口译认知论文合计 |
|---|---|---|---|---|---|
| 1 | 《中国翻译》 | 3 | 2 | 1 | 6 |
| 2 | 《外语界》 | 0 | 0 | 2 | 2 |
| 3 | 《外语电化教学》 | 1 | 1 | 1 | 3 |

续 表

| 序号 | 外语类核心期刊(CSSCI)名称 | 2015年发表口译认知论文数量 | 2016年发表口译认知论文数量 | 2017年发表口译认知论文数量 | 三年发表口译认知论文合计 |
|---|---|---|---|---|---|
| 4 | 《外语与外语教学》 | 1 | 0 | 0 | 1 |
| 5 | 《中国外语》 | 0 | 0 | 3 | 3 |
| 6 | 《外语研究》 | 0 | 1 | 1 | 2 |
| 7 | 《外语教学与研究》 | 1 | 1 | 0 | 2 |
| 8 | 《外语教学》 | 0 | 2 | 0 | 2 |
| 9 | 《外国语》 | 0 | 0 | 1 | 1 |
| 10 | 《外语教学理论与实践》 | 0 | 1 | 0 | 1 |
| | 10种期刊合计发表数量 | 6 | 8 | 9 | 23 |

所调查外语类CSSCI核心期刊2015—2017年三年内发表口译认知方向论文总共23篇,其中2015年发表6篇,2016年发表8篇,2017年发表9篇。由近三年CSSCI核心期刊口译论文发表的数量可知:数字变化不大,进展不快。然而,发表口译认知方向论文的数量在慢慢增加,口译认知研究在不断深入。

由三年中的CSSCI核心期刊论文发表现状分析可知,这些期刊发表论文的数量远不能适应口译研究发展的需求。

## 三、认知口译学的形成

20世纪末期中国对认知心理中的正常焦虑和考试焦虑问题等也开始进行探讨。叶仁敏等人(1989:52-56)研究发现,中国大部分中学生,成就动机很高,考试焦虑度不高,智力水平较高。张承芳等人(1992:54-56)研究发现,能力自我知觉越高,考试焦虑度越低。葛明贵、鲍奇(1995:105-106)研究发现,外向不稳定型学生的考试焦虑高于内向不稳定型学生。王银泉、万玉书(2001:122),李炯英(2004:46-51),贾飞(2010:72)等一大批学者从整体焦虑研究的视角,指出外语学习焦虑对外语学习有负面影响,这一由国外模因而来的焦虑整体论只谈及焦虑对外语学习的负面效应,此为焦虑整体论的研究,忽视了它的促进作用。郝玫、郝君平(2001:111-115)的研究虽然在整体论概念模因基础上产生了信息内容的增量,提及学生英语成绩与成就动机存在正相关,差异均达显著水平,但并没有将其细化,没有分清焦虑的高、中、低三个层次,更没有明确究竟是焦虑的哪个级度与英语成绩产生正相关。邓愉联(2008:83)将焦虑分成促进性焦虑和退缩性焦虑。其中促进性焦虑使学习者产生动力,迎接新的学习任务;退缩性焦虑使学习者产生反动力,逃避学习任务。这一区分对焦虑研究的学习理论具有明显进步意义(康志峰,2013)。

韦琴红(2009:54)提出多模态话语中的模态、媒介与情态,促进了话语模态与情态的研究。徐盛桓(2011:1)、周统权、徐晶晶(2011:8)等提出心智哲学的神经、心理学理论。陈顺森和唐丹虹(2009:46-53)提出测试焦虑的高、中、低三个等级,对622名中学生进行了有效实验,他们的成功实验给了口译认知心理学(康志峰,2013)研究以启迪,同时也成了认知口译学形成的基础。

中国认知心理研究较晚,真正意义上的口译与认知心理跨学科研究更晚,近年来《同声传译与工作记忆的关系研究》(张威,2007)、《口译中听、译两种焦虑模态的认知心理管窥》(康志峰,2011)和《认知心理视阈下的口译研究》(康志峰,2012)的问世,《Choking与口译考试焦虑》(康志峰,2011:25-30)、《多模态口译焦虑的级度溯源》(2012:106-109)、《口译焦虑的动因、级度及其影响》(康志峰,2011:81-85)、《现代信息技术下口译多模态听焦虑探析》(康志峰,2012:42-45)、《交替传译与'AA+EA'策略》(康志峰,2011:81-84)、《口译焦虑对交替传译的效应与影响》(康志峰,2012:19-21+18)、《立体论与多模态口译教学》(康志峰,2012:34-41)、《汉英增效口译:长时记忆与工作记忆的 ERPs 实证研究》(康志峰,2016:85)、《EAP 视听说对英语口译关联迁移的增效性——以交替传译为例》(康志峰,2016:77-84+46)、《口译行为的 ERPs 证据:认知控制与冲突适应》(康志峰,2017:92-102)、《双语代码转换与增效口译》(康志峰,2018:100-104)、《翻译认知过程研究之沿革与方法述要》(李德凤,2017:1)、《认知口译学:范式与路径》(康志峰,2018:12)、《视译眼动跟踪靶域:注视点与绩效》(康志峰、连小英,2020:25-31)和《口译研究的跨学科探索:困惑与出路》(张威,2012:13-19)等论文的发表,为中国认知口译学的研究弥补了缺憾。

认知口译学概念在"口译认知心理学"(ibid.)之后由本研究者正式提出,意义深远。它不仅可以作为一个术语进行研究,而且可以作为一个方向进行研究,同时今后可以作为一门独立的学科供口译专业的高年级本科生、硕士研究生和博士研究生进行学习研究。在学习研究的基础上,促进认知口译学学科的发展、成熟和壮大。

**本章小结**:本章从口译、口译学概念入手,结合大脑神经认知研究析出认知口译学之产生,尔后从元语言入手,对认知、元认知和口译认知心理学(ibid.)等嬗进寻迹,并顺应口译认知新时代之新潮流,首次提出了认知口译学之崭新概念,进而以这一新概念的产生、定义、特征、路径以及学科发展等范式为主线渗透探析,最后从历时的视角探析了中西认知口译学的产生、发展和形成。认知口译学新概念的提出,不仅预示着认知口译学将作为新兴的研究课题供专家、学者进行深入的理论和实证研究,而且将作为一门新兴的独立学科在研究型课程中供硕、博研究生学习研究。该研究凸显了口译认知心理理论视阈下的口译认知过程研究,进而探究口译认知心理学、心理语言学、认知神经科学等学科的交叉与渗透。该研究有助于口译学科之拓展,更有助于口译研究向纵深、多级度、多层面以及多模态迈进。

# 第二章　认知口译学理论

## 第一节　认知研究

### 一、认知主义

认知是指个体通过形成概念、知觉、判断等心理活动来获取知识的过程，是个体进行信息处理的过程。它包括所有涉及语言、意义、概念系统、知觉、推理等的心理运作和结构（Lakoff & Johnson, 1999）。

传统的认知主义研究兴起于 20 世纪五六十年代。它以英美的分析哲学为基础，核心是研究符号处理（Pylyshyn, 1980）。它主张身心分离的二元论，认为大脑和心智是分离的，心智不受身体的知觉和神经系统的限制，心理符号仅根据其句法属性进行操作，这些符号与它们所代表的内容之间没有内在的联系。因此，这种观点被视为非具身认知（disembodied cognition）。

然而，人类认知系统中最重要的一个方面是对事物进行表征，尤其是进行抽象表征。传统的认知主义并没有解释这种能力是如何在发展的认知系统中产生的，也没有解释在大脑中如何以及在何处实现抽象表征（Gallese & Lakoff, 2005）。此外，我们还不知道符号如何得到它们的意义，这被称为符号接地问题（the symbol grounding problem）（Harnad, 1990）。对于认知系统来说，纯粹的象征性系统难以确定其特定机制及其在大脑中的精确位置,并了解其与现实世界的联系。至少有一些心理符号的含义必须基于其句法属性之外的其他东西。

为了解决符号接地问题,可以借助于巴萨罗(Barsalou,1999)提出的感知符号理论。该理论的核心原则是感觉运动模拟经验对人们产生的概念具有重要意义。人们对一个类别的概念化包括模拟感知和/或对该类别的范例采取行动的经验。这种模拟是一种神经生理学重演的结果:与感知或行动相关的神经激活模式的信息被邻近联合区域中的联合神经元捕获和存储(Damasio & Damasio,1994),稍后在没有相关输入的情况下使用,从而引起感觉运动表征的部分重新激活(Dove,2011:2)。

## 二、后认知主义

随着认知科学的发展,人们越来越关注身体、局部环境以及神经系统与其运作的更广阔世界之间复杂的相互作用。对数字认知、概念知识、语言理解和认知发展(Boncoddo et al.,2010;Crollen et al.,2013;Glenberg et al.,2008;Smith,2009)的研究都表明,认知系统高度依赖感觉-运动过程,后者是高级认知的内在组成部分。因此,感知和行动应该被视为思考的一部分。越来越多的证据开始支持具身认知(embodied cognition)的观点(Clark,2011;Wilson,2002),并进入后认知主义(post-cognitivism)。

具身认知认为人类认知从根本上建立在感觉-运动过程以及我们身体的形态和内在状态中。主要特点是:① 认知表征是多模态的,它存在于大脑的感知模态和我们的行为中(Barsalou,2003);② 情绪和情感过程也是认知的重要贡献者(Glenberg,2008),我们对思维的理解必须超越符号意义上的信息处理(Ionescu & Vasc,2014)。

认知研究从非具身认知向具身认知的转变深刻影响到认知科

学涉及的学科领域(如哲学、神经科学、认知心理学、语言学等)在认识论与方法论方面的革新,也必然影响到翻译研究,能够给翻译过程研究和译者认知心理过程研究带来重要的启示。具身认知范式主张主体的身心体验对理性认知的先在性,并且在多个层面揭示认知的发生并衍变于认知主体与周围环境之互动过程中,可以启发我们思考如何以译者(作为认知主体)的具身认知特点为视角,把翻译的社会文化"宏观"视界(大环境)与文本"微观"视界(小环境)有效联通,从而对译者认知心理过程进行系统性合理解释。

## 第二节 认知翻译研究

### 一、翻译研究的认知需求

翻译不仅是将一种语言中的单词与另一种语言中的单词相关联,认知翻译学研究的方法起源于认知研究,它旨在理解并解释译者大脑的运作。比如,翻译者如何在他们处理的情境和文本中创造意义?他们如何制定策略和进行选择?他们的文化和语言背景如何影响他们的思考和理解?他们如何培养翻译能力?

从认知科学的角度回答上述问题,不会把翻译过程视为智能行为,如学习、解决问题和翻译等,而是旨在解释那些使复杂的认知行为(如翻译)成为可能的心理过程的发展和运作(Shlesinger, 2000)。这也是翻译的认知研究与语言学或心理学方法的不同之处。翻译的认知研究使用并扩展现有的认知科学模型,来描述并解释翻译者的行为和选择的过程。

翻译的认知研究不会分析文本或外在行为,而是关注内在过程。但是,认知过程既不可见也不明显,在认知科学中也存在关于神经学和行为证据含义的不同假设。对意义的位置研究也悬而未决。意义是否存在于文字、语言、文本(Wilss, 1988)、神经元模式、大脑或互动中？不同的认知科学方法对译者大脑中的过程给出了不同的答案。

因此,翻译研究需要在认知科学最新理论思想指导下,在综合考虑翻译文本内外诸多影响因素基础上,对翻译认知心理过程进行比较系统的解释(仲伟合、朱琳,2015)。

## 二、认知研究途径

现代认知科学的研究方法通常来源于心理学、人工智能、哲学、语言学和神经科学。在翻译研究中除了采用理论分析之外,通常使用实证-实验研究方法,主要有:有声思维法、内省、个人语言学习者和翻译者的思维-声音协议、参与观察、屏幕录像、眼睛跟踪等。也使用一些神经科学的方法,包括脑电、核磁共振等技术等,直接关注译者的大脑。另外,方法论创新也成为认知翻译学的一个新课题,人们越来越关注翻译过程观察与翻译产品分析和基于语料库的翻译研究(Rydning & Lachaud,2010)。

## 三、认知过程研究

认知过程是一个复杂的心理过程,包括直觉、注意、记忆、推理以及决策等心理活动(Neisser,1967)。主要有三种认知过程:① 信息加工。通过人脑进行信息的加工处理过程即为认知活动。② 符号处理。语言是一种符号系统,符号是对外界事物的内部表征,对符号加工的过程是人们认知活动的核心之所在。③ 解决问题。这一过程是个体选择、贮存、转换、使用从环境中得到的信息,利用人脑中的知识和经验来认知和解决问题的过程。

为了更好地认识人们的认知过程,学界开展了一系列的研究。主要的认知过程模型有图式理论、信息加工模型、联结主义理论等。

1. 图式理论

皮亚杰(Piaget,1936)是第一位对认知发展进行系统研究的心理学家,对认知研究产生了重要的影响。他提出了著名的儿童认知发展的阶段理论。他认为,儿童生来就具有非常基本的心理结构(基因遗传和进化),所有后来的学习和知识都以此为基础。认知发展是由于生物成熟和环境经验导致的心理过程的逐步重组。儿童建立了对周围世界的理解,然后在他们已经知道的东西和他们在环境中发现的东西之间经历差异。

图式(schema)是认知发展理论的重要概念,是认知结构的核心。图式是可以重复的动作的结构或组织,是对周围世界的一套心理表征,人们用它来理解和回应情境(Piaget,1952)。儿童的心理过程的发展,就是他们所学习的图式的数量和复杂性的增加。图式分为初级图式和高级图式。其中,初级图式是遗传性图式,主要指感知,包括运动图式、动作图式和习惯等。高级图式包括智力图式、思维图式、运算图式等。

图式的功能主要有:为吸收文本信息提供心理框架,帮助分配注意力,帮助推断信息,帮助记忆有序搜索,帮助编辑和总结,以及帮助推导性重构。前三项功能是关于信息的处理,后三项是关于信息的提取(王湘玲、胡珍铭,2011:108)。

皮亚杰(Piaget,1952)将认知发展视为对世界的适应(调整)过程,这体现在同化(assimilation)和顺应(accommodation)两种作用上。同化把外界刺激整合到现有的图式中,而当现有图式(知识)不起作用并且需要更改以适应现实时,会出现顺应。平衡(equilibration)是推动发展的力量。当儿童的图式可以通过同化处理大多数新信息时,就会发生均衡。然而,当新信息无法适应现有模式(同化)时,就会出现不平衡状态,就需要掌握新的图式来恢复平衡。在获取新信息后,将继续使用新模式进行同化,直到下次需要对其进行调整。可见,同化和顺应相互协调作用,实现从不平衡到平衡之间的转换,从而实现认知的发展和提高。

2. 信息加工模型

信息加工理论研究人们如何获取、储存、处理和使用信息。卡罗（Carroll，2000）提出人们对语言的理解和产出受到信息处理系统的制约，信息加工系统有三个部分——感觉记忆、短期记忆（或工作记忆）和长期记忆（或永久记忆），还有一套管理信息流动的控制过程。

感觉记忆（sensory memory，简称 SM2）持续的时间很短，吸收各种颜色、音调、味觉和嗅觉。由感觉记忆提供的信息不会被处理，而是基于刺激的特定物理特性简单地过滤并转移到短期记忆中。

短期/短时记忆（short-term memory，简称 STM）或工作记忆（working memory，简称 WM）保留信息的时间也相当短（15—30秒），容量是"7±2"个信息单元。工作记忆包括存储和处理信息两种功能，体现了记忆过程的动态观。

当新的信息进入工作记忆后，一些旧信息被重组成较大的信息单元，一些旧信息丢失，也有一些旧信息被送往长期记忆。长期记忆（long-term memory，简称 LTM）分为陈述性（有意识）和内隐（无意识）记忆。陈述性记忆可以是情境记忆和语义记忆。根据图尔翁（Tulving，1972）的多重记忆系统理论，语义记忆（semantic memory）是通过对语言文字、概念、符号等抽象事物的理解而形成的记忆，是关于世界的一般知识。情境记忆（episodic memory）是个体对某一特定时间和地点发生的事件的记忆，是个体记忆。语义和情境记忆可以相互作用。人们有时候会利用情境记忆来检索语义记忆。

3. 联结主义

从 20 世纪 80 年代起，哲学家们对联结主义（connectionism）产生了兴趣，把它视为对传统观点的挑战。传统的信息加工理论认为，心灵类似于处理象征性语言的数字计算机。而联结主义是统合了认知心理学、人工智能和心理哲学的一种理论。它把认知加工理解为神经网络的加工。神经网络是由大量单元(神经元的类似物)组成的大脑的简化模型(见图2-1)。

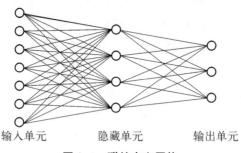

图2-1 联结主义网络

在联结主义网络中,有输入和输出两层结点,以及中间的隐藏结点。每个输入单元都有一定的激活水平,表示网络外部的某些功能。输入单元将其激活值传向它所连接的每个隐藏单元。这些隐藏单元分别根据从输入单元接收的激活值计算自己的激活值。然后,把该信号传向输出单元或另一层隐藏单元。这些隐藏单元以相同的方式计算它们的激活值,并将该值传向它们的邻居。最终,输入单元的信号一直通过网络传播,以确定所有输出单元的激活值。

由神经网络建立的激活模式由单元之间的权重或连接强度确定。这些权重模拟了将一个神经元连接到另一个神经元的突触的影响。权重可以是正数也可以是负数。负权重表示发送单元的活动对接收单元的抑制。根据简单的激活功能计算每个接收单元的激活值。

联结主义者认为认知功能可以通过以这种方式运作的单位集合来解释。由于假设是所有单元计算几乎相同的简单激活函数,因此人类智力成就必须主要取决于单元之间权重的设置。在联结主义看来,心理表征就在于网络突现的整体状态与对象世界的特征相一致(谭绍珍、曲琛,2004:34)。

## 第三节 口译认知过程研究

20世纪50年代,西方国家开始出现口译研究,60年代开始兴起的实验心理学研究促进了口译研究的蓬勃发展。但是当时的翻译研究主要是对文本的语言形式的分析,忽视了译员对翻译过程的影响。70年代,以塞莱斯科威奇(Seleskovitch)为首的释意学派注意到传统的结构主义语言学分析方法的局限性,开始关注口译活动的主体——译员,并结合当时刚刚兴起的认知科学的研究,对口译的认知过程进行了深入的研究,并取得了丰硕的成果。从80年代起,口译研究开始蓬勃发展,开始兴起跨学科研究,比如口译的神经语言学研究、口译语篇学研究、口译与认知心理学研究等(康志峰,2014:52)。口译不仅是交流的手段,也是译员认知活动的结果。因此,需要考虑在翻译过程中译员的大脑过程,以及译员需要具备的能力。在过去的几年间,该课题引起了广泛的关注,针对翻译的过程,学界也提出了不同的理论模型。

### 一、理论模型建构

对翻译过程的研究有六个模型,分别是巴黎释意学派的释义理论、贝尔(Bell)的语言学和心理语言学模型、基拉利(Kiraly)的社会学和心理语言学模型、威尔斯(Wilss)的决策过程模式、格特(Gutt)的关联模型、吉尔的认知负荷模型。

1. 释意理论

释意理论(the interpretive theory)是翻译认知研究的最早的理论,也是巴黎释意学派最为著名的理论,包括笔译理论和口译理论。释意理论有三大核心成分,分别是"脱离源语语言外壳"假说、口译过程三角模式和释意派口译教学模式。

其中,"脱离源语语言外壳"假说与认知研究和心理语言学研究有关。塞莱斯科威奇(Seleskovitch,1968)认为,在译员的理解和再表达之间,存在一个意义和语言分离的阶段,译员理解源语言的意义以一种非语言的形式存储在大脑中,在再表达阶段译员可以迅速找到与该意义匹配的目标语的表达形式。

塞莱斯科威奇还把口译过程分为三个关联的阶段,即理解、去词汇化(deverbalization)和再表达(re-expression)。理解阶段是产出意义的过程。该理论认为,语言知识不足以完成翻译任务,还需要其他认知输入的辅助,如百科知识和语境知识。强调记忆在理解过程中的作用,区分了暂时存储知识的即时记忆和储存个体拥有的全部知识的认知记忆。理解过程的最终产物是意义,它是翻译过程中所有的语言和非语言因素作用的结果。去词汇化是处于理解和再表达中间的阶段。再表达是基于"去词汇化"后的意义,而不是语言形式。

2. 语言学和心理语言学模型

贝尔(Bell,1991)提出了基于语言学和心理语言学的模型(linguistic and psycholinguistic model),分为分析和综合两个阶段。它把人工智能纳入结构组织,采用系统功能语言学的框架。

贝尔认为,翻译是一个信息处理的过程,需要短期和长期记忆对源语言输入进行解码并对输出目标语言进行编码。该模型采用自上而下/自下而上的结构。起初是对原文词汇的视觉识别,然后进行句法分析和词汇搜寻机制。一旦在语义表征阶段,译者决定开始翻译,输入就会被语用、语义和词汇句法合成器重新处理,并用新的书写系统编码,从而生成目标文本。

3. 社会学和心理语言学模型

基拉利(Kiraly,1995)的翻译过程的心理语言模型(psycholinguistic model of translation processes),对译者的认知心理过程做出了更加详细的描述。他认为翻译是社会(外部)和认

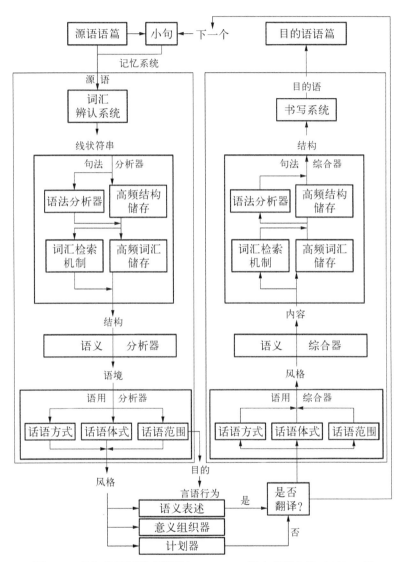

图 2-2 贝尔的翻译处理模型(Bell, 1991,引自蒋显文等,2000: 78)

知(内部)活动,因此提出了两个模型,一个是社会模型,另一个是利用心理语言学的认知模型。

在社会模型中,译者被视为三个互相关联的情境语境(SC)的积极参与者,即源文本(SC1)、目标文本(SC2)以及与翻译活动相关的特定语境(SC3)。情景语境位于源文本和目标文本之间,由于其内在的心理属性无法被直接观察到。在情景语境中包括特定于翻译的能力和相关的知识形式。这些都被译者的自我概念所外化,这与翻译者的自我形象及其社会角色有关。

在认知模型中,译者的思维是"一种信息处理系统,其中翻译来自使用语言和超语言信息的直觉和受控过程的相互作用"(Kiraly,1995:102)。基拉利在一系列个案研究的基础上指出翻译过程是受控和不受控的、不可观察的过程,还通过有声思维提出对翻译中受控过程特殊性的见解。

基拉利的心理语言学模型把译者的心理视为一个信息加工系统。包括信息来源(information sources)、直觉工作间(intuitive workspace)和受控制性加工中心(controlled processing center)。信息来源包括长期记忆(存储文化、物理、社会图式、话语框架、翻译相关图式、词汇语义知识、形态句法框架)、源文本输入和外部资源(参考书籍、数据库、本族人等)。在直觉工作间里,一个文本所激活的大部分信息都是以自动化的形式进行加工,人们在处理、提取、储存和理解这些信息时只需要很少的注意力。

在直觉工作间里,来自长期记忆的信息与源文本输入和外部资源的信息被合成,不受意识的控制。运作的产物有两种:暂定翻译输出(tentative translation output)和暂定翻译问题(tentative translation problem)。暂定翻译输出是指在直觉工作间产生的未经验证和监控的即兴联想产物。这些内容一部分会绕开受控制性加工中心,一部分会受到译语监控(target language monitoring)和文本监控(textual monitoring)。

当自动处理不产生暂定翻译输出时,直觉工作间中就会出现翻译问题。然后在受控制性加工中心考虑这些问题,并选择和实施策略来解决。如果策略失败,该问题会和尚未考虑的信息一起被发送回直觉工作间。如果工作间仍然无法产生适当的解决方案,则可以基于可用的不充分信息提出和接受临时翻译,或者可以丢弃所讨论的元素并且再次开始搜索过程。

4. 翻译的决策过程模式

威尔斯(Wilss,1996)提出,认知心理学是研究翻译认知活动的最为合适的框架。他借鉴了陈述性知识(知道什么)和程序性知识(知道如何)的区别,认为翻译是一种智力行为,需要考虑解决问题、决策以及其他机制(如创造力和直觉等)。

翻译是一种基于知识的活动,需要获取有组织的知识,而图式就是支持知识获取的、有层次结构的认知单元(Bartlett,1932;Neisser,1967)。因此,翻译认知研究方法的核心任务是调查图式的运作方式以及在知识相关图式中观察到的交互类型。

威尔斯还提出,知道如何做出决定和如何选择是翻译实践和翻译教学中最相关的元素(1998)。决策过程与解决问题的活动密切相关。解决问题要建立在陈述性和程序性知识的基础上。在翻译时这个问题要复杂得多,因为它是派生的活动(即将文本转换成另一个文本)。

决策过程有六个阶段:识别问题、澄清(描述)问题、搜索和检索相关信息、解决问题的策略、选择解决方案和解决方案的评估。每个阶段都可能存在问题,这些问题可能会中断或延迟决策过程。威尔斯指出,必须研究认知简化的过程,即简化复杂问题以使其与译者的处理能力更加兼容的过程。

5. 关联模型

格特(1991)在关联理论(relevance theory)的基础上,将翻译视为解释性的语言使用。根据关联理论(Sperber & Wilson,

1986),人类的推理过程旨在最大限度地提高相关性。相关性的定义根据是在明示-推理交际中,为了达到认知/情境效应而付出的努力。一方面,交际者明确地表现出他/她打算表现出某种东西的意图。另一方面,交际对象努力据此进行推测。

在关联理论的框架中,还有描述性和解释性这两种心理表征类型,它们都指相应类型的相似性。描述性相似性建立了世界中物体或事态与心理表征之间的相关性,而解释性相似性则在两种心理表征之间进行。格特认为翻译是一个最佳的解释性相似性的例子,其中"两个话语,或者两个明示的刺激,解释性地彼此相似,以至于它们共享它们的解释和/或含义"(Gutt,1991:44)。也就是说,译者的任务是向他的交际对象明确地表明所有相关的方面,这些方面由源文本明确和推理地传达。

格特认为,把关联理论应用于翻译,有可能理解和阐释使人类能够翻译的心智能力,即用一种语言表达在另一种语言中所表达的内容。一旦理解了这些能力,就不仅可以理解输入和输出之间的关系,而且可以理解它们和交际对象的交流效果。这也适用于交际者和交际对象不共享相互认知环境的情况。

6. 认知负荷模型

吉尔(1995)在认知心理学的处理能力概念的基础上,提出了认知负荷模型,并将其与同传、交传、视觉翻译和带稿同传联系起来。该模型预先假定自动和非自动心理操作之间的区别,它消耗了部分可用的处理能力。吉尔强调了译员非自动化的心理操作特点,强调同传中的三种类型的认知负荷:

(1)与听力和分析有关的认知负荷。吉尔主张支持对倾听和分析语言输入进行概率分析,这两者和时间限制、注意或信息处理能力和短期记忆能力相互作用。理解的过程是非自动的,短期记忆信息与存储在长期记忆中的元素形成对比,以便在口译中做出决策。

（2）信息重组中与话语生成有关的认知负荷。这些也是非自动的，需要译者的背景知识（通常比说话者的少），需要与说话者保持同步（通常不同于译者自己的步调），需要在不知道说话者将如何完成推理的情况下进行信息重组，还需要抵制两种不同语言之间持续的语言干扰。

（3）短期记忆的认知负荷。这些也是非自动的，存储节奏严重依赖于说话者的速度。

吉尔的认知负荷模型整合了上述三种不同类型的认知负荷，这三种认知负荷不可能超过认知资源的总和，任何一种认知负荷的增加都会直接消耗另外两种认知负荷。认知负荷模型根据操作模式略有不同，在交传中分为两个明显标记的阶段（倾听/分析和信息重组）。在视觉翻译和与带稿同传中，听力认知负荷被阅读认知负荷所取代。

从总体上看，上述六大翻译过程模型都存在与理解和重新表达有关的基本阶段，都需要使用和整合内部（认知）和外部资源，都强调记忆和信息存储的作用，都有自动和非自动、受控和非受控的过程，都注意到检索、解决问题、决策和使用特定翻译策略的作用。基于此，阿尔比尔（Albir，2001：375）将翻译过程定义为一个复杂的认知过程，具有互动性和非线性特征，包括受控和不受控制的过程，并需要解决问题，决策和使用策略。

## 二、国内相关研究

我国的口译研究始于20世纪七八十年代，在20世纪90年代以后开始迅速发展。和笔译相比，口译研究的研究数量和研究成果较少，也缺乏相关的实证研究。近年来，学者开始研究口译的原则和机制、口译技术和口译教学。也有学者对国内口译研究和国外口译研究进行对比，发现国内口译研究存在的缺陷和不足，提倡进行跨学科研究。也开始出现了口译的认知研究，但大多是理论的推介,而实证研究相对偏少。

康志峰(2011)做了"口译中听、译两种焦虑模态的认知心理研究",之后出版了《认知心理视阈下的口译研究》(康志峰,2012)专著,发表了《多模态口译焦虑的级度溯源》(ibid.:106-109)、《汉英增效口译:长时记忆与工作记忆的 ERPs 实证研究》(ibid.,2016:85)、《口译行为的 ERPs 证据:认知控制与冲突适应》(ibid.,2017:92-102)、《双语代码转换与增效口译》(ibid.,2018:100-104)等40多篇相关口译认知过程研究论文,其中既有实证研究,也有理论研究。

张威(2009)指出,国内缺少对认知记忆在口译中表现的研究,仅有少量研究从理论上强调了口译实际观察法的重要性(刘和平,2005)。他通过访谈,以口译中的省略为个案,探讨了译员认知记忆在实际口译中的作用。结果显示,有一部分省略现象是由于译员认知记忆资源(主要是工作记忆)无法保持各种信息而造成,出现了记忆负荷超载。可见,认知记忆是影响口译加工的一个重要因素。

刘和平(2005)在回顾了已有的口译理论研究成果后提出,应该从跨学科角度加强实证和认知研究,借助神经学和认知科学的成果,探讨信息是如何获取、存储、处理和提取的,从而更好地认识不同层次口译的程序和思维特点。

王湘玲、胡珍铭(2011)用释义理论和信息处理理论,从微观和宏观两个层面构建了口译信息处理的图式模型。研究表明,译员的背景知识图式不断被外界刺激层层激活,在自上而下和自下而上的信息处理模式中储存及提取信息,并输出译语,给听众提供理解刺激。这说明口译的成败取决于译员对 SL 信息的记忆、储存及提取是否成功。图式对译员进行理解和表达来说,具有非常重要的作用。

周蒙(2015)对10年来国内口译的心理实验方法进行了调查,

发现运用心理实验法进行口译的研究数量有所增加,但总数较少。要提高口译研究的质量,要借鉴认知心理学等相关学科的理论,坚持定性研究和定量研究方法相结合,扩大被试规模,确保实验的效度,才能促进口译研究的发展。

李德超、王巍巍(2011)提出认知心理学的有声思维法在口译研究中的适用性,主要集中在口译过程、口译策略和口译质量研究上。有声思维法可以探究译员技能习得过程中大脑的运作机制,也可以用来了解口译双语交际所涉及的心理语言因素,发现译员的口译策略,还可以用来探究外在环境变化对口译质量的影响。该研究表明,有声思维法在口译研究中有充分的理据和解释力。

孙利(2013)认为,口译成功与否在很大程度上取决于从源语到译语关联性的转换。他研究了关联理论在口译认知过程中的体现。研究表明,理解过程就是译员在 SL 信息与自己已知信息之间寻求关联性的互动过程;意义存储过程就是译员和说话者之间的认知互动过程,是说话者明示交际意图与译员结合语境对说话者语境假设进行推理、选择的过程;在表达阶段,译员需要运用语言知识将话语意义重新转化成语言形式,用译语建构最佳话语模式。

从总体看,国内的口译研究在深度和广度方面仍待提升。对口译中的认知问题,包括口译的语言理解和产出、口译的认知过程和工作过程、口译的工作记忆等课题进行研究(穆雷、王斌华,2009)。

## 三、口译认知理论构念

对认知心理的研究始于 17 世纪。人们开始提出对情绪采取理性控制。19 世纪中期,凯尔柯佳德对焦虑进行了深入的研究。弗洛伊德也指出,认知心理学中的客观焦虑是人类与生俱来的有限性(May,2010:176)。梅(May,2010)提出了焦虑量与焦虑形式的问题,他认为个体的焦虑量与焦虑形式是习得而来。从20世纪中期开始,焦虑成为西方心理学、哲学、教育学、社会学等领域的重大研究课题。研究表明,焦虑对外语学习有负面影响,它与外语学习成绩、自信心之间都存在负相关。在口译过程中,由于处理认知任务的复杂性、源语言和目的语结构的差异以及异常复杂的心理因素等给译员带来了相当程度的焦虑。口译焦虑的控制是口译能力的表现。因此,加深对口译认知过程和口译认知加工焦虑的理解,关注口译焦虑和工作记忆、口译策略等因素的关系,可以为降低和控制口译焦虑提供重要的理论指导(邓媛、朱健平,2016)。

尽管认知心理学研究取得丰硕成果,但很少有学者开展与口译的跨学科研究。国内学者对认知心理的研究仍处在起步阶段。康志峰(2013)对国内外焦虑整体论及其模因发展进行了历时和共时的研究。研究表明,焦虑与英语水平、特定的口译语境存在显著的相关关系,既有正相关,也有负相关。

康志峰认为,口译过程是一个复杂的认知过程的心理体现,利用认知心理学对口译进行认知分析有助于更好地了解大脑的思维方式,也有助于深化口译研究,具有重要意义(2014:54)。因此,他在口译学研究和认知心理学研究的基础上,提出了口译认知心理学的概念。CPI借助知觉、注意、记忆、语言、判断和决策等认知心理学的概念,是以信息加工为核心的口译活动的动态性认知心理学。其研究范围包括知觉的形成、注意的分配、记忆信息的加工、焦虑的产生等。

刘绍龙、王柳琪(2007)把口译研究分为宏观研究、技巧研究和教学训练研究,并调查了近十年我国口译研究的现状。就宏观研究而言,他们发现研究者大多从单一层面对研究客体进行经验总结和思维归纳,借鉴国外口译的最新研究成果或者其他学科的理论则较少。他们指出,口译的理论和实践研究和心理学、语言学、神经科学等学科密切相关,口译研究应该借鉴相关学科的成功,从而有助于进行口译宏观理论的构建。

口译是基于一种双语加工的认知心理活动,它对来源语的符号信息进行解码,从中提取源语意义,进行信息记忆保持,然后对提取的意义进行信息转换并以目的语重新编码。此外,口译还涉及跨文化双语心理活动、译员的审美心理活动等。因此,从认知心理学的角度研究译员的心理活动有助于揭示译员的心理活动规律,使译员有意识地通过自身的认知功能来认知客体并再现客体(颜林海,2008)。

邓媛、朱健平(2016)基于吉尔(2009)认知负荷模型和口译策略相关理论,对学生的口译认知策略进行了问卷调查。他们发现,学生译员表现出较高的认知加工焦虑,他们的口译认知加工焦虑和口译策略存在显著负相关。

本研究对认知口译学这一概念名称的提出,其理论模型建构创新以及以 ERPs 为主的实证研究将会带动口译认知过程研究向口译眼动、EEG 等研究发展,并将口译认知过程的研究在国内外推向高潮。

**本章小结**:本章从认知的定义入手,分析了传统的认知主义和后认知主义等理论体系。尔后,将认知融入翻译,结合认知与翻译,从翻译研究的认知需求、路径以及过程等探究,进入到口译认知过程研究的理论模型建构,提出了认知口译学的理论构念。

# 第三章 认知口译学研究方法论

认知口译学的研究不仅局限于理论层面的研究，也并非只局限于实际操作的实证研究，更重要的是两者的结合。本研究在口译认知心理理论研究的基础上，采用利用 EEG、ERPs、eye-tracking、E-prime、fMRI 等现代技术设备进行实证研究的方法，反应时测量法、抽象分析法、口语报告法、联想回忆测验法、电脑模拟法以及综合理论研究法等。

## 第一节 研究方法论革命

### 一、认知科学的研究方法

认知科学对于认知现象的研究，按照方法论可分为三种：认知内在主义方法、认知外在主义方法和认知语境主义方法。认知内在主义方法包括：来自物理学的还原主义，来自计算机科学的功能主义，来自现象学的内省主义或直觉主义，来自人工智能的认知主义（王志良，2011：19）。认知外在主义方法是指从心智之外的行为、文化等因素来解释心智的功能方法论，而认知语境主义方法是指从心智的内在和外在因素认识心智整合的方法论（ibid.，2011：20）。

认知科学的研究路径包含：(1) 认知心理学路径(ibid.)，该研究路径使用的是对各种信息的输入、转换、储存、加工、升华的自上而下(top-down)策略；(2) 人工神经网络(artificial intelligence)路径(ibid.)，该研究路径采用的是自下而上(bottom-top)策略的理想化人工神经网络模型，尔后实现其理想的认知模型(idealized cognitive model，简称 ICM)；(3) 认知神经科学(cognitive neuroscience)路径(ibid.)，该研究路径采用的是自下而上策略，以功能定位和神经元理论为基础，使用 ERPs、EEG、MEG(magnetoencephalography)、PET (position emission tomography)以及 fMRI 等技术手段来得知大脑这个"黑匣子"活动的功能区域、认知加工过程及其特点等。

## 二、口译学的研究方法

口译学的研究方法包括口译本体论(ontology)研究法，口译实证研究(empirical studies)法，口译理论研究(theoretical studies)法等。口译本体论研究法是对口译行为本身之研究，如口译质量评估研究和口译效果研究等均离不开口译本体论之研究。然而，随着口译研究之深入，口译本体论研究法再难维系，只能引进认知心理学、认知语言学(cognitive linguistics)、认知神经科学等实现了口译研究方法论之突破，产生了口译认知心理学(康志峰，2013)。

认知口译学的研究方法之多，有基于口译操作的实证研究，有基于口译实践基础的理论研究，还有贯穿口译理论与口译实践结合的综合研究。研究中采用的具体方法有反应时测量法、抽象分析法、口语报告法、联想回忆测验法、电脑模拟法等多种研究方法(ibid.，2013：38)。

近年来，认知口译学研究中除了使用心理咨询法(psychological consultation method)和问卷调查法等传统的研究方法之外，还使用现代的血液流变检测法、事件相关电位(ibid., 2017: 92)检测法、SPSS 计算解析法、眼动跟踪法等新方法。

## 三、认知口译学的研究方法

该研究法缘起嵌字,即 embed(危东亚,1995: 792)。嵌入式(embedding mode)乃嵌入之模式。嵌入式系统(the system of embedding mode)首先应用于 IT 技术领域的处理器、存储器等硬件设备资源,如手机、U-Disk、PDA、VCD /DVD /MP3 player、ARM、Power PC、MIPS、Motorola68K、数字相机(DC)、数字摄像机(DV)、机顶盒(Set Top Box)、高清电视(HDTV)、电子词典、可视电话、路由器、医疗器械、航空航天设备等典型的嵌入式系统。嵌入式是数字化时代数字生存之基石,嵌入式系统随之亦成为 IT 技术领域最为热门,颇具发展前途之系统。

本研究提出的嵌入式研究法,将认知科学嵌入口译学之中,重点研究译员的口译认知过程。具身性研究在目前口译研究创新背景下,认知嵌入口译,认知科学嵌入口译学而产生的认知口译学(ibid., 2018)实现了口译研究方法论之革命。研究中使用的 C→I 嵌入式研究法凸显了认知与口译结合的理想认知模型,实现了认知口译学研究方法论的革命。

## 第二节　EEG 和 ERPs 测量法

### 一、EEG 和 ERPs 缘起

1929 年,汉斯·伯格(Hans Berger)利用置于头皮的电极,成功测量到人脑的电活动,这种电信号可以在头皮表面检测并记录下来以观察时间电压的变化,这种电活动被称为脑电图或是脑电(Berger, 1929: 527-570)。然而,EEG 反映的是脑中各种活动所产生的电位总和,一些随机性的脑电并无规律可循,只有对某种刺激所产生的脑电反侧测量,通过数学上简单的平均技术提取出那些有特异性的,并与特定认知活动相关的神经反应,这种所提取出的与该刺激相关的脑电,被称为事件相关电位。由于这种电位活动是由某种刺激所诱发的,因此 ERPs 本来被称为诱发电位(evoked potential)。在认知神经科学中,研究者通常使用 ERPs 这一术语,但在其他学术领域中,可能会用其他术语指代这一与特定事件相关联的电活动,如诱发反应(evoked response)、脑干诱发反应(brain evoked response, BER)、视诱发反应(visual evoked potential)、诱发反应电位(evoked response potential,简称 ERPs)等(Luck, 2005: 7)。

ERPs 有两个重要的特征,即潜伏期恒定和波形恒定,由于人们的认知活动而诱发的脑电则是随机的,但可通过对相同刺激而引起的脑电进行多次叠加以去除自发脑电或噪声所引起的脑电变化,从而将 ERPs 从 EEG 中提取出来(Hillyard & Kutas, 1983:

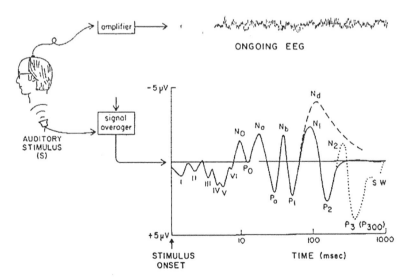

图 3-1　ERPs 提取原理图(Hillyard & Kutas, 1983: 35)

34)。与 EEG 不同,ERPs 记录的是大脑持续的活动,对于那些特定感知或在特定时期发生的认知活动,将其从感官传入到更高一级的认知加工过程以脑电的形式进行记录(Porjesz & Begleiter, 2003:155)。

## 二、ERPs 原理

大脑皮质(cerebral cortex)可分为左脑与右脑两个半球,对应头盖骨位置又可分为额叶(frontal lobe)、顶叶(parietal lobe)、枕叶(occipital lobe)和颞叶(temporal lobe)四个区块(Porjesz & Begleiter, 2003:155),四个大脑区块各自掌管相应的功能,额叶掌管运动功能和认知功能,顶叶掌管身体感知功能、信息整合和空间知觉功能,枕叶掌管视觉功能,颞叶则掌管语义、听觉与嗅觉功能(Carter & Frith, 1998)。大脑的诱发电位和对直接刺激的反应,可证明大脑皮层不同的区域具有不同的功能。而大脑后部的感觉区可细分为体觉区、视觉区和听觉区。体觉区接受来自躯体各部的感觉,位于中央后回,视觉区接受来自眼球的视刺激,位于枕叶,大部分位于大脑半球的内侧面;听觉区接受来自耳朵的听刺

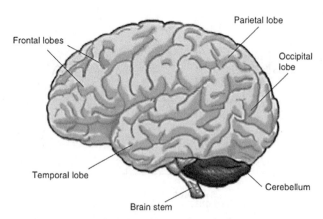

图 3-2　大脑皮质区块图(Porjesz & Begleiter, 2003:154)

激,大部分隐蔽在颞叶皮层的深部。大脑半球前半部的运动区专门指挥和调节躯体各部的运动,位于中央前回(王德春,1997:12)。基于此,研究者可就各自研究所涉及的大脑结构各功能对大脑皮质进行定位以收集有效的 ERPs 数据。

想要通过 ERPs 进行认知神经科学相关研究,了解 ERPs 成分的构成、如何设计 ERPs 实验、怎样解释 ERPs 波形、如何避免伪迹、排除纠正伪迹、对数据进行统计分析与图形描述等对研究者来说都是至关重要的。

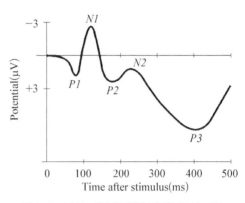

图 3-3　ERPs 成分示意图(李奇,2014:50)

事件相关电位是感官、认知或动态事件直接刺激影响大脑的生理反应,这种研究方式利用贴在头皮的多个电极所接收到的脑波变化来测量脑部活动,被事件所引发的正负电压波动可以被称为"峰""波"或"(脑电)成分",是 ERPs 研究的主要对象。如今普遍推崇的是依据该成分的序列性来命名,如刺激诱发的第一个显著的正成分被称为"P1",而第一个负成分被称为"N1"。大多数主要的脑电成分同时具有两种称谓,例如"P300"和"P3"。由于脑电成分的潜伏期数值往往接近其序列位置的 100 倍,即 N1=N100,P1=P100,P3=P300,因此两种命名方式的存在也不会给研究与交流带来不便(Luck,2005:35-48)。在 ERPs 的命名中,正向波为"P",负向波为"N",而其后数字为潜伏期,研究者可依照时序与观察指标划分不同的波段,按照潜伏期 ERPs 可被分为早、中、晚成分以及慢波,或者称为早潜伏期诱发电位、中潜伏期诱发电位、晚潜伏期诱发电位以及慢波。在这当中,晚成分波和慢波是与人心理因素关系最密切的成分(魏景汉,2008:60)。

在进行ERPs实验时,首先需要对被试进行有针对性的认知活动与情绪刺激。同时记录脑电信号。再者,对信号进行放大过滤和数字化处理。然后对数据进行叠加平均进行伪迹排除和伪迹矫正以获取最准确的电位数据。在进行ERPs实验时,首先要为被试佩戴电极帽,电极帽可根据研究需要选择不同型号,如32导、64导、128导、256导或512导(束定芳,2013:274),接着需要引导被试去完成指定任务接受认知、情绪刺激,同时观察电位的变化以获取准确的电位数据,ERPs实验过程如图3-4所示。

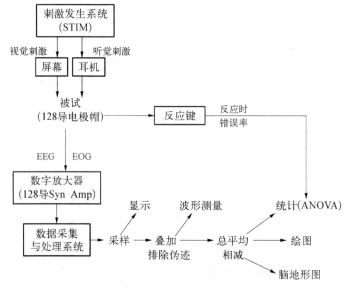

图3-4 ERPs实验流程图(束定芳,2013:274)

## 三、ERPs优势与劣势

在认知神经科学及相关领域的研究中,有一些常用的大脑成像技术,如EEG、fMRI、PET、MEG,这些技术在测量对象、分辨率、费用、对受试者的影响都多有不同,各有利弊。可谓尚未有一种技术能够准确无误地记录大脑内部的神经活动,但相较于以上几种大脑成像技术而言,ERPs 有以下优缺点:

1) 时间分辨率高。极高的时间分辨率是 ERPs 的显著优势,可直观反映人脑神经的电活动,ERPs 在最佳状态下有一毫秒或更佳的时间分辨率(Stemmer,2008:61),这一点可以弥补 PET 和 fMRI 的测量缺陷。

2) 无创伤。对于受试者来说,ERPs 实验中所使用的电极帽及相关设备对人体是无损伤的,且允许受试者进行轻微移动,几乎没有不适感。但有些大脑成像技术如 PET 技术对人体是有损伤的,且头部无法移动。fMRI 与 PET 技术一样,都会让受试者有一定程度的不适,因此在对受试者的影响方面,ERPs 有较大的优势。

3) 心理过程内隐性。ERPs 可对不要求反应的忽略刺激进行"内隐"(covertly)监测,比如,在对语言理解进行 ERPs 研究时,可对句中某个词进行实时评价而无须依赖句子结束后的行为反应。因此,实时信息处理的内隐监测能力被视为 ERPs 技术最大的优点之一(Luck,2005:22)。

4) 费用相对低。相较于 fMRI、PET、MEG 等大脑成像技术,ERPs 的造价较低,使用和维护也较为方便,不仅实验材料耗费和记录难度低,储存与分析数据的费用也是最低的。而使用一次 fMRI,一般需要 300 到 800 美元,PET 还需要医务人员向人体注入放射性核素,实验成本都颇高(ibid.,2005:27)。可见在研究耗费方面来说,ERPs 拥有显著优势。

但是,ERPs 也有一定缺点和局限。首先,由于 ERPs 数据太过微小,需经过反复测试才能得到较为精准的数据。在大多数行为实验中,每种条件每个被试只需 20—30 个试次就可以观察到反应时的差异,而 ERPs 反应,则每种条件每个被试常常需要 50、100,甚至 1 000 试次(ibid.,2005:24)。因此,ERPs 实验数据采集过程极为耗时,其明显的时间限制对运用此类大脑成像技术从事认知神经科学相关研究造成了一定的阻力。再者,空间分辨率不高、定位难、试验持续时间长也是 ERPs 研究的局限性。

## 四、ERPs 相关研究

20 世纪 50 年代中期,科学技术开始被用于探究人脑与学习的关系,研究内容包括人对言语理解、记忆、注意及情感等认知心理现象,认知科学也应运而生(科克等,2013:1)。至 20 世纪 70 年代,认知科学开始被用于研究人类解决问题的过程,相关学者也提出"学习就是新手变为专家的过程"(Bruer, 1994:2)。到 20 世纪 90 年代,随着脑成像技术的发展,跨学科研究成果层出不穷,认知神经科学也进入了蓬勃发展期(科克等,2013:2)。自从 1929 年汉斯·伯格首先发现可以用放在头皮上的电极测量人脑的电活动并画出时间电压的变化,把此种电活动称为脑电图或 EEG,在接下来的几十年里,EEG 被广泛运用于科学领域和临床医学的研究(Luck, 2005:4)。接着,戴维斯(Davis)等人首次获取清醒状态下人类感觉的 ERPs 明确记录(Davis et al., 1939);加朗布希(Galambosy)以及希茨(Sheatz)使用计算机平均技术描述 ERPs 波形(Galambosy & Sheatz, 1962);1964 年,沃尔特(Walter)等人发现 ERPs 中伴随性电位负变化(contingent negative variation,简称 CNV)这一重要认知成分(Walter et al., 1964),开启了现代 ERPs 相关研究,诸多学者也开始对 ERPs 成分进行研究,例如苏桐(Sutton)等人发现了 ERPs 中的"P3"成分(Sutton et al., 1965)。随着认知科学的发展,一些新兴的脑成像技术也纷纷涌现,鉴于 ERPs 具有血液流动学所缺乏的高时间分辨率,诸多认知神经科学家把 ERPs 技术作为 PET 与 fMRI 技术的重要补充进行研究(Luck, 2005),ERPs 研究已进入蓬勃发展期。

与其他脑成像技术相比,ERPs 在时间分辨率、灵敏度、稳定性等方面有相对优势,且被证明可以用来对语言加工或者其他认知子系统的不同分辨率进行研究(Rugg & Coles,1964),利用ERPs进行言语理解、二语习得、情绪加工等的研究成果层出不穷。其中,麦克劳林(McLaughlin)等人对母语为英语的成人法语学习者的脑电活动进行了跟踪研究,他们通过检测ERPs中N400成分所发生的变化来研究词汇习得过程。研究结果显示,N400对词形与词义均十分敏感,且在探讨成人二语学习者句法违例和语义违例习得过程中所引发的ERPs特征时,研究结果显示句子二语学习者在"句子通达性判断能力"以及"由相似刺激所引发的ERPs反应模式"这两方面都表现出显著差异。此研究对二语学习者语言理解的动态加工过程予以阐释说明,并且推动了运用ERPs对二语习得过程的研究(McLaughlin,2004:703)。希利亚德(Hillyard)和库塔斯(Kutas)首次运用ERPs实验,对句子加工中的N400效应进行研究,结果证明N400与句子语义以及整个语篇的语义都呈显著相关关系(Hillyard & Kutas,1983)。近年来,诸多学者运用ERPs就上下文信息关联认知加工过程(Van Berkum et al.,1999)以及根据语篇预测信息的能力(Bastiaansen et al.,2002)等皆进行了研究。我国学者杨亦鸣(2003)将汉语认知研究与神经科学实证研究相结合,采用ERPs等神经语言学的方法对形音义整合及汉字认读的神经机制、汉语语法神经机制进行了综合性研究。

情绪反映了机体对不断变化的环境所采取的适应模式,情绪认知及其脑机制的研究亦是认知神经科学的热点研究领域,并形成"情感认知神经科学"这一分支。罗跃嘉等人(2006)利用ERPs技术和行为实验相结合的实验范式,开展了情绪对注意、工作记忆和汉字认知的影响及焦虑病人的认知改变等研究,在一定程度上揭示了情绪与认知的关系。辛勇等人(2010)从行为与脑电两个层面揭示了情绪对行为控制过程的影响,研究显示负性情绪会减弱个体的行为控制能力,从而导致个体对反应冲突的觉察变慢及对优势反应的抑制过程更长;相反,正性情绪对行为控制过程可能具有促进作用。奥罗弗森等人(Olofsson et al.,2008)对 40 年内使用 ERPs 对情绪加工的相关研究进行探讨,结果显示许多与情感相关的 ERPs 研究常利用不同唤起程度与效价进行差异性搭配的刺激物来进行研究,结果皆显示不同效价和唤起度的刺激物会影响不同大脑区块的 ERPs 振幅,如表3-1 所示。

表 3-1 ERPs 相关研究(节选自 Olofsson et al.,2008:250-255)

| 研究者(年份) | 受测人数 | (C)刺激物特征(T)刺激持续时间(毫秒) | 刺 激 效 果 |
| --- | --- | --- | --- |
| 利夫西兹(Lifshitz,1966) | 男性10位 | (C)高唤醒负效价、低唤醒中性刺激物(T)1 000—2 000 | 在 400 毫秒时的 P300,其振幅负效价与正效价>中性刺激。 |
| 约翰斯顿和王(Johnston & Wang,1991) | 女性30位 | (C)负效价(皮肤病例)、中性(人)及正效价(婴儿男模特、女模特)(T)130 | 在 410 毫秒时 P300 振幅为女模特儿>婴儿、男模特儿、皮肤病例>人。 |
| 米尼等(Mini et al.,1996) | 男性5位女性8位 | (C)高唤醒正、负效价刺激物及低唤醒中性刺激物(T)2 000 | 在 300—400 毫秒和 400—500 毫秒时的振幅为负效价和正效价>中性刺激。 |
| 帕龙巴等(Palomba et al.,1997) | 男性3位女性17位 | (C)负效价(毁损)、中性(物体)、正效价(小狗婴儿)刺激物(T)6 000 | 在 351 毫秒的 P300 和 600—900 毫秒时为振幅负效价和正效价>中性刺激。 |
| 伊托等(Ito et al.,1998,Study 1) | 共 25 位 | (C)高唤醒正、负效价刺激物和低唤醒中性刺激物(T)1 000 | 在 400—900 毫秒时的晚正向波(LPP)其振幅为负效价>正效价刺激。 |
| 伊托等(Ito et al.,1998,Study 2) | 共 14 位 | (C)高唤醒正负效价(食物和动物尸体)刺激物(T)1 000 | 在 400—900 毫秒时的晚正向波(LPP)其振幅为负效价>正效价刺激。 |

续 表

| 研究者(年份) | 受测人数 | (C)刺激物特征(T)刺激持续时间(毫秒) | 刺 激 效 果 |
|---|---|---|---|
| 卡斯柏特等(Cuthbert et al., 2000) | 男性23位女性14位 | (C)高唤醒正、负效价刺激物及低唤醒中性刺激物(T)600 | 在200—300毫秒时的振幅为正效价＞中性刺激物;在300—400毫秒时的振幅为正效价＞负效价及中性刺激;在400—700毫秒时的振幅为正效价＞负效价＞中性刺激;在700—5 000毫秒时的振幅为负效价和正效价＞中性刺激。 |
| 凯尔等(Keil et al., 2002) | 男性11位 | (C)高唤醒正、负效价刺激物和低唤醒中性刺激物(T)6 000 | 在300—340毫秒的早期P3以及380—440毫秒的晚期P300,和550—900毫秒的SW振幅为负效价及正效价＞中性刺激;最大效价效应出现在顶叶(T)。 |
| 舒普等(Schupp et al., 2003b) | 男性8位女性12位 | (C)高唤醒正、负效价刺激物和低唤醒中性刺激物(T)1 500 | 在312毫秒时的振幅为负效价和正效价＞中性刺激;在416—456毫秒时的振幅为负效价和正效价＞中性刺激。 |
| 德尔普兰克等(Delplanque et al., 2004) | 女性12位 | (C)正、负效价刺激物和中性刺激物(T)1 000 | 在406—603毫秒时的P3b振幅为正效价＞负效价。 |
| 普兰托斯等(Pollatos et al., 2005) | 男性16位女性28位 | (C)高唤醒正、负效价刺激物及低唤醒中性刺激物(T)6 000 | 在290—500毫秒时的P3振幅为正效价＞负效价＞中性刺激;在550—900毫秒时的SW振幅为正、负效价＞中性刺激。 |

续　表

| 研究者(年份) | 受测人数 | (C)刺激物特征(T)刺激持续时间(毫秒) | 刺　激　效　果 |
|---|---|---|---|
| 德尔普兰克等(Delplanque et al., 2006a, b) | 女性17位 | (C)高唤醒正、负效价刺激物和低唤醒中性刺激物(T)750 | 在333—384毫秒时的最大效价效应出现在顶叶(T);在439—630毫秒时正效价＞负效价,最大效价效应出现在额叶(T)。 |
| 斯普雷克尔迈耶等(Spreckelmeyer et al., 2006) | 男性6位 女性8位 | (C)高唤醒正、负效价刺激物和低唤醒中性刺激物(T)302—515 | 在380—420毫秒时P300振幅为正效价和负效价＞中性刺激。在380毫秒时正效价＞负效价和中性刺激,最大效价效应出现在额叶(T)。 |
| 奥罗弗森和泊里奇(Olofsson & Polich, 2007) | 女性18位 | (C)高唤醒正、负效价刺激物及低唤醒中性刺激物(IAPS)(T)1 000 | 300—450毫秒的P3和500—850毫秒的SW振幅为负效价和正效价＞中性刺激;最大效价效应出现在顶叶(T)。 |
| 雷迪鲁瓦等(Radilova et al., 1983) | 男性12位 | (C)高唤醒正效价刺激物(色情艺术)以及低唤醒中性刺激物(风景)(T)300 | 在300毫秒时的P300振幅为高唤醒刺激物＞低唤醒刺激物。 |
| 舒普等(Schupp et al., 2000) | 共23位 | (C)高唤醒正、负效价刺激物和低唤醒中性刺激物(T)1 500 | 在350—750毫秒时的振幅为负效价和正效价＞中性刺激,最大唤醒效应在Cz/Pz。 |
| 多克斯和卡布扎(Dolcos & Cabeza, 2002) | 女性15位 | (C)高唤醒正、负效价刺激物和低唤醒中性刺激物(T)2 000 | 在500—800毫秒时的振幅为负效价和正效价＞中性刺激,最大唤醒效应出现在顶叶(T)。 |
| 霍特等(Hot et al., 2006) | 男性14位 女性16位 | (C)高唤醒正、负效价刺激物和低唤醒中性刺激物(T)1 500 | 255—455毫秒时的振幅为负效价和正效价＞中性刺激。最大唤醒效应出现在顶叶(T)。 |

续 表

| 研究者(年份) | 受测人数 | (C)刺激物特征(T)刺激持续时间(毫秒) | 刺 激 效 果 |
|---|---|---|---|
| 科地斯坡蒂等（Codispoti et al.，2006a, b） | 男性24位 女性26位 | (C)高唤醒正、负效价刺激物和低唤醒中性刺激物（T）6 000 | 在400—800毫秒时最大唤醒效应出现在顶叶(T)。 |
| 德塞莎瑞和科地斯坡蒂（De Cesarei & Codispoti, 2006） | 男性8位 女性8位 | (C)高唤醒正、负效价刺激物和低唤醒中性刺激物(T)100 | 在150—300毫秒时的振幅为正效价＞负效价及中性刺激；在400—600毫秒时的振幅为正效价及负效价＞中性刺激；而400—600毫秒时的最大唤醒效应出现在顶叶(T)。 |
| 罗森克兰茨和泊里奇(Rozenkrants & Polich, 2008) | 男性16位 女性16位 | (C)高、低唤醒的正、负效价刺激并有干扰刺激控制(T)1 000 | 在400—800毫秒的P300和SW振幅为高唤醒＞低唤醒，在正常或干扰的刺激下均为如此，并无效价及性别影响。 |
| 罗森克兰茨等（Rozenkrants et al.，2004） | 男性16位 女性16位 | (C)高、低唤醒的正、负效价刺激并有干扰刺激控制(IAPS)(T)1 000 | 在400—800毫秒的P300和SW振幅为高唤醒＞低唤醒，在正常或干扰的刺激下均为如此，并无效价及性别影响。 |

## 五、ERPs与口译认知研究

高时间分辨率是在语言加工相关研究中非常重要的指标，因为只有通过具备高时间分辨率特性的脑成像技术，研究者才能够观察到受试者大脑认知理解系统中对实验中所出现的刺激处理的敏感性。而ERPs技术就可被用来研究听者从听取到信息与脑中已有信息建立联系的速度或关键词与整个语境的相关程度等。因此，这种可以进行实时监测同时具备高时间分辨率的技术如今被越来越多的学者运用于翻译口译认知过程的研究。

《翻译与认知手册》一书介绍了 EEG 技术在翻译研究中的应用,即以在口笔译活动中大脑区域的参与度为基准,使用该技术对脑电活动进行测量以获取通用语言的特定翻译模式。并且引入多元法(multimethod),即质性与量性研究相结合的混合式研究方法,不仅仅依赖一种数据去解决问题,可采取如"脑电图""民族志(ethnography)""功能磁共振成像""事件相关电位"等多种数据进行分析研究(John & Sons, 2017:195-209)。

在国内,康志峰(2016)通过对学生译员有关工作记忆行为、ERPs 和 E-prime 数据进行分析,研究发现在 WM 的任务中,脑电反应 N2 和 P3 潜伏期短,与神经启动效应一致,曾习得项比新项目反应时短且精准率高;在类比任务中,记忆类的精准率高于非记忆类和其他类。而且对 400—700 ms 的 ERPs 平均波幅解析后发现,记忆类比非记忆类和其他类 ERPs 的正走向更明显,表明了在 WM 中记忆项对记忆类项目的神经启动效应。因而得出结论:在汉英口译中,WM 的不同信息加工任务能对其相关的长时记忆信息产生 ERPs 的变化。2017 年,他从口译认知心理学的视角,通过记录 30 名学生译员在完成箭头偏对比掩蔽任务时的口译行为和脑电数据,从英汉口译行为和认知神经层面探讨信息冲突适应是否需要意识的参与,进而探讨对 SL 信息认知控制是否需要意识的参与。研究发现 SL 信息无意识刺激引发的信息冲突同样能触发受试者的 SL 信息冲突控制功能。该研究不但深化了无意识 SL 信息加工深度的认知,而且加深了对口译中 SL 信息加工意识与认知控制关系的认知,使译员在口译时精力配置合理,以达增效口译之功效(康志峰,2017)。

随着《同声传译与工作记忆的关系研究》(张威,2007)、《口译中听、译两种焦虑模态的认知心理管窥》(康志峰,2010)、《认知心理视阈下的口译研究》(康志峰,2012d)以及《口译认知心理学》(康志峰,2013a)的问世,加之相关论文(康志峰,2011,2012a,b,c,2013b;张威,2012;王相玲,2013)的发表,口译研究者已从多个方面关注口译的认知心理研究,从细节上充实了口译认知心理的研究(康志峰,2016)。然而运用 ERPs、眼动仪来对口译认知过程进行实证研究的案例并不多,未来还有待研究者展开相关研究,深化口译认知心理学的相关研究。

## 第三节 眼动(Eye-tracking)研究测量法

### 一、眼动追踪技术

一般来讲,眼动具有三种形式:扫视(saccade)、注视(fixation)和平滑跟踪(smooth pursuit)。眼动追踪技术已成为口译认知研究的重要工具,亦是口译认知心理学重要的研究方法之一。眼动追踪利用角膜和瞳孔的反光法原理,以毫秒为单位记录眼球注视屏幕的精确位置和其他注视行为(gaze activities),如注视时间(fixation duration)、注视次数(fixation count)、回视(regression)、瞳孔直径(pupil diameter)等(闫国利、白学军,2012;康志峰、连小英,2020)。

人们在阅读文字时,眼睛从左到右扫视,平稳地经过注视点,偶尔从右往左回视(Medland, Water & Woodhouse, 2010:740-747)。起初的眼动研究方法简单,1879 年贾瓦尔(Javal)发明了用于检测眼动的检眼镜,第一次用它描述了眼跳和注视(Kapitaniak et al., 2015)。之后发展到摄像机记录,眼动记录仪记录等,当今科技高速发展,除了用摄像机和眼动记录仪记录之外,还可用手机拍摄、录像,用 SPSS 软件计算等先进精准的方法来记录。1981 年,麦克唐纳和卡朋特(McDonald & Carpenter, 1981:231-247)两位专家把眼动法引入翻译研究,开辟了眼动与翻译跨学科研究的先河。

## 二、眼动研究法

在认知心理学研究领域,以往常用的眼动记录方法有：(1)雷纳(Rayner)以视频为基础的瞳孔监视法(video-based pupil monitoring),(2)杜邱斯基(Duchowsky)的图像或录像记录法[photo-OculoGraphy (POG)或 video-OculoGraphy (VOG)],(3)对眼球运动进行观察的观察法等(卞迁等,2009：34-37)。随着科技的进步,实验设备的更新,本研究使用的是目前国际最为先进的眼动跟踪轨迹研究法。

## 三、实验准备

Tobii TX300 眼动仪设备是目前最先进的眼动仪设备,九点校准、采样率 300 Hz 的屏幕式眼动仪,可在 300 Hz、120 Hz 和 60 Hz 的采样下运行。配有即插即用的 23 英寸显示屏,这款高端眼动研究设备可提供高质量精准的眼动追踪数据和稳定的眼动追踪能力,实现了眼动神经功能的非侵入式研究。

## 第四节 E-prime 测量法

### 一、反应时精准测量

目前测量反应时(reaction time)所使用先进的设备是 E-prime,其软件的特点是测量精准度高,软件使用方便。

反应时指个体从刺激发出到开始反应的这段时间,其长短因人而异。首先由刺激引起感觉器官的注意,经由神经系统传递给大脑,经过加工,再从大脑传递给效应器,效应器做出反应。反应时由三部分时间组成：感觉神经传递时间、大脑加工时间、效应器反应时间,其中大脑加工所需时间最长(康志峰,2013:38)。

## 二、刺激变量

1. 刺激类型

人类各种感觉的反应速度由快到慢的顺序如下:

触觉　听觉　视觉　冷觉　温觉　嗅觉　味觉　痛觉
117—182/120—182/150—225/150—230/180—240/210—300/308—1 082/400—1 000

同一种感觉,刺激部位不同,反应时也不同。如视觉刺激离中央窝越远,反应时越长;鼻侧刺激的反应时比颞侧短。

2. 刺激强度

刺激越强,反应越快。如光强、空间面积、作用时间、刺激的联合与累积等。

3. 刺激的复杂程度

如刺激数目越多,任务越难,反应时就会越长。

4. 刺激呈现方式

如对向上和向下运动的刺激的判断时间不同。对运动刺激的反应快于静止刺激的反应;在个别情况下,刺激终止的反应比刺激开始的反应快;刺激减弱的反应比刺激增强的反应快(ibid.)。

## 三、机体变量

1. 适应水平

各种感觉都有适应的问题。适应对反应时有显著影响,如视觉的明适应使视觉刺激的反应时变慢,而暗适应是反应时加快,其他感觉也存在类似问题。

2. 准备状态

指机体对某种行为作出准备的情况。准备时间太长或太短都会使反应时延长。如中村以1秒、1.5秒和2秒作为预备时间的三个水平,对蹲踞式起跑时间进行了研究。结果表明,当预备时间为1.5秒时,运动员的起跑速度最快。

3. 练习次数

在一定范围内,练习次数越多,反应越快,直到一个极限而稳定下来。反应越复杂,练习效应越显著。

4. 定势作用

当被试的注意力倾向于即将出现的刺激时,反应时延长;当注意力倾向于即将发出的动作时,反应时缩短。

5. 额外动机

受惩罚时反应时最快,受奖赏时稍慢,正常情况下最慢。

6. 年龄因素

在25岁之前,反应时随年龄的增大而变快;在25到60岁这一年龄段,反应时保持稳定;60岁以后反应时明显变慢。

7. 个别差异

不同被试之间存在差异;同一被试在不同的时间也存在差异。

8. 心理不应期的影响

相继给予两个刺激,并要求对两个刺激分别产生反应的时候,若两刺激间隔短,第二个反应的时间就比较长,这种反应时间的推移叫作心理不应期。

## 四、测量操作

1. 反应时测量法

反应时测量法是测量译员大脑运作的一种测量方法,这一测量方法是对被试者所进行的刺激反应时间的测量法。通过编程,使用速示器(tachistoscope)在很短时间内能够看到被试者受刺激反应的特殊装置,通常以毫秒计算,也可以用电脑来测量被试者对如文字、物体等刺激所引起反应的最小物理能量或速度。

2. Donders 反应时 ABC

1868 年荷兰生物学家董德思(Donders)利用反应时测量法及其指标,观察研究了人的心理活动所需要的"心理过程速度"的时间,提出了 Donders 反应时 ABC(参见表 3-2)。

表 3-2　Donders 反应时 ABC(引自梁宁建,2003:42)

| Donders A | S1 ⟶ R1 |
|---|---|
| Donders B | S1 ⟶ R1<br>S1 ⟶ R2 |
| Donders C | S1 ⟶ R2<br>S2 |

由表 3-2 可以看出,Donders A 为简单反应任务,从 S1 到 R1,即从刺激到反应之间的时距是一个简单的反应时,只有一个刺激和一个反应,它是完成复杂认知任务的基础。

Donders B 和 Donders C 均为复杂反应任务,其中在 Donders B 中,刺激和反应都在两个以上,从 S1 到 R1,从 S1 到 R2,有两个刺激和对应的两个反应,其中包括选择反应时和分辨反应时。由此可见,一个选择反应既包含简单任务的基线反应,又包含反应选择的认知操作。

在 Donders C 中,从 S1 到 R2,从 S2 到 0 反应,即被试者的两个刺激具有一个反应——分辨反应。当刺激 S1 出现时,被试做出 R2 反应;当 S2 出现时被试不做任何反应或抑制自己的反应。鉴于此,Donders C 反应是在基础操作中加入了对刺激的确认,但不包含选择反应。

鉴于此,简单反应时是指呈现一个刺激,要求被试从看到或听到刺激到立即做出反应的这段时间间隔,又称 A 反应时。例如要求被试一见到仪器呈现红色信号光就立刻按键。选择反应时是指当呈现两个或两个以上的刺激时,要求被试分别对不同的刺激做出不同的反应。在这种情况下，被试从刺激呈现到做出选择反应的这段时间称为 B 反应时，其中包括简单反应的时间、辨别刺激的时间和选择反应的时间。例如仪器有可能呈现红光也有可能呈现绿光，要求被试者看见红光用右手按键，看见绿光用左手按键。辨别反应时是指当呈现两个或两个以上的刺激时，要求被试者对某一特定的刺激做出反应，对其他刺激不做反应，被试在刺激呈现到做出辨别反应的这段时间，称为 C 反应时，其中包括简单反应时和辨别反应时。例如呈现两种或两种以上色光，要求被试者只对红光做出按键反应。

## 五、实验方案

根据对反应时的测定，我们不仅可以比较学生译员或职业译员不同个体间反应速度的快慢，我们还可据此来对个体在反应过程中所采用的策略进行推断。

1. 实验目的

对学生译员或职业译员个体在反应过程中所采用的策略进行推断。

2. 实验方法

在计算机屏幕上给学生译员呈现不同的 SL 句子和单词。

在每句后让被试判断是否有效，立即用计时器对各类译员进行检测记录，观察哪一位反应时间最短。与此同时，还要检测其理解的准确程度。材料的难易程度与被试者的口译程度具有一定的相关性。

3. 实验结果

对个体反应时的测定，受到测量工具、刺激的属性以及个体状态等诸多因素的影响。在以往的测量中，由于个体认知操作速度很快，从 1 毫秒到 250 毫秒不等，人们很难对它进行精确测量。现在，人们通常可达到 15 毫秒的精确度，甚至更高。这无疑有助于我们对反应时的比较和分析。另外,因为精确的测量是科学分析和正确决策的基础,而反应时的测定还受刺激的呈现方式、强弱度、个体准备状态等因素影响,因而,在测定时要注意保持实践条件的一致。

因此,在测量口译操作反应时同样要注意学生译员和职业译员的差异性、不同译员类型个体的差异性、SL 材料来源的难易度及其与被试对象的相关度、强性刺激和弱性刺激的平衡度等因素的影响。

## 六、口译中的应用

由反应时测量法可知,在进行口译操作时,学生译员和职业译员对 SL 信息的反应时也能得以测量,以此来检测他们对具有相关度的同一信息所做出的不同反应时间,从而发现他们在 SL 信息反应上存在的问题。

译员在 SL 信息刺激开始时,由 SL 信息刺激引起感觉器官的注意,经由神经系统传递给大脑,经过加工,再从大脑传递给效应器,效应器做出反应。这一反应时过程经过了三部分时间:感觉神经传递时间(perceiving nerve delivering time,简称 PNDT)、大脑加工时间(cerebrum processing time,简称 CPT)和效应器反应时间(domino effect time,简称 DET)(参见图 3-5)。

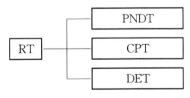

图 3-5　口译反应时合成图

译员经过了这三个时间过程开始反应,这一时段即为口译反应时。

**本章小结**：本章重点描写认知口译学的研究方法论。该研究方法不再是传统的口译认知心理学研究方法论，如反应时测量法、抽象分析法、口述报告法、内隐联想测量法、电脑模拟法等，而是采用了研究方法论的革命如 EEG 和 ERPs 测量法、眼动测量法、E-prime 测量法等现代认知科学的研究方法。

# 第四章 人脑与口译认知功能

人脑是自然界最复杂、最高级的智能系统。脑科学家的研究走向为大脑—认知—行为。现代科学界许多领域如脑科学、生命科学、认知神经、认知心理等领域都在研究大脑这个"黑匣子",21世纪在翻译界对翻译过程的研究也如火如荼。译员对口译的认知过程研究当然亦是口译界研究的重要课题之一。

## 第一节 嵌入式研究

### 一、认知翻译过程

翻译过程研究经过近40年的发展(李德凤,2017:1)"已毫无疑问地成为翻译学一个成熟的研究领域"(Alves,2015:17),大脑认知与口译操作成了口译研究中不可或缺的两大重要因素。口译认知过程研究(康志峰,2018:1)在近10年的发展亦势如破竹,国内外口译认知过程研究者阿尔维斯、雅格布森、康志峰、李德凤、王建华等成果迭出,可见一斑。鉴于口译本体论本身并不能诠释或不能整体诠释口译认知的心理活动,本研究提出了认知嵌入口译的嵌入式研究法,析出认知口译学之崭新理论研究概念。这一研究必须借助于心理学学科和认知心理学学科理论研究才能揭示口译心理活动的特征及其发展规律。近年来,我国的口译研究顺应翻译传译认知研究发展之潮流,凸显了口译认知心理学(康志峰,2013)概念,随后提出了突出口译过程研究的认知口译学之概念,此乃认知科学与口译本体跨学科研究之结晶。

## 二、口译认知过程

### 1. 认知

认知是感觉输入的变换、减少、解释、贮存、选取、恢复和使用等的过程(Neisser,1967)。这一复杂的心理过程包括直觉、注意、记忆、推理以及决策等心理活动。这一复杂的心理变化系统综合功能即为认知(康志峰,2014:55)。认知乃外部世界的信息在大脑中之表征,以观"心脑如何运作"(how mind works),如何"映像",如何"反应",如何"计算"(ibid.,2011:81)。认知活动包括大脑对信息从输入到输出的流动加工过程,大脑对符号的加工过程以及大脑认识和解决问题的过程,即对信息的重构。

### 2. 口译

作为一种交际活动,要完成一项口译操作的作业任务大脑需要经历三个复杂阶段:认知、计算和输出(康志峰,2012:42)。第一复杂阶段:听觉认知(auditory perception)阶段,包括对源语的听音准备(preparation for listening)、听觉注意(auditory attention)、听辨信息(listening and identifying SL information)、信息输入(information input)、信息解码(SL information decoding)等听觉认知活动;第二复杂阶段:认知计算(cognition and calculation)阶段,包括认知理解(cognition and comprehension)、工作记忆、信息转换(information transferring)、目的语编码(encoding)等认知计算活动;第三复杂阶段:信息输出(information output)阶段,包括编码排序(TL information encoding and listing),言语表达(TL information expression)等信

息输出活动(ibid.)。鉴于此,从口译认知心理学的视角(康志峰,2013)来看,口译行为(interpreting behavior)乃是各类译员(职业译员和学生译员)经历复杂的听觉认知、认知计算和信息输出三个阶段完成其口译操作的作业任务,实现口译产品所产生的行为。

3. 口译认知

口译是从一种语言信息到另一种语言信息的转化过程,包含输入、解码、记忆、转换、编码、输出等一系列复杂的认知心理变化过程(康志峰,2011:81)。CPI(ibid.,2013)用"认知"一词来标示人的大脑与外部世界之间的信息交流关系,是口译学与认知心理学催生的一门交叉学科(ibid.)。CPI 是借助于直觉、注意、记忆、言语、判断和决策等认知心理学理论研究范式,对职业译员和学生译员在口译信息加工过程中的认知心理活动特征及其发展规律进行研究的一门科学。CPI 是以口译信息加工为核心的口译活动性的动态型认知心理学。在复杂的口译过程中,诸多认知心理活动参与其中,如直觉的形成、注意力的分配、记忆信息的加工、焦虑的产生以及问题的解决等,各类译员的这些认知活动已成为认知心理学研究的主要范围(ibid.)。

口译认知活动会产生双语转换代价,这一代价产生的过程即译员对口译产品预设的实现过程,亦即口译认知过程。

## 三、C→M→I 嵌入式

C→M→I,即 C(cognition)→M(medium)→I(interpreting)。该推导式中,M 为介子,即大脑神经。整体识解为:认知 C 通过大脑神经这个介子 M 来进行,大脑神经又控制着口译 I。

具体而言之,口译行为离不开各类译员的认知活动(cognition actions),而译员在认知过程中对口译信息(包括 SL 信息和 TL 信息)具有意识(consciousness)控制性,形成认知控制(cognitive control)(康志峰,2017:93)。瑞德印克夫、尤斯泊格、克龙和纽文惠斯(Ridderinkhof, Ullsperger, Crone & Nieuwenhuis, 2004)认为,认知控制是指对不适宜行为进行调节和优化以达到目标的一种能力,包括对行为的计划和调节、抑制不适宜行为、监控和解决冲突等。随后柯雷森和拉森(Clayson & Larson, 2011)与范加尔和拉姆(van Gaal & Lamme, 2012)对认知控制做了进一步阐释。虽然前人对认知控制及其机制的研究颇有成果,但对意识在认知控制中的作用尚待考证,研究甚少。

据此,在口译行为活动中,译员不仅需要对其口译操作行为进行认知控制,而且需要对 SL 信息进行冲突解决和整合调节。① 译前准备(preparation before interpreting)的认知控制:交替传译前用于记录的纸、笔等物资准备,同声传译前的注意准备及心理准备(psychological preparation)等;② 口译操作(interpreting action)的认知控制:在口译操作过程中需要经历三个复杂阶段的认知控制——听觉认知活动、认知计算活动以及信息输出活动。

在对 SL 信息进行冲突解决、整合调节以及冲突适应(conflict adaptation)的过程中,认知控制经历了 SL 信息的选择(information selection)与确准、SL 信息到 TL 信息的转换和 TL 信息的输出。据此,本研究把口译过程中译员对 SL 信息和 TL 信息的认知控制活动模型称之为口译行为的认知控制模型(cognitive control model,简称为 CCM)。此外,各类译员在将 SL 信息转换成 TL 信息的认知控制加工过程中,同样需要意识的参与。综上,将认知嵌入口译的研究方法乃新时期较为先进的研究方法。

## 四、认知科学与口译学

1. 认知科学

认知科学探索人类智力如何由物质产生,以及人脑处理信息的过程,其研究范围包括感觉、知觉、注意、记忆、动作、语言、推理、思考、意识乃至情感动机在内各个层面的认知活动(王志良,2011：14)。人脑对客观事物的直接反映为感觉,感觉器官将刺激物转化为生物电信号,通过动作电位把外界事物信息传递至大脑中枢特定区域进行处理。

感觉对光、声、气、电等物理现象非常敏感,这些场景恰好适应会议口译活动,尤其是视译口译活动,译员通过其自身的感受器对由此场景而产生的 SL 信息由视神经将光刺激通过特殊神经通道传递至大脑的枕叶,而听神经则把声音刺激传递到颞叶进行加工处理,进行感觉信息的转录。

知觉通过感觉器官(ibid.,150)将从光、声、气、电等物理现象中得到的各种信息转化为大脑对物体和事件的经验过程,乃是大脑对各种物理现象及其关系的综合反映。在大脑对客观事物印象反映加工的过程中,知觉往往形成一种对事物大小、形状、颜色、距离、明度等的恒常性,即知觉恒常性(ibid.)。此外,注意、记忆、动作、语言、推理、思考、意识、情感等均为觉知活动的因素。以上活动构成了认知科学研究的各种活动。

2. 元认知

元认知乃是个体认知过程的知识和调节这些过程的能力,对思维和学习活动的知识和控制。元认知包括元认知知识(metacognitive knowledge)、元认知控制(metacognitive monitoring)和元认知体验(metacognitive experiences)。元认知是一个人对自己思维活动和学习活动的认知和监控,其核心乃是对认知的认知(ibid.)。

在口译操作中,译员是主体。对口译产品的顺利实现起突出作用的恰是职业译员或学生译员的元认知。因此,在口译认知过程中译员的注意、记忆、动作、语言、推理、思考、意识、情感等均不可忽视。

3. 介子转换

认知科学通过元认知的介子作用而嵌入口译学,形成认知科学与口译学的跨学科研究,这一跨学科研究乃是新时期将脑科学、脑神经科学、神经认知科学以及认知心理学等嵌入口译学,与口译学相结合的跨学科研究。

## 第二节 脑神经的联结功能

### 一、脑科学视角

从脑科学的角度来讲,口译是经过大脑神经的一系列言语信息处理活动(康志峰,2013:214)。一般情况下,脑科学一般认为大脑的神经发展过程主要是从惰性连接到专门连通的神经过程,即从极低权值连接到高权值的选择连通过程(Lamb,1999)。高权值连通的神经路径有其特定的功能,即为专一的功能提供脑脉冲。从白质发展的过程看,感知运动系统极可能促进语言系统的发展,因为感知运动皮层初级区的白质比布洛卡和威尼克区的白质先形成(康志峰,2013:214)。

### 二、神经联结

根据程琪龙所推断的理论模式,致使对象的重合选择过程是感知运动系统的互动,通过具体的语言从潜在类型实现具体语言的联结过程(程琪龙,2007:41)。神经联结对大脑神经的运作起到直接和积极的作用。在语言处理过程中,神经联结的作用不仅能够将控制语言的神经联结,而且可将潜在的惰连神经激活并联结,使之进行积极的言语感知、信息储存和认知记忆等各种活动。

## 三、惰连与专连

神经联结在人脑认知过程中具有重要作用。它产生了潜在功能下的惰连关系。而由于神经联结处理语言时起着重要作用,惰连关系被激活后,向表现功能下的专连关系转化。如图4-1所示:

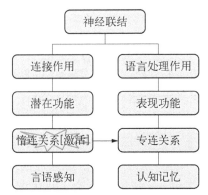

图4-1 神经联结作用下的惰连关系和专连关系(康志峰,2007:78,2013:214)

由神经联结作用下的惰连关系和专连关系图表明,神经联结由惰连关系到专连关系的转化,在人的大脑进行语言信息处理时起重要作用。

## 四、神经联结在口译中的作用

在口译过程中,外界声音信息通过对听觉神经的刺激,即由外耳、中耳、内耳、听神经以及各级听觉核团的传导,最终到达听皮层(王亮,2006:14),通过听神经联结产生了惰连关系,这样对外界声音信息,其中包括对外界言语信息的感知。在口译信息认知过程中,只有对言语的感知是远远不够的,它不仅需要对言语信息的感知,而且需要对言语信息的认知记忆。这就需要大脑认知记忆神经在语言信息处理时发挥其表现功能,此时惰连关系被激活,由惰连关系转变成为专连关系。由被激活的专连关系在口译操作中发挥积极的作用。

## 第三节 "中枢执行程式"

### 一、功能与作用

大脑神经兴奋度干扰"中枢执行程式",从而影响言语感知。"中枢执行程式"按需要分配注意力、整合不同处理区域的信息,在言语感知中起着重要作用(康志峰,2013:216)。

"中枢执行程式"决定了注意力的分配,是言语感知过程中的重要因素。这一"中枢执行程式"使听者能够对行为进行调节并抑制非相关刺激反应(ibid.)。由此,"中枢执行程式"在源于额叶内的神经网络系统中不同区域信息处理过程中起着指导和调整的作用。

"中枢执行程式"不仅对注意力具有分配作用,而且还在以下方面有重要功能:(1)自我导向行为;(2)目标导向行为;(3)组织安排行为;(4)有目的行为;(5)未来定向行为(ibid.)。中枢执行不仅安排口译事件的时间,而且对工作记忆起着举足轻重的作用。

鉴于此,译员应及时调整心态,不失时机地利用"中枢执行程式"对言语感知的客观因素,调整注意力分配、指导神经网络系统处理不同区域信息、调整口译行为导向、合理安排行为事件的时间以及 WM 等方面的重要作用,发挥译员本身的主观作用。

### 二、影响中枢听觉神经的因素

影响中枢听觉神经的因素有多种,其中听觉神经在处理信息时影响因素主要有三种,即大脑超音段信息处理、任务的复杂性和注意力的分配等。

1) 超音段信息处理：对多数人而言，左大脑半球进行音段信息的处理，即我们所听到的言语信息的处理，而右大脑半球进行超音段信息的处理(ibid.：218)。超音段线索和句法结构标示帮助听者将言语信号解析为片语结构，可以提高听者对声刺激特别是在复杂困难的听环境中感知声音信息的精确性(王亮，2006：15)。鉴于此，超音段信息处理乃是译员做口译时感知声音信息的重要因素。

2) 任务的复杂性：任务的复杂性影响着声音识别所需努力程度及所花费时间，亦即任务的复杂性使工作"负载"强度增加。在口译过程中，任务的复杂性同样会增加译员精神工作的"负载"，是影响其"能力"的变量(康志峰，2013：218)。因此，任务的复杂性也是译员做口译时影响声音识别的重要因素。

3) 注意力的分配：人们处理输入声刺激信息的能力是有限的，可以通过分配注意力来限制某一时间点上处理的信息总量(Demanez et al.，2003：291)，使包括译员在内的各种听者通过阻塞竞争性刺激条件下的非相关刺激信息，选择性地注意相关任务信息，扩大需要处理和贮存的"目标信息"(target information)(康志峰，2013：219)。故而，注意力的分配也是译员做口译时影响中枢听觉神经处理信息的重要因素。

由影响中枢听觉神经处理信息的因素分析得知，包括译员在内的听者在进行听的活动或进行口译操作时，应注意以下几个方面注意力的因素：① 听前准备：做好听刺激信息靶向的准备；② 有效贮存：维持和延缓了贮存于 STM 中的弱信息信号，使 LTM 中信息能更有效地贮存；③ 集中注意：无论是在安静或噪声的语境中，听者或译员都能注意一个声信息信号的能力；④ 有效选择：在一个或多个竞争性刺激信号存在的情况下注意目标刺激信号的能力；⑤ 信息保持：使注意力集中于目标刺激信息并能使这一信息保持一段时间;⑥ 快速反应:准备对刺激信号快速做出反应,快速处理信息(ibid.)。

## 三、口译与声刺激处理

在口译过程中,听觉神经感知声刺激,高级中枢听觉识别声刺激,认知记忆进行声刺激处理。译员的认知记忆阶段是高级中枢听觉识别信息处理模式阶段。认知记忆是口译认知过程的必要阶段。认知记忆的阶段分为:回声记忆阶段、听觉整合记忆阶段、最佳模式信息识别阶段和短时记忆阶段。如图 4-2 所示:

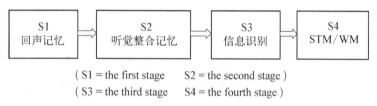

(S1 = the first stage    S2 = the second stage)
(S3 = the third stage    S4 = the fourth stage)

图 4-2　认知记忆的不同阶段图(康志峰,2013:220)

**认知记忆的四种步骤:**

第一步:回声记忆(echoic memory)

声音信息经过外耳、中耳、内耳、听神经以及各级听觉核团的一系列转换后,声刺激的强度、频率、时间(相位)信息以电信号的形式被提取出来,而这些提取出来的信息必须储存起来,这种最初的信息储存就是回声记忆(ibid.)。这一阶段也是对所听声音信息的"忠实拷贝"(faithful copy)。电生理研究已经证实,注意力对潜伏期为 250—300 ms 的诱发电位不造成影响,但可通过突出"目标刺激"(target stimulation),降低并忽视无关的竞争性刺激,而对后续的处理阶段产生较大影响,如对晚期诱发电位 P300 有明显影响(ibid.)。因此,译员应注意"目标刺激"在口译过程中所起的作用。

第二步：听觉整合记忆(synthesized auditory memory)

这一阶段译员的主要任务并不是感知言语内容，而是将回声记忆阶段中提取的特征整合为概念，储存于译员大脑神经的合成听觉记忆中。

第三步：最佳模式信息识别(the best pattern recognizing information)

这一阶段译员的认知处理过程是将合成记忆中的概念与储存于 LTM 中的概念进行比较，LTM 中的存储概念可以通过贮存概念的激活阈值、情感因素、个体期望值、预备言语信息、声刺激的程度、"目标刺激"的强度和可分辨性等因素激活。根据模糊逻辑模型理论，随着信息出现的增多，在与 LTM 中的活动信息做"最佳配合"之后，大脑会对 LTM 中的概念做出"接受"或"排斥"的选择(ibid.)。

第四步：工作记忆

这一阶段是在回声记忆、听觉整合记忆、最佳模式信息识别的基础上，使处理的听觉信息进入到译员的意识感觉中。经过信息刺激、神经反应、信息记忆、信息选择、信息提取、信息复述等复杂过程，信息能够保存更长时间。

## 第四节　听觉功能效应

### 一、译员的听觉功能

在双语信息转换处理过程中，听觉神经系统是大脑最重要的信息处理系统，它们用优越的听觉优势，以其特殊的信息处理机制，为声刺激信息认知提供不同的线索(康志峰，2013：223)。在口译过程中，听是首要的步骤，它是对声波(sound waves)的生理接受过程(physical process of reception),是大脑对传入耳际的声音信息进行加工(processing),即运用大量储存在大脑中的知识对耳朵接收到的信息进行理解、分析、判断,使大脑进一步获取新的知识,达到听懂的目的(杨晓萍,1995:72),如此才能做到听之有效。常欣和王沛在《外语与外语教学》2007年第1期"句子加工:句法违例与语义违例范式下的ERPs研究述评"一文中,介绍了ERPs方法(常欣、王沛,2007:58)。这一方法是语言认知实验在神经认知心理语言学(cognitive neuro-psycholinguistics)中有效的实验方法。ERPs技术可测量"隐性"的加工过程,通过ERPs记忆效应的头皮分布可探索不同实验条件所诱发的不同神经活动脑机制(刘燕妮、舒华,2003:296)。ERPs的研究模式说明了语言信息认知的可靠性,但口译时听的最佳效应性还有待深入研究。本书是笔者与上海中医药大学岳阳医院神经内科主任韩燕教授合作通过对听力电位技术的使用,探索听力和大脑认知功能效应的若干神经语言学(neuro-linguistics)特性,通过听觉的ERPs实证实验活动研究出译员在口译过程中听觉功能的最佳效应性(康志峰,2013:224)。

## 二、听觉的ERPs研究

ERPs即事件相关电位,是研究者分析被试大脑之中的事件引发电位,并对被试在认知加工时在头皮上记录到的电位。它是一种特殊的脑诱发电位,是利用多个或多样刺激所引发的脑电位。它反映了人们在认知过程中,其大脑的神经电生理的变化,也被称为认知电位,即从头颅表面记录到的脑电位。因此,ERPs的研究主要是人脑对信息的认知情况研究。听觉的ERPs(auditory event-related potentials)认知电位,是受试者在对具有特定意义的声刺激信号进行感觉、认知、记忆和判断等意识过程中由皮层产生的一种脑电反应(Sutton,1965:150)。由听觉认知电位的这一脑电反应,可以推断出译员的口译过程为 A ⇒ B ⇒ C 的综合反应过程。

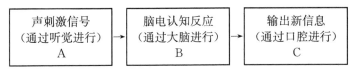

**图 4-3　口译过程中各器官功能效应(康志峰,2013:224)**

听觉过程的研究,首先确定的是器官反应,包括听觉、大脑、口腔等是处于有效功能状态。在分析中发现听觉的 ERPs 听觉认知电位的成分主要包括外源成分和内源成分。外源成分如 P1、N1、和 P2,易受刺激本身物理特征影响;内源成分如 N2、P3 与认知过程密切相关,是探测心理活动的"窗口"(欧阳天斌、梁勇,2007:168),其中 P3 即 P300,因为平均潜伏期一般在 300 ms 而得名。P300 是 ERPs 所有波形中最典型、最常用的成分,因此 ERPs 又称为 P300。P 即 positive,为正性波;N 即 negative,为负性波,数字则是该波出现的顺序或潜伏期,P3 乃是第三个出现的正波。与听觉的 ERPs 相关的 ERPs 还包括负变化(CNV)、失匹配负波(mismatch negativity,简称 MMN)、N400 等。CNN 需要条件刺激和命令刺激:条件刺激是受试者在接受命令刺激之前的警告刺激;命令刺激也叫靶刺激,需要做出某种反应。CNV 是长潜伏期电位,一般为数秒,它是对条件刺激的期待,其产生的期待波与复杂的认知心理因素密切相关(康志峰,2013:225)。MMN 是认知神经语言学研究听觉感知记忆的重要方法,该研究对译员在听觉辨音、感知记忆等方面具有一定的积极作用。

1. ERPs 刺激信息和方式

研究听觉的 ERPs 刺激之关键是刺激信息,要求被试意识处于清醒状态,并且对刺激信息做出反应。第一,靶刺激:听觉的 ERPs 随机作业,即应用怪异的刺激链(oddball paradigm)刺激模式,也称为 OB 刺激序列,由两种不同的概率刺激组成,以随机或特定模式出现,实验中要求受试者对某一刺激进行记数或按键;第二,非靶刺激:不要求受试者做出反应,随机作业主要由靶刺激诱发 P300 成分;第三,声刺激:用来诱发听觉的 ERPs 的刺激有简单的纯音,如"滴滴""哒哒""沙沙",也有比较复杂的言语,如"Your girlfriend Mary will come to visit you."(ibid.)。纯音刺激简单方便,但缺乏现实意义。近年来国外学者开始研究用言语刺激来诱发听觉的 ERPs,这是听觉的 ERPs 的国际领先研究,其意义深远。

2. ERPs 掩蔽方式

ERPs 掩蔽方式有低通噪声掩蔽、高通噪声掩蔽、陷波噪声掩蔽以及宽频噪声掩蔽(ibid.)。掩蔽会导致听阈升高和对刺激的辨别能力降低,从而影响听觉的 ERPs(欧阳天斌、梁勇,2007:168)。爱兰高娃等(Elangovan et al.,2005:867)在实验中,给予听力正常的年轻人不同截止频率的高通噪声掩蔽,以此来模拟低频听力障碍,其中噪声分为持续性和间歇性,不同信噪比(−10、0 和 +10)和不同截止频率(1 000 Hz、1 250 Hz 和 1 500 Hz)两两搭配构成不同的实验组,与此同时设置无噪声掩蔽的正常对照组,对单音节语音进行认知辨别测试,其结果为:对音节的辨别率在给予持续性噪声掩蔽时要比给予间歇性噪声时低,这种识别率的差异并不因应用高通滤波而消失,所以说高频听力在言语理解任务中起主要作用,而低频听力作用较小。在对被试 ERPs 掩蔽试验中,采用该技术可以深入了解被试译员在不同频谱的听音和对 SL 信息理解之效用。

3. ERPs 的 DPOAE 年龄差异

在实验过程中,通过观察不同年龄组听力正常成年人 DPOAE(畸变产物耳声)的特点,如性别差异、年龄变化规律等,发现不同年龄组的人听觉的 ERPs 差异性,成人和儿童的 P300 潜伏期、幅值差异均有统计学意义,比如,成人的潜伏期比儿童短,幅值大(康志峰,2013:226)。因此,儿童与成人以及老人的认知功能具有差异性,儿童的认知功能是逐渐发展的,中年人言语理解能力随年龄增长而降低,一般认知功能和中枢听觉处理能力也随年龄增长而衰退,所以老年人听觉的 ERPs 潜伏期增加,幅值减少(Martin,2005:25)。ERPs 的 DPOAE 年龄差异研究对不同年龄段的学生口译员和职业口译员的认知功能研究具有一定的参考价值。

## 三、高级中枢听觉识别信息模式

外界声音信息经过外耳、中耳、内耳、听神经以及各级听觉核团的传导,最终到达听皮层(王亮,2006:14)。高级中枢听觉识别信息处理开始工作,将声刺激开始阶段与个体反应之间存在的不同记忆结构和处理阶段概念化。马萨罗(Massaro,1975:275)提出的信息处理模式将记忆结构视为信息的储存单位,认为听觉处理的过程是信息从一个记忆结构传向另一个记忆结构。卢麦哈特(Rumelhart)提出的平行分布处理模式与马萨罗的信息处理模式不同。在卢麦哈特看来,信息的处理不是从一个记忆结构传向另一个记忆结构,而是信息同时处于不同的记忆阶段内,这样就可以同时在多个处理结构内处理信息(Philips,1998:319)。使用这样的处理模式可同时进行多种处理过程,形成信息处理链(康志峰,2013:229)。

下图为听觉平均分布信息处理模式图(如图 4-4 所示),它清晰地标明声刺激信息的处理链。第一步,从声刺激信息中提取出语音结构以及音素;第二步,解码声刺激信息并将其与相应词汇对应起来;第三步,确定声刺激信息中言语组成部分间的语义联系;第四步,通过声刺激信息解释语音结构和语义内容间的关系(ibid.)。

图 4-4 听觉平均分布信息处理图(ibid.)

## 四、听觉障碍对口译的影响

口译员对声刺激信息的反应、提取,尔后对声刺激信息的处理是口译员听觉的主要功能。听觉功能是口译员的大脑对源语认知的首要功能。他们在接受声刺激之后,经过大脑神经认知,提取并辨清 SL 信息,成功输出目标语信息,形成口译产品。然而,口译员的听力是做好口译的基础,一旦听力受到损害,出现听力言语障碍(hearing speech disorders),将会影响到口译员获取信息、记忆、转换以及表达等。

通过纯音听力检查言语频率(0.5 kHz、1 kHz、2 kHz、4 kHz),平均听力损失 30 dB 以上即可视为听力障碍(ibid.:231)。根据听力障碍的性质分为传导性障碍、感音神经性障碍和混合性障碍(ibid.)。神经认知语言学专家根据听觉发生障碍的时间将听觉障碍分为语前聋和语后聋。语前聋是指听觉功能障碍发生在获得语言能力之前;语后聋是指听功能障碍发生在获得语言能力之后(ibid.)。语后聋对言语的影响较轻,但语前聋,哪怕只是中度的听觉障碍,也会阻碍对言语的知觉,最终影响到言语交际,会出现听力、言语以及言语障碍等一系列问题。听觉障碍问题出现将会影响到译员的成功口译,最起码可能是不佳的口译。

基于前人对 ERPs 认知电位的研究，本研究小组对听觉的 ERPs 认知电位进行实验研究。通过听觉的 ERPs 的多种刺激模式和正负实验效果，对听觉感知、听觉辨音以及感知记忆等听觉功能进行检测研究，使口译员能够发挥其最佳听觉功能的实效性（ibid.），由此可得听觉认知乃口译过程中影响口译效果的首要因素。进而本研究小组对高级中枢听觉识别信息模式及影响因素进行研究，了解中枢听觉识别信息记忆功能的结构性，并指出了影响中枢听觉信息处理的因素。最后本研究小组还通过对 DPOAE 不同年龄组的听觉的 ERPs 差异比较，反映出听觉功能的最佳年龄段（ibid.），由此可知做口译的年龄限制性。听觉的 ERPs 认知电位研究对口译过程中听觉信息认知研究意义重大，其研究空间广阔。

　　**本章小结**：本章从人脑这个"黑匣子"作为自然界最复杂、最高级的智能系统研究入手，指出了认知口译研究中对口译过程的研究的必要性。提出了 C→M→I 嵌入式口译认知研究法，进而从脑科学视角，研究了脑神经的联结功能。通过对高级"中枢执行程式"研究解析了影响中枢听觉神经的因素。最后进行了听觉 ERPs 的实证研究，明晰了口译员执行口译操作的最佳年龄以及听觉障碍对口译的影响。

# 第五章 多模态双语记忆研究

从口译双语记忆的维度来讲,无论是 SI 还是 CI,译员对 SL 刺激信息的记忆是不可或缺的,从声刺激、信息感觉和知觉、贮存记忆[包含感觉储存(sensory storage,简称 SS)、短期储存(short-term storage,简称 STS)和长期储存(long-term storage,简称 LTS)]、SM2、STM、LTM 到工作记忆等多模态的记忆更为重要。

## 第一节 STM 增效性与同传成效性

认知心理学家通常认为记忆的主要过程包括三个方面:编码(encoding)、贮存(storage)和提取(retrieval)(许明,2008:17)。这三个方面关系密切、环环相扣。具体而言,信息首先以语音编码的形式进入短时记忆,并同时发生启动效应(priming effect),激活存储在长时记忆中的语义信息,然后这部分被激活的语义信息(semantic information)将暂存于 WM 中,并通过复述(rehearsal)的方式最终转移至 LTM。根据加工水平模型(levels-of-processing framework)理论(Nordhielm,2002:371-382,2003:91-104),信息被贮存(information storage)的水平很大程度取决于其被编码的情况。正如电脑内的信息需要人为地分门别类放入不同的文件夹内以便日后提取一样,信息编码(information encoding)对大脑内零乱的信息重新进行排列组合以腾出更多的记忆贮存空间(memory storage space)(Sternberg,2003;杨炳钧等译,2006:119)。在整个同声传译从源语到目的语(康志峰,2011:81)的记忆过程中,信息编码决定了 SI 记忆的成败(ibid.,2013:30)。而信息编码并非单一环节,它包括信息选择和编码两个层次。因此,从超语言(super-lingual)(ibid.,2012:106)信息选择到编码,STM 的作用更加凸显。只有发挥 STM 增效性,才能提高 SI 成效性。

## 一、STM 定义识解

STM 一般指记忆经验(memory experience)之后几秒钟和几分钟之内的持留(retention),或是对几秒钟和几分钟之内能够辨识(identify)和回忆(recall)信息量(information capacity)的短时间内的记忆。外部刺激信息经过感觉通道(sense channel),激活感觉记忆(activate sense memory),从而进入 STM。STM 是"信息进入长时记忆的一个容量有限的缓冲器(buffer)和加工器(processor),也是唯一对信息进行有意识加工的记忆阶段。因此,它不仅包括两个短时存储器(memorizer)(视觉和空间信息存储器),也包括一个对有限数据进行加工和整个系统进行控制的中央执行器(the central executive)(桂诗春,2002:48)"。

## 二、STM 功能效度

如果说口译员是 SL 讲话者与 TL 听众之间的一座桥梁,STM 就是口译中连接 SL 信息输入解码后的编码与 TL 信息提取的一条纽带。因此,良好的 STM 能力是译员得以施展其口译技能的前提条件。

费兰(Phelan,2001:4)在谈论口译员应具备的资质时说:"口译员需要良好的短时记忆能力来储存他或她所听到的信息……(ibid.)"。故而,在口译的记忆阶段,口译员需要良好的 STM 能力对 SL 解码的信息进行 TL 编码、储存和提取;在口译的表达阶段,如果口译员没有良好的 STM 记忆力,不能及时提取暂存于 WM 中被激活(activated)的语义信息,整个口译就会功亏一篑,导致无效口译。

## 三、STM 特性凸显

1) STM 中信息的选择性(selectivity):译员在口译时,分分秒秒都会有成千上万的信息涌入大脑并进入到感觉登记(sense registration),如果译员对所有信息都来者不拒,大脑将陷入一片混乱,无法进行正常口译工作。鉴于此,译员利用大脑的注意机制(attention mechanism)发挥重要的作用。注意机制使译员进行有选择的注意,使那些有价值、有意义的信息进入 STM,而那些无意义、无价值的信息被拒之注意之外。换言之,在信息转移过程中,译员通过注意力的控制有意识地选择进入 STM 的信息,剔除其他干扰信息(interrupting information)。尽管干扰信息有时难以避免,但至少可以通过注意将干扰降至最低。这正是 STM 中信息选择性功效。

2) STM 中信息贮存的即时性(instantaneity):信息在进入感觉登记和 STM 的过程中,部分没有价值或无意义的信息未受到译员的注意而被磨蚀,通过译员注意的信息经过感觉登记之后,进入 STM 而被保存下来。然而,保存在 STM 的信息,贮存的时间很短,一般为 20 秒;如加上注意,可能会超过 20 秒。因此,STM 具有很强的即时性。

3) STM 容量(capacity)的有限性(finiteness):在未经复述的情况下,信息在 STM 之中一般为 7±2 组块(chunking),而任何的延迟(delay)或干扰(interruption)都可能使 STM 的容量从 7 个项目降至 3 个(Miller,1956:81-97)。组块项目(chunking items)可以是字母、数字、单词或语义群,然而无论是哪种类型的组块,STM 的容量一般只保持在 7±2 组块(ibid.)。

4) STM 中信息的流动性(fluxility):STM 之中的信息具有极强的流动性,即信息在 STM 中停留时间极短,人脑的中央处理器(central processing unit,简称 CPU)会以最快速度对其进行处理,使其进入 LTM。

5) STM 中信息编码的偏向性(deviation):根据柯腊德(Conrad,1964)的理论,STM 的编码形式是听觉编码(auditory encoding)。当呈现的刺激信息是以视觉的(visual)方式出现时,人们对这些信息的加工处理,也会将其简约(simplify)或转换(transfer)成能够被 STM 编码的听觉代码。在 STM 之中,输入的刺激信息主要是以言语听觉代码(verbally auditory codes)对信息进行编码。根据珀斯纳、波音斯、易球曼和泰勒等人(Posner, Boies, Eichelman & Taylor, 1969)的实验,对于 STM 的信息编码,视觉编码(visual encoding)也是方式之一。根据韦肯思(Wickens, 1970, 1972, 1973)的语义编码(semantic encoding)实验理论,语义编码作为编码的形式之一,是一种与意义相关的编码,不带有感觉通道的特征。语义编码存在于 STM 之中,这一观点得到了韦肯思(Wickens, 1970, 1972, 1973)的实验证明,而且其实验结果被认知心理学界广泛应用。因此,STM 存在着听觉编码的偏向,同时也存在着视觉编码和语义编码。

总之,STM 为信息顺利输出做准备,然而信息顺利输出以及口译产品的实现,关键在于如何将接收到的语音信息(speech sounds information)转换成语义形式编码。换言之,STM 中的语音信息必须迅速完成激活效应(activating effect),激活其对应的贮存于 LTM 中的语义信息。一旦激活效应无法即时完成,语音信息将迅速磨蚀。

## 四、STM 现场实验

本书对所教授 2014 届复旦大学外国语言文学学院的 MTI 学生译员做 SI 现场 STM 实验,以观测其 STM 的磨蚀率和 SI 进程中的各种问题,结果如下(参见表 5-1):

表 5-1 对 MTI 学生译员 STM 磨蚀率的跟踪实验

|  |  |  | 第1周 | 第3周 | 第5周 | 第8周 |
|---|---|---|---|---|---|---|
| 实验人数 | | | 28 | 28 | 27(缺席1人) | 27(缺席1人) |
| STM 磨蚀率(%)(E-C) | | | 54.917 | 48.226 | 41.651 | 40.286 |
| STM 磨蚀率(%)(C-E) | | | 42.592 | 40.775 | 39.349 | 38.613 |
| 存在问题 | 注意 | 人数 | 16 | 15 | 13 | 10 |
| | | 比率 | 57.143 | 53.571 | 48.148 | 37.037 |
| | 聚焦 | 人数 | 19 | 17 | 17 | 16 |
| | | 比率 | 67.857 | 60.714 | 62.963 | 59.259 |
| | 选择 | 人数 | 25 | 24 | 22 | 22 |
| | | 比率 | 89.286 | 85.714 | 81.482 | 81.482 |
| | 容量 | 人数 | 23 | 23 | 22 | 20 |
| | | 比率 | 82.143 | 82.143 | 81.482 | 74.074 |
| | 编码 | 人数 | 22 | 20 | 20 | 18 |
| | | 比率 | 78.571 | 71.429 | 74.074 | 66.667 |

由表 5-1 可知,STM 实验分为 4 次进行,第 1 周和第 3 周的参加人数为 28 人,第 5 周和第 8 周的参加人数各为 27 人;通过对 MTI 学生译员英译汉 STM 磨蚀率的 4 次检验,第 8 周比第 1 周虽然磨蚀率下降了 14.631%,但仍有 40.286%;相比之下,MTI 学生译员汉译英 STM 磨蚀率相对较低,但第 8 周

的检验结果仍有 38.613%。同时，对 MTI 学生译员进行问卷和 SI 效果检验，结果发现多数学生译员在 SI 实践中存在着 SL 信息注意、SL 信息聚焦、SL 信息选择、SL 信息容量以及 TL 信息编码等问题。根据这些问题，本研究设想出 STM 增效策略。

## 五、STM 增效策略

鉴于 STM 实验结果，本研究针对 STM 中 SL 信息的选择性、SL 信息贮存的时间性、SL 信息容量的有限性、SL 信息容量的流动性以及 TL 信息编码的偏向性等 STM 的凸显特性，采取信息注意策略(information attention strategy)、信息聚焦策略(information concentration strategy)、信息选择策略(information selection strategy)、信息容量策略(information capacity strategy)、信息编码策略(information encoding strategy)、STM 训练策略(STM training strategy)等一系列口译 STM 策略，有助于译员，尤其是学生译员掌握 STM 技能，增强口译记忆，更好地完成口译任务。

1) 信息注意策略：译员，尤其是学生译员应该把注意力集中在话语者(speaker)或演讲者(orator)的信息输出上。只有实施了注意策略，才能知晓话语者或演讲者的话语含义，才能为顺利选择有意义和有价值的信息做准备，从而获取有效的 SL 信息。

2) 信息聚焦策略：在信息注意策略之后，是信息聚焦策略，译员应该聚焦的是话语者或演讲者的组块信息以及整体信息(overall information)，而并非单个词的信息(single word information)，亦即译员应该注意听"意"(meaning)，而非"词"(word)。对于口译初学者而言，他们往往会犯"只见木，不见林"的错误，一段发言结束后，他们只能记住只言片语，却无法把握整体语义。因此,译员聚焦记忆内容的意义性很重要。

3) 信息选择策略:译员在提取信息时,应该有选择性地记忆概念(conception)、命题(proposition)、名称(designation)、数字(number)和逻辑关系(logic relation)等,亦即那些具有实质意义的内容。对此,有不少学者提出了"提纲式"记忆法(outline memory method),即要求译员记住篇章结构,把握主旨大意,以此补充相应内容。

4) 信息容量策略:译员最大限度地扩大 STM 贮存容量,让大脑记住更多信息的策略。虽然 STM 的容量只有 7±2 组块(1956:81-97),但每个项目的容量并没有明确限定。许多研究者认为,可以通过扩大信息组块的方式扩大 STM 的信息量。利用信息形象化(information visualization)以及信息逻辑化(information logicalization)的方式扩大组块容量。简言之,信息组块的过程就是在单个信息间建立联系的过程,信息彼此间的联系越紧密记忆效果越好(李芳琴,2004:18-19;张金玲,2007:50)。在运用形象化记忆法记忆信息时,译员应充分调动自己的想象力,使大脑中的画面尽可能形象生动。如:

[SL] *As well as being the centre of Scottish government, located in the new Parliament building, Edinburgh is also the focal point for many of its cultural events. Every August, the east coast city is taken over by the world famous Edinburgh Festival, a month-long celebration of theatre, comedy, dance, books, music and film. Thousands of visitors including hundreds of performers take part in an arts extravaganza. In fact, it's not just one festival but many, including the official International Festival, the Festival Fringe, Book, Film and Art Festivals as well as many others, offering something for everyone. It becomes a badge of honor to sample as much variety as possible, taking in acrobatic acts followed by the premiere of a major new movie, or a challenging new theatre drama followed by a top stand-up comedian.*

[TL]坐落在新国会大厦的苏格兰政府的中心所在地,爱丁堡同时也是很多苏格兰文化活动的中心。每年八月份,其东海岸的城市就沉浸在著名的爱丁堡艺术节里了,这是一个为期一个月的包括戏剧、喜剧、舞蹈、书籍、音乐和电影的庆典。有成千上万的游客包括几百个表演者参加到这个艺术盛典。事实上这不单只是一个节日,而是一个包括了官方国际节、戏剧节、图书节、电影节、艺术节等众多节日的大杂烩,每个人都能从中得到自己的乐趣。爱丁堡艺术节已经成了一个荣誉的象征,它尽可能地给人们呈现出不同的色彩。比如在一部新的大制作电影首映礼前我们能欣赏到杂技表演,又比如在一个富有挑战性的新戏剧中,我们会看到一个站得高高的喜剧演员在那尽情表演。(康志峰,2007:122)

当译员听到"*Edinburgh is also the focal point for many of its cultural events. Every August, the east coast city is taken over by the world famous Edinburgh Festival, a month-long celebration of theatre, comedy, dance, books, music and film.*"时,很快就会想到苏格兰文化中心的各种艺术庆典活动,如戏剧、喜剧、舞蹈、书籍、音乐和电影等热闹非凡、形象生动的场面。而这些相互关联密切的信息组块如戏剧、喜剧、舞蹈、书籍、音乐和电影等活动,同属文化活动。这些组块中信息的扩大,有助于译员的STM。而且经过加工处理后的信息只占据STM的小部分空间,从而大大缓解了STM的压力。

上述形象化记忆法和逻辑化记忆法的适用范围有所差异。形象化记忆法适用于描述性和叙述性的体裁,而逻辑化记忆法则适用于论述文体。又如,

[SL]国务院总理李克强指出,为使中美战略经济对话发挥更加积极的作用,双方应从以下几个方面做出努力://一是要从大处着眼、从长远出发,讨论两国共同关注的全局性、战略性、长期性的经济问题;//二是平等磋商、求同存异,充分考虑彼此的关切;//三是以发展的眼光,拓展利益交汇面,实现互利共赢;//四是加深了解,增强互信,不断扩大共识。

[TL] Premier Li Keqiang of the State Council pointed out that in order to enable the China-US dialogue to play a more active role, the two sides should make efforts on the following aspects. //Firstly, we should discuss the overall, strategic and long-term economic issues, which both countries focus on, from key points and the long-term point of view. //Secondly, both countries should make consultation equally and seek for common ground, fully considering each concern. //Thirdly, we should broaden the interests interface with developing point of view and achieve mutual benefit and win-win results. //The fourth point is to deepen understanding, enhance confidence between both sides and continually expand consensus.

当译员听到这段颇具逻辑性的叙述,基本没有形象化,而逻辑化记忆法则适用于这一论述文体,因为该段叙述由第一条到第四条(Firstly→Fourthly)逻辑关系非常清晰。逻辑化记忆法有助于译员在大脑中形成逻辑思维(logical thinking)和逻辑记忆(logical memory)的模式。

5. 信息编码策略:正如前面所提及,STM中的信息以听觉编码为主,但并不排除其他形式编码的存在,如视觉编码和语义编码。不管用什么形式来进行信息编码,其目的只有一个,那就是为信息顺利进入LTM做准备。也就是说,STM中的语音信息必须迅速完成激活效应,激活其对应的贮存于LTM中的语义信息。

由于信息的选择与信息编码形式很大程度上决定了信息最后能否顺利提取,因此,实施信息编码策略,充分发挥听觉编码的作用,兼用视觉编码和语义编码,才能完成 STM 的任务。

6. STM 专训策略:对学生译员以 SI 模式进行 STM 的注意分配、听觉编码、视觉编码和语义编码等方面的专门训练,该训练策略能使学生取得良好的 STM 功效。

## 六、STM 跟踪实验

本研究对所教授经过了 15 周立体教学的 2014 届复旦大学外国语言文学学院 MTI 学生译员(康志峰,2012:34)进行了 STM 跟踪调查实验。实验从第 1 周、第 3 周、第 5 周、第 10 周到第 15 周在第五教学楼的授课教室 5113 和同声传译实验室 5207 进行。实验总共进行了 5 次,每次控制 SI 时间为 5 分钟(从话语者开始读每段文字开始计算时间)。实验以 SI 的口译方式进行,包括以英译汉和汉译英的双向语言模式,以检测学生译员的 STM 能力(参见表 1)。实验内容为"The Secretary-General's Message on World Environment Day on June 5, 2011"和"在伦敦政治经济学院(LSE)题为'气候变化与中国'的演讲 (傅莹,节选)"等(康志峰,2013:108),详见表 5-2。

表 5-2 STM 跟踪实验基本情况表

| 项 目 | 第 1 周 | 第 3 周 | 第 5 周 | 第 10 周 | 第 15 周 |
|---|---|---|---|---|---|
| 实验对象 | MTI | MTI | MTI | MTI | MTI |
| 实验地点 | Rm5113 | Rm5113 | Rm5113 | 同传实验室 5207 | Rm5113 |
| 实验人数 | 28 | 28 | 27 | 26 | 28 |
| 口译模式 | SI | SI | SI | SI | SI |

续　表

| 项　目 | 第1周 | 第3周 | 第5周 | 第10周 | 第15周 |
|---|---|---|---|---|---|
| 语言模式 | E-C；C-E | E-C；C-E | E-C；C-E | E-C；C-E | E-C；C-E |
| 实验内容 | E-C：Passage 1, Part I　C-E：Passage 2, Part I | E-C：Passage 1, Part II　C-E：Passage 2, Part II | E-C：Passage 1, Part III　C-E：Passage 2, Part III | E-C：Passage 1, Part IV　C-E：Passage 2, Part IV | E-C：Passage 1, Part V　C-E：Passage 2, Part V |
| 难易度 | 0.539 | 0.504 | 0.561 | 0.552 | 0.548 |

\* E-C：(interpreting) from English into Chinese；\*\* C-E：(interpreting) from Chinese into English.

由表5-2可知口译产品的实验对象、实验地点、实验人数、口译的模式、使用语言转换的模式、实验内容以及难易度等。每次实验内容虽然不同，但经过SPSS计算难易度在0.504与0.561之间，均值为0.541，几乎相当。对学生译员的STM能力评估，进行了5次跟踪实验，其中第1、3、5周未实施任何STM增效策略，从第10周开始实施STM增效策略，使学生译员接收、注意、聚焦、选择、容量、编码等专训，其实验效果如下（表5-3）：

表5-3　STM产出效应表

| 项　目 | 第1周 | 第3周 | 第5周 | 第10周 | 第15周 |
|---|---|---|---|---|---|
| E-C：SI平均正确率(%) | 57.249 | 62.415 | 71.404 | 85.916 | 92.557 |
| C-E：SI平均正确率(%) | 55.082 | 59.318 | 64.220 | 80.348 | 89.161 |

由表5-3 STM产出效应表可以看出，从第1周到第3周，无论是英译汉还是汉译英，SI平均正确率增长均不明显。其中英译汉SI平均正确率由57.249%上升到62.415%，增长了5.166%；汉

译英 SI 平均正确率由 55.082% 上升到 59.318%,增长了 4.236%。以上两项增长额都不大。到第 5 周虽然也有所增长,但增长额仍不明显。然而,到了第 10 周,开始实施 STM 增效策略,增长的数额与第 1 周相比,英译汉 SI 平均正确率增长了 28.667%;与第 5 周相比增长了 14.512%,增长幅度很大。到了第 15 周,各项目的 SI 正确率仍有较大幅度的增长(参见图 5-1)。

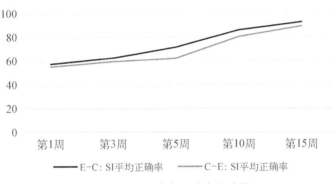

图 5-1　STM 产出正确率跟踪图

由图 5-1 可以看出:MTI 学生译员随着 SI 专业培训时间的延长,在 15 周的时间内,STM 识记能力上升,尤其是实施 STM 增效策略后,在第 10 周上升最为明显。

鉴于以上跟踪实验,其实验结果是否有意义(significance),信度(reliability)和效度(validity)如何? 我们对所得数据进行 SPSS 计算,其结果如下(参见表 5-4 和表 5-5):

T-TEST
/TESTVAL=0
/MISSING=ANALYSIS
/VARIABLES=VAR00001 VAR00002
/CRITERIA=SI(.95).

表 5-4 STM 产出 SI 正确率均值分析表

|  | N | 均 值 | 标准差 | 均值的标准误 |
|---|---|---|---|---|
| VAR00001(E-C：SI) | 5 | 73.953 8 | 15.024 60 | 6.719 21 |
| VAR00002(C-E：SI) | 5 | 69.625 6 | 14.522 80 | 6.494 79 |

表 5-5 STM 产出 SI 正确率检验样本

| | 检验值＝0 | | | | | |
|---|---|---|---|---|---|---|
| | t | df | Sig.（双侧） | 均值差值 | 差分的 95％置信区间 | |
| | | | | | 下限 | 上限 |
| VAR00001(E-C：SI) | 11.006 | 4 | .000 | 73.953 80 | 55.298 3 | 92.609 3 |
| VAR00002(C-E：SI) | 10.720 | 4 | .000 | 69.625 60 | 51.593 2 | 87.658 0 |

由表 5-4 STM 产出 SI 正确率均值分析表可以看出，英译汉 SI 正确率均值为 73.953 8，汉译英 SI 正确率均值为 69.625 6；标准差分别为 15.024 60 和 14.522 80。由表 5-5 STM 产出 SI 正确率检验样本可以看出，P 值均为.000＜.001。由此表明，该实验具有显著意义。

RELIABILITY
/VARIABLES＝VAR00001 VAR00002
/SCALE('ALL VARIABLES') ALL
/MODEL＝ALPHA.

表 5-6 STM 产出 SI 正确率案例处理汇总

| | | N | 百分比(％) |
|---|---|---|---|
| 案例 | 有效 | 5 | 100.0 |
| | 已排除[a] | 0 | .0 |
| | 总计 | 5 | 100.0 |

表 5-7　STM 能力实验可靠性统计

| 克伦巴赫 α 系数 | 项　　数 |
|---|---|
| .995 | 2 |

由表 5-6 STM 产出 SI 正确率案例处理汇总表可知,共 5 次实验,有效率均为 100%。由表 5-7 STM 能力实验可靠性统计可知,克伦巴赫 α 系数(Cronbach's Alpha)为.995,这表明实验非常可靠。

CORRELATIONS
/VARIABLES=VAR00001 VAR00002
/PRINT=TWOTAIL NOSIG
/MISSING=PAIRWISE.

表 5-8　相关性实验统计表

| | | VAR00001 | VAR00002 |
|---|---|---|---|
| VAR00001<br>(E-C: SI) | Pearson 相关性 | 1 | .991** |
| | 显著性(双侧) | | .001 |
| | N | 5 | 5 |
| VAR00002<br>(C-E: SI) | Pearson 相关性 | .991** | 1 |
| | 显著性(双侧) | .001 | |
| | N | 5 | 5 |

**.在.01 水平(双侧)上显著相关。

由表 5-8 相关性实验统计表得知,Pearson 相关系数为.991,因此双侧相关性非常显著,也就是说在.01 水平(双侧)上显著相关。

综上观之,该项跟踪实验不仅有意义(.000),而且信度高(.995),效度强(100%)。STM 增效策略应用于学生译员的 SI 之中,其作用显著。对于学生译员来说,SI 记忆训练,尤其是 STM 训练的关键首先是学会从整体上把握信息的意义,并培养他们迅速理出话语语篇(discourses)逻辑提纲的能力;其次是发挥学生译员的空间想象力,扩大组块中相似信息的记忆内容。译员的空间想象力对记忆描述性和逻辑性的话语语篇具有重要作用。无论是话语语篇的逻辑分析还是生动画面的形成,所有这些信息加工或信息编码都需要在瞬间完成。信息编码(包括听觉编码、声像编码、视觉编码以及语义编码)决定信息提取。因此,让大脑中的信息条理化、形象化,有效发挥 STM 增效策略,才能使同传口译成效凸显。

STM 特性和口译特征都说明了两者的密切性,口译离不开 STM,有效的 STM 又能使口译增效。MTI 学生译员在 SI 训练时存在着注意、聚焦、选择、容量、编码等 STM 问题,故而实施 STM 增效策略,对学生译员进行专训,才能实现 SI 时效性、十维性以及成效性的飞跃。STM 是对口译信息进行有意识加工的短时记忆,它既是缓冲器,又是加工器,在口译中起着不可或缺的作用。本研究以本研究者所教授的复旦大学外国语言文学学院 MTI 学生为研究对象,以同传教室为实验场,以同传为口译研究方式,对学生译员的 STM 能力进行实验研究。结果表明:① STM 在同传口译中作用显著;② 实施 STM 增效策略,学生译员同传更富时效性、十维性,故而提高其成效性。

## 第二节　LTM 模态研究

### 一、LTM 定义识解

LTM 是指一般意义上的记忆,其容量很大,没有限制,此现象可从我们平时不断认知学习、不断认知记忆中而得知。一般认为,LTM 具有永久性之特征,是一个非常庞大的信息库,它将过去和现在习得的信息知识合并成为一个有机的整体。

根据梁宁建(2003：155)的观点,信息加工心理学用自由回忆、线性回忆、再认和各种记忆判断的方法取代对偶联合和系列学习的实验方法,概括记忆过程和记忆系统的相互关系。信息加工心理学认为,LTM 是相对于 STM 而言,信息贮存的时间较长。在大脑中信息贮存的时间可以是一分钟以上、几天、几个月、几年,甚至是终生的记忆。

由此可见,LTM 所贮存的刺激信息是个体在过去所经历的经验和所习得的知识,它是个体的心理活动与行为所提供的信息基础(ibid.)。因此,LTM 是个体对过去已经习得和贮存的知识和经验的再现。例如在口译中,如果译员听到以下片段:

*It is the function of education, the function of all of the great institutions of learning in the United States, to provide continuity for our national life to transmit to youth the best of our culture that has been tested in the fire of history. It is equally the obligation of education to train the minds and the talents of our youth; to improve, through creative citizenship, our American institutions in accord with the requirements of the future.*

这时译员会立刻将自己以前所学的有关教育、美国学术机构、公民义务教育等的知识再现于脑海,尤其是去过美国的译员会将其在美国的画面浮现在脑海。除此之外,译员还会利用其掌握的口译知识、技能以及各种百科知识同时进行信息再现,建构其口译产品:

*教育的作用,美国所有卓越的大学术机构的作用,是使我们国家的生命得以延续,是将我们经过历史烈火考验的最优秀的文化传给青年一代。同样,教育有责任训练我们青年的思维和才能,并通过具有创造性的公民义务教育,来改进我们美国的学术机构,以适应未来的要求。*

如果译员能将所听到片段信息完整地再现,那就说明该译员对这些信息具有完整的 LTM；如果不能将所听到片段信息完整地再现，那就说明该译员对这些信息的 LTM 不具备完整性，可能由于时间的延长或新信息的干扰，有些信息被遗忘。

但就 LTM 的完整性而言，LTM 包含了许多不同的事物和不同的类型。比如 LTM 的信息类型又可分为情境记忆和语义记忆。

## 二、LTM 中的情境与语义

图尔翁(Tulving，1972)将 LTM 分为情境记忆和语义记忆。情境记忆是指个体接受和贮存特定时间的情境、事件以及有关这些事件的时空联系之信息；语义记忆是指个体利用语言工具如字词等语言符号来说明指代物的意义及其关系。这些符号有其概念、规则和公式等组织的算法。

情境记忆是指个体对一定时间内发生事件的记忆，其记忆信息保持与事件发生的时间和地点相关联。例如上午去教室上课，下午去图书馆借书，晚上和同学看电影等。在口译中，是指译员对自己做口译的时间、地点以及场景的记忆。例如，昨天上午在上海国际会议中心为中美经贸合作论坛峰会做口译的情景，这样的情境记忆让译员对口译的时间、地点以及口译的具体场景都记忆犹新。

语义记忆是指对字词、话语、概念、规则以及定律等抽象事物的记忆。例如，对某些字词句的记忆，对某种语言语法规则的记忆，对于物理公式和定律的记忆，对于各种科学概念的记忆等等。在口译中，语义记忆包括译员对 SL 和 TL 双语词汇、短语和句子语义等的记忆，双语语法规则的记忆，双语转换规则等知识的记忆。这些语义记忆将信息知识等贮存在 LTM 中，等待着译员在口译操作时再现。语义记忆的特点是在语义记忆中贮存的知识不依赖于个体所处的某一具体时间和地点，其信息知识可用一般的定义描述概括。例如,译员经过从小学、中学、大学以及研究生教育等多年的学习研究,积累了丰富的语言知识和口译技能,这些语义信息已经贮存在他们的 LTM 之中,无论何时何地,均可在口译中随时再现、提取并使用。

情境记忆和语义记忆是 LTM 中记忆的两种形式,两者虽然同是记忆的形式,但是它们有着很大差异。首先,两者贮存的信息不同,一种是有关时间、地点以及情景的信息;另一种是有关词语、语法,以及概念等的信息。其次,前者以个人经历为参照,以时空为框架;而后者以一般知识为参照,以形式结构为框架。再者,前者处于流动状态,而并非常态,其信息容易受到新信息的干扰而被替换;而后者处于稳定状态,不易被干扰,却易被提取。另外,前者是与个体事件相关的某个时间和地点,基本不具推理能力;而后者贮存的是语义信息知识,具有较强的推理性。

然而,无论是情境记忆,还是语义记忆,它们在 LTM 的记忆贮存中,随着时间的推移也会有所遗忘。例如,本研究者在 20 多年前在上海波特曼为 HP 公司做过 SI,但现在已经记不起来那是 1997 年还是 1998 年了,也记不清是在波特曼的几楼哪个房间做的 SI。这就说明随着时间的推移,有些情景信息会痕迹消退。同样,在 20 年前记忆的单词 haemorrhoids(痔疮),现在回想起来,读音没问题,只是记不清楚该单词中间是否有"e",字母"r"是否双写等。这同样说明,随着时间的延长,在 LTM 中有些语义信息也会遗忘。那么,译员在对口译产品的建构过程中,其 LTM 中的信息记忆是否都能按照 TL 所要求的信息再现呢? 未必尽然。在 LTM 之中的信息,随着时间的推移,由于种种原因,信息痕迹会消退,导致信息的遗忘。

## 三、LTM 遗忘理论

19 世纪末期德国心理学家赫尔曼·艾宾豪斯(Hermann

Ebbinghaus)开始科学记忆研究,对人类记忆系统进行探讨。在LTM之中,研究者往往强调信息刺激材料的学习与遗忘之间的相互关系,通过对遗忘这一基本心理现象的测量,来揭示遗忘变量和时间变量之间的关系。在LTM遗忘的研究过程中,形成了痕迹消退论(trace decay theory)、干扰论(interrupting theory)、信息提取论(information retrieval theory)、失忆论(amnesia theory)以及口译中的遗忘等研究理论。

1. 痕迹消退论

早期对遗忘原因的解释是痕迹消退论。这一理论认为,STM痕迹得不到复述强化,其强度就会随时间的流逝而减弱,导致自然衰退,也可能是被某种目前还不清楚的生理过程所侵蚀。这样的解释非常符合我们的经验,然而,后来研究者金肯思和达伦巴奇(Jenkins & Dallenbach,1924:605-612)、米娜密和达伦巴奇(Minami & Dallenbach,1946:1-58)等研究发现,维持期间发生的事也是很重要的因素。他们的实验证明,无论是人还是动物,当他们醒着时比睡着时遗忘得多。因为他们在醒着时,从事活动较多,受到的干扰较多;而在睡眠时,不从事活动,所受干扰较少。由此显示,学习、测验以及在做口译时的事件会干扰或破坏记忆痕迹。

随着研究的深入,许多研究者发现LTM中的遗忘有干扰因素的存在,同时他们还发现,遗忘的记忆并非完全消失,所以他们开始将痕迹消退论的研究转移到干扰因素的研究。彭费尔德(Penfield,1959:1719-1725)的实验发现,当用电流刺激病人脑部的某部位时,病人能够想起平时想不起来的事。除此之外,奈尔逊(Nelson,1971:568-576,1978:453-468)的实验发现,被试者再学习遗忘信息比学习新的信息记住的内容多。由此可知,遗忘的信息并非在记忆中完全消失。因此,多数研究者认为LTM的遗忘原因是干扰。

2. 干扰论

LTM 的遗忘原因是干扰造成的,这一理论被称为干扰论。干扰论将干扰分为逆向抑制(retroactive inhibition)和正向抑制(proactive inhibition)(郑丽玉,2010:75)。干扰理论研究者利用配对联结学习(paired associate learning)将一组项目配对,如以 A—B 表示,A 是刺激,B 是反应。被试者在学习时,记忆各 A—B;在测验时,呈现 A,而必须说出 B。在实验中,被试者分实验组和控制组。实验组学了 A—B,再学另一组配对 A—C;而控制组只学 A—B,而不学 A—C。过了一段时间,两组均接受 A—B 实验。实验结果是控制组的回忆成绩比实验组佳,这是因为 A—C 的学习干扰了 A—B 的学习,此为逆向抑制。另外一种情况是:实验组学了 A—B,再学 A—C;而控制组只学 A—C。过了一段时间之后,测验 A—C 的联结,控制组的成绩又比实验组好。这是因为实验组 A—B 的学习干扰了 A—C 的学习,故称之为正向抑制(ibid.)。

3. 信息提取论

LTM 的遗忘不会随时间而改变,而是随着新信息的产生而改变,这种代替痕迹消退论的观点被称为信息提取论。该理论由斯密斯、毛瑞斯、莱文和艾莉丝等人(Smyth, Morris, Levy & Ellis, et al., 1987)提出,他们对 LTM 中的遗忘提出提取问题(retrieval problems)。他们指出遗忘有三种可能:一是提取新信息的影响;二是记忆中有很多相似的资料,相同的提取线索在短期内有效,而在 LTM 中就不够有效;三是诠释情景的方式随时间而改变,不再按照原来贮存在记忆中的资料而存在(ibid.)。由此观之,信息提取论像干扰论一样,也是诠释遗忘的很好理论。

4. 失忆论

上述 LTM 遗忘属于一般个体的正常心理历程,但遗忘很可能是由于外伤和疾病等引起近事失忆症(anterograde amnesia)和旧事失忆症(retrograde amnesia)。此论尚不属本研究的范围,恕不详论。

5. 口译中的遗忘

在口译过程中,译员对信息的遗忘现象属于正常范围内的遗忘。本研究者所教授的英语口译班的本科生和口译理论与实践班级的研究生经常提及这一遗忘现象。他们说怎么听了后面的信息就忘了前面的信息呢?如何克服遗忘呢?

① 在口译中,当听到话语者的刺激信息,职业译员或学生译员会引起注意,之后自觉听音、辨音、接收信息,提取信息,其间对信息的识记不可缺少。在识记过程中,无论是 SI 还是口译认知,译员需要对 SL 刺激信息进入到记忆中 SS、STS 和 LTS,经历 STM 或 WM 而完成。然而,随着话语者话语时间的延长,SL 信息的增多,译员对前面所听信息会遗忘,这属于正常范围内的遗忘。

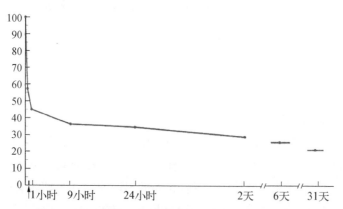

图 5-2　艾宾豪斯记忆遗忘曲线图(Ebbinghaus, 1885)

根据艾宾豪斯记忆遗忘曲线图 5-2 可知,在 20 分钟,甚至 1 小时的时间内,一个人的记忆由 100 急速下降到 45,这说明个体的记忆在短时内遗忘较快,经过 9 小时、24 小时、2 天、6 天,甚至 31 天后信息再现,遗忘率达到平缓状态。然而,在口译过程中,不允许译员这样多次重复,也不允许过长的时间,必须要在规定的时间或合理的口译时间范围内完成。那么,对于译员正常范围内遗忘的问题如何解决呢?

② 对于译员的信息遗忘问题,采用手脑并用的策略。用手拿笔来记录 SL 信息,用脑进行无意识和有意识地记忆 SL 信息。因为 SI 要求的即时性很强,译员做 SI 时主要依靠大脑记忆,然而,译员做口译认知时,需要手脑并用,在大脑记忆的同时,用记录来帮助大脑记忆,因为话语者的话语长度有时会达到 15 分钟之久,大脑不可能完全记住所有信息。因此,手脑并用的策略能弥补译员在口译操作时的遗忘。

## 四、LTM 的容量

1. LTM 容量与 STM 容量比较

当提及 LTS 时,我们往往与 STS 相比较。STS 容量很小,而 LTS 容量很大,可以是无限。当提及 LTM 时,我们同样与 STM 相比较。STM 容量或称 STM 广度用组块来表示,一般为 $7\pm2$ 组块。相比之下,LTM 的容量是 STM 无法相比的。个体在一生中会经历许多风风雨雨,可以记住无数的事情,习得大量的知识,掌握许多技能。由此可知,个体的 LTM 的容量几乎是无限的。

2. LTM 容量计算

LTM 容量很大,甚至几乎是无限的,是否能计算它的容量呢?许多心理学家试图探讨计算 LTM 的方法,蓝道尔(Landauer,1986:477-493)就是其中之一。其尝试做 LTM 容量计算,方法有二:一是根据突触的数量来估计。突触,即两个神经元的联结处,主要以化学递质为媒介在两个神经元之间传递信息。个体的大脑皮层中约有 $10^{13}$ 个突触,在 LTM 中可贮存 $10^{13}$ 比特的信息。二是根据个体一生的神经冲动的数目来估计 LTM 的容量,这样 LTM 就能贮存 $10^{20}$ 比特的信息。蓝道尔还认为,并非每次神经冲动或突触联结都意味着个体记住了什么信息,因此这两种计算结果估计还应打些折扣。

## 五、LTM 的双重编码

### 1. LTM 双重编码说

一般认为,外部信息刺激通过 STM 的复述加工处理而转入 LTM 之中,其最为重要的信息传输途径为复述,即将 STM 之中所加工的刺激信息,通过编码进入 LTM 之中。然而,LTM 的编码不同于 STM 的编码。STM 的编码方式主要是听觉编码,其次是视觉编码和语义编码,而 LTM 的编码方式是表象编码和语义编码并重,两者相互补充。

佩薇欧(Paivio, 1975:635-647)认为,在 LTM 中,信息编码分为两个系统,即表象信息系统和言语信息系统。在表象系统中,有关客体和事件的信息通过表象代码贮存而完成;在言语系统中,有关言语信息的贮存通过言语代码而实现。表象信息系统和言语信息系统彼此独立,而又相互补充,互为作用。这两种编码的学说被称为 LTM 双重编码说。

### 2. 表象编码

表象编码是两种编码系统(表象编码和语义编码)的其中之一。根据佩薇欧(Paivio, 1969, 1871, 1983)提出的记忆的双重编码假设(dual-coding hypothesis of memory),LTM 中有明显的两种不同编码系统:一种是表象性质的,另一种是言语性质的。表象性质的编码是表征和贮存事物的外表信息;言语性质的编码是表征和贮存识记项目的语义信息。佩薇欧(ibid.)反对 LTM 之中只有语义编码的观点,一个识记项目要么采用表象编码,要么采用语义编码,有时同时采用两种编码。其中,表象编码是不容忽视的,它是专门处理非言语的客体和事件的知觉刺激信息材料的。

表象是感知过的事物、图像和场景等在人脑中留下的短暂印象或形象。表象与实际事物、图像和场景等的直接刺激不同,它只是一种在脑海中浮现的情景、图像以及形象等。例如,译员脑海中浮现出做 SI 的场景,就不如译员实际在 SI 场景那样清晰。佩薇欧(ibid.)通过表象代码对刺激信息材料进行编码的实验证明,与单词、语句等文字测验材料相比较,被试者更容易记住那些刺激信息项目中的景物和图像信息。因此,在会议口译时,如果演讲者用视频文字会有助于译员口译编码,如果用图片会更有助于译员口译编码。

3. 语义编码

语义编码是言语性质的编码形式。在 LTM 中提取信息时,发生的错误往往并非形或音的混淆,而是语义上的混淆。巴德里(Baddeley, 1966: 302-309)在实验中,向一部分被试者呈现一系列发音相近的单词,例如:man、map、mad 等,或发音不同的单词,例如:day、pen、rig 等;向另一部分被试者呈现语义相近的单词,例如:big、great、huge 等,或语义差别较大的单词,例如:foul、old、deep 等。单词呈现完毕后,故意让被试者做 20 分钟的其他工作,目的是为了阻止其复述,保证其回忆提取的信息是 LTM 中的信息。实验结果表明,发音相近的单词出现的错误并不多,而语义接近的单词却产生了较多的回忆错误(ibid.)。

撒克思(Sachs, 1967: 437-442)的实验是让被试者听一段关于首次使用望远镜的文章。在实验过程中,撒克思系统地监控目标语句与测试语句之间的时间间隔,在被试者听完目标语句后,插入 0 个、8 个或 16 个音节后呈现测试句子。这一实验的目的是检验被试者对于目标语句的记忆会不会随着时间的间隔变化而变化(ibid.)(参见图 5-3)。

由图 5-3 不同时间间隔下的四种测试语句回忆正确率可知撒克思(ibid.)的实验结果,随着时间间隔的增大,被试者的回忆正确

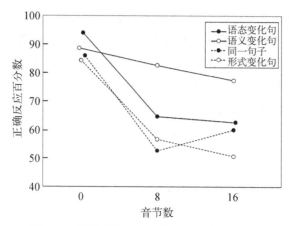

图 5-3　不同时间间隔下的四种测试语句回忆正确率(引自：Sachs, 1967)

率逐渐下降,然而其中下降速度最慢的是语义变化句,其他三种同一句子(文字完全相同的同一句子)、语态变化句、形式变化句的正确率却快速下降。由此说明,句子信息在保持时间较长的情况下,句子的特征如语序、声音等逐渐淡忘,而只有语义特征可以作为判断的依据。只有测试句在语义发生变化后,才能被正确辨认。因此,LTM 中的言语是按照语义进行编码。

## 六、口译中的 LTM

1. 口译员的 LTM

LTM 对于口译员来说非常重要,因为它不仅是口译员的词汇库和语法库等组成的知识宝库,而且还是口译员的方法库和技能库等而组成的经验宝库。总之,LTM 是译员所能习得知识和掌握技能的百科全库。因此,LTM 的信息贮存是日常生活、学习和研究中积累的各种生活常识、各种专业知识以及译员各种各样的经历等。LTM 的信息容量相对很大,甚至是无限的。LTM 中贮存的信息保持的时间相对较长,有些信息终生难忘。LTM 是大脑长期保持信息的重要手段。口译员在 LTM 中贮存的知识越多,经验越丰富,就越能在口译时发挥最佳水平。

2. LTM 在口译中的作用

① 配合作用:在口译记忆的过程中,LTM 所起的作用是配合 STM 共同来完成大脑的记忆工作。② 贮存作用:译员所听过、看过以及经历过的事情都可以留在 LTM 之中,以准备口译之用。③ 联结作用:LTM 中贮存的信息在译员做口译时随时都可以提取出来进行复述,与译员正在听到的 STM 信息相碰撞、相联结,进行信息融合。④ 促进作用:LTM 使译员更好地理解 SL 信息、对 SL 信息解码、将 SL 信息向 TL 信息转换以及按照 TL 正确输出具有促进作用。

3. 口译的 LTM 策略

1) 知识习得策略

知识习得是一名合格的译员必不可少的,在做译员之前必须经过专业训练和对专业知识的习得,也就是说,译员只有在其 LTM 之中贮存大量的专业知识,在进行口译操作时才能得心应手。除此之外,译员还要对各种非专业知识进行习得,这样的知识面才能广,译员在遇到这些非专业知识时才能做到临阵不慌。例如,各高校高级翻译学院或翻译系口译研究方向的学生译员、外国语言学与应用语言学口译方向的学生译员等都是职业译员的后备军,在对他们进行培养时,不只是让他们习得与口译专业有关的知识,还要习得与语言学、应用语言学、文学以及第二外语、第三外语有关的知识,除此之外,还要掌握外交、礼仪、经济、文化、环境、教育、政治、新闻、社会、卫生、工程、军事、体育等一般性的知识。只有掌握了这些知识,译员在遇到这类口译时,才能得心应手。因此,随着教育事业的发展以及大学生、研究生英语水平的提高,在高校,尤其是重点高校培养专业型的口译人才势在必行。例如,学习 IT 技术的学生译员,利用其英语的基础知识,加上其娴熟的 IT 专业知识和技能,习得了大量的 IT 新潮词汇,这些学生译员就能做好 IT 类的口译;医学类的学生译员,利用其英语的基础知识,加上其娴熟的医学专业知识和技能,习得了大量的医学词汇,这些学生译员就能做好医学类的口译。因此,从某种程度上来讲,尤其是在遇到各个专业深层的口译时,这些专业型的口译人才要比我们高级翻译学院和外国语言文学学院的学生译员译得好,因为高级翻译学院和外国语言文学学院的学生译员不懂深层次专业的内容,例如 IT 专业的知识内容、医学专业的知识内容等。鉴于此,只有各类学生译员习得广博的百科知识,才是 LTM 最为重要的策略。

2) 技能训练策略

一般职业译员在上岗之前都经历过专业的技能培训,他们一般都经历过研究生阶段口译学生译员的培训。对学生译员技能的培训不仅仅是针对各高校高级翻译学院或翻译系口译研究方向的学生译员、外国语言学与应用语言学口译方向的学生译员,而且更重要的是对学习其他不同专业的学生译员的技能培训,因为这些非外语专业的学生译员具有各自的专业知识,缺乏的就是口译技能的训练。如果给这些非外语专业的学生译员补上了这一技能课,那可谓如虎添翼,他们会成为优秀的专业型的职业译员,他们可以在其各自的专业领域做好口译。因此,无论是高校高级翻译学院或翻译系口译研究方向的学生译员、外国语言学与应用语言学口译方向的学生译员,还是其他非外语专业的学生译员,尤其是非外语专业的学生译员,只有熟练掌握各种口译技能,并将这些娴熟技能贮存于译员的 LTM 之中,保持持久的记忆,才能更加有效地进行口译操作。

3) 经验积累策略

学生译员或职业译员在习得了专业知识以及百科知识,并经过专业的技能培训,掌握了 SI 和 CI 等各种口译技能之后,需要进行实践训练。在口译实践的过程中不断积累经验,熟能生巧。许多职业译员久经沙场后,积累了丰富的口译实践经验。对于高校高级翻译学院或翻译系口译研究方向的学生译员、外国语言学与应用语言学口译方向的学生译员来说,他们所积累的是具有一般性的口译实践经验;而对于那些其他非外语专业的学生译员来讲,他们所积累的是其本专业的口译经验。因此,无论是哪类学生口译员,只有在习得大量的知识、掌握娴熟的技能和积累了大量的经验之后,在其 LTM 之中积累大量的经验信息,以备用时提取,这样的口译员才能被称为具有经验的职业口译员。

4) 信息激活(activate)策略

对于职业译员来讲,他们在口译操作的过程中,一般都能适时地将 LTM 从惰性状态变为活跃状态,能把握何时激活 LTM 中所需要的知识信息、技能信息以及经验信息等,能掌握激活这些所需信息的方法,以至于能够使口译产品适时产出;对于高校高级翻译学院或翻译系口译研究方向的学生译员、外国语言学与应用语言学口译方向的学生译员来说,他们需要进行适时信息激活策略训练,使他们掌握何时需要激活 LTM 之中所需知识和技能信息等,同时掌握激活这些信息的方法;尤其是对于那些非外语专业的学生译员来讲,他们最缺乏的即时信息激活策略,因为这些学生译员不能熟练掌握如何激活 LTM 之中的知识和技能信息等各类信息,他们往往不能将 LTM 中的各类信息从惰性状态中激活,并与口译中的 SL 和 TL 信息相匹配,相融合以及相联接,不知如何有效地形成口译产品。

5) 即时联结策略

在以上策略如知识习得策略、技能训练策略、经验积累策略以及信息激活策略完成之后,接着就是将已经激活的 LTM 百科知识之中的相关信息顺利提取,并将所提取的信息与口译中的 SL 信息和 TL 信息相匹配、相融合以及相联接,有效地形成口译产品。这一即时联结过程,对于职业译员来说一般会较为顺利,然而对于学生译员,尤其是非外语专业的学生译员来讲,较难做到,原因有三:

其一,学生译员对其 LTM 之中的信息提取把握不准,例如:汉英口译中,"我们应该加深了解,增强互信,不断扩大共识",译作"We should deepen understanding, enhance confidence between both sides (mutual trust) and continually expand consensus."其中,对于"增强"一词,有些学生译员提取的信息是"strengthen",另有些学生译员提取的信息是"increase",还有的学生译员提取的信息是"provide",以至有的学生译员提取的信息是"enlarge",甚至有的学生译员提取的信息是"add"等,这就说明他们在其 LTM 中所提取的信息没有形成定式,难以把握;

其二,学生译员对所提取信息不知如何匹配,例如,汉英口译"我们要从大处着眼、从长远出发,讨论两国共同关注的全局性、战略性、长期性的经济问题",译作"we should discuss the overall, strategic and long-term economic issues, which both countries focus on, from key points and the long-term point of view."而在口译时,许多学生译员不知"大处着眼"是什么,不知如何与 TL 相匹配,不少学生译员用其所提取的"from the big places"进行错误匹配;

其三,学生译员对口译产品不知如何产出,例如,汉英口译"二是两国应该平等磋商、求同存异,充分考虑彼此的关切",译作"Secondly, both countries should make consultation equally and seek for common ground, fully considering each concern."学生译员在口译时,虽然在其 LTM 中也提取了不少信息,如"Secondly""both countries""should""discuss""equally""common things" "consider""each other",但是这些信息难以成句,无法以 TL 输出。

因此,使学生译员从 LTM 百科知识之中顺利提取相关信息,并将所提取的信息与口译中的 SL 信息和 TL 信息相匹配、相融合并及时联接,有效产出,形成口译产品的即时联结策略亦不容忽视。

在口译过程中,译员将接收到的 SL 信息暂时储存在 STM 中,同时激活 LTM 中的相关信息,使其参与译员的在线记忆运作。它是以 STM 为主,加上 LTM 中被激活的相关信息,是 STM 和 LTM 的一种结合模式,口译中的这种处于活跃状态的记忆被称为 WM,而以 WM 存在的模态为 WM 模态。WM 模态为何存在、如何运作尚需进一步研究。

## 第三节 WM 模态研究

### 一、巴德里和西岐的 WM 论

巴德里和西岐(Baddeley & Hitch,1974:47-90)在模拟 STM 障碍的实验基础上提出的 WM 概念包括三个部分:注意控制系统、中枢执行系统以及为其服务的两个子系统,即"负责视觉材料暂时存贮和处理的视空初步加工系统"和"负责口语材料暂时存贮和处理的语音回路"(ibid.)。

巴德里(1981,1986,1990,2000)认为,WM 的关键成分有:① 类似于注意的中枢系统,即中央执行机构。主要用于分配注意资源,控制加工过程等。② 基于语音的语音环路(phonological loop)。主要用于记住词的顺序,保持信息。③ 视空图像处理器,即视觉空间展板(visuospatial sketch pad)。主要用于加工视觉和空间信息。三者之间的关系如图 5-4 所示。

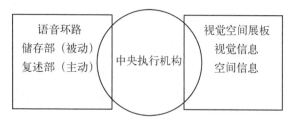

图 5-4　WM 三成分示意图(引自：Baddeley, 2000)

由图 5-4 WM 三成分示意图可知中央执行机构、语音环路以及视觉空间展板之间的关系。中央执行机构是 WM 的中枢系统,它负责控制和引导信息的流动,并通过注意的集中和转移来协调语音环路和视觉空间展板的活动;与此同时,它还负责当前环境的输入与过去经验之间的协调工作。巴德里(1993：11-28)认为,这种协调功能是一种意识。

语音环路凸显了言语相关性。它体现在音近效应(phonological similarity effect)、词长效应(word-length effect)、听觉抑制(articulatory suppression)等现象中。它负责的言语和听觉信息包括两个部分:一是贮存部分,贮存着记忆的痕迹;二是复述部分,复述记忆信息,刷新记忆痕迹。

正如视觉编码在 STM 中起着重要作用,视觉空间展板同样具有很大的作用。布鲁克斯(Brooks, 1968：349-368)关于反应依存注意的实验充分体现出视觉空间展板的作用。被试者的反应类型,无论是口头报告,还是动作指点,都对反应有不小影响。当刺激是言语的情况下,与视觉空间有关的动作指点任务比较容易;在刺激带有视觉空间属性的情况下,与言语有关的口头报告比较容易。如果用 WM 理论来解释,那就是口头报告依赖语音环路,动作指点依赖视觉空间展板。布鲁克斯(ibid.)的实验表明,语音环路和视觉空间展板是比较相对独立起作用的,这使得个体能够同时处理言语信息和视觉空间信息。

然而,在对 WM 的研究过程中,某些实验研究并不能用巴德里和西岐的三系统概念进行解释。例如,在实验中被试只能记住 5 个左右的不相关的单词,而却可以记住 16 个左右有共通之处的单词。在对原有 WM 模型进行修改的基础上,巴德里和西岐提出了情景缓冲器概念,作为对三系统概念缺陷的补充。这是一种用于保存不同信息加工结果的次级记忆系统,在中枢执行系统的控制之下保持加工后的信息,支持后续的加工操作。

因此,WM 是一种对信息进行暂时加工和贮存的能量有限的记忆系统,在许多复杂的认知活动中起重要作用。它是指信息暂时存贮及其与其他更为复杂任务的联合运作。亦是知觉、长时记忆和动作之间的接口,因此是思维过程的一个基础支撑结构。

实际上,WM 也是一种 STM,但它强调 STM 与人们当前从事的工作的联系。由于工作进行的需要,STM 的内容不断变化并表现出一定的系统性。STM 随时间而形成的一个连续系统也就是 WM,或称之为活动记忆。

## 二、WM 研究现状

1. WM 西方研究现状

自德国心理学家艾宾豪斯开创了人类记忆实验研究以来的 100 多年历程中,记忆始终是科学心理学研究高级心理活动的重要领域,特别是 20 世纪 50 年代随着认知心理学的兴起,记忆研究已成为该学科最富于成果、最具代表性的内容。

近 20 年来,记忆研究的步伐明显加快,开辟了一些新的研究领域,如近年来记忆研究的热点:WM、内隐记忆、前瞻性记忆、记忆歪曲、自传体记忆等,总体表现出研究课题的精细化、方法多元化的发展趋势,记忆研究呈现出从未有过的繁荣局面。

另一方面,面对众多的记忆研究成果,多贮存模型已不能涵盖所有成果的解释。因此,一些研究者呼吁,要以新的角度,从整体上把握信息加工的过程,要有新的记忆理论的整合。对记忆理论的一般看法是,不再把记忆看成一个独立的信息贮存系统,而强调记忆在个体的信息加工全过程中的主动性和创造性。

对于 WM 的研究正是在记忆理论新思潮中产生,但许多问题一直存在着争论,在实验手段和实验方法上也还存在着许多缺陷。未来的研究应该将认知心理学的研究和神经心理方面的研究结合起来,可能会得到更有意义的结果。

2. WM 国内研究现状

随着西方国家认知心理研究的不断深入,WM 研究成为认知记忆研究的重要组成部分。我国对 WM 的研究从 21 世纪初开始已有很大进展,例如,2007 年张威博士专门对 WM 进行了研究,其博士毕业论文《同声传译与工作记忆的关系研究》对 WM 及其与 SI 的关系进行了深入的研究。2009 年在认知心理学界,陈亚林、刘昌等对 WM 同样进行了深入细致的研究,他们撰写的论文《有关工作记忆下的'choking'》一文就有写到他们对 WM 所产生的作用和影响进行的实验研究。近年来,我国在心理学界、认知心理学界以及认知口译学界对 WM 的研究已全面展开,并取得了一系列的成果。

本研究将口译学科理论、口译认知理论和口译实践与译员的认知心理相结合起来,触及口译员记忆的研究,尤其是 WM 在口译中作用的研究。从早期的巴德里和西岐 WM 理论研究,到中西方 WM 研究现状,再到 WM 识解、WM 的特点、WM 的复述和组织、WM 与智力、WM 的 ERPs 研究以及 WM 与 SI 的研究等,体现了 WM 与口译认知心理记忆相结合的系列研究。

## 三、WM 定义

WM 其实属于一种假设，某种形式的信息的暂时存贮对许多认知技能来说是必须的，如理解、知识习得和推理等都属于需要信息的暂时存贮、即工作记忆的认知技能。认知心理学提出了有关人脑存贮信息的活动方式。个体作为一种信息加工系统，把接收到的外界刺激信息，经过模式识别加工处理而放入 LTM。进入 LTM 中的信息处于静态，之后其被贮存，而当个体在进行认知活动时，LTM 中的信息被激活，并处于活动的状态，就叫 WM。因此，WM 被认为与通常所说的意识觉察有关，即进入 LTM 中的信息就是人们自身意识中的内容。

所谓 WM，也就是指个体在完成认知任务的过程中将信息暂时储存的系统。WM 可以被理解为一个临时的心理"工作平台"，在这个工作平台上，个体对信息进行操作处理和组装，以帮助个体对语言进行理解、进行决策以及解决问题。因此，可以将 WM 理解为对必要成分的短时的、特殊的聚焦。

WM 同时还可以被形容为人类的认知中枢，是当前认知心理学、认知神经科学以及我们所提及的认知口译学中最活跃的研究领域之一。由于 WM 在人类高级认知活动中的突出重要性，戈德曼（Goldman，1991：73-91）把它评价为"也许是人类心理进化中最重要的成就"。目前针对 WM 的机制，国际上已经提出十几个有影响的理论模型，其中最著名的是巴德里的多成分模型。该模型认为 WM 由语音回路、视觉空间模板和中央执行系统组成。语音回路负责以声音为基础的信息储存与控制，视觉空间模板主要负责储存和加工视觉信息，中央执行系统是 WM 的核心，负责各子系统之间以及它们与长时记忆的联系、注意资源的协调和策略的选择与计划等。围绕该模型的验证和完善的研究一直是 WM 研究的核心领域。

在口译中,译员将刚刚接收到的信息暂时储存在 STM 中,同时激活 LTM 中的相关部分,使其参与译员的在线记忆运作。口译中的这种处于活跃状态的记忆被称为 WM。STM 和 LTM 的结合,以 STM 为主,加上 LTM 中被激活的部分构成了 WM。

## 四、WM 的特点

WM 属于第二个信息贮存库,其中保留着个体正在有意识地思考、使用以及保持的信息,即工作着的信息。例如,当你询问 114 查号台某单位的电话号码,获话务员告知后用来拨号时,你对该电话号码的思考、使用以及保持便保留在你的 WM 之中。又如,在口译认知过程中,当"As a developing country, China is confronted with the dual task of developing the economy and protecting the environment."的信息传入译员的大脑中,译员就得通过笔记以及大脑记忆将这些信息进行有意识地记忆保持,这一对刺激信息的注意、思考、使用以及保持工作状态的过程即 WM 过程,直到对之转换成 TL 信息的编码,尔后输出 TL 信息"中国作为一个发展中国家,面临着发展经济与保护环境的双重任务。"来完成 WM 的任务。WM 的三大特点如下:

1. 外界刺激信息保持时间短

对外界刺激新信息的保留大约是 10 至 20 秒(Gagné et al., 1993)。在 SI 中,SI 译员的速度会紧随着话语者而进行传译,优秀译员的 WM 一般在 10 秒钟,甚至在 8 秒或 6 秒之内就能完成;在口译认知中,译员的传译速度与时距决定于话语者的速度与时距,有的速度快,有的速度慢,有的话语者话语时间间距为 3 分钟,有的为 5 分钟,有的为 10 分钟,甚至有的达 15 分钟。由于 WM 超过 20 秒钟,信息或者消失,或者受到进一步的加工而转入 LTM,因此,译员需要用笔记和大脑记忆共同弥补 WM 保持时间短的缺陷。由于 WM 对信息的保留时间短,因此 WM 与 STM 有紧密的联系,有些专家学者也称之为 STM。又如,SI 译员在译好当前信息之后,如果不加复述,它很快便从记忆中消失。

2. WM 信息容量有限

按照米勒(Miller,1956:81-97)对 STM 记忆的研究,在有限的时间里只能记住 5—9 个独立的信息单位,一般大约是 7±2 个单元。由于 WM 只能容纳少量的信息,因此,它成了"信息加工的瓶颈"(Gagné et al.,1993)。比如,一次记忆的陌生电话号码超过 9 位,除非你用笔记下来,否则你可能记不住或记错。在 SI 和 CI 中,口译员在传译时的 WM 同样如此,超过 9 个代码信息就会产生遗忘,因此,CI 中的笔记非常重要。

3. WM 信息处于激活状态

在 WM 中,其外界刺激信息应该被激活,使之处于活跃状态中,这些信息处于被个体意识、思考、使用等工作状态中。当译员在做 SI 和 CI 时,译员对 SL 刺激信息进行注意、接收、理解、记忆、提取等便是译员正在使用其 WM。因此,WM 是完成各种心理操作的"工作台"。

WM 在信息加工过程中起到非常重要的作用。在口译信息的加工过程中,WM 对 SL 刺激信息的加工同样非常重要。只有进入 WM 中的信息,才能得到进一步的加工并进入 LTM 中贮存。然而,WM 的有限容量,使信息的进入和加工都受到限制。为了增加 WM 的信息容量,提高其加工效率,可以采取两条途径:扩大信息组块和自动化。虽然 STM 的容量只有 7±2 组块,但每个项目的容量并没有明确限定。许多研究者认为,可以通过扩大信息组块的方式扩大 STM 的信息量。利用信息形象化以及信息逻辑化的方式扩大组块容量。

## 五、WM 的复述和组织

正如以上所述,进入 WM 的信息只能保留很短的时间,那么,怎样才能将 WM 中的重要信息转移到 LTM 里呢？由 WM 中信息的复述和组织即两种主要的信息认知加工策略来完成。

1. WM 中的信息复述

WM 中的信息复述是指在 WM 中的信息再现。复述的类型有两种：维持性复述（maintenance rehearsal）和精致性复述（elaborative rehearsal）(Craik & Lockhart, 1972: 671-684)。

1) 维持性复述：指对需要记忆的信息一遍一遍地按原样重复的过程。维持性复述的主要作用是使需要的信息暂时性地保存在 WM 中以便使用。例如，在口译过程中译员将所获 SL 刺激信息暂时贮存在 STM 之中，以便在将 SL 信息转换成 TL 信息时使用。同样，维持性复述的第二个作用是使 WM 中的部分新信息通过反复的、充分的复述而转换到长时记忆中去贮存。例如，在记忆英语单词的过程中，信息经过一遍一遍地在大脑中复述，甚至通过默写而进行复述，才能使所获信息进入 LTM 之中。由于维持性复述只是原封不动地重现新信息，而没有和已有知识建立任何联系，因此，即使通过简单的维持性复述进入到 LTM 的信息，也容易从长时记忆中遗忘。如 1 3 9 8 8 1 2 4 8 9，你需要复述几遍才能将这串数字记住？记住以后又能保持多久？多数人可能在一两天之内便会忘掉。

2) 精致性复述：指将要记忆的信息与已贮存在 LTM 中的信息建立联系的过程。这种类型的复述是通过运用精致策略实现的。所谓精致（elaboration）是指在 WM 中完成的对新信息的精心制作或精细加工，是对要记住的新信息附加额外的信息的过程。其中包括：① 对刺激信息的联想；② 对刺激信息的视觉表象；③ 对刺激信息的语义扩展；④ 对刺激信息与其他事物的比较；⑤ 列举刺激信息的实例；⑥ 补充刺激信息的细节；⑦ 找出与刺激信息相关的上位观念或下位观念；⑧ 对刺激信息的逻辑推理等 (ibid.)。

# 第五章
多模态双语记忆研究

就１３９８８１２４８９这些数字用精致性复述的策略可以把它们更好地记住。仔细观察这些数字，不难发现它们与一些事情有关：１３９——移动通信号码；８８——发发；１２——12 个月；４８９——始发久；等等。

经过了这样的精致复述后，你对这些数字的记忆一定会更牢固，保持得更长久。

精致性复述过程是在 WM 中完成的。刺激信息进入 WM 后，刺激信息本身处于激活状态。以刺激信息为线索，通过学习者有意联想，贮存在学习者 LTM 中的一些与刺激信息有关的信息相继被激活，这一过程叫激活的扩展（Anderson，1983）。通过激活的扩展，LTM 中的原有知识进入 WM，与刺激信息建立起联系，精致过程便同时完成。可见，精致是一个主动的信息加工活动，学习者或译员必须有主动精致的意识，主动地考虑如何在新旧知识之间建立联系，主动地以刺激信息为线索去激活 LTM 中贮存的有关信息。因此，精致作为一种认知技能，可以用产生式系统来表征。

精致性复述在口译中的作用有两种：第一，通过 SL 刺激信息与旧知识建立联系，促进对新知识的理解，并使新知识进入 LTM，更长久地保持；第二，通过精致性复述而进入 LTM 的新知识，当需要从 LTM 中提取时，能够更容易对信息进行检索和提取。

2. WM 中的信息组织

所谓组织（organization）是指对要记忆的刺激信息，按照项目之间的相似性或项目之间的关系进行归类，从而形成一定的结构模式的过程。例如，在进行 LTM 的知识信息积累中，按照时间（time：year, month, day, week, etc.）、国家（countries：China, America, England, France, etc.）、动物（animals：cat, dog, tiger, wolf, etc.）、农产品（farm products：wheat, corn, rice, cotton, etc.)、服装(apparel：coat, suit, shirt, trousers, etc.)、颜色(color：red, green, yellow, blue, etc.)等有组织结构地去记忆,这样的记忆可能会更容易些,这些信息贮存在 LTM 中可能会保持得更加持久。

3. WM 的精致性复述与组织的关系

WM 的精致性复述与组织是 WM 中对信息进行加工的两种不同方式。精致性复述有助于建立新的刺激信息与已有知识之间的联系,但却没有建立新刺激信息知识之间的内在联系。WM 的信息组织则是建立新刺激信息知识之间的内在联系,使之整合成一个整体。WM 的信息组织归纳,即归类法是一种常见的组织策略。许多实验证明,个体在学习和记忆过程有一种群集倾向,即将不同类别的记忆项目分门别类进行记忆会更有效。

WM 的信息组织的另一种方法是纲要法,主要用于把握语篇的结构。将语篇内容按纲目要点编成提纲,按提纲进行学习和记忆,既能节省工作记忆的空间,又有助于知识在 LTM 中建构命题网络。译员在口译时,尤其是 CI 译员在进行 CI 过程中,将所听语料进行提纲式的编排,这样会有更好的 CI 效果。

综上所述,无论是 WM 的信息组织归纳,还是 WM 的信息组织纲要法,WM 组织的作用在于:① 经过 WM 组织的信息容易被复述;② 经过 WM 组织的信息容易进入 LTM 中进行贮存;③ 经过 WM 组织的信息,便于从 LTM 中提取。

## 六、WM 与智力分析

上文研究了 WM 的复述与组织,而 WM 的复述与组织都在个体的大脑中进行,显而易见 WM 与个体的大脑具有关联,那么 WM 与个体的大脑智力有何关系呢?

1. WM 整体与一般智力的关系研究

WM 是指记忆与语言理解或思考,或计划同时进行的两种过程,因此,在两种过程之间注意的往返被认为是 WM 的基本特点。在句子加工过程中语音回路的作用是提供句子的语音表征,以便用于后续的分析与综合。因此,WM 是推理过程的核心。由于 WM 与语言能力、注意及推理有密切的关系,WM 与智力有较高的相关。

1) WM 与一般智力密切相关。这类主张最早开始于 WM 的一些测量任务和理解能力存在的相关(Daneman & Carpenter, 1980:450-466)。另外,推理一直被认为是一般智力的核心成分,所以 WM 和一般智力的关系也可以追溯到它和推理的相关研究上。早期有人发现二者存在中等程度相关(Larson & Saccuzzo, 1989:5-31)。之后有研究表明,潜在的 WM 因子和潜在的推理因子之间相关很高(0.80—0.90),于是产生了一个影响较大的推断:"推理能力和工作记忆容量没有差别?!"(Kyllonen & Christal, 1990:389-433)。例如:WM 可以非常显著地预测一般智力(Karl & Helfried, 2004:329-347),一般智力在 WM 上的负荷平均为0.96,表明一般智力也可以反过来非常好地预测 WM (Coloma, Rebolloa, et al., 2004:277-296)。总之,大多数研究(Ackerman, Beier & Boyle, 2002:567-589; Kane, et al., 2004:189-217; Hambrick, 2003:902-917)使用验证性因素分析或结构方程模型,研究年轻被试 WM 和一般智力的关系,二者路径系数的估计值一般在 0.60—0.80,二者共享变异(即测定系数,相关系数的平方)大约在 35%—65%。关于工作记忆在认知能力发展以及一般智力发展中的作用,也有研究支持了二者有密切联系这一观点(党彩萍、刘昌,2009:683-690)。

2) WM 与一般智力(或一般流体智力)属于同一个结构。如验证性因素分析发现,分别代表 WM 和一般智力的两个因素相关达到了 0.994，仿佛测量的是同一个结构（Stauffer，Ree & Caretta，1996：193-205）。另有学者认为："简言之,工作记忆容量的测量,要求呈现大量不同的刺激类型,要求大量不同的加工技巧,这些言语、数学以及空间能力都与流体智力相关很强"，"各种工作记忆容量的测量任务和各种高级能力的测量任务之间的相关太强了,使我们无法否认二者共有的一般机制"（Kane & Engle，2002：637-671）。据英格（Engle）等人的最初理论推测,WM 和一般智力的"同功同构"关系可能只发生在潜变量水平上（Engle，Tuholski，Laughlin & Conway，1999：309-331）。后来他又提出一种更极端的假设：WM 和一般流体智力或一般智力是一个整体,二者的相关系数是 1.0,几乎是一种"同功同构"的联接（Engle，2002：19-23）。

3）否认 WM 与一般智力的"同功同构"关系,强调二者是两个独立的结构。许多心理学家表达了对 WM 和一般智力"同功同构"这一观点的怀疑（Deary，2000）。康威（Conway）等人对多项能力的结构方程模型分析显示,WM 指一般智力的路径系数达到了 0.98,控制了 STM 的影响后是 0.60,并进一步推断：WM 容量并非是斯皮尔曼（Spearman）的一般智力,而是它的决定因素（Conway，Cowan，Bunting，et al.，2002：163-183）。后来又提出："几个潜变量研究表明,工作记忆容量至少可以解释一般智力变异的三分之一甚至二分之一,""回顾当前的研究可以看到,工作记忆容量和一般智力确实相关很高,但二者并非同一个结构"（Conway，Kane & Engle，2003：547-552）。

阿克曼（Ackerman）等人分析了那些同时包含 WM 和阮雯（Raven）推理测试的文献后指出："大量实验表明,工作记忆和一般智力的相关并没有那么高,工作记忆容量和一般智力、或一般流体智力、或推理,都不是同一个结构。"（Ackerman，Beier & Boyle，2002：567-589）纵然阿克曼等人通过分析认为 WM 和一般智力的相关度没那么高,它们的相互关系至少比较密切或相当密切。

2. WM 与一般智力关系密切的原因

最近多数潜变量研究表明,WM 容量大约可以解释一般智力变异中的三分之一到二分之一(党彩萍、刘昌,2009:686)。由此可知,大部分研究承认 WM 和一般智力的密切关系,其关系密切之原因如下:

1) WM 与一般智力二者共享脑神经机制这样的基础。顿侃、凯恩和英格等(Duncan,1995:721-733;Kane & Engle,2002:637-671)间接支持了二者共同激活脑神经基础——前额皮层。这个区域不仅在 WM 中保存信息,而且在智力活动中能协调各感觉区域的活动(党彩萍、刘昌,2009:686)。也有实验发现,WM 的中央执行系统和一般流体智力这两种认知活动状态下的大脑前额区存在部分重叠(Kane & Engle,2002:637-671),WM 更新与前额皮层联系密切(Collette & Van der Linden,2002:105-125)。为了考察生理变化是否与行为成绩存在对应,有人使用 fMRI 检测了脑活动和行为成绩的关系,让被试者在没有 fMRI 扫描的情况下进行阮雯推理测验(代表一般智力的行为成绩)和有 fMRI 扫描的情况下操作 N-back 任务(代表工作记忆的脑机制),其中,N-back 任务需要被试记忆最后一个刺激,同时对 n 个刺激连续刷新(党彩萍、刘昌,2009:686)。实验结果发现,推理测验的行为成绩和 n-back 任务激活的背外侧前额皮质和前带状束生理活动之间有显著相关(Gray,Chabris & Braver,2003:316-322)。这一实验结果证明了二者共享脑神经机制基础的观点。

2) WM 和一般智力均需控制性注意(Engle,Tuholski,Laughlin & Conway,1999:309-331)。双任务范式(dual-task methodology)(如阅读广度、计算广度、操作广度)是 WM 的经典

测量方式,其原理是要求两个任务同时竞争同一有限的资源,使被试者的注意力在贮存和加工活动中来回转换(党彩萍、刘昌,2009:687)。这就要求对已经激活的与目标相关信息进行保持记忆,与此同时抑制与目标不相关信息的干扰,即控制性注意应发挥其核心作用。这一点非常适合相关口译信息的 WM,对与 TL 相关的信息,即对 SL 激活的信息进行保持,同时对其他干扰信息进行抑制。例如,当译员听到,"The technology change is speeding up, shortening the life cycle of a new technology in this era of fast technological evolution. A technology, once the most advanced in the industry, is quickly replaced or surpassed by another more sophisticated technology that demonstrates greater competitive power. Thus a new situation of fast-rhythm and high-frequency cycle of technology renovation has emerged."(康志峰,2011:246)这些 SL 信息刺激译员的大脑神经,译员必须对这些激活的信息进行输入,使之进入 WM 过程,同时要对这些激活的信息进行保持记忆,并且在记忆这些信息的同时还要抑制其他无关信息的干扰(如无关语言信息的干扰,是 "technological evolution",而并非 "technological revolution",即"技术演进"而并非"技术革命"等语言干扰),除言内干扰之外,还有其他噪声的干扰以及场景等其他干扰等。只有这样,才能准确译出"在技术飞速发展的时代,技术更新的速度在大大加快,造成任何一项新技术的生命周期相对缩短。原来看来在同行业中遥遥领先的一项技术,在短暂的时间内又被另一项更先进、更完善,并表现出更大竞争力的技术所代替或超越,形成快节奏、高频率的技术更新局面。"(ibid.:204)。而阮雯推理测验的加工过程可分为三个步骤:记忆信息、判断各单元图形的异同和利用这些信息寻找各单元图形关系的规则(Carpenter, Just & Shell, 1990:404-431)。因此,阮雯推理测验中同样具有控制性注意,即新旧信息的联结。在口译中,即寻找

TL 信息加工的同时,要先记住 SL 激活的信息,同时还要对干扰信息进行过滤。所以,WM 参与了一般智力的推理活动的三个过程,其中控制性注意起着重要作用。

3) 复杂策略规则的作用。因为 WM 广度任务比 STM 的测试材料复杂得多,所以用完成 STM 任务必需的那些简单的信息保持和复述方法,是无法满足 WM 活动的,它需要更复杂的策略。而阮雯推理测验需要识别矩阵图形中隐含的规则,并能成功地应用这些规则。这些规则中包含了对复杂策略的需要。由此可知,策略应用上的个体差异有助于解释 WM 和一般智力的紧密联系(Rogers, Hertzog & Fisk, 2000: 359-394; Schunn & Reder, 1998: 115-154)。

4) WM 和一般智力测试内容上的重叠强化了二者的联系。从文献中可看到二者测试内容存在重叠,工作记忆的测量主要用来评估控制性注意或注意容量(Baddeley, 2002: 85-97; Marsh & Hicks, 1998: 339-349),而一般智力的测试任务部分也代表注意容量(Lohman, 1996: 97-116; Messick, 1996: 77-96)。研究发现,WM 和一般智力的相关,其测试内容重叠时显著高于二者不重叠时的相关(Shah & Miyake, 1996: 4-27)。阮雯推理测试反映的是运用规则和计算几何图形的能力,它和 WM 的高相关,体现在二者都涉及这两方面的能力(党彩萍、刘昌,2009: 687)。

总之,WM 与一般智力的关系较为密切之研究和两者关系密切之原因分析已经取得了一定的进展,但在研究中仍有些问题尚存争议。未来的研究若能将行为研究和神经心理研究结合起来,并考察年龄变化和 WM 测试速度在 WM—一般智力影响中的作用(ibid.),可能会更有效。

## 七、WM 的研究方法

当今对于 WM 的研究从各种不同的观点出发,采用了千差万别的研究方法。其中与认知心理学和认知口译学相关的研究方法有：ERPs 研究法（ERPs research method），双重任务法和相关分析法（correlational analysis）。

1. ERPs 研究法

1）ERPs 技术用于 WM 研究

WM 属程序性记忆，而 STM，是一短暂时刻的知觉，是一系列操作过程中的前后连接关系。后一项活动需要前项活动为参照，依赖于大脑前额叶皮层神经环路的功能，尤其是谷氨酸神经元与多巴胺神经元之间的平衡。

在 WM 的研究方法中引入事件相关电位（ERPs）技术能促进 WM 研究更加深入、细致和准确（康志峰，2007：86）。ERPs 技术能以精确到毫秒级的时间分辨率对特定认知事件引发的脑电位进行实时性测量。该技术还能在不需要被试做外显行为反应的情况下检测到内部心理过程的变化。由于 ERPs 技术能区分信息加工过程的不同阶段，因此，这种对信息加工阶段的区分对建立科学的认知模型具有重要意义。然而，由于 ERPs 指标对自变量和无关变量都比较敏感，因此以往的 ERPs 研究主要用于注意和感知觉等相对简单的认知机制的研究。近年来，随着 WM 实验范式得到不断创新，ERPs 才逐渐用于 WM 核心领域的研究，并取得了不少的成果。

2）WM 的 P300 效应

P300 是指 ERPs 晚成分中的第三个正波，由于最早发现的 P3 在刺激呈现后约 300 毫秒出现，因此被称为 P300。现在 P300 是一个大族群，具有多个因子。以往的许多研究证明，P300 与 WM 密切相关。顿沁和科勒斯（Donchin & Coles, 1988：357-374）考察了较为典型的 WM 任务中的 ERPs 效应，结果发现：① P300 的波幅变化可视作 WM 中情境更新的指标，WM 任务越复杂，P300 波幅就越大；② P300 的潜伏期受知觉复杂性和任务难度的影响，可视为刺激评估和分类时间的指标。泊里奇(Polich,2007：2128-2148)也发现,在需要较多加工资源的任务中,如快速实现资源分配和信息保持的任务中,P300 的潜伏期与认知能力之间呈现出稳定的关系。

在有些研究中 P3 通常不具有明显的波峰,而是一个持续时间较长的晚期正成分,所以又被称为 LPC(late positive component)(Polich,2007：2128-2148)。WM 的 ERPs 研究发现,晚期正成分与记忆的形成过程有关(Azizian & Polich,2007：2071-2081；Dolcos & Cabeza,2002：252-263；Palomba,Angrilli & Mini,1997：55-67),其波幅的大小取决于心理资源的分配情况(Olofsson,Nordin,Sequeira & Polich,2008：247-265)。进一步的研究表明,晚期正成分与工作记忆和线索回忆有关(Donchin & Coles,1988：357-374；Johnson,Kreiter,Zhu & Russo,1998：119-136；Kok,2001：557-577；Kusak,Grune,Hagendorf & Metz,2000：51-65；McCarthy,Luby,Gore & Goldman-Rakic,1997：1630-1634；Wu,Mai,Chan,Zheng & Luo,2006：592-597),其作用主要体现在对 WM 的成分进行更新以及对暂时表征的 WM 信息进行复述和保持方面(Gevins et al.,1996：327-348；Li,X. B.,Li,X. Y. & Luo,2005：1284-1289；王益文、林崇德、魏景汉、罗跃嘉、卫星,2004：253-259；谭金凤、伍姗姗、王小影、王丽君、赵远方、陈安涛,2013：285-297)。

3) ERPs 与视觉 WM 研究

在视觉 WM 研究中,ERPs 的典型应用是对视觉空间、视觉客体和言语 WM 的电生理机制的区分。如前所述,巴德里(1981,1986,1990,2000)的三成分模型把 WM 分成视觉空间 WM 和言语 WM 两个附属系统。视觉空间系统可能又可以分成视觉客体 WM 和空间 WM。ERPs 技术为这两种视觉系统内 WM 的区分以及它们与言语 WM 的区分提供了有力证据。

4) ERPs 与言语 WM 研究

ERPs 技术在言语 WM 研究中的应用,一方面体现于对其特异性成分的探讨;另一方面集中于言语 WM 的结构和机制方面的研究。近年来,有些研究者认为,言语 WM 也可以像视觉 WM 一样可以进一步区分。如卡普兰(Caplan,1994:1023-1053)指出,言语 WM 可分为解释性 WM(interpretative working memory)和后解释性 WM(post-interpretative working memory)。前者负责言语模块化的自动加工,如句法的加工;后者负责言语中枢性的控制性加工,如对外部世界知识的探索。卡普兰(ibid.)等通过 PET 技术为其言语 WM 的双重结构提供了证据。

综上所述,ERPs 技术对 WM 的研究起着重要作用,对此专家学者已达成共识。因此,这一技术在认知功能的研究中得以广泛应用。ERPs 技术在许多 WM 关键问题上的应用研究,已取得很大进展。这些对 WM 的应用研究为该领域的专家学者提供了认知系统信息处理的数据,从而使研究者可以了解到 WM 编码、贮存、更新、中央执行功能以及听觉、视角和语言功能在大脑的分布区域等。因此,WM 的 ERPs 研究为 WM 理论建构和模型的发展提供了宝贵数据。当然,目前 WM 的 ERPs 研究还存在不少问题,有些问题的研究还不能达成共识。有些 ERPs 成分的 WM 内涵还不甚清楚,不同研究结果之间尚存分歧,WM 的问题研究还没有形成系统等。

2. 双重任务法

1) 双重任务法的源起和定义

双重任务法是建立在巴德里(1986)试验的基础之上,并在其理论建构之中频繁使用的方法。双重任务是同时进行着的两种任务:一是推理任务;另一是次级任务(secondary task),即可以干扰 WM 各成分的任务。一组被试者执行推理任务、次级任务两项任务,另一组被试者执行推理任务。通过两组任务成绩的对比,确认什么样的 WM 的次级记忆参加了推理。

2) 双重任务的原理

双重任务的原理是两项任务同时竞争同一有限的资源。例如,对语音回路的干扰使得推理任务和次级任务同时占用 WM 子系统语音回路的有限资源,在这种条件下如果推理的正确率下降,时间延长,就可以确定语音回路参与了推理过程。多种研究表明,次级任务对 WM 各成分干扰具有有效性。

3) WM 的三系统概念

巴德里(1986)发现了 WM 的三个次级记忆,即三个子成分,从而提出了 WM 的三系统概念:①"中枢执行系统",即信息加工、注意控制和认知活动的协调;②"语音回路",即语音信息的保持和加工;③"视觉空间初步加工系统",即空间信息的保持和加工。

4) 巴德里的实验过程

巴德里(ibid.)在实验过程中,对于干扰中央执行系统的活动是要求被试者随机产生字母或数字,或者利用声音吸引被试者的注意,并让其做出相应反应;干扰语音回路采取的方法是,要求被试者不断地发音,例如"the, the …",或者按一定顺序数数,如按 1、3、6、8 顺序数数等;对视觉空间初步加工系统干扰任务是持续的空间活动,比如被试者不看键盘,按一定顺序盲打。在所有次级任务执行的过程中,都要保证一定的速率和正确率,并保证推理任务同时进行。

3. 相关分析法

1) 相关分析法的产生与定义

达奈曼和卡朋特(Daneman & Carpenter, 1980:450-466)开发了阅读广度实验,简称 RST,以及由其演变出来的计数广度、计算广度、空间广度等实验方法。相关分析法正是在达奈曼和卡朋特(ibid.)实验的基础上而产生的一种对 WM 的分析方法。它是对这些实验的数据作为 WM 的记忆容量的指标进行相关分析和回归分析,是比较高广度群体和低广度群体的一种方法。

2) 双重任务法和相关分析法的关系

双重任务法和相关分析法是两种相互补充的方法,然而,不一定是因果关系的相关,而且广度的分差也并不一定是认知任务执行成绩的得分差,因为存在着个体之间的差异、年龄的差异、各种广度的差异以及各种不相关的因素等。在近期的研究中,有些学者使用潜在变量分析法(latent variable analysis),这种方法可以消除与要证实的理论没有直接关联的因子。

总之,对 WM 的研究有 ERPs 研究法、双重任务法和相关分析法等,这些研究方法在国内外认知心理学界研究领域已经取得了一定的进展,如果这些方法能够有效地应用于我国的认知口译学的研究之中,将会有更多的研究成果,尤其是口译中的 WM 理论研究成果。

## 八、ACT-R 理论模型

巴德里的理论模型建构基于双重任务实验和认知神经科学的数据。1992 年,贾思特和卡朋特(Just & Carpenter,1992:122-149)提出了个体差异的 3CAPS 模型。在随后的几年里,3CAPS 与脑成像法相结合,在研究人脑进行认知任务时的各部分活动中,发展了 4CAPS 模型。最近与 3CAPS 同样在认知活动中体现个体差异的模拟模型是 ACT-R 模型。ACT-R 通过激活扩散系统保证相关信息的高水平活性化,这样不仅可以不丢失重要的信息,而且还能够迅速、准确地进行信息处理(ibid.)。

在该结构中,WM 容量的个体差异是通过"源激活"的总量差来实现。在 3CAPS 中信息的处理与保持所使用的系统内部激活总数是由个体差异因素所决定,与之相对的是在 ACT-R 中作为支持边界信息活性的"源激活"的数量由个体差异决定。ACT-R 模型中的个体差可以为区分边缘信息的注意资源容量差赋予一种特征(ibid.)。

劳维特等人(Lovett, et al., 2001)的实验,仅通过改变源激活这一个变量成功模拟了 WM 任务执行中的个体差异。然而,这里模拟的并不是像 3CAPS 那样上下级组群之间的成绩差,而是详细模拟每个被试者之间的个体成绩差异,因此 ACT-R 模型被认为是 3CAPS 的发展。

综上所述,巴德里的理论模型强调 WM 由次级记忆的系统建构,而并非单一的建构模式。与此相对,ACT-R 模型强调的是 WM 中的单一结构,凸显"某一个部分"的研究。因此,这两种理论模型在研究方法、研究取向、研究优势等方面,对 WM 的研究均具互补效应。发挥互补优势,取长补短,将是今后 WM 理论模型研究的方向。

## 九、WM 与 STM

1. WM 概念的产出

1974 年,巴德里和西岐(1974:47-90)在模拟 STM 障碍的实验基础上,从两种记忆贮存库理论中的 STM 的概念出发,提出了 WM 的三系统概念,用"WM"代替了原来"STM"的概念。由此,WM 概念产生了。到了 20 世纪 90 年代,WM 得以全面发展。巴德里(1981,1986,1990,2000)认为,WM 指的是一种系统,它为复杂的任务比如言语理解、学习和推理等提供临时的贮存空间和加工时所必需的信息,WM 系统能同时贮存和加工信息,这和 STM 概念仅强调贮存功能是不同的。WM 有三个子成分,分别是中枢执行系统、视觉空间初步加工系统和语音回路。

有个别学者将 WM 等同于 STM,实则不然。虽然 STM 与 WM 的含义以及概念有相通之处,但是 STM 与 WM 是两个不同的概念,STM 是对刺激信息的短时间内的贮存,而 WM 不仅是对刺激信息短时间内的贮存,而且这些信息是被激活的并处于活跃的工作状态的信息。对于这两个概念,应该从机能的角度和建构的角度两个方面加以区分。

2. WM 与 STM 的区分

1) 从机能的角度的区分

从机能的角度考虑 WM,它所保持、贮存的信息是复杂的认知活动的重要组成部分。而贮存信息和处理加工信息是复杂的认知活动的基础。例如,口译员听到 SL 刺激信息,然后进行心理计算、解码、记忆和编码的过程就是 WM 的过程。而 STM 的机能仅仅是起到对信息的贮存作用,其贮存的信息未必就是下一步认知活动所要用到的信息,比如说我们要打电话,查到一个电话号码,我们拨过这个电话以后就忘了。因此,从信息贮存的角度考虑,WM 与 STM 是相通的;从机能方面考虑,WM 比 STM 多了一个前期的加工功能。

2) 从建构的角度区分

与机能的角度不同的是,WM 与 STM 的建构系统和建构水平上的区分相当复杂。专家学者一直在争论的问题是：WM 系统与 STM 系统到底是两个完全独立的系统,还是 WM 系统包含 STM 系统呢? 多数专家和学者支持 WM 系统包含 STM 系统之说。巴德里和劳基(Baddeley & Logie,2002)的研究、英格(1999)的研究以及考恩(Cowan,1999)的研究都支持这种观点。英格(1999:309-331)认为,WM 系统是由"短时记忆"和"控制加工机能"两个部分构成的,然而需要指出的是这里的"短时记忆"指的是"短时记忆存储库"。

两种记忆贮存库理论观点认为,STM 的贮存仅仅靠"短时记忆存储库"这个单一的功能是无法实现的。要想实现 STM 的机能，"控制加工机能"必不可少。从这个观点考虑 WM 与 STM 在其结构上并无多大差别，都是由"短时记忆"和"控制加工机能"所构成的。然而，WM 与 STM 的建构之差就在于其工作方式的差异，"控制加工机能"比"短时记忆"更依赖于"控制加工机能"，并且这种"控制加工机能"不仅具有保持机能，而且还执行着更加复杂的任务。因此，无论从技能还是建构的角度，WM 与 STM 都存在着差异性。

## 十、WM 在口译中的作用

### 1. WM 与口译认知活动

众所周知，口译是一种特殊的语言信息处理活动。探索口译记忆机制，尤其是口译中的 WM 机制，不仅有助于进一步认识口译深层认知加工机制，促进对语言信息心理加工过程的了解，而且对明确认知记忆素质在口译技能中的地位和作用，完善记忆训练的内容与方法，提高口译训练质量，也具有重要参考价值（张威，2007）。毋庸置疑，WM 在口译中起着重要的作用，因为任何一种口译形式，尤其是 SI 和 CI，都离不开 WM，它是认知心理学和认知口译学研究的重要组成部分。

认知心理学把 WM 解释为某种形式的信息的暂时贮存以及加工处理的过程。认知口译学把 WM 解释为 SL 刺激信息暂时贮存于译员大脑并进行加工的过程。WM 对个体的许多认知活动，比如理解、学习和推理来说是必需的。WM 对于译员的口译认知活动来说，例如 SL 信息刺激译员的大脑、引起译员注意、译员对 SL 刺激信息的记忆、信息选择以及信息提取等一系列的认知活动同样是必需的。WM 与 STM 相比，前者包含了更为复杂的成分，它在对 SL 刺激信息进行加工处理的同时，又将信息加以贮存，因此 WM 具有加工处理 SL 刺激信息和贮存这些信息的双重功能。

口译员在进行 SL 刺激信息输入、记忆、思维及转换的高级认知活动中,随着话语者大量 SL 信息的输入,需要一个暂时的信息加工与贮存机制。这一机制能够保存被激活信息的表征,以备进一步加工之用,这样一种处于流动工作状态的机制为口译中的 WM 机制。

口译中的 WM 是一个连续流动的记忆过程,这一过程是由若干 STM 按照话语者表述的时间顺序组合而成的一个连续的完整系统,而 STM 是整个系统的组合元件或"次级系统"。在口译信息的认知加工过程中,WM 的内容会随着话语者讲话内容的变化而变化,随着时间的延长而进行增减、更新。

按照信息加工理论学说,在口译(无论是 SI,还是 CI)信息认知加工过程中,SL 刺激信息(或称新信息)经过编码进入译员的记忆系统后,译员对大脑中已经贮存的信息(或称 LTM 信息)进行比较,快速搜索出与之相匹配的信息模式。为此,在译员的 LTM 已经贮存的信息中,就会有一部分信息,即与 SL 信息相匹配的信息,会被激活,并处在活跃状态,在当前的口译认知活动中起作用。因此,口译中的 WM 是译员个体当时正在注意着的 SL 刺激信息,并对这些信息进行加工处理所应用着的动态操作,它是译员正在进行细致和复杂认知活动的"工作空间"。

根据巴德里(1981,1986)WM 理论模型和巴德里(2000:77-92)提出的认知缓冲(episodic buffer)的概念,补充了三系统概念,由这四部分建构成新 WM 理论模型。口译中,WM 是 STM 概念的扩充和发展。STM 缓冲器会暂时保存 SL 刺激信息,而 WM 也有至少两种缓冲器,或称之为次级记忆系统的子系统。它们分别是负责视觉信息控制和保存的视觉空间模板和负责操作语音信息的语音回路。WM 的中央执行控制系统负责协调各次级记忆系统之间的活动,与此同时,与 LTM 保持联系以便随时与 SL 刺激信息匹配并提取信息。因此,口译员对 SL 刺激信息的加工处理不仅是 STM 对最近信息的贮存,而且是 WM 对 SL 刺激信息心理的计算及对计算结果的贮存。WM 的顺利完成能够促进 SI 和 CI 良好口译效应的实现。

2. WM 在 CI 中的效应

1) CI 中 SL 刺激信息的加工和贮存

CI 与 SI 不同,CI 并不要求译员紧跟着话语者的讲说速度,但需要译员记住话语者所讲述阶段性的连续内容,可能是 3 分钟,也可能是 5 分钟,有时是 10 分钟,甚至是 15 分钟等。那么,译员在 WM 的容量有限的情况下,如何对 SL 刺激信息进行加工并贮存这些连续性的内容呢? 对于 SL 刺激信息的加工和贮存就不能再用 SI 的即时处理模式,而要借助笔记来帮助大脑记忆,并通过笔记使记录内容在大脑中回忆再现。也就是说,口译员在进行 SL 刺激信息输入、记忆、思维、再现及其信息转换的高级认知活动中,随着话语者大量 SL 信息的输入,需要一个通过笔记来促进大脑记忆这样一个短暂的信息加工与贮存机制。如果译员能够通过笔记对连续的 SL 刺激信息流的加工和贮存进行有效的记忆和回忆再现,那么译员的 CI 效果很可能就会比较好;相反,译员不能很好地利用笔记来帮助大脑记忆并适时再现,CI 效果就会不佳。

2) CI 中 WM 的容量

根据米勒的 $7 \pm 2$ 组块理论(1956:81-97),CI 中 WM 的容量是有限的。那么,译员如何利用其有限的信息容量来完成其 CI 任务呢? 在 WM 中,相关词、无相关词以及段尾词的记忆与回忆再现率是否一样呢? 译员的 WM 广度如何呢?

3) CI 中 WM 效应实验

为解决这些问题,除了上述所提及的 CI 笔记之外,本研究对

职业译员和本研究者所教授的学生译员在 CI 中的 WM 记忆广度进行了调查,其程序和结果如下:

实验操作准备——由本研究者和管理员操作实验;

实验录音准备——在同声传译教室 5207;

实验对象准备——对 2 名职业译员和 3 名口译教师,本研究者所教授的复旦大学外文学院 MTI 学生译员 28 名以及非英语专业本科生 35 名学生译员分两次进行实验;

实验语料准备——《英汉双向口译实践教程》中的第 5 课,文化篇课前实践的英文部分:

> Respect Diversity of Civilizations—Speech at the Headquarters of the League of Arab States by
> 
> H. E. Wen Jiabao, *Premier of the People's Republic of China, Cairo, 7 November 2009 (extracts)*

[1] Your Excellency Secretary General Amr Moussa,
Your Excellencies Diplomatic Envoys,
Ladies and Gentlemen,

[2] I am delighted today to have the opportunity to meet you, diplomatic envoys and Egyptian friends from various sectors, here at the headquarters of the League of Arab States, symbol of the solidarity, unity and strength of Arab countries. On behalf of the Chinese government and people, I would like to pay high tribute and offer best wishes to all the Arab countries and *people*.

[3] There is an Arab saying which goes, "Whoever drinks the Nile water is sure to come back again." Three years ago, right in front of the pyramid by the Nile, I joined people from Egypt and China in celebrating the 50th anniversary of diplomatic relations between our two countries. Today,

returning to this beautiful land imbued with splendid civilization, I feel much at home. //

[4] China and Arab countries enjoy a time-honored friendship. Both sides went through tremendous changes in modern times and embarked on the road of national rejuvenation. Similar experiences and common pursuit of development have bonded us close together. Sharing weal and woe, we have tided over difficulties side by side and forged profound friendship. The Chinese people see the Arab people as good friends, good partners and good brothers. We rejoice at every success you have achieved on the path of development, and we warmly congratulate you on all your accomplishments.

[5] The title of my speech today is Respect Diversity of Civilizations.

[6] There exist diverse civilizations in the world, just like there are diverse species in the nature. The world today is home to over 200 countries and regions, more than 2,500 ethnic groups and 6,000-plus languages. As different musical notes make a beautiful melody, people of different ethnic ties, colors and historical and cultural backgrounds have jointly made our world a splendid and colorful place. Dialogue, exchanges and integration among different civilizations form the powerful current of human civilization, surging ahead ceaselessly. //

[7] Both the Islamic and the Chinese civilizations are treasures of the human civilization and both have made indelible contributions to the progress and development of the human society.

[8] Dialogue and **exchanges** between the Chinese civilization and the Islamic civilization date back to **antiquity** and the world-famous Silk Road offers us the best example. Through this ancient road, **walnuts**, **pepper** and **carrots** were introduced to China two thousand years ago and have since become very popular among the Chinese people. One Thousand and One Nights, a literary classic in the Arab **heyday**, is known to every Chinese household. And Islamic music, dance, dress and **architecture** are warmly appreciated in China. Likewise, the ancient Chinese culture and technologies were introduced to Arab countries and via Arab countries, Chinese **porcelain**, **silk**, **tea** and **papermaking** technique was passed on to Europe. Six hundred years ago, Zheng He, a Muslim **navigator** in China, landed in the Arab region several times on his seven voyages to the Western Seas. He is remembered as an envoy of friendship and knowledge. The ever expanding and deepening exchanges between China and the Arab world have not only enhanced our respective cultural **prosperity** and economic development, but also promoted **interactions** between the Eastern and Western civilizations.//

[9] Civilizations can be different, but no civilization is superior to others. Each civilization embodies the common vision and common aspirations of mankind shaped in the course of development and progress. The Chinese civilization has long advocated the great ideas that "Harmony is most valuable," "seek harmony in diversity" and "Do not do unto others what you would not have others do unto you." Similarly, the Islamic civilization values peace and calls for tolerance. The

*Koran contains more than 100 references to peace. We should build consensus and seek harmony in a world of diversity and push forward development through exchanges. This is the approach all mankind should embrace in advancing civilization.*

[10] *The Chinese nation values friendship and keeps its word. China and the Arab world were friends in the past; we are friends today; and we will remain friends forever. No matter how the international scene may change, the Chinese people will always be the trusted brothers of the Arab people. Let us work together to build a harmonious world of enduring peace and common <u>prosperity</u>.*

[11] *Thank you.* //

各项实验结果(参见表 5-15):

**表 5-15 CI 中的 WM 信息再现实验结果**

| 项目<br>（被试者） | 职业译员 | MTI 学生译员 | 非英语专业<br>口译选修<br>课本科生 | 合计/<br>均值 |
|---|---|---|---|---|
| 参加人数 | 5（包括 2 名职业译员和 3 名口译教师） | 28（实际参加人数 26 人，其中 1 人病假，1 人事假） | 35 人 | 66/22 |
| 分析段落 | 第 8 自然段 | 第 8 自然段 | 第 8 自然段 | 3/1 |
| 相关词（第 8 自然段） | walnuts, pepper, carrots, porcelain, silk, tea, papermaking | walnuts, pepper, carrots, porcelain, silk, tea, papermaking | walnuts, pepper, carrots, porcelain, silk, tea, papermaking | 21/7 |

续 表

| 项目<br>（被试者） | 职业译员 | MTI 学生译员 | 非英语专业<br>口译选修<br>课本科生 | 合计／<br>均值 |
|---|---|---|---|---|
| 无关词（第 8<br>自然段） | exchanges,<br>antiquity,<br>heyday,<br>architecture,<br>navigator,<br>prosperity,<br>interactions | exchanges,<br>antiquity,<br>heyday,<br>architecture,<br>navigator,<br>prosperity,<br>interactions | exchanges,<br>antiquity,<br>heyday,<br>architecture,<br>navigator,<br>prosperity,<br>interactions | 21／7 |
| 段尾词（第 2—<br>10 自然段） | people, home,<br>accomplishments,<br>civilizations,<br>ceaselessly,<br>society,<br>civilizations,<br>civilization,<br>prosperity | people, home,<br>accomplishments,<br>civilizations,<br>ceaselessly,<br>society,<br>civilizations,<br>civilization,<br>prosperity | people, home,<br>accomplishments,<br>civilizations,<br>ceaselessly,<br>society,<br>civilizations,<br>civilization,<br>prosperity | 27／9 |
| 相关词平均再现率(%)（录音后提取信息） | 100 | 98.846 | 81.667 | 280.513／93.504 |
| 无关词平均再现率(%)（录音后提取信息） | 95.238 | 85.714 | 70.875 | 251.827／83.942 |
| 段尾词平均再现率(%)（录音后提取信息） | 100 | 87.291 | 75.254 | 262.545／87.515 |
| 三项词平均再现率(%) | 98.413 | 90.617 | 75.932 | 264.962／88.321 |

由表 5-15 CI 中的 WM 信息再现实验结果可知，在对第 8 自然段的 CI 信息处理中，无论是职业译员还是学生译员，对食品 walnuts、pepper、carrots 和物品 porcelain、silk、tea 以及 papermaking 这些相关

词汇的回忆再现准确率较高,平均为93.504%,其中职业译员为100%,MTI学生译员为98.846%,非英语专业本科生学生译员为81.667%;对 exchanges、antiquity、heyday、architecture、navigator、prosperity、interactions 这些无相关词回忆再现准确率较低,平均为83.942%,其中职业译员为95.238%,MTI学生译员为85.714%,非英语专业本科生学生译员为70.875%。职业译员对第2到第10自然段段尾词 people、home、accomplishments、civilizations、ceaselessly、society、civilizations、civilization、prosperity 的回忆再现准确率最高100%,MTI学生译员对之回忆再现率相对较高87.291%,而非英语专业的本科生学生译员对之回忆再现率相对较低75.254%。由此看出,无论是职业译员,还是学生译员对相关词的再现回忆正确率偏高,对不相关词和段尾词的再现回忆正确率相对偏低。职业译员的三项再现回忆率均偏高,平均98.413%;MTI学生译员三项再现回忆率平均90.617%,相对于职业译员偏低,但相对于非英语专业的本科生学生译员偏高;非英语专业的本科生学生译员的三项再现回忆率最低,平均75.932%。从而也证实了在 WM 中,译员对相关词的记忆和再现回忆最好,对无关词记忆和再现回忆较差,并且通过译员对段尾词的记忆和再现回忆看出,译员在进行 CI 时对 WM 容量的有限性。同时也发现,学生译员和职业译员在语言认知和信息加工记忆方面的差异性。因此,该实验既分析了不同口译人员(学生译员和职业译员)之间在 CI 中 WM 的差异,又考察了他们在 CI 中 WM 的记忆广度,对相关、非相关以及段尾词的记忆程度和记忆容量等。

鉴于以上各项实验,我们对所得数据进行 SPSS 计算,其结果如下(参见表5-16和表5-17):

T-TEST
/TESTVAL=0

/MISSING=ANALYSIS
/VARIABLES=VAR00001 VAR00002 VAR00003
/CRITERIA=CI (.95).

表 5-16　CI 中 WM 信息再现正确率均值分析表

|  | N | 均　　值 | 标准差 | 均值的标准误 |
|---|---|---|---|---|
| VAR00001 | 4 | 98.412 5 | 2.243 89 | 1.121 94 |
| VAR00002 | 4 | 90.617 5 | 5.857 47 | 2.928 74 |
| VAR00003 | 4 | 75.932 5 | 4.431 42 | 2.215 71 |

表 5-17　CI 中 WM 信息再现正确率检验样本

|  | 检验值＝0 | | | | | |
|---|---|---|---|---|---|---|
|  | t | df | Sig.（双侧） | 均值差值 | 差分的 95％置信区间 | |
|  |  |  |  |  | 下限 | 上限 |
| VAR00001 | 87.716 | 3 | .000 | 98.412 50 | 94.842 0 | 101.983 0 |
| VAR00002 | 30.941 | 3 | .000 | 90.617 50 | 81.297 0 | 99.938 0 |
| VAR00003 | 34.270 | 3 | .000 | 75.932 50 | 68.881 1 | 82.983 9 |

由表 5-16 CI 中 WM 信息再现正确率均值分析表和表 5-17 CI 中 WM 信息再现正确率检验样本可知,相关词、无关词、段尾词以及三项词平均再现均值分别为 98.412 5,90.617 5,75.932 5;标准差分别为 2.243 89,5.857 47,4.431 42;P 值均为.000,.000,.000,均<.001,由此表明,该实验具有显著的统计意义。

另由 SPSS 相关度计算,结果如下(参见表 5-18):

CORRELATIONS
/VARIABLES=VAR00001 VAR00002 VAR00003
/PRINT=TWOTAIL NOSIG
/MISSING=PAIRWISE.

表 5-18　实验项目相关性统计

|  |  | VAR00001 | VAR00002 | VAR00003 |
|---|---|---|---|---|
| VAR00001 | Pearson 相关性 | 1 | .592 | .806 |
|  | 显著性（双侧） |  | .408 | .194 |
|  | N | 4 | 4 | 4 |
| VAR00002 | Pearson 相关性 | .592 | 1 | .954* |
|  | 显著性（双侧） | .408 |  | .046 |
|  | N | 4 | 4 | 4 |
| VAR00003 | Pearson 相关性 | .806 | .954* | 1 |
|  | 显著性（双侧） | .194 | .046 |  |
|  | N | 4 | 4 | 4 |

*.在 0.05 水平（双侧）上显著相关。

表 5-18 实验项目相关性统计结果表明，四项内容在 0.05 水平（双侧）上显著相关，其相关系数很高，最低位.592。由 SPSS 的 WM 实验项目再现回忆率分析案例汇总和可靠性计算，得出以下结论（参见表 5-19 和表 5-20）。

RELIABILITY
/VARIABLES＝VAR00001 VAR00002 VAR00003
/SCALE（'ALL VARIABLES'）ALL
/MODEL＝ALPHA.

表 5-19　WM 项目再现回忆率案例处理汇总

|  |  | N | % |
|---|---|---|---|
| 案例 | 有效 | 4 | 100.0 |
|  | 已排除[a] | 0 | .0 |
|  | 总计 | 4 | 100.0 |

表 5-20　可靠性统计量

| 克伦巴赫 α 系数 | 项　　数 |
|---|---|
| .869 | 3 |

由表 5-19 WM 项目再现回忆率案例处理汇总和表 5-20 可靠性统计量的结果可知,该实验的内容效度为 100%,信度为克伦巴赫 α 系数为.869。因此,该实验真实、有效而且可靠。

综上所述,本章从对双记忆研究学说开始,对 STM 模态、LTM 模态和 WM 模态等三种记忆模态进行了深入研究。在三种模态的研究过程中,首先对与该模态相关的基础理论如艾特肯森(Atkinson)和史福林(Shiffrin)STM 理论,巴德里和西岐的 WM 理论等进行研究,之后是对三种记忆模态的现状研究,对三种记忆模态的识解研究,对三种记忆模态的特点研究,对三种记忆模态方法论的研究,如 ERPs 研究法、双重任务法和相关分析法等研究,最后是三种记忆模态对 SI 和 CI 口译效应的研究。这三种记忆模态的研究虽然在国内外认知心理学界已经取得了一定的进展,但作为认知口译学,其研究尚属初级阶段,应加强研究的力度和深度。

据本研究统计,到目前为止,仅有张威博士的博士毕业论文《同声传译与工作记忆的关系研究》(2007)为专门研究 WM 的研究论文;康志峰博士的博士毕业论文《口译中听、译两种焦虑模态的认知心理管窥》(2010)中涉及 WM 的研究。虽然有 10 多篇有关 WM 和 STM 研究的期刊论文,但多数是与外语学习相关,仅有少数几篇是关于 WM 与口译相关研究的期刊论文,如姚岚(2012:71-79)在《外国语》发表的《同声传译与工作记忆关系的批评分析》,杨小虎(2009:77-83)在《外语教学理论与实践》发表的《工作记忆与同声传译实验研究综述》,张玉翠(2009:87-89)在《常熟理工学院学报(教育科学)》发表的《口译中的短时记忆及其训练》等期刊论文。因此,我国对认知心理三种记忆模态的研究,对口译认知中三种记忆模态的研究,尤其是对认知口译学学科的研究任重而道远。

## 第四节 WM 和 LTM 共享信息表征

本节研究目的是探究被试的脑电神经启动效应。通过 ERPs 记录技术,对被试汉英词汇 WM 和类比任务行为的反应时、精准率和峰值、波幅 N2 和 P3、N400 的 ERPs 的实验研究和解析的结果显示:(1) 被试大脑中的 WM 语义信息对 LTM 词汇语义信息经过刺激作用后激活并启动;(2) WM 的不同信息加工任务能对其相关的 LTM 信息产生长时效应语义启动;(3) WM 的不同信息加工任务能对其相关的 LTM 信息产生 ERPs 的变化。从而证明 WM 与 LTM 语义启动密切相关,具有共同表征的功能。本研究的意义在于给译员,尤其是学生译员以启示,存储大量的 LTM 词语信息和百科知识在 WM 中启动激活,能促其增效口译。

### 一、缘起

口译操作离不开记忆,而记忆作为译员(包括学生译员)的高级元认知活动(advanced meta-cognition activities)乃口译全程不可或缺的手段和环节。源语记忆与口译产品的最终实现直接相关,换言之,SL 记忆之好坏决定着口译之成败,因此,口译中的记忆研究乃是认知口译学研究的重要部分(康志峰,2013:90),同时也是信息技术语境下(胡加圣、陈坚林,2003:3)口译研究的重要课题之一。

从 1879 年艾宾豪斯对人类记忆的研究开始,到 1885 年他出版了 *Memory: A Contribution to Experimental Psychology*,即

《记忆:对实验心理学的贡献》,其记忆研究理念和联结理论意义深远,该研究在当时的心灵学派广为盛行(Leahey & Harris,1985)。1968年,认知心理学家艾特肯森和史福林(1968)在记忆存储模型中将记忆分为感觉记忆、短时记忆和长时记忆三个阶段。SM2是环境刺激进入注意,然后才被人知觉,此为第一阶段;STM是在知觉的基础上,进行模式识别,然后将感觉到的内容用复述的方式保持在记忆中,此为第二阶段;LTM负责提取信息储存库中所需要的细节、概念和程序信息,建构有条理的记忆与和谐的假设,进行推理和决策,从而做出最后反应,此为第三阶段(康志峰,2013:126)。

一般认为,LTM具有永久性特征,是一个非常庞大的信息库,它将过去、现在习得的信息知识合并成为一个有机的整体(ibid.:158)。巴德里和西岐(1974:47-90)在模拟STM障碍的实验基础上提出了工作记忆的三大系统概念,用WM替代原来的STM概念。

巴德里(1986,1990,2000)认为,WM的关键成分有:(1)类似于注意的中枢神经系统(central nervous system),即用于分配注意资源,控制加工系统等的中央执行机构;(2)用于记住词顺序,保持信息的语音环路(phonological loop);(3)用于加工视觉和空间信息的视空图像处理器,即视觉空间展板。

LTM和WM的关系在于WM中由注意驱动的语义加工与LTM中的语义相关,并产生LTM的语义启动(Was,2010),从而证明LTM对WM具有支持作用(Oberauer,2006);两者区别在于注意使大脑储存信息表征(representation)的精细网络(Polyn et al.,2005)中不同表征的激活度(activated levels)差异。增效口译是大脑储存信息表征激活后产生的更佳效果之口译,即general interpreting + synergism interpreting,简称为GI+SI效应。事件相关电位是一种特殊的脑诱发电位,亦被称为认知电位,是以特殊的心理意义通过多种刺激引起的脑电位。因此,本研究从激活和表征的视角探究汉英增效口译中 LTM 和 WM 认知过程中大脑的神经电生理变化的 ERPs 证据。

## 二、问题提出

1. 引子

据华士(Was, 2010)和沃尔茨(Woltz, 2010)的长时语义效应启动理论,被激活的 WM 信息在数秒、数分钟甚至一天之后仍能对与此相关的 LTM 信息产生激活启动效应,其表现为反应时短,正确率高,其任务用于 WM 对 LTM 的激活语义启动,被称为长时语义效应启动。据此,本研究做出以下假设。

2. 假设

(1) 在汉英口译中,已习得的 LTM 信息能被 WM 激活,产生长时语义效应启动;

(2) 在汉英口译中,WM 的不同信息加工任务能对其相关的 LTM 信息产生长时效应语义启动;

(3) 在汉英口译中,WM 的不同信息加工任务能对与其相关的 LTM 信息产生 ERPs 的变化。

## 三、研究方法

1. 被试

复旦大学 2015—2016 学年第二学期 ENGL110043.01 班和 ENGL110043.02 班的 62 名选修英语口译课的非英语专业学生译员,19 岁到 27 岁之间($M=23.00$)(其中 1 名 2009 级韩国学生因在韩国服兵役,两年后重新返校),有偿(每人 20 元)本科生被试者 62 名(女生 17 + 18 = 35 名),男生 27 名(15 + 12 名),由于 ENGL110043.01 班一名男生和一名女生请假,有效被试人数为 60

名。所有被试除1人外,均为右利手,19名视力正常,57名(28+29名)矫正正常,并且无心身疾病,裸眼视力或矫正视力均在1.0(含1.0)以上,无色盲、色弱等眼疾患者。他们均表示愿意参加实验,期待实验结果并期待有效的记忆方法使之口译增效。被试者的母语为汉语(1名韩国学生除外),英语为外语,除了5名(3+2名)学生具有赴美交流经历,其余55名(27+28名)均未有在英语国家访学、工作或生活经历(参见表5-21)。实验前向被试说明了实验流程。

表5-21 被试状况分布表

| 项　　目 | 班级 I | 班级 II | 均值 | 总有效值 |
| --- | --- | --- | --- | --- |
| 被试班级 | ENGL110043.01 | ENGL110043.02 | 2.00 | 2.00 |
| 被试人数 | 32 | 30 | 31.00 | 60.00 |
| 被试男生 | 15(1名请假) | 12 | 13.00 | 26.00 |
| 被试女生 | 17(1名请假) | 18 | 17.00 | 34.00 |
| 被试年龄段 | 19—27 | 19—24 | 22.25 | 19—27 |
| 视力正常人数 | 19 | 19 | 19.00 | 38.00 |
| 右利手人数 | 29 | 29 | 29.00 | 58.00 |
| 左利手人数 | 1 | 1 | 1.00 | 2.00 |
| 视力矫正正常人数 | 28 | 29 | 28.50 | 57.00 |
| 汉语为母语人数 | 29 | 30 | 29.50 | 59.00 |
| 韩语为母语人数 | 1 | 1 | 1.00 | 1.00 |
| 无英语国家访学经历人数 | 27 | 28 | 55.00 | 55.00 |
| 有英语国家访学经历人数 | 3 | 2 | 5.00 | 5.00 |

## 2. 准备

在实验前按词的语义类别编写 80 类汉英词语,每类含有 5 个词。每组实验需选 3 类不同的词。另需选与这 80 类语义的无关词进行类别任务比较,且实验中的词语均不重复,示例如下:

表 5-22 类比任务表

| 类比 | I | II | III | IV | V |
| --- | --- | --- | --- | --- | --- |
| 动物类(1) | 马*(horse) | 母马(mare) | 马驹(colt) | 野马(mustang) | 纯种马(thoroughbred) |
| 动物类(2) | 牛*(ox) | 母牛(cow) | 公牛(bull) | 水牛(buffalo) | 牛犊(calf) |
| 动物类(3) | 猪*(pig) | 母猪(sow) | 种猪(boar) | 猪崽(piglet) | 小母猪(gilt) |
| 动物类(4) | 羊*(sheep) | 母羊(ewe) | 山羊(goat) | 羚羊(antelope) | 羔羊(lamb) |
| 园艺类(1) | 植物*(plant) | 玫瑰花(rose) | 郁金香(tulip) | 百合花(lily) | 玉兰花(magnolia) |
| …… | | | | | |
| 体育类(5) | 球*(ball) | 足球(soccer) | 棒球(baseball) | 篮球(basketball) | 羽毛球(badminton) |

\* ……表示省略餐饮类、科技类等。

表 5-23 提示语与记忆测试表

| 记忆测试\提示语* | 1. 记住动物类 | | | 2. 记住园艺类 | | |
| --- | --- | --- | --- | --- | --- | --- |
| 记忆类 | 枪(gun)/老虎(tiger) | − | 野马(mustang)/母猪(sow) | 菊花(chrysanthemum)/玉兰花(magnolia) | + | 猎手(hunter)/郁金香(tulip) | − |
| 非记忆类 | 塔(tower)/桥(bridge) | + | 蛇(snake)/大象(elephant) | − | 水仙(narcisus)/树丛(lucus) | − | 敬礼(salute)/士官(sergeancy) | + |

145

续 表

| 记忆测试\提示语* | 1. 记住动物类 | | | 2. 记住园艺类 | | |
|---|---|---|---|---|---|---|
| 记忆项 | 证券<br>(security) | — | 羚羊<br>(antelope) | 展览<br>(exhibition) | — | 桃子<br>(peach) | +
| 非记忆项 | 车库<br>(garage) | + | 学科<br>(discipline) | 杏<br>(apricot) | — | 芒果<br>(mango) |

\* 提示语和记忆测试所列项均为部分示例,且记忆项和非记忆项均属实验前习得和新项目安排。+为肯定项,—为否定项。

再认测试:为了使 ERPs 实验更加有效,对被试的 20 个记忆项和 20 个非记忆项进行再认测试,习得项包含 ERPs 实验前习得和以往曾习得,加之新项目,构成 2(记忆项/非记忆项)×2(曾习得/新项目)的公式,准确率在 96%(含 96%)以上者方能开始实验。

问题提出:① 储存在 LTM 中曾习得的词汇能否受到 WM 刺激而产生语义启动?② 如果能,被试头皮电位状况及其对记忆项和非记忆项的作用如何?

3. 步骤

1) 预置

被试坐在隔音电磁屏蔽室椅子上,室内光线较好,有一定亮度。被试与屏幕视距 80cm。屏幕背景为白色,呈现的词汇为黑色。让被试完成 20 项任务,每项任务有词汇记忆、类别比较以及记忆测试。

2) 测试

每词呈现时间为平均 982ms,时间间隔随机,词汇呈现亦为随机。被试的 20 项中,每 10 项暂停 8s。使被试记忆保持,同时插入类别比较以观察同一类中的记忆项与非记忆项,异类中的记忆项和非记忆项,从而得知 LTM 中曾习得词汇对 WM 的作用和实验前习得词汇对 WM 的作用。

3) 记录

被试头皮与电极接触时,使用 64 导系统和 Ag/AgCI 电极帽,记录全头皮脑电(简称 EEG)。使用 10—20 系统的电极位置,滤波带为 0.05—40 Hz,A/D 采样频率为 450 Hz。在正常情况下,被试的记忆、类比时得到的 ERPs 累计平均为 2,平均次数为 20 次,类比得到的 ERPs 为 4,各种条件的累计为 10 次。在类比中,与习得项同类的记忆类和非记忆类 ERPs 为 2,其中一类为 ERP(+),另一类为 ERP(-)。得到与新项目同类的记忆类和非记忆类 ERPs 为 2,异类的 ERPs 为 1。

## 四、数据解析

1. 脑电图形解析

根据实验中的初级脑电图形,实验选取了被试大脑的额区、顶区和中央区三个区域。额区的电极为 F3、Fz 和 F4,顶区的电极为 P3、Pz 和 P4,中央区的电极为 C3、Cz 和 C4,以此作为代表性电极。在实验中测定 ERPs 脑电波峰值、潜伏期和平均值。数据解析来源为多次测量的 ANOVA,显著性标准为 $<.05$。

2. 脑电行为解析

1) 通过对被试脑电行为的实验,测出其 WM 任务的记忆项和非记忆项判断的反应时和精准率;与此同时,测出其记忆测试中的反应时和精准率(参见表 5-24)。

表 5-24 WM 反应时(ms)与精准率(%)

| 类型 | | 项目 | WM 任务 | | | |
|---|---|---|---|---|---|---|
| | | | 记忆判断 | | 记忆测试 | |
| | | | 记忆项 | 非记忆项 | 接收 | 拒绝 |
| 曾习得 | | 均测项(ATI) | 68 | 31 | 82 | 7 |
| | | 反应时(ST) | 592 | 705 | 680 | 1 001 |
| | | 标准误差(SE) | 19.05 | 18.71 | 16.50 | 17.92 |
| | | 精准率(AR) | 99.02 | 98.64 | 98.59 | 98.30 |
| | | 标准误差(SE) | 0.48 | 0.45 | 0.71 | 0.46 |

续 表

| 类 型 | | WM 任务 | | | |
|---|---|---|---|---|---|
| | | 记忆判断 | | 记忆测试 | |
| 项 目 | | 记忆项 | 非记忆项 | 接收 | 拒绝 |
| 新项目 | 均测项(ATI) | 46 | 39 | 79 | 6 |
| | 反应时(ST) | 633 | 701 | 552 | 1 000 |
| | 标准误差(SE) | 20.91 | 17.46 | 17.28 | 22.08 |
| | 精准率(AR) | 98.54 | 97.91 | 98.35 | 98.07 |
| | 标准误差(SE) | 0.62 | 0.45 | 0.58 | 0.66 |

通过 SPSS 对以上各项的计算,记忆项、非记忆项、接收、拒绝、均测项、反应时、标准误差、精准率等项显示出在 0.01 水平(双侧)上显著相关,且信度和效度较好(参见表 5-25)。

表 5-25 WM 任务反应时与精准率检测相关性

| | | VAR00001 | VAR00002 | VAR00003 | VAR00004 | VAR00005 |
|---|---|---|---|---|---|---|
| VAR00001 | Pearson 相关性 | 1 | −.868** | −.537 | .493 | .299 |
| | 显著性(双侧) | | .005 | .170 | .214 | .472 |
| | N | 8 | 8 | 8 | 8 | 8 |
| VAR00002 | Pearson 相关性 | −.868** | 1 | .362 | −.492 | .002 |
| | 显著性(双侧) | .005 | | .379 | .216 | .997 |
| | N | 8 | 8 | 8 | 8 | 8 |
| VAR00003 | Pearson 相关性 | −.537 | .362 | 1 | −.055 | .215 |
| | 显著性(双侧) | .170 | .379 | | .897 | .609 |
| | N | 8 | 8 | 8 | 8 | 8 |

续 表

|  |  | VAR00001 | VAR00002 | VAR00003 | VAR00004 | VAR00005 |
|---|---|---|---|---|---|---|
| VAR00004 | Pearson 相关性 | .493 | —.492 | —.055 | 1 | —.028 |
|  | 显著性（双侧） | .214 | .216 | .897 |  | .947 |
|  | N | 8 | 8 | 8 | 8 | 8 |
| VAR00005 | Pearson 相关性 | .299 | .002 | .215 | —.028 | 1 |
|  | 显著性（双侧） | .472 | .997 | .609 | .947 |  |
|  | N | 8 | 8 | 8 | 8 | 8 |

\*\*.在.01 水平（双侧）上显著相关。

对以上记忆阶段的实验数据按照 $S^2=\sum(X-X平均)^2/(n-1)$ 计算，两组数据就能得到两个 $S^2$ 值，$S$ 大$^2$ 和 $S$ 小$^2$，即 $F=S大^2/S小^2$，做 2（记忆项/非记忆项）×2（曾习得/新项目）ANOVA 方差解析，$F=8.92$，$p=0.01$，$F=20.58$，$p<0.001$，$F=32.70$，$p<0.001$，记忆项比非记忆项反应时短，曾习得项比新项目反应时短，此结果凸显记忆与曾习得对被试反应时的效应。

2）通过对被试脑电行为的实验，测出其类比任务的记忆类、非记忆类以及异类的反应（+）和（—）精准率（参见表 5-26）。

表 5-26 类比任务反应时（ms）与精准率（%）

| 类 型 | | 类 比 任 务 | | | | | |
|---|---|---|---|---|---|---|---|
|  |  | 记忆类 | | 非记忆类 | | 异类 | |
| 项 目 |  | 反应（+） | 反应（—） | 反应（+） | 反应（—） | 反应（+） | 反应（—） |
| 曾习得 | 均测项（ATI） | 87 | 21 | 69 | 15 | 27 | 8 |
|  | 反应时（ST） | 582 | 791 | 865 | 971 | 882 | 1 001 |
|  | 标准误差（SE） | 30.54 | 35.29 | 30.66 | 35.70 | 38.01 | 37.04 |

续表

| 类型 | | 类比任务 | | | | | |
|---|---|---|---|---|---|---|---|
| | | 记忆类 | | 非记忆类 | | 异类 | |
| | 项目 | 反应(+) | 反应(−) | 反应(+) | 反应(−) | 反应(+) | 反应(−) |
| 曾习得 | 精准率(AR) | 98.22 | 98.67 | 98.01 | 97.39 | 98.92 | 97.85 |
| | 标准误差(SE) | 0.61 | 0.93 | 1.07 | 0.89 | 0.96 | 1.22 |
| 新项目 | 均测项(ATI) | 62 | 26 | 57 | 22 | 20 | 9 |
| | 反应时(ST) | 826 | 939 | 844 | 992 | 869 | 1 001 |
| | 标准误差(SE) | 30.51 | 32.75 | 37.08 | 34.61 | 35.91 | 27.43 |
| | 精准率(AR) | 99.03 | 98.17 | 98.74 | 98.43 | 98.16 | 97.70 |
| | 标准误差(SE) | 0.66 | 0.97 | 1.25 | 1.01 | 1.28 | 0.62 |

通过 SPSS 对以上各项的计算，记忆项、非记忆项、接收、拒绝、均测项、反应时、标准误差、精准率等项显示出在 0.05 水平（双侧）上显著相关，且信度和效度较好（参见表 5-27）。

表 5-27 类比任务反应时与精准率检测相关性

| | | VAR00001 | VAR00002 | VAR00003 | VAR00004 | VAR00005 |
|---|---|---|---|---|---|---|
| VAR00001 | Pearson 相关性 | 1 | −.727* | −.673* | .185 | −.404 |
| | 显著性（双侧） | | .017 | .033 | .609 | .247 |
| | N | 10 | 10 | 10 | 10 | 10 |
| VAR00002 | Pearson 相关性 | −.727* | 1 | .414 | −.227 | .482 |
| | 显著性（双侧） | .017 | | .235 | .529 | .158 |
| | N | 10 | 10 | 10 | 10 | 10 |

续 表

|  |  | VAR00001 | VAR00002 | VAR00003 | VAR00004 | VAR00005 |
|---|---|---|---|---|---|---|
| VAR00003 | Pearson 相关性 | −.673* | .414 | 1 | .110 | .596 |
|  | 显著性（双侧） | .033 | .235 |  | .762 | .069 |
|  | N | 10 | 10 | 10 | 10 | 10 |
| VAR00004 | Pearson 相关性 | .185 | −.227 | .110 | 1 | −.089 |
|  | 显著性（双侧） | .609 | .529 | .762 |  | .807 |
|  | N | 10 | 10 | 10 | 10 | 10 |
| VAR00005 | Pearson 相关性 | −.404 | .482 | .596 | −.089 | 1 |
|  | 显著性（双侧） | .247 | .158 | .069 | .807 |  |
|  | N | 10 | 10 | 10 | 10 | 10 |

*.在 0.05 水平（双侧）上显著相关。

对以上类比任务的实验数据按照同样的方法进行 ANOVA 方差解析，结果显示：$F(2.28)=15.28, p<0.001, F(2.28)=5.97, p<0.05$。被试记忆类比非记忆类和异类反应时短（$p<0.01$），非记忆类与异类的反应时不显著，记忆类的精准率明显高于非记忆类（$p<0.05$）。

3. 脑电 ERPs 解析

1) WM 任务解析

WM 任务的 ERPs 电极点为额区 Fz、顶区 Pz 和中央区 Cz，这一任务的 ERPs 的平均波形如下（参见图 5-5）：

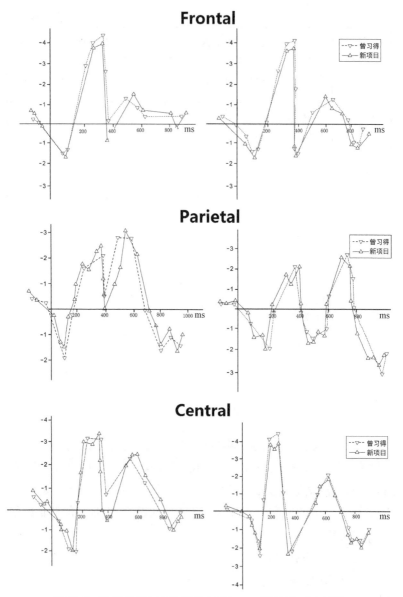

图 5-5 WM 的记忆项和非记忆项 ERPs 平均波形分析图
(每组左侧为记忆项,右侧为非记忆项)

由图 5-5 可知,在 WM 任务中,选取 F3、Fz、F4、C3、Cz 和 C4 等 6 个电极,对 N2 峰值的 ANOVA 方差解析,发现记忆与曾习得的效应及其两者的关系凸显,$F=43.71, p<0.001, F=5.78, p<0.05, F=5.59, p<0.05$。非记忆项($M=-3.86\ \mu V, SE=4.70$)比记忆项($M=-1.34\ \mu V, SE=2.69$)的 N2 的(一)更为显著;新项目($M=-3.64\ \mu V, SE=6.27$)比曾习得($M=-2.81\ \mu V, SE=2.15$)的(一)更为显著。记忆与曾习得的交互效应明显。另外,选取 F3、Fz、F4、P3、Pz、P4、C3、Cz 和 C4 等 9 个电极对记忆任务的 P3 峰值进行解析。结果显示:$F=6.29, P<0.05$。记忆项($M=3.55\ \mu V, SE=2.01$)与非记忆项($M=1.46\ \mu V, SE=5.71$)相比,前者的 P3 更凸显(+)值。

2) 类比任务解析

类比任务的 ERPs 主要考察被试 LTM 词汇信息对 WM 词汇信息的效应。实验选取 F3、Fz、F4、P3、Pz、P4、C3、Cz 和 C4 等 9 个电极,以刺激大脑呈现后测量大脑反应的 ERPs 均值(参见图 5-6)。

类比的 ANOVA 方差解析发现:被试对记忆类与非记忆类词汇刺激所产生的 ERPs 呈现约±400-700 的波差,记忆类 ERPs 与非记忆类 ERPs 和异类 ERPs 更凸显(+)值(异类在图形中未显示)。新项目的记忆类比非记忆类的 ERPs 更凸显(+)值。不同类别的主体效应凸显,$F=16.82, p<0.01$;曾习得与类别相互作用凸显;ERPs 的波形差异说明被试与实验前习得的同类词汇关系非常紧密。

与此同时,新项目各类别的 ERPs 差异显著(参见图 5-7)。

对此进行 ANOVA 方差解析发现:不同类别信息的 ERPs 幅值差异突显,$F=20.75, p<0.001$,记忆类与非记忆类差异凸显,$p<0.001$,但非记忆类与异类差异不大,$p=0.71$,因此未将异类列入类比的 ERPs 范围。

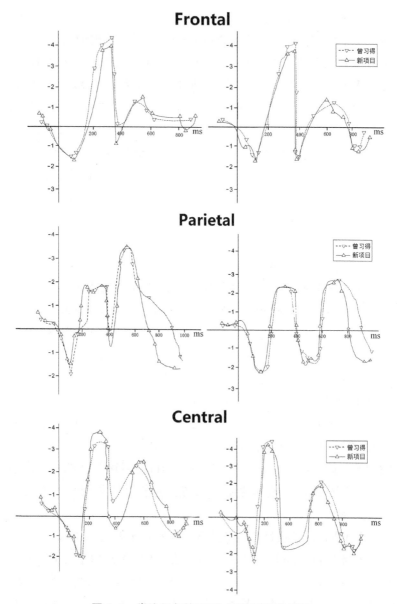

图 5-6 类比任务的 ERPs 平均波形分析图

每组左侧为新项目,右侧为曾习得;异类词与记忆类差异甚大,未列入图形中。

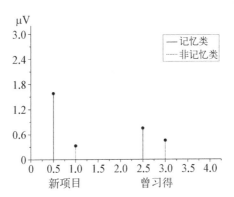

图 5-7 习得对类比 ERPs 波幅的作用

## 五、研究发现

1) 多宾斯(Dobbins,2004)和格瑞斯帕克特(Grill-Spector,2006)的神经启动(neural priming)或称重复抑制(repetition suppression)发现了行为数据的启动效应。之后,许多 PET 和 fMRI 研究也为神经启动提供了支持(Schacter, Dobbins & Schnyer, 2004)。本研究根据上述激活启动效应理论,使用汉英类别词汇刺激使 WM 启动 LTM 信息,曾习得的 LTM 信息能被 WM 激活,产生长时语义效应启动,为 WM 和 LTM 共享信息表征提供了证据。由此而凸显了各类译员 LTM 词语和百科知识习得对其 WM 的重要性。

2) 本研究使用汉英类别词汇探究 WM 对 LTM 相关信息的启动,该启动模式仍属于长时语义启动模式。研究同时也发现:长时语义的相关启动没有重复概念相关启动效应大。这一结论同时也证明了沃尔茨(2010)的相关理论。因此,在汉英口译中,WM 的不同信息加工任务能对其相关的 LTM 信息产生长时效应语义启动。

3) 本研究对被试有关 WM 行为和 ERPs 数据解析显示:在

WM 的任务中,脑电反应 N2 和 P3 潜伏期短,与神经启动效应一致,结果是曾习得项比新项目反应时短,精准率高;在类比任务中,记忆类的精准率高于非记忆类和其他类,而且对 400-700 ms 的 ERPs 平均波幅解析发现,记忆类比非记忆类和其他类 ERPs 的正走向更加凸显,表明了在 WM 中记忆项对记忆类项目的神经启动效应。因此,在汉英口译中,WM 的不同信息加工任务能对其相关的 LTM 信息产生 ERPs 的变化。

由此可见,本研究对汉英口译中 LTM 和 WM 的三项假设均成立。

通过对被试汉英词汇 WM 和类比任务行为的反应时、精准率和峰值、波幅 N2 和 P3、N400 的 ERPs 实验研究,发现被试的脑电神经启动效应:① 被试大脑中的 WM 词汇语义信息对 LTM 词汇信息经过刺激作用后激活并启动;② WM 的不同信息加工任务能对其相关的 LTM 信息产生长时效应语义启动;③ WM 的不同信息加工任务能对其相关的 LTM 信息产生 ERPs 的变化。由此,证明了 WM 与 LTM 语义启动密切相关,具有共同表征的功能。本研究给译员,尤其是学生译员的启示:① 存储大量的 LTM 词语信息和百科知识有助于增效口译;② 在 LTM 中存储大量汉英词汇有助于增效口译;③ 启动 WM 与 LTM 相关信息并有效激活能促其增效口译。

## 第五节 同传增效研究:WM 维度

### 一、SL 记忆与 WM 缘起

口译操作离不开记忆,记忆作为译员的高级认知活动是口译过程必要的手段和环节。SL 记忆与口译产品的最终实现有着直接联系,换言之,SL 记忆的好坏决定着口译的成败,因此,口译中的记忆研究乃是认知口译学研究的重要部分(康志峰,2013:90)。巴德里和西岐(1974:47-90)在模拟 STM 障碍的实验基础上,从记忆贮存库理论中的 STM 的概念出发,提出了 WM 的三大系统概念,用 WM 替代原来的 STM 概念,因此 WM 概念产生了。到了 20 世纪 90 年代,WM 得以全面发展。巴德里(1986,1990,2000)认为,WM 系统能同时贮存和加工信息,这和 STM 概念仅强调贮存功能是不同的。STM 是对刺激信息的短时间内的贮存,而 WM 不仅是对刺激信息短时间内的贮存,而且这些信息是会被激活并处于活跃工作状态的。

## 二、WM 识解

巴德里(2000:77-92)给 WM 下的定义是:WM 是一个容量有限的系统,它用于暂时贮存信息和操纵加工信息,以便能够完成复杂的工作,例如理解、习得和推理。由此可见,巴德里在承认 WM 贮存信息的同时,还承认它对信息的操纵和加工作用。

个体作为一种信息加工系统,把接收到的外界刺激信息,经过模式识别加工处理而放入 LTM。进入 LTM 中的信息处于静态而被贮存,个体在进行认知活动时,LTM 中的信息需要被激活并使之处于活动的状态,这就叫 WM。因此,WM 被认为与通常所说的意识觉察有关,即进入 LTM 中的信息就是人们自身意识中的内容。

## 三、WM 理论模型

WM 的重要性毋庸置疑,然而,WM 理论有哪些研究呢? 20 世纪 80 年代,出现了巴德里(1981,1986)的 WM 理论模型;20 世纪 90 年代,各种 WM 理论研究如戈德曼(1991)的 WM 理论、卡普兰(1994)的 WM 理论以及沙赫和米亚可(Shah & Miyake,1996)

等人的 WM 理论等像雨后春笋不断涌现。其中,以巴德里的 WM 理论模型和以计算机模拟为基础的 ACT-R 模型理论为典型的代表。

巴德里理论模型包含中枢执行系统和二个次级系统:视空初步加工系统和语音回路。虽然这一理论模型存在着欠缺,但因其结构简单、理论框架可塑性强的特点被认知心理学、认知神经科学的研究广为应用,由此促进了巴德里理论模型的发展。

1. 语音回路概念的提出

巴德里理论模型中有关次级记忆的研究,语音回路的概念最先进入理论化的研究。之后,他提出在这个次级记忆系统中包含着两个相关因素,即对语音信息进行接收和保存的语音贮存系统,并提出了对语音贮存系统中所保持的语音信息进行加工、保持的音节控制过程的假设。这种假设被史密斯和朱妮德(Smith & Jonides, 1997:5-42)的有关脑成像机制的研究实验所证实。

2. 语音回路技能的发展

以往语音回路的研究多数采用数字列、词语列的按顺序再生方法,人们总是认为语音回路是一种为了短暂保持语言刺激和再认而存在的系统。巴德里、甘若科勒和帕帕格尼欧等人(Gathercole & Papagno, 1998:158-173)提出"语音回路是一种为了短暂保持语言刺激和再认而存在的系统",这些功能只不过是一些派生的功能,而语音回路的真正机能是"语言习得",并且提出了有关语音回路结构的一些理论观点。这一理论不仅涉及有关语音回路的结构,而且涉及了有关语音回路与 LTM 之间的关系、WM 与 LTM 关系的内容等,因此,该理论在 WM 的研究中起着重要作用。

3. 视空初步加工系统研究的进展

视空初步加工系统的基本要素是视觉和空间,利用这两种基本要素不少专家学者进行了时空初步加工研究。劳基(1995)通过实验得知:在视空初步加工系统中存在着两种次级记忆,即视觉方面参与被动视觉信息保持的视觉信息静态贮存和空间方面参与贮存信息的加工和保持的动态贮存。劳基(ibid.)指出,应在巴德里的理论模型中加入视觉和空间两个要素。

2000年,巴德里(2000:77-92)提出了认知缓冲的概念,补充了三系统概念,建构了巴德里理论模型的发展观。例如,在实验中被试者只能记住5个左右的不相关的单词,却可以记住16个左右有共通之处的单词。这些都是原有的巴德里的三系统概念所无法解释的。根据巴德里(ibid.)的解析,三系统概念的欠缺源自对不同类型信息如何加工,如何保持信息,如何分别对信息注意等问题。这一问题由缺少一种保存不同信息加工结果的次级记忆系统所引起,而且语音回路和视空初步加工系统的信息统一保存也需要这样的次级记忆系统。三系统概念加上认知缓冲这一次级记忆系统,这四部分建构了新的WM理论模型。

巴德里新的WM理论模型增加了认知缓冲概念,由此构成了WM理论模型的发展观。这一新的次级记忆系统对于促进人们重视WM中的信息加工机制,对于WM与LTM之间在同传中的过渡起到重要作用。

## 四、WM在同传中的效应

1. SL刺激信息的加工和贮存

同传要求译员紧跟着话语者的讲说速度,因此,对SL刺激信息反应需要很强的即时性。这就要求同传译员具有很强的WM能力,来应付并处理大量来自SL的信息流。如果译员对SL刺激信息流的加工和贮存能力强,译员的同传效果就好;相反,能力差,同传效果就不佳。

2. 同传中 WM 的容量

根据米勒(1956：81-97)的7±2组块理论，WM 的容量是有限的，然而，译员如何利用其有限的信息容量来完成其同传任务，是我们一直研究的课题。

由 SL 刺激信息的加工、贮存和 WM 的容量理论可知，译员的 WM 具有一定的广度，即 WM 广度（WM span）。对译员 WM 广度的测量手段可分为简单广度任务和复杂广度任务两类。一般来讲，简单广度任务主要考察工作记忆容量大小；复杂广度任务则要求同时完成两种任务，即对有关内容进行记忆的主任务和涉及复杂加工的操作或推理的并行任务（张威，2007）。

3. 同传中 WM 效应实验

本研究对职业译员和本研究者所教授的学生译员在同传中的 WM 记忆广度进行了调查，其程序和结果如下：

实验操作准备——由本研究者和管理员操作实验；

实验录音准备——在同传教室 5207；

实验对象准备——对 2 名职业译员和 3 名口译教师，本研究者所教授的复旦大学外文学院 MTI 学生译员 28 名以及非英语专业本科生 35 名学生译员分两次进行实验；

实验语料准备——《英汉双向口译实践教程》（康志峰，2013）中的第 4 课，教育篇课前实践的英文部分：*On Education* (1-7): *The Educational Reform in Canada* (8-10)。

[1] Eternal truth will be neither true nor eternal unless they have fresh meaning for every new social situation.

[2] It is the function of **education**, *the function of all of the great* **institutions** *of* **learning** *in the United States, to provide continuity for our national life to* **transmit** *to youth the best of our culture that has been tested in the fire of history. It is*

equally the **obligation** of education to **train** the minds and the talents of our youth; to improve, through creative citizenship, our American institutions in accord with the **requirements** of the future.

[3] We cannot always build the future for our youth, but we can build our youth for the future.

[4] It is in great **universities** like this that ideas which can assure our national safety and make tomorrow's history, are being **forged** and shaped. **Civilization** owes most to the men and women, known and unknown, whose free, inquiring minds and restless intellects could not be **subdued** by power of tyranny.

[5] This is no time for any man to withdraw into some ivory tower and proclaim the right to hold himself aloof from the problems and the agonies of his society. The times call for bold belief that the world can be changed by man's endeavor, and that this endeavor can lead to something new and better. No man can sever the bonds that unite him to his society simply by averting his eyes. He must ever be receptive and sensitive to the new; and have sufficient courage and skill to face novel facts and to deal with them.

[6] If democracy is to survive, it is the task of men of thought, as well as men of action, to put aside pride and prejudice; and with courage and single-minded devotion—and above all with humility—to find the truth and teach the truth that shall keep men free.

[7] We may find in that sense of purpose, the personal peace, not of response, but of effort, the keen satisfaction of

doing, the deep feeling of achievement for something far beyond ourselves, the knowledge that we build more gloriously than we <u>know</u>.

[8] In the middle is mediocre. The Canadian high-school drop-out rate is at least 20%. In Japan it is 2%. Universities are forced to become high schools, and teach basic skills to our students at age 20 what they should have been taught at age 12. 3 out of 10 Canadians can't read well enough and 4 out of 10 can't count well enough. To drop out of school today is to drop out of life. Inadequate training threatens the personal security of Canadians. But education empowers. Learning liberates. Knowledge can let the human spirit <u>soar</u>.

[9] The gap between leaving school and on-the-job training is far too long, often measured in years rather than months. We are training people for jobs that don't exist, and not training them for jobs that do. We should be training mechanics for fuel injection rather than for <u>carburetors</u>.

[10]A good education is not a frill in life now, but a fact of life. In the past, whether we admitted it or not, higher education was often something for the elites. It was open to everyone, but not everyone went. Some did not need to. Some did not want to. And many simply could not, but today, we can't afford a leaning system that systematically leaves tens of thousands of Canadians out, whether for reasons of disability, or disadvantage, or family obligations, or gender. That is much more than a matter of justice. It is a question of being able to draw on our full potential as a <u>people</u>.

实验结果(参见表 5-28):

## 第五章 多模态双语记忆研究

**表 5-28　同传中的 WM 信息再现实验结果**

| 项目（被试） | 职业译员 | MTI 学生译员 | 非英语专业口译选修课本科生 | 合计/均值 |
|---|---|---|---|---|
| 参加人数 | 5（包括 2 名职业译员和 3 名口译教师） | 28（实际参加人数 26 人，其中 1 人病假，1 人事假） | 35 人 | 66/22 |
| 分析段落 | 第 2、4 自然段 | 第 2、4 自然段 | 第 2、4 自然段 | 6/2 |
| 相关词 | education, institutions, learning, train, universities | education, institutions, learning, train, universities | education, institutions, learning, train, universities | 15/5 |
| 无关词 | transmit, obligation, requirements, forged, civilization, subdued, tyranny | transmit, obligation, requirements, forged, civilization, subdued, tyranny | transmit, obligation, requirements, forged, civilization, subdued, tyranny | 21/7 |
| 段尾词 | situation, future, future, tyranny, them, free, know, soar, carburetors, people | situation, future, future, tyranny, them, free, know, soar, carburetors, people | situation, future, future, tyranny, them, free, know, soar, carburetors, people | 27/9 |
| 相关词平均再现率(%)(录音后提取信息) | 100 | 98.136 | 90.772 | 288.908/96.303 |
| 无关词平均再现率(%)(录音后提取信息) | 99.714 | 89.580 | 72.269 | 261.563/87.188 |

续 表

| 项目<br>(被试) | 职业译员 | MTI学生译员 | 非英语专业口译选修课本科生 | 合计/均值 |
|---|---|---|---|---|
| 段尾词平均再现率(%)(录音后提取信息) | 91.600 | 85.347 | 68.042 | 244.989/81.663 |
| 三项词平均再现率(%) | 97.105 | 91.021 | 77.028 | 265.154/88.385 |

由表 5-28 WM 信息再现实验结果可知,在对第 2、4 自然段的同传中,无论是职业译员还是学生译员对 education、institutions、learning、train、universities 这些相关词汇的回忆再现准确率较高,平均为 96.303%,其中职业译员为 100%,MTI 学生译员为 98.136%,非英语专业本科生学生译员为 90.772%;对 transmit、obligation、requirements、forged、civilization、subdued、tyranny 这些不相关词回忆再现准确率较低,平均为 87.188%,其中职业译员为 99.714%,MTI 学生译员为 89.580%,非英语专业本科生学生译员为 72.269%。职业译员对每自然段段尾词 situation、future、tyranny、them、free、know、soar、carburetors、people 的回忆再现准确率最高 91.600%,MTI 学生译员对之再现率相对较高 85.347%,而非英语专业的本科生学生译员对之回忆再现率相对较低 68.042%。由此看出,无论是职业译员,还是学生译员对相关词的再现回忆正确率偏高,对不相关词和段尾词的再现回忆正确率相对偏低。职业译员的三项再现回忆率均偏高,平均 97.105%;MTI 学生译员三项再现回忆率平均 91.021%,相对于职业译员偏低,但相对于非英语专业的本科生学生译员偏高;非英语专业的本科生学生译员的三项再现回忆率最低,平均 77.028%。从而也证实了在 WM 中,译员对相关词

的记忆和再现回忆最好,对无关词记忆和再现回忆较差,并且通过译员对段尾词的记忆和再现回忆看出,译员 WM 容量的有限性。同时也发现,学生译员和职业译员在语言认知和信息加工记忆方面的差异性。因此,该实验既分析了不同口译人员(学生译员和职业译员)之间做同传时 WM 的差异,又考察了他们在同传中 WM 的记忆广度,对相关、非相关以及段尾词的记忆程度和记忆容量等。

以上各项实验,其结论是否有意义?实验的信度和效度如何呢?我们对所得数据进行 SPSS 计算,其结果如下(参见表 5-29 和表 5-30):

表 5-29　同传中 WM 信息再现正确率均值分析表

| 项　目 | N | 均　值 | 标准差 | 均值的标准误 |
| --- | --- | --- | --- | --- |
| VAR00001 | 4 | 97.105 0 | 3.893 25 | 1.946 62 |
| VAR00002 | 4 | 91.022 5 | 5.320 30 | 2.660 15 |
| VAR00003 | 4 | 77.027 5 | 9.870 25 | 4.935 12 |

表 5-30　同传中 WM 信息再现正确率检验样本

| 项　目 | 检验值＝0 | | | | | |
| --- | --- | --- | --- | --- | --- | --- |
| | t | df | Sig.(双侧) | 均值差值 | 差分的 95％ 置信区间 | |
| | | | | | 下限 | 上限 |
| VAR00001 | 49.884 | 3 | .000 | 97.105 00 | 90.910 0 | 103.300 0 |
| VAR00002 | 34.217 | 3 | .000 | 91.022 50 | 82.556 7 | 99.488 3 |
| VAR00003 | 15.608 | 3 | .001 | 77.027 50 | 61.321 7 | 92.733 3 |

由表 5-29 WM 信息再现正确率均值分析表和表 5-30 WM 信息再现正确率检验样本可知,相关词、无关词、段尾词以及三项词平均再现均值分别为 97.105 0％、91.022 5％、77.027 5％;标准

差分别为 3.893 25、5.320 30、9.870 25；p 值均为.000、.000、.001，均≤.001，由此表明，该实验具有显著的统计意义。

由 SPSS 相关度计算，结果如下（参见表 5-31）：

表 5-31　实验项目相关性统计

| 项　　目 | | VAR00001 | VAR00002 | VAR00003 |
|---|---|---|---|---|
| VAR00001 | Pearson 相关性 | 1 | .774 | .667 |
| | 显著性（双侧） | | .226 | .333 |
| | N | 4 | 4 | 4 |
| VAR00002 | Pearson 相关性 | .774 | 1 | .988* |
| | 显著性（双侧） | .226 | | .012 |
| | N | 4 | 4 | 4 |
| VAR00003 | Pearson 相关性 | .667 | .988* | 1 |
| | 显著性（双侧） | .333 | .012 | |
| | N | 4 | 4 | 4 |

*.在 0.05 水平（双侧）上显著相关。

表 5-31 实验项目相关性统计结果表明，四项内容在 0.05 水平（双侧）上显著相关，其相关系数很高，最低位.667。由 SPSS 的 WM 实验项目再现回忆率分析案例汇总和可靠性计算，得出以下结论（参见表 5-32 和表 5-33）。

表 5-32　WM 项目再现回忆率案例处理汇总

| 项　　目 | | N | 百分比（%） |
|---|---|---|---|
| 案例 | 有效 | 4 | 100.0 |
| | 已排除[a] | 0 | .0 |
| | 总计 | 4 | 100.0 |

表 5-33　可靠性统计量

| 克伦巴赫 α 系数 | 项　　数 |
|---|---|
| .856 | 3 |

由表 5-32 WM 项目再现回忆率案例处理汇总和表 5-33 可靠性统计量的结果可知,该实验的内容效度为 100%,信度为克伦巴赫 α 系数为.856。因此,该实验真实、有效而且可靠。

综上所述:① 职业译员和学生译员均对相关词的再现回忆正确率偏高,对非相关词和段尾词的再现回忆正确率相对偏低;② 职业译员的三项再现回忆率均偏高,而学生译员的偏低;③ 两类译员对相关词的记忆和再现回忆较好,对无关词记忆和再现回忆相对较差,且 WM 容量有限;④ 两类译员在语言认知和信息加工记忆方面存在差异性,学生译员比职业译员在同传中 WM 的记忆广度较小。因此,只有增强译员,尤其是学生译员对 SL 刺激信息流的加工和贮存的 WM 能力,方能实现增效口译,达到译员同传最佳之效。

**本章小结**:本章乃基于双语记忆理论基础的多模态双语记忆实证研究。首先,由 STM 的定义识解、功能效度、特性凸显、现场实验、增效策略、跟踪实验等论证了 STM 增效性与同传增效性。其次,由 LTM 的定义识解、LTM 中的情景与语义、LTM 的遗忘理论、容量以及双重编码,论证了 LTM 在口译中的作用。再者,以巴德里和西岐的 WM 理论为基础,探究了 WM 的研究现状、识解、特点、复述和组织,并做了 WM 与智力分析,与此同时做了 WM 理论模型研究,指出了 WM 在口译操作过程之效应。最后,本研究做了 WM 和 LTM 共享信息表征分析,论证了 WM 在同传中的作用。

# 第六章 口译认知的元情绪研究

## 第一节 口译与情感因素的关系

### 一、口译的主体因素

1. 主体与客体

在口译过程中,有两种因素的存在:一为主体因素,另一为客体因素。译员充当主体因素的角色,而所译的话语语篇充当客体因素的角色。(作为主体的译员是对客体,即 SL 话语语篇的一种特殊反映形式);而 SL 话语语篇作为客体通过译员这一主体起作用。译员在对 SL 话语语篇的反映过程中,运用其大脑进行认知。译员对 SL 话语语篇的认知过程,亦即心智产生或情感产生的过程,这就不可避免地受到大脑内部众多因素的制约和干扰。

2. 主体的心智因素

由此可见,健全的心智、积极的情感以及良好的自信心理有利于译员产生正能量,有利于即时口译操作,能够对口译产出发挥积极的效应;相反,不健全的心智、消极的情感、缺乏自信的心理以及处于高度焦虑或漫不经心的状态,译员就会对口译操作产生负能量,不利于译员的即时口译操作,从而对口译产品的实现产生消极作用。因此,情感因素是译员及其口译活动不容忽视的因素。

## 二、情感论研究

1. 情感

情感是人在活动中对人和客观事物好恶倾向的内在心理反映。人与人之间、人与物之间都会产生情感。例如,领导与被领导之间,建立了良好的情感关系,就可以使人产生亲切感。而有了亲切感,彼此之间的关系也就比较融洽。反之,没有建立良好的情感关系,就会造成双方一定的心理距离,而心理距离的产生就会造成双方的心理排斥力、对抗力等负能量。心理学认为,情感是人对客观现实的一种特殊反映形式,人的情感产生并运行于大脑,这就不可避免地受到大脑内部众多因素的制约和干扰。

2. 情感因素

关于情感因素,目前的理论界存在着两因素情感论和三因素情感论的争议。

1) 两因素情感论:关于情感的决定因素,有主体情感论和客体情感论。这一理论认为,情感与主体和客体两个因素有关,其理论根源是两因素价值论,它的价值与主体因素及客体因素有关,但忽略了介体因素的重要作用,认为价值中介只是价值产生的外部条件而不是内部根据。

2) 三因素情感论:由于事物的价值大小取决于主体、客体和介体(即环境)三大要素,因此情感也相应地具有主体、客体和介体(即环境)三大要素,缺少其中任何一个要素,情感就不能确定。该理论认为,两因素情感论把主体和客体与介体割裂开来,不知道价值存在于主体、客体和介体之间的相互作用之中。

3. 译员的情感因素

根据心理学界的情感理论,本研究认为,译员作为口译中的主体同样具有情感。其情感由主体、客体和介体三大因素组成。换言之,译员的情感因素会受到其自身大脑内部因素的影响,同时还会受到来自话语者 SL 话语语篇的影响,以及口译环境等因素的影响。积极的情感因素会使译员对口译操作产生正能量,具有良好的口译效应;而消极的情感因素会使译员对口译操作产生负能量,具有负面的口译效应。

## 三、口译与情感因素

译员在口译过程中由于自身大脑内部的因素、来自 SL 原话语语篇的因素和口译外部环境的因素等产生情感因素,而积极的情感因素对口译产品的产出具有促进作用,消极的情感因素对口译产品的产出具有阻碍作用。由此可见,情感因素对口译产品的实现具有作用力和反作用力。因此,口译的情感因素不容忽视。

作为职业译员或学生译员,适时地把握自己在口译过程中由于主体、客体和介体所产生的情感因素,以健全的心智、积极的情感以及良好的自信心理,加之所掌握的百科知识和技能,进行即时口译操作,其产生的正能量,不仅会排除大脑内部众多因素的制约和干扰,而且会对口译产出具有积极效应。

# 第二节 口译中的 AA 模态研究

## 一、口译中 AA 的多模态

### 1. 概述

口译作为一种交际活动,要完成一项口译操作的作业任务大脑需要经历三个复杂阶段:认知、计算和输出(详见本书第 62 页)。在这三个阶段大脑的复杂活动中,第一阶段的 AP 活动最为重要,其作用相当于"咽喉",因为在整个口译过程中"零输入"就会造成"零输出"或"虚假输出",为此许多学生产生听觉认知焦虑或听焦虑(auditory anxiety,简称 AA)。AA 作为听焦虑模态(AA Mode,简称 AAM)中的一种焦虑模式是学生在口译的第一阶段——听觉认知阶段,因听不懂 SL 信息而产生的焦虑现象。本研究者通过对学生的口译测试发现(Kang, 2010:122):学生 AA 具有多模态,其级度不等,对 AP 和整个口译过程有不同程度的影响。因此,本研究拟从口译中多模态的 AAM 层面进行研究探析。

2. 研究理据

认知心理语言学(cognitive psycholinguistics)认为:认知是外部世界的信息在大脑中的表征。"表征"或"心理表征"(mental representation)就成为看待"心脑如何运作"(how mind works)(Gazzaniga et al 2002:97)的关键概念。认知心理语言学的核心概念是:心理或认知是表征系统;既不是经验论者所说的"映像",也不是行为主义者所说的"反应"。简单地说,表征就是外部世界的信息在大脑中的呈现方式。心理是"计算"装置;或者说,认知就是"计算"(computation)(ibid.)。因此,在这种意义上讲,认知心理语言学说到底就是对语言认知的"计算心理学"(computational psychology)。

20 世纪中叶的西方国家开始把认知心理语言学看作语言学的分支发展,目前已成为语言学的重要部分。认知心理语言学用"认知"一词来标示人的大脑与外部世界之间的信息交换关系。斯比尔贝格(1970/1983)提出特质-状态焦虑(Trait-State Anxiety)理论,成为 AA 级度研究的理据,卡萨迪和约翰逊(2001)的认知测试焦虑(cognitive testing anxiety,简称 CTA)模型理论,提出了 CTA 的高级度成为本研究的指导,我国学者认知心理学专家陈顺森和唐丹虹(2009:46-53)提出并通过实验证明了 CTA 的高、中、低三个等级,他们的理论和实验研究成为 AA 级度研究的主要依据。

20 世纪 80 年代,西方国家开始了口译认知问题的研究,我国虽然对口译认知问题的研究甚少,但是随着认知心理学和认知心理语言学的发展和口译理论研究的慢慢起步,口译跨学科研究也将会向纵深发展。

3. 前人研究

1) 卡萨迪和约翰逊的 CTA 研究

卡萨迪和约翰逊(2001:270-294)的 CTA 研究实验中,有 168 人参加,其中 114 名女生,53 名男生,1 名空缺,主要是大二和大三学习教育学的学生。调查材料有 TA 材料、研究习惯材料、本科生课程考试表现以及状态焦虑测试表现(State Anxiety Test,简称 SAT)和拖延(procrastination)等。其 CTA 分析结果(参见表 6-1)如下:

表 6-1 CTA 分析表(Cassady and Johnson, 2002:279)

| CTA 程度<br>(level of CTA) | 情感等级程度(level of emotionality) | | | 焦虑总量<br>(total anxiety) |
|---|---|---|---|---|
| | 高(high)<br>M(SD) | 一般(average)<br>M(SD) | 低(low)<br>M(SD) | |
| 高(high) | 44.91(8.54)<br>$n=37$ | 50.96(11.01)<br>$n=17$ | 45.16(7.80)<br>$n=5$ | 46.67(9.51)<br>$n=59$ |
| 一般<br>(average) | 51.86(8.62)<br>$n=18$ | 53.07(11.32)<br>$n=15$ | 46.41(8.33)<br>$n=21$ | 50.07(9.64)<br>$n=54$ |
| 低(low) | 55.35(9.57)<br>$n=4$ | 54.42(9.00)<br>$n=18$ | 53.26(10.49)<br>$n=28$ | 53.84(9.73)<br>$n=50$ |
| 情感总量(total emotionality) | 47.74(9.28)<br>$n=59$ | 52.84(10.31)<br>$n=50$ | 49.84(9.99)<br>$n=54$ | $n=163$ |

一系列测试结果(Cassady & Johnson, 2002: 279)表明: ① 表现与认知测试焦虑量表(CTAS)的测试成绩具有强烈的相关性;表现与CTA的其他手段如拖延测试等具有弱相关。② 三个等级的CTA都是有意义的,但三者具有差异性$F(2,150)=15.24$,$MSE=2\ 750.95$,$p<.001$。测试结果 I: $F(2,150)=16.29$,$MSE=85.18$,$p<.001$,Fisher 的 LSD 分析表明高(high) CTA 组分数比一般(average) CTA 组和低(low) CTA 组分数低; 测试结果 II: $F(2,150)=7.24$,$MSE=96.22$,$p<.001$,Fisher 的 LSD 分析表明高 CTA 组和一般 CTA 组分数比低 CTA 组分数低($p<.001$ and $p<.03$, respectively);测试结果 III: $F(2,150)=9.08$,$MSE=91.57$,$p<.001$,Fisher 的 LSD 分析表明高 CTA 组比一般 CTA 组($p<.003$)和低 CTA 组($p<.001$)更差。图 6-1 表明认知 CTA 组的不同结果(Cassady & Johnson, 2001: 281-283)。

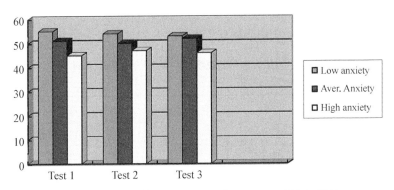

图 6-1　CTA 组差异图(Cassady & Johnson, 2001: 281)

2) 陈顺森和唐丹虹的 CTA 实验

他们在卡萨迪和约翰逊的研究基础上采用认知考试焦虑量表,从 550 名高一学生中筛选出 75 名不同考试焦虑水平的学生,运用 Deese-Roediger-McDermott 范式(DRM 范式)[①]诱发错误记忆,考察考试焦虑对错误记忆的影响。在实验1中,参与本实验的45名被试的学习词、关键诱词和无关词的再认错误率(陈顺森、唐丹虹,2009:48)(参见表6-2)、对关键诱词的再认错误率与无关词的再认错误率进行配对样本 $t$ 检验显示,关键诱词的再认错误率显著高于无关词的再认错误率$t(44)=26.22$,$p<0.05$,而几乎接近学习词的再认正确率($0.80\pm0.16$)(陈顺森、唐丹虹,2009:48;Kang,2010:143)。说明被试者对关键诱词产生极强的熟悉感,实验有效地诱发了强烈的关联性错误记忆。

表6-2 被试者在各种词表类型下的再认错误率(M±SD)(陈顺森、唐丹虹,2009:48)

|  | 学习词 | 关键诱词 | 无关词 |
| --- | --- | --- | --- |
| 再认错误率 | 0.20±0.16 | 0.74±0.18 | 0.06±0.09 |

从不同考试焦虑水平被试者的再认错误率(参见表6-3),可以看出中等考试焦虑(MEA)组对学习词、关键诱词和无关词的再认错误率最低,初步说明中等考试焦虑者的再认成绩最好。

表6-3 不同焦虑水平被试者的再认率(M±SD)(陈顺森、唐丹虹,2009:48;Kang,2010:143)

|  | 学习词 | 关键诱词 | 无关词 |
| --- | --- | --- | --- |
| HEA | 0.19±0.19 | 0.79±0.17 | 0.04±0.07 |
| MEA | 0.17±0.14 | 0.69±0.19 | 0.02±0.04 |
| LEA | 0.32±0.13 | 0.73±0.16 | 0.11±0.12 |

HEA:高考试焦虑;MEA:中等考试焦虑;LEA:低考试焦虑。

---

① DRM 范式:Deese-Roediger-McDermott 范式来自 Roediger 和 McDermott 对 Deese 理论的扩展研究。这一范式主要应用于各种实验之中,由 Roediger 和 McDermott 给被试者15个词,这15个词与未知的关键诱词密切相关,以此来诱发被试者的错误记忆,从而来探索测试焦虑对错误记忆的影响。

根据速度-准确性权衡原则,陈顺森、唐丹虹在短刺激间隔情况下,要保持与长刺激间隔相同的错误率,被试者的反应时就一定会加长。据此,他们对反应时进行评估,检验考试焦虑水平在反应时上是否有显著差异(参见表6-4)。

表6-4 不同焦虑水平被试者的反应时(ms)(陈顺森、唐丹虹,2009:49;康志峰,2010:143)

|     | 学习词(M±SD) | 关键诱词(M±SD) | 无关词(M±SD) |
| --- | --- | --- | --- |
| HEA | 973.52±190.16 | 1 073.05±220.07 | 998.94±246.22 |
| MEA | 891.91±181.90 | 1 134.55±265.71 | 915.15±217.93 |
| LEA | 1 206.44±337.56 | 1 282.18±360.56 | 1 249.09±781.15 |

表6-4给出了不同考试焦虑水平的被试者在各类词表上的反应时,可以看出无论在哪种类型词表下,低考试焦虑者在各类词表的平均反应时都长于中、高考试焦虑者。

陈顺森和唐丹虹(2009:50)实验结果显示:① DRM范式能有效诱发个体对未呈现的关键诱词产生错误记忆;② 中等考试焦虑水平的学生产生的错误记忆最少;③ 使学生保持中度考试焦虑能减少错误记忆,提高认知成绩。

3) 前人研究对本研究的启示

卡萨迪和约翰逊(2001:270-294)所做的是对学教育学的大二、大三学生的CTA研究实验,陈顺森和唐丹虹(2009:46-53)所做的是高一学生的词汇CTA研究。那么,他们的研究对本研究有何启示呢?口译中作为关键阶段的AP学生所产生的AA是否也具有高焦虑(higher anxiety,简称HA)、中等焦虑(medium anxiety,简称MA)和低焦虑(low anxiety,简称LA)呢?由此可以假设:HA对AP和口译效果具有强烈影响;MA对AP和口译效果具有中等影响;LA对AP和口译效果具有微弱影响。

4. 本研究方法

1) 本研究所采取的研究方法除了学者们研究常用的传统方法,如问卷调查、访谈指导、实况录像、现场录音、SPSS统计分析等方法之外,还有新的方法,如由心理专家指导的心理测试、神经内科医生所做的血液流变测试以及网络和电话专家资讯等大量调查研究取证工作(康志峰,2011:84)。

2) 本研究通过完成听焦虑量表(AAS)[①]中的28项内容来检测学生AA量度(参见附页)。在完成AAS过程中,研究者对调查对象有严格要求,必须在教师的严格监督指导下而进行。

5. 本研究实验

1) 调查对象和目的

本研究者在所教授的复旦大学(简称FDU)90名非英语专业的英语口译选修课和该校100名网络教育学院(简称CDE)的英语口译学生中做了调查[②]。该调查的目的是为使AAS的效度和信度达到最大值,在进行大规模问卷调查之前,让5名原来读过英语口译的学生和3名口译教师进行审阅检查。之后,根据他们的反馈意见对有些含混赘牍的项目进行调整,形成了AAS的28项内容,以此来支持三项假设的内容。

2) 实验内容和过程

在对AAS的调查中,通过教师的监督,在期末考试刚完成的背景下让被试学生严格按照AAS的28项内容完成以下问卷参见表6-5:

---

① AAS:Auditory Anxiety Scale,即听焦虑量表,根据卡萨迪和约翰逊(2002:270-294)认知测试焦虑量表(CTAS)修改策划而成,彼此有相似,又有差异。

② CDE学生:主要来自上海市高等院校,在复旦大学网络教育学院进行英语口译学习的学生。

## 第六章
口译认知的元情绪研究

表 6-5　AAS Test Questionnaire in Chinese

姓名：_____　性别：_____　班级：_____　学号：_____

以下是一些有关大家对考试的看法和感受的陈述，请你仔细阅读每一个句子，并判断它多大程度上符合你的情况，然后在后面相应的数字上打"√"。

**请注意每个数字所代表的含义：** 1 表示"非常不符合"，2 表示"基本不符合"，3 表示"基本符合"，4 表示"非常符合"。请你根据自己的真实想法回答，答案没有对错之分。谢谢你真诚的合作！＊为反向计分题

| 序号 | 题　目 | 非常不符合 | 基本不符合 | 基本符合 | 非常符合 |
|---|---|---|---|---|---|
| 1 | 我因担心口译期末考试听不懂英语而睡不着。 | 1 | 2 | 3 | 4 |
| 2 | 在非常重要的口译考试中，我担心听不懂讲话人说的话。 | 1 | 2 | 3 | 4 |
| 3 | 参加口译期末考试时，我发现自己总想着别的学生听力是否比我好。 | 1 | 2 | 3 | 4 |
| 4＊ | 在口译听力方面，我比普通同学困难少一些。 | 1 | 2 | 3 | 4 |
| 5 | 口译考试时，因听不懂，我都要僵硬了似的。 | 1 | 2 | 3 | 4 |
| 6＊ | 我对口译考试中的听力，比普通同学不紧张。 | 1 | 2 | 3 | 4 |
| 7 | 口译考试听的时候，我发现自己总想着失败的结果。 | 1 | 2 | 3 | 4 |
| 8 | 口译考试中在听英语时，我紧张得什么都听不进去。 | 1 | 2 | 3 | 4 |
| 9＊ | 对口译考试的听力预计不会引起我的担心。 | 1 | 2 | 3 | 4 |
| 10＊ | 在听口译内容时，我比一般学生镇静得多。 | 1 | 2 | 3 | 4 |
| 11＊ | 对学习课本中指定的内容方面，我比普通同学困难少些。 | 1 | 2 | 3 | 4 |
| 12 | 口译考试时，如果听不懂，我感到头脑一片空白。 | 1 | 2 | 3 | 4 |
| 13 | 在听口译内容时，"我不可能太聪明"的想法经常出现。 | 1 | 2 | 3 | 4 |
| 14＊ | 对有时间限制的口译听力测试，我做得好。 | 1 | 2 | 3 | 4 |
| 15 | 在听口译内容时，我紧张得都忘了本来知道的东西。 | 1 | 2 | 3 | 4 |
| 16 | 口译考试结束后，我觉得自己本来可以听得更好些。 | 1 | 2 | 3 | 4 |

续 表

| 序号 | 题 目 | 非常不符合 | 基本不符合 | 基本符合 | 非常符合 |
|---|---|---|---|---|---|
| 17 | 我对是否听懂担忧太多了,这本来是不应该的。 | 1 | 2 | 3 | 4 |
| 18* | 口译考试之前,我感到对听懂自信和放松。 | 1 | 2 | 3 | 4 |
| 19* | 口译考试时,我觉得对听懂有信心和放松。 | 1 | 2 | 3 | 4 |
| 20 | 口译考试期间,我有一种听不好的感觉。 | 1 | 2 | 3 | 4 |
| 21 | 在听有难度的口译内容时,我甚至一开始就觉得自己失败了。 | 1 | 2 | 3 | 4 |
| 22* | 在听口译内容时,发现没料到的问题时,我觉得是一种挑战而不是恐慌。 | 1 | 2 | 3 | 4 |
| 23 | 口译内容是否听懂并不能反映我对知识的真正掌握情况,为此,我是听的失败者。 | 1 | 2 | 3 | 4 |
| 24 | 我不擅长于听口译内容。 | 1 | 2 | 3 | 4 |
| 25 | 在刚听口译内容时,我要用点时间平静下来,才能使自己流畅地思维。 | 1 | 2 | 3 | 4 |
| 26 | 我是带着要考好成绩的压力去听口译内容的。 | 1 | 2 | 3 | 4 |
| 27 | 在口译考试中听力没有发挥好。 | 1 | 2 | 3 | 4 |
| 28 | 在听口译内容时,我的紧张使我犯了许多粗心大意的错误。 | 1 | 2 | 3 | 4 |

从获得的分数中(从 28 分到 112 分不等)区分三个级度的被试者 HA≥72 分、MA=62—72 分和 LA≤62(参见表 6-6)。

表 6-6 焦虑级度与分值表

| 焦虑度(Scale) | 分值(Point) |
|---|---|
| HA | ≥72 |
| MA | 62—72 |
| LA | ≤62 |

# 第六章
## 口译认知的元情绪研究

问卷解析1：以下是对FDU口译班上90名学生的AAS问卷调查结果解析(参见表6-7)(Kang，2010：149-150)。

表6-7 FDU学生对AAS反馈比率表

| No. | A | 百分比(%) | B | 百分比(%) | C | 百分比(%) | D | 百分比(%) | 标准差SD |
|---|---|---|---|---|---|---|---|---|---|
| 1 | 33 | 36.667 | 42 | 46.667 | 12 | 13.333 | 3 | 3.333 | 18.08 |
| 2 | 11 | 12.222 | 20 | 22.222 | 49 | 54.444 | 10 | 11.111 | 18.23 |
| 3 | 12 | 13.333 | 49 | 54.444 | 23 | 25.556 | 6 | 6.667 | 19.02 |
| 4 | 10 | 11.111 | 51 | 56.667 | 26 | 28.889 | 3 | 3.333 | 21.30 |
| 5 | 5 | 5.556 | 10 | 11.111 | 56 | 62.222 | 19 | 21.111 | 23.07 |
| 6 | 22 | 24.444 | 54 | 60.000 | 12 | 13.333 | 2 | 0.222 | 22.53 |
| 7 | 4 | 4.444 | 35 | 38.889 | 44 | 48.889 | 7 | 7.778 | 20.01 |
| 8 | 1 | 1.111 | 38 | 42.222 | 40 | 44.444 | 11 | 12.222 | 19.50 |
| 9 | 6 | 6.667 | 49 | 54.444 | 31 | 34.444 | 4 | 4.444 | 21.52 |
| 10 | 4 | 4.444 | 54 | 60.000 | 30 | 33.333 | 2 | 2.222 | 24.57 |
| 11 | 4 | 13.333 | 46 | 51.111 | 36 | 40.000 | 4 | 4.444 | 21.75 |
| 12 | 4 | 13.333 | 11 | 12.222 | 52 | 57.778 | 23 | 25.556 | 21.17 |
| 13 | 11 | 12.222 | 46 | 51.111 | 25 | 27.778 | 8 | 8.889 | 17.33 |
| 14 | 7 | 7.778 | 53 | 58.889 | 20 | 22.222 | 10 | 11.111 | 21.08 |
| 15 | 3 | 3.333 | 16 | 17.778 | 49 | 54.444 | 22 | 24.444 | 19.36 |
| 16 | 1 | 1.111 | 10 | 11.111 | 52 | 57.778 | 27 | 30.000 | 22.43 |
| 17 | 8 | 8.889 | 12 | 13.333 | 45 | 50.000 | 15 | 16.667 | 16.91 |
| 18 | 11 | 12.222 | 57 | 63.333 | 19 | 21.111 | 3 | 3.333 | 23.91 |
| 19 | 13 | 14.444 | 53 | 58.889 | 22 | 24.444 | 2 | 2.222 | 21.92 |
| 20 | 4 | 13.333 | 16 | 17.778 | 53 | 58.889 | 17 | 18.889 | 21.17 |
| 21 | 8 | 8.889 | 40 | 44.444 | 36 | 40.000 | 5 | 5.556 | 18.30 |

续 表

| No. | A | 百分比(%) | B | 百分比(%) | C | 百分比(%) | D | 百分比(%) | 标准差 SD |
|---|---|---|---|---|---|---|---|---|---|
| 22 | 13 | 14.444 | 49 | 54.444 | 25 | 27.778 | 3 | 3.333 | 19.82 |
| 23 | 15 | 16.667 | 45 | 50.000 | 25 | 27.778 | 4 | 13.333 | 17.42 |
| 24 | 1 | 1.111 | 36 | 40.000 | 48 | 53.333 | 5 | 5.556 | 23.10 |
| 25 | 3 | 3.333 | 16 | 17.778 | 59 | 65.556 | 12 | 13.333 | 24.93 |
| 26 | 3 | 3.333 | 44 | 48.889 | 36 | 40.000 | 7 | 7.778 | 20.53 |
| 27 | 3 | 3.333 | 26 | 28.889 | 50 | 55.556 | 11 | 12.222 | 20.66 |
| 28 | 4 | 13.333 | 16 | 17.778 | 58 | 64.444 | 12 | 13.333 | 24.19 |

A:"非常不符合"的人数;B:"基本不符合"的人数;C:"基本符合"的人数;D:"非常符合"的人数。由于受 SPSS 限制使标准差 SD(standard deviations)保留到小数点后两位。

结果(Kang,2010:149-150)显示:90 名学生中有 15 名(12+3),即 16.666%(13.333%+3.333%)(SD=18.08)的被试者基本符合和非常符合"我因担心口译期末考试听不懂英语而睡不着";79 名(52+27),即 87.778%(57.778%+30.000%)(SD=22.43)的被试者基本符合和非常符合"口译考试结束后,我觉得自己本来可以听得更好些";75 名(52+23),即 83.334%(57.778%+25.556%)(SD=21.17)的被试者基本符合和非常符合"口译考试时,如果听不懂,我感到头脑一片空白";71 名(49+22),即 78.888%(54.444%+24.444%)(SD=19.36)的被试者基本符合和非常符合"在听口译内容时,我紧张得都忘了本来知道的东西";另一方面,76 名(22+54),即 84.444%(24.444%+60.000%)(SD=22.53)的被试者不符合和非常不符合"我对口译考试中的听力,比普通同学不紧张";68 名(11+57),即 75.555%(12.222%+63.333%)(SD=23.91)的被试者不符合和非常不符合"口译考试之前,我感到对听懂自信和放松"。

由此观之,一半以上的被试者对口译中的听几乎没有自信,21.116%对 AA 具有免疫力,而 78.884%的被试具有 AA 中的 HA 和 LA(康志峰,2011:81-84).

问卷解析 2:以下是对 CDE 口译班上 100 名学生的问卷调查数据。在上海市中、高级口译考试前的一次大型模考,模考刚结束让被试学生严格填写 AAS 问卷调查,其结果如下(参见表 6-8)(Kang,2010:149-150)。

表 6-8　CDE 学生对 AAS 反馈表

| No. | A | B | C | D | Mean | SD |
| --- | --- | --- | --- | --- | --- | --- |
| 1 | 20.00 | 59.00 | 15.00 | 6.00 | 25.00 | 23.40 |
| 2 | 1.00 | 20.00 | 54.00 | 18.00 | 23.25 | 22.20 |
| 3 | 13.00 | 52.00 | 26.00 | 8.00 | 24.75 | 19.69 |
| 4 | 15.00 | 61.00 | 20.00 | 4.00 | 25.00 | 24.91 |
| 5 | 5.00 | 8.00 | 63.00 | 22.00 | 24.50 | 26.71 |
| 6 | 20.00 | 63.00 | 14.00 | 3.00 | 25.00 | 26.29 |
| 7 | 2.00 | 36.00 | 58.00 | 4.00 | 25.00 | 26.96 |
| 8 | 4.00 | 22.00 | 61.00 | 13.00 | 25.00 | 25.10 |
| 9 | 19.00 | 60.00 | 16.00 | 5.00 | 25.00 | 24.10 |
| 10 | 10.00 | 63.00 | 21.00 | 5.00 | 24.75 | 26.36 |
| 11 | 11.00 | 58.00 | 28.00 | 2.00 | 24.75 | 24.65 |
| 12 | 4.00 | 15.00 | 54.00 | 27.00 | 25.00 | 21.49 |
| 13 | 12.00 | 57.00 | 25.00 | 6.00 | 25.00 | 22.76 |
| 14 | 10.00 | 62.00 | 23.00 | 14.00 | 27.25 | 23.80 |
| 15 | 3.00 | 10.00 | 58.00 | 29.00 | 25.00 | 24.59 |
| 16 | 4.00 | 9.00 | 63.00 | 24.00 | 25.00 | 26.72 |

续 表

| No. | A | B | C | D | Mean | SD |
| --- | --- | --- | --- | --- | --- | --- |
| 17 | 10.00 | 16.00 | 55.00 | 19.00 | 25.00 | 20.35 |
| 18 | 9.00 | 64.00 | 23.00 | 2.00 | 24.50 | 27.74 |
| 19 | 15.00 | 61.00 | 20.00 | 2.00 | 24.50 | 25.49 |
| 20 | 5.00 | 15.00 | 62.00 | 18.00 | 25.00 | 25.29 |
| 21 | 10.00 | 38.00 | 46.00 | 6.00 | 25.00 | 19.97 |
| 22 | 12.00 | 59.00 | 23.00 | 5.00 | 24.75 | 24.01 |
| 23 | 16.00 | 53.00 | 27.00 | 3.00 | 24.75 | 21.23 |
| 24 | 3.00 | 18.00 | 64.00 | 15.00 | 25.00 | 26.80 |
| 25 | 5.00 | 14.00 | 65.00 | 16.00 | 25.00 | 27.09 |
| 26 | 6.00 | 49.00 | 37.00 | 8.00 | 25.00 | 21.37 |
| 27 | 4.00 | 21.00 | 62.00 | 13.00 | 25.00 | 25.63 |
| 28 | 5.00 | 11.00 | 68.00 | 16.00 | 25.00 | 29.02 |

A:"非常不符合"的人数;B:"基本不符合"的人数;C:"基本符合"的人数;D:"非常符合"的人数。由于SPSS软件限定标准差(SD)只能保留到小数点后两位;由于调查人数为100人,百分比比较明显,在此不再给出。

结果(Kang,2010:149-150)显示:100名学生中有21名(15+6),即21.00%(15.00%+6.00%)(mean=25.00)(SD=23.40)的被试者基本符合和非常符合"我因担心口译期末考试听不懂英语而睡不着";87名(63+24),即87.00%(63.00%+24.00%)(mean=25.00)(SD=26.72)的被试者基本符合和非常符合"口译考试结束后,我觉得自己本来可以听得更好些",这说明学生在平时能听得好,而在考试中由于AA而听不好;81名(54+27),即81.00%(54.00%+27.00%)(mean=25.00)(SD=21.49)的被试者基本符合和非常符合"口译考试时,如果听不懂,我感到头脑一片空白";74名(55+19),即74.00%(55.00%+

19.00%)(mean=25.00)(SD=20.35)的被试者基本符合和非常符合"在听口译内容时,我紧张得都忘了本来知道的东西";另一方面,83名(20+63),即83.00%(20.00%+63.00%)(mean=25.00)(SD=26.29)的被试者基本不符合和非常不符合"我对口译考试中的听力,比普通同学不紧张";76名(15+61),即76%(15.00%+61.00%)(mean=24.50)(SD=25.49)的被试者基本不符合和非常不符合"口译考试时,我觉得对听懂有信心和放松"。

由此观之,一半以上的被试者对口译中的听几乎没有自信,16.198%的CDE学生对AA具有免疫力,而83.802%的被试具有AA中的HA和LA。

3)专家验证

实验研究有认知心理专家陈顺森教授的多次e-mail访谈指导,神经内科医生韩燕教授对血液流变测试的指导,认知心理学专家张立新教授进行的心理咨询以及测试专家邹申教授、高卫国教授对本研究结果的SPSS指导等。

4)研究结果

实验研究结果(Kang,2010:149-150)表明:78.884%的FDU口译班被试学生和83.802%CDE口译班被试学生产生HA和LA。AA有HA、MA和LA三种焦虑态势,其中HA和LA与口译任务的完成呈明显负相关关系,考试成绩不佳,因为HA和LA对AP和口译任务的完成具有阻碍作用;而MA与之呈正相关关系,考试成绩相反较好,因为MA对AP和口译任务的完成具有促进作用。因此,HA的假设成立,而对MA和LA的假设不成立,这也是本研究与以往关于焦虑整体论(holism)这一传统研究的不同之处。

6. 结论

本研究从认知心理语言学的角度结合口译教学实证研究,探析了口译中多模态 AA 的级度和效应。这一研究区别于以往焦虑整体论的研究,建构了口译中多模态 AA 的级度观,以此指导口译教学和口译测试中具有 HA 和 LA 的学生,使他们具有良好的听音心态、状态和情态顺利完成口译任务。

## 二、AA 动因研究

AA 的产生动因复杂,包括诸多因素如听觉音辨的差异性[即不同声音的听觉特征（different auditory characteristics of sounds）]、词汇的匮乏性（being short of large vocabulary）、听音模式的惰连性（indolent-style-listening）、注意力的分散性（attention distraction）、AP 技能的非娴熟性（poor AP skills）、信息的多样性和延展性（various information and their expansibility）、时间短并语速快（inadequate time and fast speed）（Kang, 2010: 128）等。

1. 听觉音辨的差异性

本研究者在复旦大学（简称 FDU）非英语专业的英语口译选修课本科生和该校网络教育学院（简称 CDE）的成人学员的英语中级口译教学中发现：18.333% 的 FDU 学生和 65.000% 的 CDE 学生将 S1:"*Immanuel Kant has eventually become a great thinker.*"中的"thinker"误听成"singer";38.333% 的 FDU 学生和 78.333% 的 CDE 学生将 S2:"*He took me to the lake area the following day, where I saw elegant peaks, beautiful lakes and exotic rocks. It was very impressive.*"（康志峰,2005: 148）中的"peak"误译成"pig";16.667% 的 FDU 学生和 58.333% 的 CDU 学生将 S3:"*We all have a stake in building peace and prosperity, ...*"（康志峰,2010: 41）句中的"peace"误听成"piece";78.333% 的 FDU 学生和 98.333% 的 CDE 学生将 S4:"*Thus the gathering dark often finds me hastening home in a hurrying crowd.*"（康志峰,2005: 169）句中的"dark"误听成"dog"或"duck"

(参见表6-9)。因此,一方面学生对句中同音异义词或近音异义词的混淆产生焦虑;另一方面,在快语速的语境下学生强烈的焦虑会产生更多的听、译错误。

表6-9 音辨差错率表(Kang, 2010: 129)

| 调查对象(Subjects) | FDU的学生 | CDE的学生 | 平均值(Mean) |
|---|---|---|---|
| 总数 | 60 | 60 | 60.000 |
| S1差错数 | 12 | 39 | 25.500 |
| S1差错率 | 18.333 | 65.000 | 41.667 |
| S2差错数 | 23 | 47 | 35.000 |
| S2差错率 | 38.333 | 78.333 | 58.333 |
| S3差错数 | 10 | 35 | 22.500 |
| S3差错率 | 16.667 | 58.333 | 75.000 |
| S4差错数 | 47 | 59 | 53.000 |
| S4差错率 | 78.333 | 98.333 | 88.333 |

S1: Sentence 1; S2: Sentence 2; S3: Sentence 3; S4: Sentence 4。

由表6-8观之,FDU学生和CDE学生的音辨差错率较高,后者更甚。CDE学生对S4的差错率高达98.333%。音辨差错成为学生产生AA的一项动因。

通过SPSS计算,结果(参见表6-10)表明:FDU和CDE的Pearson相关系数分别为1和.781*,具有极强的相关性。

表6-10 FDU和CDE两项调查的相关性

| | 项目(Item) | FDU | CDE |
|---|---|---|---|
| FDU | Pearson相关性 | 1 | .781* |
| | 显著性(双侧) | | .013 |
| | N | 9 | 9 |

续 表

|  | 项目(Item) | FDU | CDE |
|---|---|---|---|
| CDE | Pearson 相关性 | .781* | 1 |
|  | 显著性(双侧) | .013 |  |
|  | N | 9 | 9 |

2. 词汇的匮乏性

词汇的匮乏同样影响 AP 并很可能使学生产生焦虑。例如，"…and in confronting threats that respects no border—terrorism and drug trafficking, disease and environmental destruction."(Kang，2010：130)，40 名 FDU 学生中有 29 名(72.500%)，45 名 CDE 学生中有 37 名(82.222%)都将"trafficking"一词听成是"trafficing"，即"traffic(交通)+ing"的形式，而准确的含义是"trading"或"buying or selling"，尤其是"trading illegally"或"buying or selling illegally"，所以"drug trafficking"在句子应该是"毒品买卖"或"贩毒"之意。又如，"As he intended to expand his shop, he made an offer for the premises next door."(Kang，2010：131)，FDU 和 CDE 学生的听、译词汇错误各式各样，如 40 名 FUD 学生中有 38 名(95.000%)，45 名 CDE 学生中有 45 名(100%)不认识"premises"一词或只知道该词有"前提"之意，另有一部分学生将其听成"promise"，而不知其有"房屋地产"之意。正确的译法应为："由于他想扩店，就开价买下了隔壁邻居的房产。"

这些实例证明：英文词汇量匮乏也是影响 AP 并使学生产生 AA 的因素，因此，扩大词汇量乃是增强自信，克服 AA 的有效途径之一。

3. 听音模式的惰连性

听音模式的惰连性是指学生在口译听音时所表现出来的听觉

注意产生惰性的消极被动模式,而并非积极主动的听觉注意模式。在这一惰性状况下,有些大脑细胞不能被激活,形成 AP 疲劳(AP fatigue)(Kang,2010:86),甚至使他们自己昏昏欲睡。这种半睡眠似的惰性听音模式影响 AP,使他们不能或只能掌握部分 SL 信息,从而也会影响口译效果,为此本研究者于 2010 年 5 月对所教授的 30 名 FDU 和 45 名 CDE 学生进行了调查实验(参见表 6-11)。

表 6-11 听音实验第 I 阶段——惰连性
听音结果(Kang,2010:133)

| 调查对象(Subjects) | 人数(No.) | 理解 90%人数 | 理解 60%人数 | 理解 0%人数 | 睡觉人数 | 平均值(Mean) | 标准差(SD) |
|---|---|---|---|---|---|---|---|
| DFU | 30 | 10 | 12 | 6 | 2 | 7.50 | 4.43 |
| 百分比(%) | 100 | 33.333 | 40.000 | 20.000 | 6.667 | 25.00 | 14.78 |
| CDE | 45 | 5 | 23 | 15 | 6 | 12.25 | 8.46 |
| 百分比(%) | 100 | 11.111 | 51.111 | 33.333 | 13.333 | 27.22 | 18.80 |

为保证这一调查的科学性,调查数据经过 SPSS 计算,Sig.=.026<.05,证明数据的有效性和意义性;相关性=.921,证明强烈的相关性(参见表 6-12)。

表 6-12 FDU 和 CDE 调查的相关性

| 项目(Item) | 数量(N) | 相关性(Correlation) | 意义(Sig.) |
|---|---|---|---|
| FDU | 5 | .921 | .026 |
| CDE | | | |

实验 1 表明 26.667%(20.000%+6.667%)的 FDU 学生和 46.666%(33.333%+13.333%)的 CDE 学生在这种惰连性的听音模式下几乎没有听懂,这一情况在普通听力课型中表现得最为

明显。

听音实验1之后,本研究者让学生进行口译,部分学生听到老师的指令,就开始焦虑因为他们在这种惰连性的听音模式下根本没有认真听,更没有理解SL的信息。此时,本研究者发给学生4张修改后的"状态-特质焦虑调查量表"①(康志峰,2010:255-258),每张问卷的分数从10—40分不等。那些回答问卷1和3获得27分(含27分)以上者和那些回答问卷2和4获得13分(含13分)以下者,被视为高焦虑(HA);另一方面,那些回答问卷1和3获得13分(含13分)以下者和那些回答问卷2和4获得27分(含27分)以下者,被视为低焦虑(LA)②。调查实验(Kang,2010:134)表明:30名FDU学生中有18名(60.000%)具有HA和LA,45名CDE学生中有37名(82.222%)具有HA和LA(参见表6-13)。

表6-13 听音实验第II阶段——AA调查结果(Kang, 2010:133)

| 调查对象(Subjects) | 人数(No.) | AA人数(HA and LA) |
|---|---|---|
| FDU | 30 | 18 |
| 百分比(%) | 100 | 60.000 |
| CDE | 45 | 37 |
| 百分比(%) | 100 | 82.222 |

HA和LA都会产生AA,为了证实该项实验的可靠性、科学性,本研究进行了SPSS计算,产生以下结果(参见表6-14和表6-15)。

---

① 根据斯比尔贝格的特质-状态焦虑量表修改而成。
② 根据新状态和特质焦虑量表中的28项调查内容所得分数而定,一般HA≥72分,MA=62—72,LA≤61。

表 6-14　AA 统计数字比较

| 项目<br>(Item) | 平均值<br>(Mean) | 数量<br>(N) | 标准差<br>(SD) | 标准误差<br>(Std. Error Mean) |
|---|---|---|---|---|
| FDU | 24.000 0 | 2 | 8.485 28 | 6.000 00 |
| CDE | 41.000 0 | 2 | 5.656 85 | 4.000 00 |

表 6-15　FDU 和 CDE 学生 AA 相关性

| 项目<br>(Item) | 数量<br>(N) | 相关性<br>(Correlation) | 意义<br>(Sig.) |
|---|---|---|---|
| FDU | 2 | .998 | .001 |
| CDE | | | |

这一计算表明：FDU 的标准差 Std. Deviation=8.485 28，CDE 的标准差 SD=5.656 85；p=.001<.05 表明该计算有意义，Correlation=.998 表明相关性极强。

4. 注意力的分散性

注意在 AP 中包含注意准备(attention preparation)、存储(storage)、聚焦(focusing)、选择(opting)、维持(sustaining)、警觉(alerting)等。注意间距(attention span,简称 AS)是 AP 中的重要因素,注意间距越长,对 AP 和口译效果越有利；反之,注意间距越短,注意力越容易分散,越不利于 AP 和口译效果。据调查实验(Kang,2010：136),学生的注意间距一般在 30 秒以内(参见表 6-16)。

表 6-16　口译课程的听注意间距实验表

| 调查对象 I<br>(Subject I) | Sd1 | Sd2 | Sd3 | Sd4 | Sd5 | 平均值<br>(Mean) | 标准差<br>(SD) |
|---|---|---|---|---|---|---|---|
| 注意间距(秒)<br>AS(Second) | 21.00 | 27.00 | 15.00 | 12.00 | 28.00 | 20.60 | 7.09 |

续 表

| 调查对象 II<br>(Subject II) | T1 | T2 | T3 | | | |
|---|---|---|---|---|---|---|
| 注意间距(秒)<br>AS(Second) | 31.00 | 29.00 | 42.00 | | 34.00 | 7.00 |

Sd1：Student 1…；T1：Teacher 1…。

实验表明(Kang，2010：136)：5 名学生的听注意间距为 20.60 s，不足半分钟；3 名教师的听注意间距为 34.00 s，略多于半分钟，其标准差 SD 分别为 7.09 和 7.00。由此看来，在 AP 过程中听觉神经很容易疲劳，听注意力很容易分散，引起 SL 信息在 AP 过程中的遗漏丢失，这同样困扰着学生，使他们困惑迷惘，从而引起 AA。因此，如何使 AS 更长是值得我们研究的课题。

5. AP 技能的非娴熟性

AP 技能是口译课程的听觉认知技能，这一技能的掌握是成功口译的重要因素，因为 AP 的效果直接影响着口译效果。AP 技能不能熟练掌握会影响 SL 信息的获取，使译者获取部分信息，甚至零信息，这样会造成信息输出的缺失，从而导致口译的失败。因此，不少学生在 AP 过程中产生 AA。通过对以下口译语篇(interpreting discourse)让学生进行听译实验(Kang，2010：137)。

*Knowledge creation is not a new subject, but it has recently been the subject of renewed investigation in the context of business. Large Japanese companies such as Canon and Sharp and a few Western companies such as Chaparral Steel and Oticon of Denmark have relied on knowledge creation to foster long-term innovation and strong business performance. //There are, however, bracing messages for companies wishing to replicate these companies' approaches to innovation. The Japanese companies that excel in this regard have a strong focus on tacit knowledge (essentially knowledge that is difficult to express in words); they motivate knowledge creation through bold visions of products and strategies coupled with organizational cultures that promote sharing, transparency and proactive use of knowledge and information.*（康志峰，2006：223）

调查结果如下（参见表 6-17）：

表 6-17  AP 技能与 AA 测试表

| 调查对象<br>(Subjects) | 调查人数<br>(No.) | AP 技能<br>(above 80%) | AP 技能<br>(above 60%) | AP 技能<br>(above 50%) | AP 技能<br>(below 50%) | 平均值<br>(Mean) | 标准差<br>(SD) |
|---|---|---|---|---|---|---|---|
| FDU | 30 | 5 | 11 | 12 | 2 | 7.50 | 4.80 |
| 百分比(%) | 100 | 16.667 | 36.667 | 40.000 | 6.667 | 25.00 | 15.99 |
| CDE | 45 | 3 | 6 | 23 | 13 | 11.25 | 8.88 |
| 百分比(%) | 100 | 6.667 | 13.333 | 51.111 | 28.889 | 25.00 | 19.74 |

研究发现（参见表 6-16）：那些 AP 技能较差的学生往往会产生 AA 焦虑，测试分数不及格。其中，30 名 FDU 学生中有 14 名（12+2）学生，45 名 CDE 学生中有 36 名（23+13）学生，其 AP 技能检测分数在 60 分以下。被试者通过这一片段的听译，测试出其因 AP 技能的非娴熟而产生的 AA，同时也反映出 AA 会对 AP 技能的掌握产生更严重的负面影响，具体体现在 83.334%（36.667%＋40.000%＋6.667%）的 FDU 学生和 93.333%（13.333%＋51.111%＋28.889%）的 CDE 的学生在 AP 过程中只能获取部分信息，甚至 1 名 FDU 学生和 4 名 CDE 学生出现失聪现象。当然，被试的语篇信息量大是学生产生 AA 的另一重要原因。

6. 信息的多样性和延展性

口译的 SL 信息涉及面广，包括经济、政治、文化、军事、教育、医学等；而且口译的 SL 信息量大且具有延展性。这两点使学生对需要在短时间内输出 TL 望而却步、焦虑不安,往往在口译初期的 AP 阶段就产生了 AA。在 AA 过程中学生处于 HA 和 LA 的状态下,来自 SL 信息量越大,这些学生对成功口译就越感到迷惘焦虑,因为他们短期记忆的容量是有限的。以下实验(Kang,2010:138)证明了学生在 AA 状况下的信息量状况。

一段文字共有 9 句话,228 词,要求被试者听以下材料,在听的过程中做记录,然后将这一材料译成汉语。

WASHINGTON, May 26 — There is one matter on which American military commanders, many Iraqis and some of the Bush administration's Congressional critics agree: if the United States withdrew its forces from Baghdad's streets this fall, the murder and injury would increase. But that is where the agreement ends. The arguing in Washington over war financing, still fierce despite the Democrats' decision to forgo for now withdrawal deadlines, has obscured a more fundamental debate over what Iraq's future might look like without American troops. Would the pullback of American forces unleash an even bloodier round of civil conflict that would lead to the implosion of the Iraqi government? Or would it put pressure on Iraqi politicians to finally reconcile their differences? More bluntly: how bad would things get? Those questions loom as the administration debates how and when to wind down its troop increase in Iraq, as Iraqis weigh the trade-offs between autonomy and security, and as Congressional Democrats, frustrated by this week's compromise with the White House, vow to hold a tougher line on future war financing. To address the issue, The New York Times *interviewed more than 40 Iraqi politicians and citizens and consulted recent surveys of public opinion in Iraq. The views of a broad range of senior military officials, American intelligence experts, politicians and independent analysts who have recently returned from Iraq were also solicited.*（康志峰，2007：122）

学生所获取的信息量统计如下(参见表 6-18)：

表 6-18 掌握信息量比率表

| 调查对象<br>(Subjects) | 调查人数<br>(No.) | 掌握信息量<br>(≥80%) | 掌握信息量<br>(≥60%) | 掌握信息量<br>(≤60%) | 平均值<br>(Mean) | 标准差<br>(SD) |
| --- | --- | --- | --- | --- | --- | --- |
| FDU | 30 | 1 | 5 | 24 | 10.00 | 12.29 |
| 百分比(%) | 100 | 3.333 | 16.667 | 80.000 | 33.33 | 40.96 |
| CDE | 46 | 1 | 2 | 43 | 15.33 | 23.97 |
| 百分比(%) | 100 | 2.174 | 4.348 | 93.478 | 33.33 | 52.10 |

从表 6-17 可以看出，仅仅 1 名(3.333%)FDU 学生，1 名(2.174%)CDE 学生获得 80%的信息量；5 名(16.667%)FDU 学生，2 名(4.348%)CDE 学生获得 60%—80%的信息量；占绝大多数的 24 名(80.000%)FDU 学生，43 名(93.478%)CDE 学生掌握的信息量在 60%以下。M＝33.333%，SD 分别为(SD1＝40.96%；SD2＝52.10%)表明了被试者接受 SL 信息的困难性，因此引起被试者的 AA。发给学生 4 张修改后的"状态-特质焦虑调查量表"(Kang, 2010：255-258)，每张问卷的分数从 10—40 分不等。实验统计(Kang, 2010：139)显示：30 名 FDU 学生中 25 名(83.333%)，46 名 CDE 学生中 41 名(91.111%)在这种大信息量的状况下具有 AA(参见表 6-19)。

表 6-19　在大信息量状况下具有 AA 人数和比率

| 调查对象(Subjects) | 调查人数(No.) | 不具有 AA 的人数 | 具有 AA 的人数 |
|---|---|---|---|
| FDU | 30 | 5 | 25 |
| 百分比(%) | 100 | 16.667 | 83.333 |
| CDE | 46 | 5 | 41 |
| 百分比(%) | 100 | 10.870 | 91.111 |

上述证明了 AA 的主要来源因素,AA 的 HA 和 LA 对口译课程的 AP 以及整个口译的过程产生负面影响。

## 三、AA 对口译的影响

上述分析了 AA 产生的动因,包括诸多因素如听觉音辨的差异性,即不同声音的听觉特征、词汇的匮乏性、听音模式的惰连性、注意力的分散性、AP 技能的非娴熟性、信息的多样性和延展性、时间短并语速快(Kang,2010:128)等。同时也展示了实验研究结果(Kang,2010:149-150):AA 有 HA(≥72)、MA(62—72) 和 LA (≤62) 三种焦虑态势,其中 78.884% 的 FDU 口译班被试学生和 83.802% CDE 口译班被试学生产生了 HA 和 LA,也就是说 21.116% 的 FDU 口译班被试学生和 16.196% CDE 口译班被试学生具有 AA 中的 MA。那么它们究竟对口译产生了什么影响呢?

1. HA 和 LA 对口译的负面影响

1) HA 对口译任务的完成呈明显负相关关系,因为许多学生译员的紧张情绪往往会造成他们失聪,听而不闻,甚至有些平时都能听懂的信息也一片茫然,因而造成考试成绩不佳。HA 对 AP 产生很大影响,造成误听、漏听,甚至产生"choking"现象,获取零信息。这样不仅对口译中的听产生很大影响,而且由此也影响了整个口译任务的完成。

2) LA 与口译任务的完成同样呈明显负相关关系,因为有许多与目标任务不相关的干扰项占据着学生译员的大脑,而目标任务在大脑中受到干扰,因此造成考试成绩不佳。LA 不仅对 AP 造成影响,造成误听、漏听等听觉信息丢失的现象,因此也对整个口译任务的完成,即口译产品的实现,产生巨大影响。

2. MA 对口译的促进作用

MA 与口译任务的完成呈正相关关系,考试成绩相反较好,因为 MA 激活了一些惰性脑细胞,而又抑制了过于紧张的脑细胞,能够保持在 MA(62—72)的状态之中。这样的状态反而比平时 LA 的惰性状态听得更好,获取的信息更多;比 HA 的高度紧张状态更能发挥到极致,因此,MA 对 AP 具有促进作用。口译的第一要务"听"能够顺利完成,那就为整个口译任务的完成打开了通道。如果能够把握好这之后的环节如 WM、信息转换、表达输出等产出过程,就能够顺利实现口译产品。

本书从认知心理学的角度结合现代口译教学进行实证研究,探析了 AA 的层级状态、AA 动因以及 AA 对口译的影响,旨在对口译课程 AAM 进行理论构建并以此指导口译教学,使学生具备良好心态、情态和状态,实现从口译的 AP 到产品的顺利完成。本书的理论意义在于通过认知口译学研究进行 AAM 理论的尝试性建构。其实际意义在于对我国口译理论研究、口译教学、口译测试以及克服外语听力焦虑具有一定的指导意义。

## 第三节 多模态 IA 研究

### 一、模因论

1. 模因的溯源与定义

模因(meme)一词溯源于希腊语词 mimeme,在牛津英语词典中模因的定义是文化的基本单位,有"模仿"之义,通过非遗传的方式、特别是模仿而得到传播(Blackmore,1999:4)。由此观之,模仿乃模因之基本特征,语言乃模因之载体之一。

meme 一词最早出现在英国牛津大学著名动物学家和行为生态学家道金斯(Dawkins,R)于 1976 年出版的《自私的基因》(*The Selfish Gene*)一书中。其定义分为两个阶段:第一阶段的模因被视为文化模仿单位,其表型为曲调旋律、想法思潮、时髦用语、时尚服饰、搭屋建房、器具制造等模式;第二阶段的模因被看作大脑里的信息单位,是存在于大脑中的一个因子得到复制和传播。道金斯(2006:50)认为模因是一个文化信息单位,不断得到复制和传播的语言、文化习俗、观念或社会行为都属于模因。因此模因可以看作复制因子(replicator),模仿是其主要复制方式。任何信息,只要它通过广义上的"模仿"过程而被"复制",便可称之为模因。道金斯造出 meme 一词的主要目的是为了说明文化进化的规律。随着《自私的基因》一书的出版,《科学》《纽约时报》《美国科学家》《泰晤士高等教育增刊》以及《星期天时报》等纷纷发表评论,赞美该书不仅具有智慧和新知,而且深入浅出、言简意赅,缩短了普通读者与科学之间的距离。1999 年,由道金斯的学生苏珊·布莱克摩尔(Susan Blackmore)所著的 *The Meme Machine* 一书出版,该书在很大程度上充实和完善了前者的观点。

随着国内外学者对 meme 讨论的日益深入,我国学者对如何翻译 meme 一词也逐渐被提上了"译事日程"。何自然、何雪林(2003:200-209),夏家驷、时汶(2003),何自然(2005),马萧(2005),尹丕安(2005)等将 meme 一词译为"模因";王斌(2004)将之译为"密母";徐盛桓(2005)将之译为"幂姆";张莹(2003)将之译为"觅母"等。本研究认为,meme 一词译作"模因"更为贴切考究。

2. 模因论的形成与发展

1) 模因论在西方形成

模因论(memetics)(Dawkins,2006:50)是一种基于达尔文进化论的观点来解释文化基因的进化规律。当一个人模仿另一个人的一些信息,或者重复自己的习惯、技能等行为都是在大脑中的模仿病毒在起作用——这个理论被称为模因论。这一理论被道金斯描述为"文化复制基因"。

模因论的形成基于模因,而模因的基本要旨是模仿。模因只是一些思想,它本身没有明确的目标或意图,就像基因只是一种化学物质,并没有掌管整个化学领域的计划一样。基因与模因相似之处在于其进化规律,它们均来自复制,而且将不断地被复制进化。当某种思想或某种信息模式被他人复制、传播之前,它还不能成其为模因。只有当这种思想或信息模式得以传播、仿制才具有模因性(Blackmore,1999:6)。模因的生命周期可分为同化(assimilation)、记忆(retention)、表达(expression)和传播(transmission)四个阶段(Dawkins,2006:194)。① 同化阶段——成功的模因必须能感染新的个体,进入他的记忆。个体必须和模因载体有接触并且模因呈现后必须受到应有的注意。② 记忆阶段——模因在宿主的大脑里停留的时间越长,传播并影响他人的可能性也就越大。③ 表达阶段——它是指在交流过程中,模因必须从记忆储存模因中释放出来,能够被他人感知。最突出的表达手段就是话语。④ 传播阶段——大众媒体特别是因特网的出现对于模因的传输显得尤为重要。四个阶段周而复始,在选择中存在或淘汰。成功的模因具有长寿性(longevity)、多产性(fecundity)和复制忠实性(copying-fidelity)三个特点(ibid.,2006:194)。因此,模因本身结构很强的生命力为模因论的形成打下了坚实的理论基础。如今,研究 meme 及其社会文化影响的学科被称为 memetics。

2) 模因论在中国的发展

国内的科学出版社曾在 20 世纪 80 年代初出版了《自私的基因》一书的中译本,但似乎并没有引起人们太多的注意。后来,吉林人民出版社分别于 1998 年和 2001 年推出《自私的基因》新译本以及 The Meme Machine 的(Blackmore,2001)中译本。与此同时,越来越多的人对 meme 产生了兴趣。何自然于 2003 年将模因论引入中国(何自然、何雪林,2003),随后,我们的语用学界对这种理论进行了各方面的探讨,由单纯的模因论引进与简介过渡到将模因论运用到语言研究的层面上。出现了一些以"模因论"为研究对象的论文,如《模因论与社会语用》(何自然、何雪林,2003),《模因论与人文社会科学》(夏家驷、时汶,2003),《从密母的角度谈异化翻译的趋势》(张莹,2003),《密母与翻译》(王斌,2004),《语言中的模因》(何自然,2005),《幂姆与文学作品互文性研究》(徐盛桓,2005),《翻译模因论与翻译教学》(马萧,2005),《文化进化的 meme 理论及其难题》(郭菁,2005),《模因论与隐喻的认知理据》(尹丕安,2005)等,为我国语言与文化的进化以及认知心理研究开辟了新的思路。

3) 模因论与信息传播

模因论或模因学认为,模因是一种与基因相似的现象。基因通过遗传而繁衍,模因是通过模仿而传播。作为文化传播单位,模因的表现形式繁多,传播广泛,与文化学、社会学、心理学等理论有着密切关系。

根据模因理论,从历时和共时的视角对事物之间的普遍联系以及文化具有传承性这种本质特征的进化规律进行诠释。信息模因正是揭示了思想信息流传和思想信息传播的规律。思想信息被复制、转述和传播,形成信息和思想的传播模因。传播的表现可分为基因型和表现型。① 基因型模因指大脑里的信息作自我复制和传播。这种复制与传播可以形式不同,但内容相同。一为直接传递信息,即信息的直接引用,如引文、转述以及话语重复等;二为间接传播相同信息,即信息的移植,在传播复制的过程中形式变异,而内容不变。② 表现型模因指信息的形式被赋予不同内容加以复制和传播,即形式不变,而内容扩展的模因。表现一为同形联想嫁接:信息模因形式不变,嫁接于不同场合导致产生不同的联想;二为同形异义横向嫁接:信息模因的结构与形式不变,在原有的框架内增加新的内容,形成信息模因的发展增量。信息概念之传播既有异形同信息概念模因之传播,又有同形异义信息概念增量型之传播。例如认知心理理论中焦虑概念信息由国外向国内的传播即为如此。

4) 模因论与认知心理

随着西方对模因论这一基于新达尔文进化论观点来解释文化进化规律的理论研究的深入,现国外已有模因中心、控制论原理等专题网页,网上已有模因讨论小组,还有模因学期刊,模因的研究开始涉猎心理学、社会学、文化学、哲学等领域。认知心理学领域对模因的研究尚属崭新课题,认知心理学中对外语学习焦虑,尤其是口译焦虑(interpreting anxiety,简称 IA)的模因研究在国内外模因理论研究更是凤毛麟角。

IA(康志峰,2011:81)是口译初学者尤其是学生在做口译时由于口译的即时性、源语的复杂性、源语与目的语结构的相异性以及异常复杂心理因素等而引起学生在口译时的焦虑现象。IA 模态(interpreting anxiety mode,简称 IAM)(Kang,2010:4)是由于 IA 而形成的 IA 态势。这一态势的模因究竟是整体模因还是多模态(multimodalities)级度模因呢?

## 二、整体论

1. 国外研究

20 世纪中叶开始,焦虑由潜藏到公开,由隐性到显性,成为人们共同关切的问题。随之,也就由"隐性焦虑的年代"进入"显性焦虑的年代"(Auden,1947:3)。焦虑从一种"情绪状态"的重大现象,被弗洛伊德模视为"关键问题"(nodal problem)(Freud,1974),由此成为西方在心理学、哲学、宗教学、教育学、社会学等领域研究的重大课题。

随着西方国家焦虑研究的深入,焦虑已逐渐在学习理论(learning theory)与动力心理学(dynamic psychology)中被模因发展为重要的问题。然而,当时的多数研究显示,焦虑对外语学习的影响是负面的,它与学习成绩、表达能力、自信心之间均存在着负相关关系。之后,以不同形式和信息增量的模因,人云亦云,广泛传播,其信息模因深入人心。于21世纪初,陆续将焦虑模因传入中国。

2. 国内研究

国内王银泉、万玉书(2001:122-126),李炯英(2004:46-51),贾飞(2010:72)等一大批学者从整体焦虑研究的视角,指出外语学习焦虑对外语学习产生负面影响,这一随国外模因而来的焦虑整体论只谈及焦虑对外语学习的负面效应,而忽视了它的促进作用。郝玫、郝君平(2001:111-115)的研究虽然在整体论概念模因基础上产生了信息内容的增量,提及学生英语成绩与成就动机存在正相关,差异均达显著水平,但并没有将其细化,没有分清焦虑的高、中、低三个层次,更没有明确究竟是焦虑的哪个级度与英语成绩具有正相关。

3. 焦虑整体论模因解析

焦虑整体论(anxiety holism→AH)通过各种形式的模仿(mimic→m)、复制(replicate→r1)使其信息进行模因(meme)传播,形成整体论模因(anxiety holism meme→AHM)。在传播过程中,信息传播者可能对信息进行重构(reconstruct→r2)和重组(recombine→r3),试图产生一些因子(F1+F2+F3+…n),但这些因子仍然是模糊因子(F1+F2+F3+…n=uf⟨?⟩),即整体因子(F⟨1+2+3+…

n⟩→H)的模型,它对外语学习和口译所产生的效应和影响程度不明确(H⟨1+2+3+…n⟩→u⟨e/i⟩⟨?⟩),其实质仍然是一个模糊的焦虑整体(unclear⟨interpreting anxiety holism⟩→IAH),其表象是对外语学习和口译而言,焦虑会产生负面(一)影响,构成总体焦虑(general anxiety→GA)影响外语学习和口译等假象(如图6-2、整体焦虑分列构式和整体焦虑简化构式所示)。

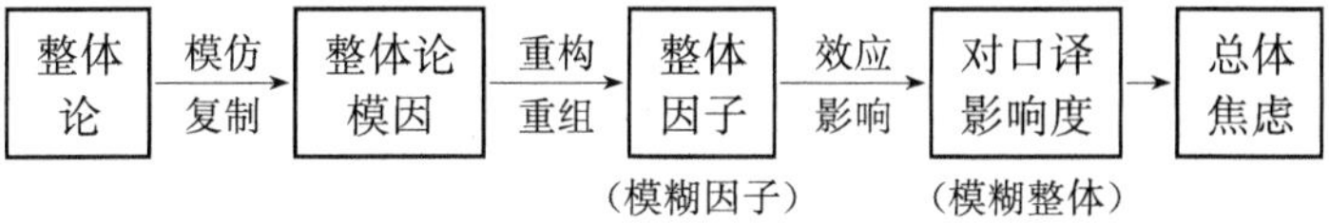

整体论 —模仿复制→ 整体论模因 —重构重组→ 整体因子 (模糊因子) —效应影响→ 对口译影响度 (模糊整体) → 总体焦虑

**图 6-2 整体焦虑解析图**

整体焦虑分列构式为:

$$AH \xrightarrow[r1]{m} AHM$$

$$AHM \xrightarrow[r3]{r2} \underset{(uf)}{HF} \quad (F1+F2+F3+\cdots n = uf\langle?\rangle)$$

$$HF \xrightarrow[i]{e} \underset{(uh)}{IAH} \quad (F\langle 1+2+3+\cdots n\rangle \to H)$$

$$\underset{(uh)}{IAH} \longrightarrow GA \quad (H\langle 1+2+3+\cdots n\rangle \to u\langle e/i\rangle\langle?\rangle)$$

整体焦虑简化构式为:

$$AH \xrightarrow[r1]{m} AHM \xrightarrow[r3]{r2} \underset{(uf)}{HF} \xrightarrow[i]{e} \underset{(uh)}{IAH} \longrightarrow GA$$

**4. 质疑与发现**

本书对前人尤其是国内多数学者的焦虑研究提出质疑——真的是焦虑作为整体对外语学习产生负面影响吗?

本书对国内外焦虑整体论及其模因发展进行了历时性和共时性的比较研究。研究发现(Kang,2010:22):斯比尔贝格(1970,1983)提出特质-状态焦虑理论,将焦虑分为状态和特质两种焦虑。

这一理论打破了焦虑整体论,为认知心理学的焦虑分类理论更为翔实的分类研究开辟了先河。卡萨迪和约翰逊(2002:270-275)在21世纪初通过测试焦虑(testing anxiety)的研究,提出了测试焦虑的高等级(higher degree of anxiety),给 IA 研究以启迪。我国认知心理学专家陈顺森和唐丹虹(2009:46-53)提出并通过实验证明了测试焦虑的高、中、低三个等级,引领了本研究 IA 的技术路线。因此,卡萨迪和约翰逊(2002:270-294)的测试焦虑理论研究以及陈顺森和唐丹虹(2009:46-53)的成功实验研究就成了本研究 IA 对交传或同传效应和影响的直接理据。

本研究经过三年的试验研究发现(Kang,2010:184),焦虑与外语(这里指英语)水平、考试成绩等因素,尤其是在特定的口译语境下存在显著的相关性,既有正相关,又有负相关,IA 是多模态的,而并非单一的整体,因此提出了外语学习焦虑理论的发展观——焦虑级度论(康志峰,2011:81-84)。

## 三、级度论

1. 国外研究

除了上述指出的斯比尔贝格(1970,1983),卡萨迪和约翰逊(2002:270-295)颇有价值、具有启示作用的研究之外,克雷曼(Kleinmann,1977:97-107)指出了焦虑分为障碍性焦虑(debilitative anxiety)和促进性焦虑(facilitative anxiety);斯柯瓦(Scovel,1978:129-142)研究发现,焦虑仅与语言学习的某些方面呈负相关;心理学家梅(2010:182)在其"The Meaning of Anxiety"中同样提出了焦虑量和焦虑形式的问题,说明焦虑形式不同,量度不一。由此观之,国外早在20世纪70年代就提出了焦虑的差异性,传播和形成的应该是差异性模因,而并非整体性模因。因此,国内某些学者把焦虑作为整体模因而论的外语学习焦虑理论显然存在着一定的局限性。

2. 国内研究

在国内虽然对焦虑级度论模因的研究很少,更没有达到级度论模因的系统研究程度,但个别学者如郝玫、郝君平(2001:111-115)已经提及学生英语成绩与成就动机存在正相关,差异均达显著水平;学者孙喜兰(2006:125)提及高焦虑和低焦虑,只是低焦虑的量化研究尚欠缜密;陈顺森和唐丹虹(2009:46-53)提出并通过实验证明考试焦虑的高、中、低三个级度,他们的实验研究成为IAM 级度研究的主要模因依据,同时也成为本研究 IAM 的模因实验途径。

3. 级度与建构

本研究受到卡萨迪和约翰逊(2002:270-295)的测试焦虑研究理论以及陈顺森和唐丹虹(2009:46-53)的测试焦虑实证研究的启示,开启了我国 IA 模因研究之门。IA 究竟是作为一个整体对口译过程和口译效果产生影响,还是多模态不同级度的 IA 对其产生效应呢?IAM 是否也可以分为 HA、MA 和 LA 呢?在多模态的 IA 中不同级度对口译的效应如何呢?

为此,本研究在大学生口译这一特定的语境下,对多模态焦虑等级进行模因理论推导与建构,同时对多模态等级焦虑的学生进行了模因实证研究。研究假设:HA 对口译具有较大影响,MA 对口译具有中等影响,而 LA 对口译具有较小影响。

研究结果表明(Kang, 2010:184-202),79.116% 口译学生产生 IA。IA 有 HA、MA 和 LA 三种焦虑态势,其中 HA 和 LA 与口译任务的完成呈明显负相关,它们对口译任务的完成具有阻碍作用,而 MA 与口译任务的完成呈正相关,对口译任务的完成具有促进作用。因此,对 HA 的假设成立,而对 MA 和 LA 的假设不成立,此为本研究与以往传统研究的不同之处。

4. 焦虑级度论模因解析

焦虑级度论通过各种形式的模仿、复制,使其信息进行模因传

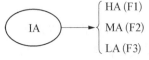

图 6-3 IA 因子构成图

播,形成级度论模因。在其传播过程中,信息传播者如本研究者可能对信息进行重构和重组,使其产生一些因子,如 IA 的因子为 HA、MA 和 LA(如图 6-3 所示)。

焦虑级度论(anxiety degree→AD)通过各种形式的模仿(mimic→m)、复制(replicate→r1)使其信息进行模因传播,形成级度论模因(anxiety degree meme→ADM)。在传播过程中,信息传播者可能对信息进行重构(reconstruct→r2)和重组(recombine→r3),产生一些因子(F1+F2+F3+…n),这些因子有很强的清晰度,构成清晰因子(F1+F2+F3+…n=cf〈clear factor〉),它对外语学习和口译所产生的效应和影响程度很明确(interpreting anxiety degree→IAD〈clear degree→cd〉),其实质是多模态清晰级度因子(clear degree factors→cdf)——高焦虑(HA)、中焦虑(MA)和低焦虑(LA),其对外语学习和口译焦虑表征具有双重性,既有正面(+)效应,又有负面(−)影响,构成级度焦虑(anxiety degree→AD;HA+MA+LA)影响外语学习和口译焦虑等的级度性(如图 6-4 所示)。

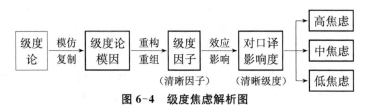

图 6-4 级度焦虑解析图

级度焦虑分列式为:

$$AD \xrightarrow[r1]{m} ADM$$

$$ADM \xrightarrow[r3]{r2} \underset{(cf)}{DF} \quad (F1+F2+F3=cf)$$

$$DF \xrightarrow[i]{e} \underset{(cd)}{IAD} \quad (F1+F2+F3 \to cdf)$$

$$IAD \xrightarrow[(cdf)]{} AD \quad (F1+F2+F3 \to AD1+AD2+AD3)$$

$$AD \xrightarrow[(IAD)]{} \begin{cases} AD1 \longrightarrow HA \\ AD2 \longrightarrow MA \\ AD3 \longrightarrow LA \end{cases}$$

级度焦虑简化式为:

$$AD \xrightarrow[r1]{m} ADM \xrightarrow[r3]{r2} DF_{(cf)} \xrightarrow[i]{e} IAD_{(cd)} \begin{cases} HA \\ MA \\ LA \end{cases}$$

为此,本研究区别于以往焦虑整体论研究,提出了多模态焦虑级度论。尔后,对之进行尝试性的级度理论建构和实证研究,撰写了题为"口译中听、译两种焦虑模态的认知心理管窥"(A Study of AAM and IAM in Interpretation from the Perspective of Cognitive Psychology)(Kang,2010)的博士毕业论文,发表了"口译焦虑的动因、级度及影响"(康志峰,2011:81-84),"交替传译与'AA+EA'策略"(康志峰,2011:81-85),"Choking 与口译考试焦虑"(康志峰,2011:25-30)等多篇相关论文,文中提出对 IA 的 HA、MA 和 LA 三个层级的级度建构,对具有 HA 和 LA 的学生实施"AA+EA"策略,即对 IA 进行"焦虑关注+焦虑调整"和"兴奋关注+兴奋调整"的策略,形成了焦虑理论研究的发展观——焦虑级度论。

5. 多模态焦虑级度论的形成

本书以模因论为认知理据,通过大量实证研究,对多模态 IA 进行模因解析,析出 IA 的 HA、MA 和 LA 三个级度。HA 和 LA 对 IA 具有负面影响,MA 对 IA 具有正面效应。对具有 HA 和 LA 的学生实施"AA+EA"策略,即进行焦虑和兴奋度的关注和调整,从而形成焦虑研究理论的发展观——多模态焦虑级度论。该理论使长期以来认为焦虑对外语学习只存在负相关的焦虑整体论者走出误区,同时也使 HA 和 LA 学生走出困境。

## 四、层级量化

1. 概述

焦虑一词,《心理学词典》定义为"一种模糊的、不愉快的情绪状态,具有忧虑、惧怕、苦恼、心神不安的特点(Reber, 1996: 51)",即一种不安或不踏实的感觉,这是人类基本的情感之一。斯比尔贝格(1983)将焦虑定义为"*a feeling of uneasiness and apprehension, usually about a situation with uncertain outcomes*"。口译焦虑(康志峰,2010: vi;康志峰,2011: 81)就是口译初学者尤其是学生在做口译时由于口译的即时性、源语的复杂性、SL 与目的语结构的相异性以及异常复杂心理因素等而引起学生在口译时的焦虑现象。口译焦虑模态(IAM)(Kang, 2010: 4)是由于口译焦虑而形成的各种 IA 态势,IAM 是多模态(multimodalities)(康志峰,2011: 81)的,而并非焦虑整体的单一模态。这一研究打破了焦虑整体论的研究方法,即在外语学习焦虑理论中,一提到焦虑就想到对外语学习起负面作用的研究范式,我国有些学者的研究恰是如此,仍停留在 20 世纪中叶西方焦虑研究的状态。焦虑研究范式是多模态的,其研究模因(Dawkins, 2006: 50)也是由多因子组成的多模态因子。在这一由多模态因子组成的 IA 态势下,IA 作为情感变量对口译效果具有很大影响。比如,学生在平时训练时表现出较好的口译效果,却在实际口译操作中因 IA 而发挥失常。因此,对学生译员心理情感变量的层级量化研究凸显其重要性,这一研究对增强口译效果具有积极作用。

2. 理论研究

1) 斯比尔贝格(1970,1983)提出的特质-状态焦虑理论将焦虑分为"特质"和"状态"两种范式来研究,打破了单一模态焦虑整体论的研究,同时也为 IAM(康志峰、邱东林,2011: 81)研究提供了理论基础。

2) 卡萨迪和约翰逊(2001/2002：270-295)的测试焦虑模型(test anxiety model)理论提出了高级度的测试焦虑并通过认知测试焦虑量表(CTAS)使被试的心理反应而得以证实,其数据量化相关分析如下(参见表6-20):

表6-20　认知测试焦虑与情感层级平均值和标准差
(Cassady and Johnson, 2002: 279)

| level of cognitive test anxiety | level of emotionality | | | *total anxiety* |
|---|---|---|---|---|
| | high M(SD) | average M(SD) | low M(SD) | |
| high | 44.91(8.54) $n=37$ | 50.96(11.01) $n=17$ | 45.16(7.80) $n=5$ | *46.67(9.51)* $n=59$ |
| average | 51.86(8.62) $n=18$ | 53.07(11.32) $n=15$ | 46.41(8.33) $n=21$ | *50.07(9.64)* $n=54$ |
| low | 55.35(9.57) $n=4$ | 54.42(9.00) $n=18$ | 53.26(10.49) $n=28$ | *53.84(9.73)* $n=50$ |
| *total emotionality* | 47.74(9.28) $n=59$ | 52.84(10.31) $n=50$ | 49.84(9.99) $n=54$ | $n=163$ |

结果表明：表现与CTAS分值具有极强的相关性。

以下是认知测试焦虑组的三次测试结果(参见前文图6-1),分值分别为：① $F(2, 150)=15.24$, $MSE=2750.95$, $p<.001$; ② $F(2, 150)=16.29$, $MSE=85.18$, $p<.001$; ③ $F(2, 150)=7.24$, $MSE=96.22$, $p<.001$。由此观之,p值均小于.001,该测试具有价值意义。

因此,卡萨迪和约翰逊(ibid.)的测试焦虑模型理论成为本研究的理论指导。

3) 陈顺森和唐丹虹(2009：46-53)提出并通过实验证明考试焦虑的高、中、低三个级度。他们从不同考试焦虑水平被试的再认错误率(参见表6-21,与表6-3略有不同),可以看出中等考试焦虑组对学习词、关键诱词和无关词的再认错误率最低,初步说明中等考试焦虑者的再认成绩最好。

表6-21　不同焦虑水平被试的再认率(M±SD)
(陈顺森和唐丹虹,2009:48)

|  | 学习词错误率 | 关键诱词错误率 | 无关词错误率 |
|---|---|---|---|
| 高考试焦虑 | 0.19±0.19 | 0.79±0.17 | 0.04±0.07 |
| 中等考试焦虑 | 0.17±0.14 | 0.69±0.19 | 0.02±0.04 |
| 低考试焦虑 | 0.32±0.13 | 0.73±0.16 | 0.11±0.12 |

他们对考试焦虑的实验研究成为IAM层级研究的主要依据,同时也为本研究提供了IAM层级实验的技术路线。

3. 研究方法

1) 研究对象

本研究被试者共有192名(参见表6-22)。这192名包括本研究者教授的复旦大学非英语专业口译选修课的学生92名,有效被试人数90名;另有100名是本研究者教授的复旦大学网络教育学院所招英语中级口译培训班的学生,这部分学生主要来自上海各高校的大学生,另有少部分研究生和在职人员。整个测试过程在课堂上进行。

表6-22　被试来源和人数表

| 被试者来源 | 复旦大学非英语专业英语口译选修课(FDU) | 复旦大学网络教育学院英语中级口译培训班(CDE) | 总数 |
|---|---|---|---|
| 被试总人数 | 92 | 100 | 192 |
| 缺席人数 | 2(1名因参军、1名因生病未参加调查) | 100 | 100 |
| 有效人数 | 90 | 100 | 190 |

## 2) IA 量表设计

口译焦虑量表(IAS)的设计是根据卡萨迪和约翰逊(2001,2002:270-295)认知测试焦虑量表(CTAS)中的28项内容修改而成。为使 IAS 具有最大的效度和信度,在实施较大规模调查之前,首先请3名口译教师进行研究、审核并校准,然后让3名原来学过口译的学生进行填写并征求他们的意见。在他们意见反馈的基础上,对有异议的2项内容重新措词,3项累赘的内容实施删除,最后形成 IAS 的28项内容(参见表6-23)。

表 6-23 口译焦虑调查量表(IAS)

IAS Test Questionnaire in Chinese

姓名:_____ 性别:_____ 班级:_____ 学号:_____

以下是一些有关大家对考试的看法和感受的陈述,请你仔细阅读每一个句子,并判断它多大程度上符合你的情况,然后在后面相应的数字上打"√"。

**请注意每个数字所代表的含义**:1表示"非常不符合",2表示"基本不符合",3表示"基本符合",4表示"非常符合"。请你根据自己的真实想法回答,答案没有对错之分。谢谢你真诚的合作! *为反向计分题

| 序号 | 题目 | 非常不符合 | 基本不符合 | 基本符合 | 非常符合 |
|---|---|---|---|---|---|
| 1 | 我因担心口译期末考试而睡不着。 | 1 | 2 | 3 | 4 |
| 2 | 在非常重要的口译考试中,我担心自己译不好。 | 1 | 2 | 3 | 4 |
| 3* | 参加口译期末考试时,我发现自己总想着别的学生是否做得比我好。 | 1 | 2 | 3 | 4 |
| 4 | 在获取信息、理解以及表达方面,我比普通同学困难少一些。 | 1 | 2 | 3 | 4 |
| 5* | 口译考试时,我都要僵硬了似的。 | 1 | 2 | 3 | 4 |
| 6 | 对于口译考试,我比普通同学不紧张。 | 1 | 2 | 3 | 4 |
| 7 | 口译考试的时候,我发现自己想着失败的结果。 | 1 | 2 | 3 | 4 |

续 表

| 序号 | 题 目 | 非常不符合 | 基本不符合 | 基本符合 | 非常符合 |
|---|---|---|---|---|---|
| 8* | 口译考试时,我紧张得都不能流畅地表达了。 | 1 | 2 | 3 | 4 |
| 9* | 对口译考试结果的预计不会引起我的担心。 | 1 | 2 | 3 | 4 |
| 10* | 口译考试时,我比一般学生镇静得多。 | 1 | 2 | 3 | 4 |
| 11 | 对学习课本中指定的内容方面,我比普通同学困难少些。 | 1 | 2 | 3 | 4 |
| 12 | 口译考试时,如果表达不出来,我感到头脑一片空白。 | 1 | 2 | 3 | 4 |
| 13* | 口译考试期间,"我不可能太聪明"的想法经常出现。 | 1 | 2 | 3 | 4 |
| 14 | 对有时间限制的口译快速测试,我做得好。 | 1 | 2 | 3 | 4 |
| 15 | 口译考试时,我紧张得都忘了本来知道的东西。 | 1 | 2 | 3 | 4 |
| 16 | 口译考试结束后,我觉得自己本来可以译得更好些。 | 1 | 2 | 3 | 4 |
| 17* | 我对是否考好担忧太多了,这本来是不应该的。 | 1 | 2 | 3 | 4 |
| 18* | 口译考试之前,我感到自信和放松。 | 1 | 2 | 3 | 4 |
| 19 | 口译考试时,我觉得有信心和放松。 | 1 | 2 | 3 | 4 |
| 20 | 口译考试期间,我有一种考不好的感觉。 | 1 | 2 | 3 | 4 |
| 21* | 参加一次有难度的口译考试时,我甚至一开始就觉得自己失败了。 | 1 | 2 | 3 | 4 |
| 22 | 口译考试过程中,发现没料到的问题时,我觉得是一种挑战而不是恐慌。 | 1 | 2 | 3 | 4 |
| 23 | 口译考试成绩并不能反映我对知识的真正掌握情况,为此,我是个考试的失败者。 | 1 | 2 | 3 | 4 |
| 24 | 我不擅长于口译考试。 | 1 | 2 | 3 | 4 |
| 25 | 口译考试刚开始,我要用点时间平静下来,才能使自己流畅地思维。 | 1 | 2 | 3 | 4 |

续 表

| 序号 | 题　　目 | 非常不符合 | 基本不符合 | 基本符合 | 非常符合 |
|---|---|---|---|---|---|
| 26 | 我觉得是在要考得好成绩的压力下去考试的。 | 1 | 2 | 3 | 4 |
| 27 | 我口译考试没有发挥好。 | 1 | 2 | 3 | 4 |
| 28 | 口译考试时,我的紧张使我犯了许多粗心大意的错误。 | 1 | 2 | 3 | 4 |

3) 被试实验

被试学生在老师和心理专家的监督下进行当众口译操作测试,口译结束后立刻让学生填写 IAS 问卷。在填写 IAS 过程中,对被试者严格要求,使他们认真对待,在教师和心理专家的严格监督指导下让被试学生严格按照 IAS 的 28 项内容完成问卷,由此来检测学生 IA 级度。

4) 分数设定

IAS 中的 28 项内容可能的分数范围是 28 分到 112 分。根据卡萨迪和约翰逊(2001/2002:270-295)对认知测试焦虑量表(CTAS)的计算思路和陈顺森等(2009:46-53)对考试焦虑的高、中、低三个层级的实验技术路线,从获得的分数中将 IA 分为三个层级 HA、MA 和 LA。其分数层级分布如下:HA≥72 分、MA=62—72 分和 LA≤62 分。

5) SPSS 计算

通过 SPSS 计算克伦巴赫 α 系数信度系数分别为.93,表明调查焦虑量表有较高的信度。调查中发现,学生所获 IAS 分数(≥72 分)与 IA 焦虑的程度成正比越高,既 IAS 分数越高,学生焦虑程度越大。以下是对 FDU 口译班上 90 名学生的问卷调查结果解析(参见表 6-24)(Kang,2010:184)

表 6-24 IAS 问卷结果解析

| 项目 | A | 百分比（%） | B | 百分比（%） | C | 百分比（%） | D | 百分比（%） | 标准差 SD |
|---|---|---|---|---|---|---|---|---|---|
| 1 | 23 | 25.556 | 41 | 45.556 | 23 | 25.556 | 3 | 3.333 | 15.52 |
| 2 | 2 | 2.222 | 14 | 15.556 | 59 | 65.556 | 15 | 16.667 | 25.04 |
| 3 | 4 | 4.444 | 32 | 35.556 | 51 | 56.667 | 3 | 3.333 | 23.27 |
| 4 | 6 | 6.667 | 54 | 60.000 | 27 | 30.000 | 3 | 3.333 | 23.56 |
| 5 | 4 | 4.444 | 35 | 38.889 | 42 | 46.667 | 9 | 10.000 | 18.81 |
| 6 | 11 | 12.222 | 51 | 56.667 | 27 | 30.000 | 1 | 1.111 | 21.81 |
| 7 | 12 | 13.333 | 32 | 35.556 | 40 | 44.444 | 6 | 6.667 | 16.11 |
| 8 | 11 | 12.222 | 37 | 41.111 | 38 | 42.222 | 4 | 4.444 | 17.56 |
| 9 | 2 | 2.222 | 53 | 58.889 | 33 | 36.667 | 3 | 3.333 | 19.94 |
| 10 | 3 | 3.333 | 56 | 62.222 | 31 | 34.444 | 0 | 0.000 | 26.34 |
| 11 | 3 | 3.333 | 45 | 50.000 | 38 | 42.222 | 4 | 4.444 | 22.13 |
| 12 | 3 | 3.333 | 11 | 12.222 | 49 | 54.444 | 26 | 28.889 | 20.22 |
| 13 | 12 | 13.333 | 43 | 47.778 | 22 | 24.444 | 13 | 13.333 | 14.39 |
| 14 | 6 | 6.667 | 51 | 56.667 | 18 | 20.000 | 15 | 16.667 | 19.67 |
| 15 | 4 | 4.444 | 14 | 15.556 | 41 | 45.556 | 30 | 33.333 | 16.46 |
| 16 | 2 | 2.222 | 9 | 10.000 | 51 | 56.667 | 28 | 31.111 | 21.95 |
| 17 | 6 | 6.667 | 30 | 33.333 | 47 | 52.222 | 7 | 7.778 | 19.74 |
| 18 | 1 | 1.111 | 54 | 60.000 | 33 | 36.667 | 2 | 2.222 | 25.72 |
| 19 | 1 | 1.111 | 55 | 61.111 | 33 | 36.667 | 1 | 1.111 | 26.40 |
| 20 | 6 | 6.667 | 22 | 24.444 | 47 | 52.222 | 15 | 16.667 | 17.60 |
| 21 | 10 | 11.111 | 42 | 46.667 | 32 | 35.556 | 6 | 6.667 | 17.31 |
| 22 | 9 | 10.000 | 43 | 47.778 | 33 | 36.667 | 5 | 5.556 | 18.43 |
| 23 | 13 | 14.444 | 46 | 51.111 | 25 | 27.778 | 6 | 6.667 | 17.52 |
| 24 | 4 | 4.444 | 30 | 33.333 | 49 | 54.444 | 7 | 7.778 | 21.14 |

续 表

| 项目 | A | 百分比(%) | B | 百分比(%) | C | 百分比(%) | D | 百分比(%) | 标准差SD |
|---|---|---|---|---|---|---|---|---|---|
| 25 | 3 | 3.333 | 17 | 18.889 | 63 | 70.000 | 7 | 7.778 | 27.63 |
| 26 | 8 | 8.889 | 46 | 51.111 | 31 | 34.444 | 5 | 5.556 | 19.50 |
| 27 | 3 | 3.333 | 25 | 27.778 | 54 | 60.000 | 8 | 8.889 | 23.01 |
| 28 | 5 | 5.556 | 18 | 20.000 | 61 | 67.778 | 6 | 6.667 | 26.34 |

A:"非常不符合"的人数;B:"基本不符合"的人数;C:"基本符合"的人数;D:"非常符合"的人数。由于受 SPSS 限制使标准差 SD 保留到小数点后两位。

上述调查发现,74 名(59+15),即 82.223%(65.556%+16.667%)的被试者基本符合和非常符合"在非常重要的口译考试中,我担心自己译不好";75 名(49+26),即 83.333%(54.444%+28.889%)的被试者基本符合和非常符合"口译考试时,如果表达不出来,我感到头脑一片空白";甚至 79 名(51+28),即 87.778%(56.667%+31.111%)的被试者基本符合和非常符合"口译考试结束后,我觉得自己本来可以译得更好些"。这些调查说明有些学生在考试期间比平时更紧张,这样他们不免会得到较低的分数。

以同样的方法对 CDE 口译班上 100 名学生的问卷调查结果进行解析。由此克伦巴赫 α 系数为 0.9。其信度和效度得以证实。其中,FDU 中有 19 人,CDE 中有 32 人具有 HA。CDE 被试者的 HA 明显高于 FDU 被试者。FDU 和 CDE 两者的相关系数为 1.000**,Sig.<.001,表明其相关性强。

6) 被试结果

① 89.889%的学生赞成由 28 项内容组成的问卷;

② 79.116%被试者产生 HA 和 LA,而 20.884%的被试者产生 MA;

③ 68.518%的被试者对口译考试缺乏自信。

4. 结语

实验证明(Kang，2010：189)：(1) HA(≥72分)对学生口译任务的完成具有巨大的负面作用,而且 HA 分数越高,学生口译成绩越低,甚至出现"choking"现象(康志峰,2011：25-30)；(2) LA(≤62分)对学生口译任务的完成同样具有巨大负面作用,也会出现"choking"现象(康志峰,2011：25-30)；(3) MA(62—72分)对学生口译任务的完成具有促进作用。

## 五、MA 对口译产品的催生效应

1. 概述

在学习理论中,焦虑这一术语用来指一种次级的(或条件性的)内驱力,它驱动人们做出回避反应;弗洛伊德理论认为,如果要实现无意识的愿望,或按该愿望行动,焦虑起着一个信号的作用。前者把焦虑看作一种结果性情绪,后者将焦虑看作一种预期反应,其原因在于无意识冲突的层面上的区别。IA(Kang, 2010;康志峰,2011)作为焦虑的态势之一,是口译初学者尤其是学生在做口译时由于口译的即时性(instantaneity)、超语言(super-lingual)信息性、源语的复杂性、SL 与目的语结构的相异性以及异常复杂心理因素(psychological factors)等而引起学生的焦虑现象。IAM(Kang,2010)是由于口译焦虑而形成的各种 IA 态势,IAM 是多模态的(multimodalities)(康志峰，2011),有 HA、MA 和 LA。其中高焦虑模态(HAM)中的 HA(>72 points)和低焦虑模态(LAM)中的 LA(<62 points)与口译产品的实现是负相关,具有阻碍作用,而中等焦虑模态(MAM)中的 MA(points from 62 to 72)能激活脑细胞中的语言控制细胞(Kang，2010：180-182；康志峰,2011：81-85；2012：106-109),与口译产品的实现是正相关,具有催生效应。

2. 理据

斯比尔贝格(1970/1983)提出的"特质-状态焦虑"理论打破

了焦虑整体论,为认知心理学的焦虑理论更为翔实的分类研究开辟了先河;卡萨迪和约翰逊(2002)在21世纪初通过测试焦虑的研究,提出了测试焦虑的高等级(higher degree of anxiety),给本研究以启迪;陈顺森和唐丹虹(2009)提出并通过实验证明了测试焦虑的高、中、低三个等级,引领了本 IA 研究的技术路线;IA 层级论(the quantization theory)(康志峰,2011,2012)指出,IA 具有 HA、MA 和 LA 三种焦虑层级态势(参见表6-6)。

其中,HA 和 LA 与口译任务的完成呈明显负相关,对口译任务的完成具有阻碍作用;而 MA 与之呈正相关,对口译具有促进作用。这一层级理论奠定了中焦虑对口译产品催生效应研究的思想基础。

3. 研究设计

1) 研究目的

根据 IA 层级论(康志峰,2011,2012)的这一思想基础,本研究对 MA 与口译任务完成呈正相关,对口译具有促进作用的结论进行进一步量化实验,从而检测 MA 对口译产品的催生效应(参见表6-6)。

2) 研究对象

本研究者所教授的2012—2013学年第一学期复旦大学外文学院大学英语部开设的5个班级英语口译课程中的173名学生,其中因病和因事未参加测评人数为7名(参见表6-25)。

表6-25 研究设计表

| 研究目的 | 检测 MA 对口译产品的催生效应 |
| --- | --- |
| 研究对象 | 2012—2013学年第一学期复旦大学外文学院大学英语部开设非英语专业的5个班级英语口译选修课程的173名学生 |

续表

| 实验班级/人数 | ENGL110043.03（35 人） |
| --- | --- |
| | ENGL110043.04（35 人） |
| | ENGL110043.05（33 人） |
| | ENGL110043.06（35 人） |
| | ENGL110043.07（35 人） |
| 实验人数 | 应到人数 | 173 人 |
| | 实到人数 | 166 人 |
| | 缺席人数 | 7 人＝2 人（03 班）＋1 人（04 班）＋1 人（05 班）＋1 人（06 班）＋2 人（07 班） |
| 采用语料 | 巴拉克·奥巴马开学演讲 |
| 研究方法 | 以同传模式对 MA 态势下的学生译员进行实验 |

3）采用语料

以巴拉克·奥巴马（Barack Obama）总统在美国弗吉尼亚州阿灵顿郡韦克菲尔德中学（Wakefiled High School）为美国学生所作的全国开学演讲作为应用口译研究语料（参见表 6-25）。

4）研究方法

使学生译员对选定语料进行 SI，研究 MA 对口译产品的催生效应（参见表 6-25）。

4. 实验程序

1）程序 I：层级量度划分

① 筛选 MA 学生译员。在准备对巴拉克·奥巴马开学演讲进行 SI 口译的场景下，教师宣布今天要进行的是同传训练与测试，请大家做好准备。随之教师在两名学生的帮助下将口译焦虑量表（interpreting anxiety scale，简称 IAS）发给学生，由教师监督在立体式多媒体教室让学生认真完成 IAS 的 28 项内容（克伦巴赫 $\alpha$ 系数为 0.93）（康志峰，2011，2012），62—71 的学生分为 MA，将大于等于 72

分的学生分为 HA,61 分以下的学生分为 LA。鉴于此,IA 多模态的量度层级 MA、HA 和 LA 得以区分(参见表 6-26)。

表 6-26　MA 及 HA 和 LA 学生译员筛选表

| 项　目 | 应被试人数与比率 | 实际被试人数与应被试人数比率 | 缺席人数与应被试人数比率 | MA 人数与实际被试人数比率 | HA 人数与实际被试人数比率 | LA 人数与实际被试人数比率 |
|---|---|---|---|---|---|---|
| 有效人数 | 173 | 166 | 7 | 48 | 89 | 29 |
| 所占百分比(％)(遵循四舍五入原则) | 100.000 | 95.954 | 4.046 | 28.916 | 53.615 | 17.470 |

② 进行测试。教师利用立体式电脑网络开始播放巴拉克·奥巴马开学演讲视频,让学生视听并同传,首先是处于 MA 态势下的 48 名学生进行传译并录音,之后是处于 HA 态势下的 89 名学生进行传译并录音,最后是处于 LA 态势下的 29 名学生进行传译并录音,测试结束后,教师利用电脑录音软件对学生成绩进行评估(参见表 6-27)。

表 6-27　IA 层级测试成绩评估表

| IA 层级 | MA | HA | LA | Mean(平均值) | Σ(合计) |
|---|---|---|---|---|---|
| 被试人数 | 48 | 89 | 29 | 55.333 | 166 |
| 平均成绩(％) | 84.296 | 76.950 | 72.541 | 77.929 | 233.787 |

2) 程序 II：测试解析

① IAS 解析：通过 IAS 调查发现,166 名学生中有 163 名,即 98.193％的学生赞同 IAS 的 28 项内容。IAS 的克伦巴赫 α 系数为 0.93,具有一定的信度和效度。通过 SPSS 解析发现：80.513％(66.921％＋13.592％)的学生同意和完全同意"在非常重要的口

译考试中,我担心自己译不好。(I am anxious about that I can not interpret well in a very important ITt.)",79.622% (51.466%+28.156%)的学生同意和完全同意"口译考试时,如果表达不出来,我感到头脑一片空白。(My mind goes blank when I am pressured for an answer in an ITt.)",75.982%(41.530%+34.452%)的学生同意和完全同意"口译考试时,我紧张得都忘了本来知道的东西。(During a course of interpretation examination, I get so nervous that I forget the facts I really know.)"。更有甚者,85.031%(54.862%+30.169%)的学生同意和完全同意"口译考试结束后,我觉得自己本来可以译得更好些。(After taking an ITt, I feel I could have done better than I actually did.)",此为极其典型之例。

② SI 解析:SI 测试成绩表明,在 MA 态势下的 48 名学生的平均成绩为 84.296,在 HA 态势下的 89 名学生的平均成绩为 76.950,在 LA 态势下的 29 名学生的平均成绩为 72.541(参见图 6-5)。

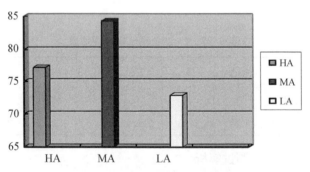

图 6-5　IA 层级测试平均成绩图

由图 6-6 所示,MA 柱形突出,由此表明 MA 态势下的学生译员平均成绩最好,为 84.296 分。通过 SPSS 计算,该测试的 RELIABILITY/VARIABLES=VAR00001 VAR00002 VAR00003/

SCALE('ALL VARIABLES') ALL /MODEL=ALPHA(参见表6-28和表6-29)。MEANS TABLES=VAR00001 VAR00002 VAR00003/CELLS MEAN COUNT STDDEV。

表6-28 SPSS计算汇总表

| | | N | 百分比(%) |
|---|---|---|---|
| 案例 | 有效 | 2 | 100.0 |
| | 已排除[a] | 0 | .0 |
| | 总计 | 2 | 100.0 |

a. 在此程序中基于所有变量的列表方式删除。

表6-29 可靠性统计量

| 克伦巴赫α系数 | 项 数 |
|---|---|
| .404 | 3 |

表6-28和表6-29明确显示:经过SPSS计算的SI的有效性(100%;N=2)和可靠性(克伦巴赫α系数=.404;N=3),其均值分别为66.148 0、82.975 0和50.770 0;N=2;标准差分别为25.665 15、8.520 64和30.787 43(参见表6-30)。

表6-30 均值和标准差报告

| | VAR00001 | VAR00002 | VAR00003 |
|---|---|---|---|
| 均值 | 66.148 0 | 82.975 0 | 50.770 0 |
| N | 2 | 2 | 2 |
| 标准差 | 25.665 15 | 8.520 64 | 30.787 43 |

③ 语料解析:以巴拉克·奥巴马总统在美国弗吉尼亚州阿灵顿郡韦克菲尔德高中对美国学生的全国开学演讲作为SI的语料选择(http://v.youku.com/v_show/id_XMjUxNjYwMjQ4.html)。

整个演讲时间不太长(15′45″),内容不太多(2 435 词),速度中等(157.605 词/分钟),而处于不同 IA 态势下的学生译员有不同的反应。以下就其演讲的开始部分作一解析。

*Hello（KW）everyone（KW）—how（CRW）'s（KW）everybody（KW）doing（CRW）today（KW）? I'（KW）m（KW）here（CRW）with（LRW）students（KW）at（LRW）Wakefield（KW）High（CRW）School（KW）in（LRW）Arlington（KW），Virginia（KW）. And（LRW）we'（KW）ve got（KW）students（KW）tuning（CRW）in（LRW）from（LRW）all（CRW）across（LRW）America（KW），kindergarten（KW）through（LRW）twelfth（CRW）grade（KW）. I'（KW）m（KW）glad（CRW）you（KW）all（KW）could（LRW）join（KW）us（KW）today（KW）.*

*I（KW）know（KW）that（LRW）for（LRW）many（KW）of（LRW）you（KW），today（KW）is（KW）the（LRW）first（CRW）day（KW）of（LRW）school（KW）. And（LRW）for（LRW）those（KW）of（LRW）you（KW）in（LRW）kindergarten（KW），or（LRW）starting（CRW）middle（KW）or（LRW）high（CRW）school（KW），it'（KW）s（KW）your（CRW）first（CRW）day（KW）in（LRW）a（LRW）new（CRW）school（KW），so（LRW）it'（KW）s（KW）understandable（CRW）if（LRW）you'（KW）re（KW）<u>a little</u>（CRW）nervous（CRW）. I（KW）imagine（KW）<u>there are</u>（KW）some（KW）seniors（CRW）out（CRW）there（CRW）who（LRW）are（KW）feeling（KW）pretty（CRW）good（CRW）<u>right now</u>（CRW），with（LRW）just（CRW）one（KW）more（CRW）year（KW）to（LRW）go（KW）. And（LRW）<u>no matter what</u>（CRW）grade（KW）you'（KW）re（KW）in（LRW），some（KW）of（LRW）you（KW）are（KW）probably（CRW）wishing（KW）it*

(KW) were (KW) still (CRW) summer (KW), and (LRW) you (KW) could've stayed (KW) in (LRW) bed (KW) just (CRW) a little (CRW) longer (CRW) this (KW) morning (KW). (Remarks by President in a National Address to America's Schoolchildren from http://v.youku.com/v_show/id_XMjUxNjYwMjQ4.html).

对 KW、CRW 和 LRW 的各项指标统计如下(参见表 6-31)：

**表 6-31　KW、CRW 和 LRW 的各项指标统计分析表**

| 项　　目 | KW | CRW | LRW | 总数 |
| --- | --- | --- | --- | --- |
| 词数 | 70 | 31 | 32 | 133 |
| 比率"%" | 52.632 | 23.308 | 24.060 | 100 |
| 对 WM 的作用 | ＋＋＋ | ＋＋ | ＋ | — |

KW＝key words 包括名词、代词、动词等；CRW＝closer related words 包括形容词、副词等；LRW＝less related words 包括冠词、介词和连词等；画线部分为整体组合词；＋＋＋表示对 WM 的作用最大。

表 6-31 显示，KW 占总数的 52.632％，因此，在 SI 操作过程中 KW 对工作记忆作用最大，其次是 CRW，最后是 LRW。

使 IA 不同层级的学生译员对奥巴马开学演讲进行 SI 操作实验，结果发现：被试者处于 MA 状态，其反应时较短，差错率较低，对 SI 操作产生促进效应，从而获得较好的 SI 成绩；被试者处于 HA 和 LA 状态，其反应时较长，差错率较高，对 SI 操作产生负面影响，获得较差的 SI 成绩(参见表 6-32)。

**表 6-32　MA、HA 和 LA 被试者对 KW、CRW 和 LRW(w/s)的反应时对照表**

| | KW | CRW | LRW |
| --- | --- | --- | --- |
| MA | 1.602±0.561 | 2.954±0.871 | 1.773±0.828 |
| HA | 2.027±0.971 | 3.681±1.902 | 2.936±0.670 |
| LA | 4.261±2.596 | 4.725±1.794 | 4.661±2.049 |

由表 6-31 观之,MA 被试者的反应时 KW(1.602±0.561)、CRW(2.954±0.871)以及 LRW(1.773±0.828)明显短于 HA 和 LA 被试者在同类状况下的反应时(参见图 6-6)。

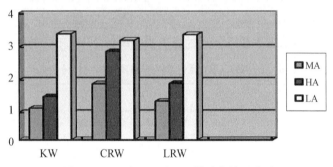

图 6-6　MA 与 HA 和 LA 被试者的反应时

图 6-6 显示:MA 柱形在每组中最短,这表明被试者对 KW、CRW 和 LRW(w/s)的反应时最短,而 LA 柱形最长,LA 被试者对 KW、CRW 和 LRW(w/s)的反应时最长。

通过 SPSS 相关性计算 Pearson 相关系数分别为.863、.998、和.896 在 0.05 水平(双侧)上显著相关(参见表 6-33)。

表 6-33　MA、HA 和 LA 被试者对 KW、CRW 和 LRW(w/s)的反应时的相关性

|  |  | VAR00001 | VAR00002 | VAR00003 |
|---|---|---|---|---|
| VAR00001 | Pearson 相关性 | 1 | .863 | .998* |
|  | 显著性(双侧) |  | .337 | .044 |
|  | N | 3 | 3 | 3 |
| VAR00002 | Pearson 相关性 | .863 | 1 | .896 |
|  | 显著性(双侧) | .337 |  | .293 |
|  | N | 3 | 3 | 3 |

续 表

| | | VAR00001 | VAR00002 | VAR00003 |
|---|---|---|---|---|
| VAR00003 | Pearson 相关性 | .998* | .896 | 1 |
| | 显著性（双侧） | .044 | .293 | |
| | N | 3 | 3 | 3 |

*.在 0.05 水平（双侧）上显著相关。

MA 态势下的被试者对 KW、CRW 和 LRW（w/s）的差错率最低，而 HA 和 LA 态势下的被试者对 KW、CRW 和 LRW（w/s）的差错率明显高于 MA 的被试者（参见表 6-34）。

表 6-34　MA、HA 和 LA 在 SI 中的差错率对照表

| | KW | CRW | LRW |
|---|---|---|---|
| MA | 0.682±0.170 | 0.170±0.153 | 0.041±0.059 |
| HA | 0.788±0.172 | 0.197±0.195 | 0.051±0.075 |
| LA | 0.763±0.186 | 0.245±0.147 | 0.121±0.135 |

由表 6-33 观之，MA 态势下的三类差错率 KW（0.682±0.170）、CRW（0.170±0.153）以及 LRW（0.041±0.059）也明显低于 HA 和 LA 态势下的差错率（参见图 6-7）。

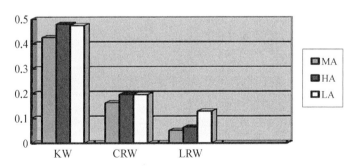

图 6-7　MA、HA 和 LA 在 SI 中的差错率分辨图

由图 6-7 可以看出，MA 柱形在每组中最短，这表明被试者在 MA 态势下在 SI 中 KW、CRW 以及 LRW 的差错率明显低于在 HA 和 LA 态势下在 SI 中 KW、CRW 以及 LRW 的差错率，同时各自差错率分配也显而易见。

通过 SPSS 相关性计算 Pearson 相关系数分别为第一组 1、.996、.561；第二组.996、1、.629；第三组.561、.629、1。其相关性较强（参见表 6-35）。

表 6-35　MA 与 HA 和 LA 被试者对 KW、CRW 和 LRW(w/s)的差错率相关性

|  |  | VAR00001 | VAR00002 | VAR00003 |
| --- | --- | --- | --- | --- |
| VAR00001 | Pearson 相关性 | 1 | .996 | .561 |
|  | 显著性（双侧） |  | .053 | .621 |
|  | N | 3 | 3 | 3 |
| VAR00002 | Pearson 相关性 | .996 | 1 | .629 |
|  | 显著性（双侧） | .053 |  | .567 |
|  | N | 3 | 3 | 3 |
| VAR00003 | Pearson 相关性 | .561 | .629 | 1 |
|  | 显著性（双侧） | .621 | .567 |  |
|  | N | 3 | 3 | 3 |

5. 结果、剖析及改进策略

1) 实验结果

① MA 态势下学生译员的 SI 平均成绩明显高于 HA 和 LA 态势下学生译员的 SI 平均成绩；

② MA 态势下学生译员在 SI 中 KW、CRW 以及 LRW 的反应时最短，对 SI 产品的完成呈现正相关，对 SI 具有催生作用；

③ MA 在 SI 中 KW、CRW 以及 LRW 的差错率最低，和 SI

的关系呈现正相关,对 SI 具有促进作用。

2) 缘由剖析

实验研究发现:被试学生在 SI 操作中产生的 MA 不仅没有对 SI 产生负面影响,相反会促进 SI,对口译产品的实现具有催生效应,因为 MA 会激活脑细胞中语言控制细胞。尽管有些似乎与任务不相关的信息占据了部分大脑空间,然而这些介质信息(medium information)能够积极地激活控制语言的神经细胞,值此被试学生的大脑神经处于中等兴奋模态(medium exciting mode,简称 MEM)(康志峰,2012:83)这一较为稳定的态势。由此可知:① MA 作为介质和稳定的情绪态势,并不影响学生的认知能力,而是激活了他们正常的认知活动(Kang, 2010:181),"有意识"地完成口译过程(李德超、王巍巍,2011:901),实现口译产品的完整性。在这一认知过程中,MA 更容易使大脑获取信息,至少比通常情况下获取更多的 SL 信息。② MA 并非处于消极的焦虑态势,而是有助于学生记忆信息。它不仅可以加强 WM,而且可以加强短期记忆 STM 和长时记忆 LTM(1974:47-90)。处于 MA 态势下的信息储存系统状态稳定,能够更好地处理 SL 信息并储存这些信息,使口译的 WM 更加有效(Kang, 2010:182)。③ MA 对 WM 的有效性增强了 SI 中 KW、CRW 和 LRW 的记忆效果,使之差错率下降。④ MA 同样能够有助于回忆(recall)信息、修补(retrieving)信息以及转换(transferring)信息,随之一些不正常的现象如丢失(missing)信息和转换错误(erroneous)信息等会避免。⑤ MA 能够促进信息产出的言语行为,加强以 TL 形式的言语表达(expressivity)能力。在 MA 的助力下学生译员会取得更好的 SI 效果。

6. 结论

1) MA 和口译产品的完成呈现正相关,MA 态势下学生译员的 SI 平均成绩也明显高于 HA 和 LA 态势下学生译员的 SI 平均成绩,MA 对口译产品具有催生效应;

2) HA 和 LA 对口译产品的完成呈现负相关,HA 和 LA 对

口译产品的实现产生阻碍作用,口译成绩欠佳;

3) 对处于 HA 和 LA 态势的学生译员施加情感指导的"AA+EA"策略和内省修正的自我修复策略,使之产生趋中效应(MA effects),学生译员绩效凸显。

该研究对全球化时代的口译教育(刘和平、许明,2012:53-59)、口译教学、口译实践以及我国焦虑理论,尤其是口译焦虑(IA)理论研究等具有一定的参考价值。

### 7. 余论

除 MA 对口译产品的实现具有催生作用之外,EA(中度兴奋)对口译产品的实现同样具有催生作用(康志峰,2010:133-134,173-180)。

## 六、IA 对口译认知的影响

### 1. 问题提出

口译是从一种语言信息到另一种语言信息的转换过程,包含输入、解码、记忆、转换、编码、输出等一系列复杂的认知心理变化过程。口译认知作为口译的一种常见形式是译员等讲话人讲完一部分或全部讲完以后,再译给听众。在口译认知操作过程中,要求译员具有良好的心理素质和速记能力,突出双语表达能力。IA 是口译初学者,尤其是学生,在做口译时由于口译的即时性、源语的复杂性、源语与目标语结构的相异性以及异常复杂心理因素等而引起学生焦虑的现象。IA 现象的产生超乎学生口译操作的常态,它对学生的口译认知是否具有积极效应和负面影响呢? 其效应性和影响程度如何呢?

### 2. 研究理据

认知心理语言学用"认知"一词来标示人的大脑与外部世界之间的信息交换关系。斯比尔贝格提出的"特质-状态焦虑"理论打破了焦虑整体论,为认知心理学的焦虑理论研究提供了更为翔实的分类研究;吉尔在"注意"研究的基础上,尤其是在对卡尼曼

(Kahneman)的"注意力分配模型(energy assignment pattern)"研究的基础上,提出了"认知负荷模式"理论,促进了认知心理学的认知负荷研究理论的升华;卡萨迪和约翰逊在 21 世纪初通过测试焦虑的研究,提出了测试焦虑的高级度;陈顺森和唐丹虹提出并通过实验证明了测试焦虑的高、中、低三个等级。因此,卡萨迪和约翰逊的测试焦虑理论研究以及陈顺森和唐丹虹的成功实验研究就成了本研究 IA 对口译认知效应和影响的直接理据。

3. IA 级度源与程序研究

1) 选择材料

① 实验程序 I 中的主要材料选择来自卡萨迪和约翰逊的认知测试焦虑量表中的内容,然后对之进行加工修改并整合而形成 28 项内容;

② 实验程序 II 中的主要材料选择来自《英语高级口译实用教程》中模拟测试 2 的口译测试(interpreting test)部分,如:

*Unwanted*（CRW）*sound*（KW）, *or*（LRW）*noise*（KW）, *such as*（KW）*that*（LRW）*produced*（KW）*by*（LRW）*airplanes*（KW）, *traffic*（KW）, *or*（LRW）*industrial*（CRW）*machinery*（KW）, *is*（KW）*considered*（KW）*a*（LRW）*form*（KW）*of*（LRW）*pollution*（KW）. *Noise*（KW）*pollution*（KW）*is*（KW）*at*（LRW）*its*（LRW）*worst*（CRW）*in*（LRW）*densely*（CRW）*populated*（CRW）*areas*（KW）. *It*（KW）*can*（LRW）*cause*（KW）*hearing*（KW）*loss*（KW）, *stress*（KW）, *high*（CRW）*blood*（KW）*pressure*（KW）, *sleep*（KW）*loss*（KW）, *distraction*（KW）, *and*（LRW）*lost*（CRW）*productivity*（KW）.

2) 测量工具

① 实验程序 I 的测量工具为口译焦虑量表(IAS),IAS 中,1 表示"非常不符合",2 表示"基本不符合",3 表示"基本符合",4 表示

"非常符合"。② 实验程序 II 的测量工具为不同 IA 级度学生的 CI 量化成绩表。

4. 实验对象

本研究者所教授 2009—2010 级第二学期复旦大学英语口译 I、II、III 班(非英语专业选修课)的 92 名学生,其中因 1 人参军,1 人住院未能参加测评,实际参加人数为 90 人(参见表 6-36)。

表 6-36　IA 被试人数与比例表

| 项　目 | 被试人数与比率 | HA | MA | LA | 缺席人数 |
|---|---|---|---|---|---|
| 被试人数 | 92 | 19 | 55 | 16 | 2 |
| 百分比(%) | 100.000 | 20.652 | 59.783 | 17.391 | 2.174 |

5. 实验程序

实验程序 I:通过对学生 IA 实验程序 I,让学生完成口译焦虑量表的 28 项内容后,大于和等于 72 分的学生为高口译焦虑,62—71 分的学生为中口译焦虑,62 分以下的学生为低口译焦虑。

实验程序 II:在教师监督下的 CI 期末考试,CI 期末考试成绩要记入档案留作升学和就业等之用。让 IA 不同级度的学生进行 CI 操作,实验结果发现:被试者处于 MA 状态,其反应时较短,差错率较低,对 CI 操作产生促进效应,从而获得较好的 CI 成绩;被试者处于 HA 和 LA 状态,其反应时较长,差错率较高,对 CI 操作产生负面影响,获得较差的 CI 成绩(参见表 6-37 和表 6-38)。

表 6-37　HA、MA 和 LA 被试者对 KW、CRW 和 LRW(w/s)的反应时对照表

|  | KW | CRW | LRW |
|---|---|---|---|
| HA | 2.027±0.971 | 3.681±1.902 | 2.936±0.670 |
| MA | 1.590±0.573 | 2.977±0.863 | 1.762±0.803 |
| LA | 4.261±2.596 | 4.725±1.794 | 4.661±2.049 |

表 6-38　HA、MA 和 LA 在 CI 中的差错率对照表

|    | KW | CRW | LRW |
|----|----|-----|-----|
| HA | 0.788±0.172 | 0.197±0.195 | 0.051±0.075 |
| MA | 0.691±0.189 | 0.169±0.142 | 0.036±0.054 |
| LA | 0.737±0.165 | 0.231±0.136 | 0.128±0.131 |

由表 6-37 观之,LA 被试者在 KW(4.261±2.596)、CRW(4.725±1.794)和 LRW(4.661±2.049)的反应时明显长于 HA 被试者在同类状况下的反应时,更长于 MA 被试者在同类状况下的反应时。

由表 6-38 观之,MA 被试者的 KW(0.691±0.189)、CRW(0.169±0.142)以及 LRW(0.036±0.054)的差错率明显低于 HA 和 LA 被试者在同类状况下的差错率。图 6-8 显示出 HA、MA、LA 在认知口译中的差错率分辨状况:

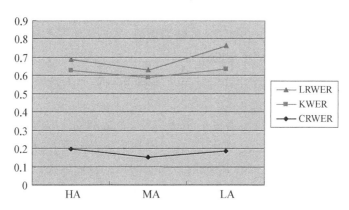

图 6-8　HA、MA 和 LA 在 CI 中的差错率分辨图

由此可以明显看出 HA、MA、LA 在 CI 中 KW、CRW 以及 LRW 的差错率,同时也明显辨别出其差错率分配。

6. 实验结果

1) 59.783%的被试学生对 HA 和 LA 具有免疫力,处于 MA 状态,而 20.652%的被试学生具有 HA,17.391%的被试学生具有 LA;

2) MA 和 CI 的关系呈现正相关,对 CI 具有促进作用;HA 和 LA 和 CI 的关系呈现负相关,对 CI 具有阻碍作用。

7. IA 效应研究

实验发现:被试学生在 CI 操作中产生的 MA 不仅没有对 CI 产生负面影响,相反会促进 CI,因为 MA 会激活脑细胞中语言控制细胞。尽管有些似乎与任务不相关的信息占据了部分大脑空间,然而这些介质信息能够积极地激活控制语言的神经细胞,使被试学生或译员的大脑神经处于中等兴奋模式。按照"焦虑关注(anxiety attention)/焦虑调节(anxiety adjust)＋兴奋关注(exciting attention)/兴奋调节(exciting adjust)"策略("AA＋EA" strategy),口译学生需要进行焦虑关注、焦虑调整兴奋关注以及兴奋调节使之处于利于 CI 的 MA 状态。

1) MA 作为介质和稳定的情绪态势,并不影响学生的认知能力,而是激活了他们正常的认知活动。在这一正常的认知过程中,MA 更容易使大脑获取信息,至少比通常情况下获取更多的 SL 信息。

2) MA 并非处于消极的焦虑态势,而是有助于学生记忆信息。它不仅可以加强 WM,而且可以加强 STM 和 LTM。处于 MA 态势下的信息储存系统状态稳定,能够更好地处理并储存 SL 信息。MA 良好的效应使口译的 WM 更加有效。

3) MA 对 WM 的有效性增强了交传笔记(note-taking)的效果,不仅加快了做笔记的速度,而且关键词信息记录齐全,关键词信息链的组合构成了完整的交传笔记,这是交传不可或缺的重要环节。

4) MA 同样能够有助于回忆信息、修补信息以及转换信息，随之就可避免一些不正常的现象，如丢失信息和转换错误信息等。

5) MA 能够促进信息输出的言语行为，加强以目标语形式的言语表达能力。因此，在 MA 的助力下，译员会取得更好的 CI 效果。

8. IA 影响研究

在实验程序 I 和 II 的基础上，对 30 个具有 HA(15 人)和 LA(15 人)的学生在本研究者监督下进行进一步实验研究，结果发现(Kang，2010：194)：在期末 CI 口译考试中有 38.889% 的被试者由于 HA 和 LA 而出现口译临场失常，其中 30 个被试者中有 22 人感到因口译考试紧张而手掌出汗；18 人感到自己心跳加速；9 人额头冒汗；13 人表达失常；11 人结巴重复；7 人出现哽噎(choking)现象(参见表 6-39)。

表 6-39 IA 现象调查表

| IA 现象 | 手掌出汗 | 心率加快 | 额头出汗 | 表达错误 | 停顿、结巴和重复 | 哽噎 |
|---|---|---|---|---|---|---|
| 被试人数（HA：15 人；LA：15 人） | 22 | 18 | 9 | 13 | 11 | 5 |
| 百分比(%) | 73.333 | 60.000 | 30.000 | 43.333 | 36.667 | 16.667 |

然而值得注意的是，对具有 MA 的另外 15 人检测发现了截然不同的反应：他们几乎没有手掌出汗，没有心率加快，没有额头出汗，没有表达反常，没有停顿、结巴和重复现象，更没有哽噎现象，甚至他们感到比平时发挥更佳。

9. HA 对 CI 的影响

HA 作为焦虑的态势之一对 CI 产生极大影响，因为 HA 产生大量不相关的信息占据了大脑的大部分空间，这干扰了 CI 的整个过程，导致 CI 的失败。其中，HA 对认知能力、思维记忆、交传笔记、信息回忆、信息修复、信息速记、信息转换以及目标语输出表达等都具有很强的影响力。

1) HA 对认知能力的影响

口译认知需要极强的认知心理建构能力,而 HA 干扰学生的认知能力以及正常的认知活动,使之产生认知障碍。这种认知干扰使学生在口译过程中认知能力降低,干扰正常获取信息的认知活动,甚至出现失聪现象,使学生获取 SL 部分信息或零信息,导致口译认知任务不能完成或不能圆满完成。

2) HA 对思维记忆的影响

CI 要求译员在笔记的帮助下对大量 SL 信息进行思维记忆,因为思维记忆是口译(无论是 CI,还是 SI)必不可少的。这一思维记忆过程包含了 STM 和 LTM 以及完成口译作业任务的 WM 等复杂的认知心理因素。WM 是与口译任务信息相关并完成这一任务不可或缺的重要认知心理因素。工作记忆系统(working memory system,简称 WMS)作为信息复述的特殊缓冲器负责储存和处理 SL 信息。当学生的思维记忆受到 HA 的影响,使大脑思维和记忆出现瞬间性紊乱,随之 STM 和 LTM 都会受到 HA 的影响,从而导致 WM 的非正常性。他们大脑中的信息储存系统处于混乱状态以至于难以进行正常的信息处理任务和储存所获信息任务。

3) HA 对交传笔记的影响

HA 引起 WM 的非正常性,从而也大大影响了交传笔记的效果,使学生在做笔记时不知所措,不知该记录哪些词语,往往表现为顾了前顾不了后,甚至有 13.333% 的学生拿着笔打哆嗦。这导致关键词信息支离破碎,难以形成完整的信息链组合,从而也难以构成完整的句意,可谓失败的交传笔记效果。

4) HA 对信息回忆、修复以及转换的影响

HA 导致学生在信息回忆、信息修复以及信息转换方面的严

重缺失,引起信息丢失、信息错误以及转换失效等。他们在口译时往往因暂时性失聪而导致储存信息量为零,从而输出零信息,这严重影响了 CI 口译任务的完成和口译考试成绩。

5) HA 对输出表达的影响

本研究认为,译员的大脑言语行为识解应该紧跟讲话人的话语,而且在正常情况下口译行为会自动跟随译员的话语。问题是有些学生在口译时,尤其是在口译测试时,由于受 HA 的影响,学生的言语行为表达会有高度的紧张感,对认知口译过程中语音(如音色、音质等)、语调(升调、降调等)以及口音等在不同时空(time and space)语境(context)表达产生影响,造成口译时失音和变调等反常现象。在口译时往往表现出话语重复、用手势表达,甚至造成瞬间哽噎现象等。

10. LA 对口译认知的影响

LA 作为焦虑的态势之一,表面似乎对口译认知没有太大影响,实则不然。LA 使大量非相关任务信息占据了大脑空间,干扰口译认知进程,对认知能力、SL 信息输入、思维记忆、交传笔记、信息回忆、信息修复、信息速记、信息转换以及 TL 输出等都具有很强的影响力。因为具有 LA 的学生处于麻木惰性状态,其惰性细胞和惰连关系未被激活。其表现为:① 口译认知的反应时延长;② 产生哽噎现象,甚至造成口译内容的零输出;③ 口译时仍然会有不少错误出现;④ 引起口译认知任务滞后完成;⑤ 造成口译考试的低成绩。

1) LA 对认知能力的影响

除了 HA 之外,LA 同样干扰学生的认知能力以及正常的认知活动,使之产生认知障碍。这种认知干扰使学生在口译过程中认知能力降低,干扰正常获取信息的认知活动,使学生反应时延长,获取 SL 部分信息或零信息,导致口译认知任务不能完成或不能圆满完成。

2) LA 对思维记忆的影响

具有 LA 的学生,其思维记忆或多或少受到 LA 的影响,使大脑思维和记忆处于非正常工作状态,随之 STM 和 LTM 都会受到 LA 的影响,从而导致 WM 失常。他们大脑中的信息储存系统处于惰性状态,以至于难以正常地完成信息处理任务和储存所获信息任务。

3) LA 对交传笔记的影响

LA 导致 WM 的失常,同样也大大影响交传笔记的效果,大脑信息储存系统处于惰性状态的学生在做笔记时产生作业任务完成的滞后,从而不能完成关键词信息记录的任务,其表现为只能记录各个连续传译记录任务的前半部分信息。这样导致关键词信息记录的不完整性,不能形成完整的信息链组合,只能产生每一连续性传译内容的部分语义,这同样造成失败的交传笔记效果。

4) LA 对信息回忆、修复以及转换的影响

由于受 LA 的影响,认知、思维以及记忆等工作时间延长,具有 LA 的学生同样在信息回忆、信息修复以及信息转换方面的延时而严重缺失,引起信息丢失、信息错误、转换失效等,甚至造成瞬间哽噎现象。这样他们在口译时往往会输出零信息,严重影响了 CI 口译任务的完成和口译考试成绩。

5) LA 对输出表达的影响

在 LA 的态势下,由于学生在 CI 中的反应时延长,言语表达行为迟缓,与 HA 的话语语境影响相似,往往会出现重复、用手势表达,甚至造成瞬间哽噎现象等。

由此观之,HA 和 LA 均对 CI 口译任务的完成在认知能力、思维记忆、信息回忆、信息修复、信息速记、信息转换以及 TL 输出表达等方面均具有很强的负面影响力。

11. 结论

与以往焦虑整体论如二语习得、英语学习以及其他外语学习

等的焦虑整体影响理论不同,本研究提出并进行了 IA 级度论尝试性研究。IA 使学生超乎 CI 口译操作常态,产生异化,既有积极效应,又有负面影响。其中 IA 中的 MA 对 CI 口译操作具有"催化剂"作用,产生促进效应;IA 中的 HA 使学生在 CI 操作时产生高度紧张情绪,对认知能力、思维记忆、信息回忆、信息修复、信息速记、信息转换以及 TL 信息输出的流利表达等整个口译过程都具有很大的影响;IA 中的 LA 造成 CI 口译操作的反应时延长,同样对认知能力、思维记忆等整个口译过程都具有很大的影响,使不少学生在口译时产生哽噎现象,甚至造成口译内容的零输出,口译时仍然会有不少错误出现,引起 CI 口译任务滞后完成,造成口译考试成绩低。本研究是 IA 级度论的尝试性研究,MA 对 CI 的效应度、HA 和 LA 对 CI 的影响度尚需进一步实验研究。本研究对我国口译理论研究、口译教学以及口译测试具有一定的参考价值。

## 第四节 口译中的 AA 和 IA 对策

### 一、AA 对策

针对 AA 中的 HA 和 LA 对口译中的 AP 以及整个口译过程的负面影响,本研究认为应采取以下对策:

1. 音辨对策

针对听觉音辨的差异性,学生应多听不同语境的声音,如美国英语、英国英语以及来自其他不同国家人们的英语发音,增强音辨能力。

2. 词汇对策

针对词汇的匮乏性,学生应多注意各种方式的词汇习得尤其是一词多义词的习得,扩大词汇量,增强自信心,降低 HA。

3. 模式对策

针对听音模式的惰连性,应注重培养学生积极的 AP 注意模式,养成良好的 AP 习惯,以便成功地获取 SL 信息,增强 LA。

4. 注意对策

针对注意力的分散性,应专门培训学生的 AS,有意延长 AS,同时注意聚焦听和语流,克服 AA 现象。

5. 技能对策

针对 AP 技能的非娴熟性,应注重培养学生在听音时的 AP 技能,以便 SL 信息输入、信息获取、顺利解码、转换并输出。

6. 信息对策

鉴于信息的多样性,平时应注意学生的知识广度,扩大其知识面,了解世界多元文化;鉴于信息的延展性、信息量的庞大性,平时应培养学生将手脑并用的速记和大脑记忆并用的技能。

## 二、IA 对策

针对 IA 中 HA 和 LA 对口译操作产生的负面影响,本研究认为应采取以下对策:

1. 情感指导策略

情感指导策略,即"2AA+2EA":I. 焦虑关注(原琳等,2009:854)(anxiety attention,以下简称 AAt)和焦虑调节(ibid.)(anxiety adjustment,以下简称 AAd),即 AAt+AAd=2AA;II. 兴奋关注(exciting attention,以下简称 EAt)和兴奋调节(exciting adjustment,以下简称 EAd),即 EAt+EAd=2EA;I+II=2AA+2EA(康志峰、邱东林,2011:81)。

"AA+EA"策略是指交传口译中对个体的焦虑关注和焦虑调节(2AA),兴奋关注和兴奋调节(2EA),以达到最佳交传口译效果的策略。其中焦虑关注从认知心理学的角度可以看作是认知重评的前提,关注到焦虑情绪的个体更易于重新归因、评价与解释事件,有效调节焦虑情绪(Mauss, Cook, Cheng & Gross, 2007:116)。与此同时,焦虑关注与更高效的情绪管理有关(McFarland & Buehler,

1998:1424),当个体关注焦虑情绪时,提高了焦虑情绪归因与调节的可能性(Dunn & Schweitzer,2005:736;原琳等,2009:854)。很显然,焦虑关注是对焦虑情绪进行有效调节的重要前提。焦虑调节在口译和交替传译中发挥着重要的作用,因为焦虑情绪调节的效果直接影响着交传效果。兴奋关注同样是认知重评的前提,关注到兴奋情绪的个体更易于重新归因、评价与解释事件,从而有效地调节极度兴奋情绪,实施有效的情绪管理;兴奋调节凸显其对交传口译个体高度兴奋和低度兴奋情绪的管理以及调节作用。因此,"2AA+2EA"策略与成功交传口译有着正相关效应,它有助于降低、逆转甚至消除情绪一致性效应(Bower,1981:129;原琳等,2009:854)(mood-congruent effect,简称 MCE),这一效应是指人们倾向于加工与其情绪状态相一致的信息,做出与情绪一致的行为。MCE 要求个体进行焦虑关注并进行高效的情绪管理和调节,以中度兴奋和平稳的情绪消除 MCE 以达到预期作业效果。"2AA+2EA"策略正是为消除 MCE 而进行加工努力的策略,这一策略能使交传口译的学生达到最佳交传口译效应(best effect of CI)(参见图 6-9)。

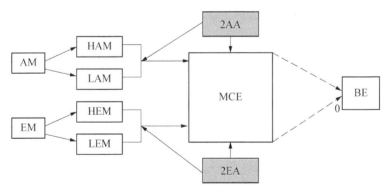

图 6-9 "2AA+2EA"加工努力及 MCE 消除图

2. AM 策略

麦克法兰(McFarland,2003:1426)指出,只要注意到自己的情绪感受,就比没有关注情绪的人更容易消除情绪一致性效应。本研究课题组据此进行了多次的问卷调查和实验研究。

实验1:对2009—2010年度第1学期复旦大学92名选修英语口译的学生和1名进修教师施测认知考试焦虑量表:卡萨迪于2002年编制,共27道题目,量表内部一致性α系数为0.91,其信度和效度已经考证。该考试焦虑量表中文版由陈顺森译出,信度检验克伦巴赫α系数为0.85(陈顺森、唐丹虹,2009:48)。本研究证实HAM者19名,MAM者55名,LAM者16名,剩余2名(1男生参军,1女生病退)未能参加测评,受试者的年龄分布在20—28岁(参见表6-40)。

表6-40 AM受试人数表

| 项目 | 受 试 者 | HAM | MAM | LAM | 未参加 |
|---|---|---|---|---|---|
| 总人数 | 92[包括1名来自台湾淡江大学的学生(李××,女,21岁),1名来自安徽巢湖学院的进修教师(杨××,女,28岁)和1名来自空军政治学院的硕士生(王××,男,26岁)] | 19 | 55 | 16 | 2 |
| 有效人数 | 92-2[其中1名中途参军(男,20岁),1名住院未能参加测评(女,21岁)] | 19 | 55 | 16 | 0 |

本研究采用3(HAM+MAM+LAM)×3(KW+CRW+LRW)公式,KW为key words,表示关键意思的词语,如名词、代词、动词等,CRW为closer related words,表示高相关词语,如时间、地点、数字等,其词性往往表现为形容词、副词、专有名词等,LRW为lesser related words,表示低相关词语,如冠词、介词、连词等,采用混合设计、综合运算的测评方法,使受试者在相同的语境下成功地将源语转换为目的语,然后对不同的受试者进行综合测评,从交传口译测试而产生的不同差错率(KW差错率、CRW差

错率、LRW 差错率)中找到高、中、低焦虑者与情绪一致性效应的关系及其对成功口译的影响(参见表 6-41)。

表 6-41　AM 受试者 C2 测试 KW、CRW 和 LRW 差错率

|  | KW | CRW | LRW |
|---|---|---|---|
| HAM | 0.788±0.172 | 0.197±0.195 | 0.051±0.075 |
| MAM | 0.691±0.189 | 0.169±0.142 | 0.036±0.054 |
| LAM | 0.737±0.165 | 0.231±0.136 | 0.128±0.131 |

由实验结果可以看出，MAM 对测试成绩起促进和积极作用，对情绪一致性效应有削弱和逆转作用；而 HAM 和 LAM 对测试成绩起抑制和消极作用，对情绪一致性效应有增强和推进作用(参见表 6-42)。

表 6-42　AD 与 MCE 表

| AD | MCE |
|---|---|
| HAM | 5.107±4.996 |
| MAM | 2.094±1.970 |
| LAM | 4.126±3.945 |
| AAt+AAd | 1.299±0.851 |

从 AD(焦虑等级)与 MCE 表得知：在交传中，个体焦虑情绪中的 HA 和 LA 往往会增加情绪一致性效应，使 HA 和 LA 与情绪一致性效应成正比(HA≈5.0)(LA≈4.0)；焦虑关注和焦虑调节能使情绪一致性效应降低或消失(AAt+AAd≈1.0)，由此而产生较好的交传效果(参见图 6-10)。

从 AD 与 MCE 图中，我们不难发现：HAM 和 LAM 的指数，尤其是 HAM 的指数比较高，这说明了 HA 和 LA，尤其是 HA 更倾向于加工与情绪状态相一致的信息，做出与情绪一致的行为，产

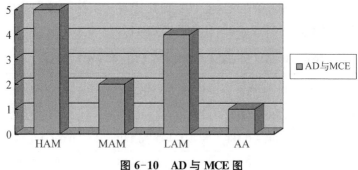

图 6-10 AD 与 MCE 图

生情绪一致性效应,这样的效应会使学生在交传口译时产生重复(repeating)、口误(slip of tongue)甚至出现声音沙哑、哽噎等失常现象,从而大大影响了交传口译效果;MAM 和 AA 指数比较低,这说明 MA 对情绪一致性效应有削弱和减缓作用,利于交替传译的良好效果,尤其是经过 AAt 和 AAd 而构建的"AA"策略对情绪一致性效应有逆转作用,从而发挥交传口译的更佳效果。

3."2AA"策略

首先是对 HA 者的负增量策略,即对 HA 者情内语境 HAM 的自我关注与调节,降低其高焦虑情绪,同时施加情外语境指导语如"不要把测试看得太重,把测试看作平时练习等"效果更佳;其次是 LA 增量策略,即对 LA 者情内语境 LAM 的自我关注与调节,使自己充满自信,严肃认真,同时施加情外语境指导语如"请重视这次测试,我们要将这次考试成绩记入个人成绩档案等"以达到最佳 MA 效果。

4."2EA"策略

这一策略是对一致性效应的关注和调节。首先是对 HE 者的负增量策略,即对 HE 者情内语境 HEM 的自我关注与调节,降低其高兴奋情绪,同时施加情外语境指导语如"请不要骄傲,不要过于自信等"效果更佳;其次是对 LE 增量策略,即对 LP 者情内语境

LEM 的自我关注与调节,使自己充满自信,增加自己的兴奋情绪,同时施加情外语境指导语如"我行,我自信等"以达到最佳效果。兴奋关注以及兴奋调节使之处于对口译具有催生效应的 MA(即 IA 测试 62—72 分)态势。

5. 内省修正策略

内省修正策略,即自我修复策略(self-repair strategy)。其含义有二:一是指对自己焦虑情绪的自我内省,如自我感知具有 HA,那就需要有意识地自我控制,使之产生负增量;相反,自我感知具有 LA,那就需要有意识地自我调节,使之产生正增量;二是指话语实施者在同一轮话语之内自发纠正自己言语的行为(Pillai,2006:114-116),即学生译员在口译操作时根据自己的口译状况对口译产品自我监测(self-monitoring)并不断自我修复,减少非正常停顿,增强话语的流利性(符荣波,2012:437),使之更加完善直至达到满意效果的策略。这一策略有助于学生自我调控焦虑情绪,具有趋中效应,而且 MA 在催生口译产品的过程中,学生译员会不断修复目的语,其口译效果更佳。

## 三、级度唤醒策略

1. 级度唤醒

唤醒是指机体的一种状态,有"警觉、激活"之意,是种一般的警觉状态,它能够激活注意系统,以便更好地接受来自知觉的信息输入,它是内外刺激相互作用的结果,新异刺激、计划思想等都可以影响唤醒(陈顺森、唐丹虹,2009:46-53)。级度唤醒是指对 HA、MA、LA 不同等级焦虑者的唤醒级度(arousal degree),包括高度唤醒(higher arousal)、中度唤醒(medium arousal)和低度唤醒(lower arousal)。为避免 HA 学生哽噎现象的发生,我们实施了唤醒策略。通过对不同焦虑组在正式开始实验前施测状态-特质焦虑问卷(STAI)(斯比尔贝格于 1970 年编制,20 道问题),根据状态焦虑表得分区别级度唤醒,施加指导语如"我们即将进行的测验反映了你们的智力水平,并将记入档案,请认真对待(ibid.)。"

2. 实验检验

实验结果表明:口译考试 HA 在中度唤醒状态下,个体进入警觉状态,产生的工作记忆错误最少,对信息的加工达到最佳状态,对认知成绩起到积极促进作用,认知成绩优于高、低唤醒焦虑状态。$X^2=6.74$,$p<0.05$,即在高度唤醒的情境下,口译考试焦虑产生了更强烈的 WM 错误(参见表6-43)。由此可见,施加情外语境指导语和利用情内语境激活语言神经的中度唤醒策略凸显了对口译考试 HA、LA 焦虑学生的应对策略。

表 6-43 级度唤醒态势下差错率再认表

| 级度唤醒 | KW | CRW | LRW |
| --- | --- | --- | --- |
| 高度唤醒 | 0.768±0.212 | 0.187±0.135 | 0.05±0.06 |
| 中度唤醒 | 0.583±0.149 | 0.158±0.116 | 0.02±0.05 |
| 低度唤醒 | 0.586±0.125 | 0.317±0.174 | 0.06±1.09 |

## 四、情绪调节(mood adjustment)的中介变量

情绪调节的效果受到多方面因素制约。奇瑞(Chery,1998:166)认为个性因素是调节情绪的中介变量,情绪调节的有效性很大程度上取决于个体的特质;庄锦英(2006:1104)和原琳(2009:856)等的研究发现,作为典型个性特质之一的情绪稳定性会影响MCE。本书经过在 CI 中的问卷调查、教学实践以及现场实验同样发现个性的差异性。让受试者在 CI 时有意识地关注自己的情绪,观察情绪稳定性不同的个体是否都会存在 MCE 的消失以确定情绪关注在改善或调节情绪中的内在机制。情绪关注对 MCE 的消除源于关注情绪后的情绪调节,这种调节可能仍然受到情绪

稳定性的影响,即在关注情绪后,情绪稳定性不同的交传口译受试者在 MCE 上仍存在差异,仍然存在着个性因素的自变量,这将是我们继续研究的新课题。

通过认知口译学的理论研究、口译教学实践以及对学生译员的现场实验,本研究得出针对 AA 和 IA 中的 HA 和 LA 对策的以下结论:

1) AA 中 HA 和 LA 的音辨对策、词汇对策、模式对策、注意对策、技能对策和信息对策等能够抑制口译中听音时的 HA,调整 LA,加强听音效果,增加输入信息;

2) IA 中的 HA 和 LA 的情感指导对策,其中包括 AM 策略、EM 策略、"2AA+EA"策略和内省修正策略等情绪高管策略,来调整 HAM 和 LAM 并减缓和逆转 MCE 效应,从而提高口译质量,达到最佳交传口译效果;

3) AA 和 IA 中 HL 和 LA 的级度唤醒策略;

4) 适合于个体特质的中介变量情绪调节策略能够使个体在口译过程中对其情绪进行自我调整、自我修复、自我完善。

以上针对 HA 和 LA 口译策略的实施不仅具有必要性,而且具有可行性。这些策略对职业译员,尤其是学生译员具有一定的借鉴作用,对我国的口译教学、口译测试同样有着不容忽视的作用。

## 第五节 良好心理与口译产品

### 一、对学生译员(MTI)的跟踪调查

良好的认知心理对口译产品的顺利实现具有很大的作用。本研究对所教授 2012 级复旦大学外文学院 MTI 口译班的学生译员进行了 2012—2013 学年度第二学期的跟踪调查。结果发现,在良好的认知心理状态下,口译产品的产出结果如下(参见表 6-44):

表 6-44  口译产品实验基本情况表

| 项目 | 第 1 周 | 第 3 周 | 第 5 周 | 第 10 周 | 第 15 周 |
|---|---|---|---|---|---|
| 实验对象 | 学生译员（MTI） | 学生译员（MTI） | 学生译员（MTI） | 学生译员（MTI） | 学生译员（MTI） |
| 实验地点 | Rm5113 | Rm5113 | Rm5113 | 同传实验室5207 | 同传实验室5207 |
| 实验人数 | 28 | 28 | 27 | 26 | 28 |
| 口译模式 | CI & SI | CI & SI | CI & SI | CI & SI | CI & SI |
| 语言模式 | E-C; C-E | E-C; C-E | E-C; C-E | E-C; C-E | E-C; C-E |
| 实验内容 | E-C: 人物背景介绍 C-E: 口译介绍 | E-C: 奥巴马开学演讲 C-E: 两会报道 | E-C: 希拉里·克林顿关于亚太地区繁荣的演讲 C-E: 傅莹: 从外部环境的变化看我国外交面临的新挑战 | E-C: 波士顿爆炸案报道 C-E: 第十届中国国际投资贸易洽谈会致辞 | E-C: 奥巴马就职演讲 C-E: 李克强答中外记者问 |

由表 6-44 良好状态下的口译产品实验基本情况表可知口译产品的实验对象、实验地点、实验人数、口译的模式、使用语言转换的模式以及实验内容等。对学生译员的口译产出能力评估，我们进行了 5 次跟踪实验，其实验效应如下（表 6-45）。

表 6-45  良好状态下的口译产出效应表

| 项 目 | 第 1 周 | 第 3 周 | 第 5 周 | 第 10 周 | 第 15 周 |
|---|---|---|---|---|---|
| E-C: CI 平均正确率(%) | 62.071 | 64.426 | 70.115 | 83.145 | 91.750 |
| C-E: CI 平均正确率(%) | 59.390 | 59.754 | 69.238 | 81.092 | 90.625 |
| E-C: SI 平均正确率(%) | 47.551 | 50.061 | 65.292 | 80.748 | 85.793 |
| C-E: SI 平均正确率(%) | 43.264 | 46.927 | 63.848 | 79.905 | 83.016 |

E-C: (interpreting) from English into Chinese; C-E: (interpreting) from Chinese into English.

由表 6-44 良好状态下的口译产出效应表可以看出,从第 1 周到第 3 周,无论是 CI 还是 SI,无论是英译汉还是汉译英,平均正确率提高均不明显。其中英译汉 CI 平均正确率由 62.071% 上升到 64.426%,增长了 2.355%;汉译英 CI 平均正确率由 59.390% 上升到 59.754%,仅增长了 0.364%,几乎没有增长;英译汉 SI 平均正确率由 47.551% 上升到 50.061%,增长了 2.510%;汉译英 SI 平均正确率由 43.264% 上升到 46.927%,增长了 3.663%。由此可见,增长幅度不大。到第 5 周虽然有较大增长,但仍然不是特别明显。然而,到了第 10 周,增长的数额无论与第 1 周还是与第 5 周相比都很大。到了第 15 周,各项目的正确率仍在增加(参见图 6-11)。

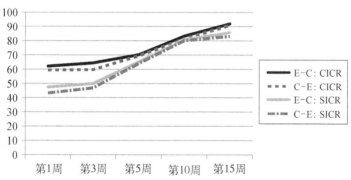

E-C: CICR 表示英汉交传正确率;C-E: CICR 表示汉英交传正确率;
E-C: SICR 表示英汉同传正确率;C-E: SICR 表示汉英同传正确率。

**图 6-11 口译产出在 CI 和 SI 中的正确率跟踪图**

由图 6-13 口译产出在 CI 和 SI 正确率跟踪图可以看出:MTI 学生译员随着专业培训时间的延长,在 15 周的时间内,曲线明显上升,这表明口译产出识记能力增强。

经过 SPSS 对所跟踪调查内容和数据的检验,其结果如下(参见表 6-46 和表 6-47):

```
T-TEST
/TESTVAL=0
/MISSING=ANALYSIS
/VARIABLES=VAR00001 VAR00002 VAR00003 VAR00004
/CRITERIA=CI(.95).
```

表6-46 均值、标准差和标准误差检验

|          | N | 均 值    | 标准差    | 均值的标准误 |
|----------|---|----------|----------|--------------|
| VAR00001 | 5 | 74.301 4 | 12.721 00 | 5.689 00    |
| VAR00002 | 5 | 72.019 8 | 13.657 95 | 6.108 02    |
| VAR00003 | 5 | 65.889 0 | 17.350 24 | 7.759 26    |
| VAR00004 | 5 | 63.392 0 | 18.263 50 | 8.167 68    |

表6-47 调查意义检验表

|          | 检验值=0 |    |            |          |               |          |
|----------|---------|----|------------|----------|---------------|----------|
|          | t       | df | Sig.（双侧）| 均值差值 | 差分的95%置信区间 |          |
|          |         |    |            |          | 下限          | 上限     |
| VAR00001 | 13.061  | 4  | .000       | 74.301 40 | 58.506 2     | 90.096 6 |
| VAR00002 | 11.791  | 4  | .000       | 72.019 80 | 55.061 2     | 88.978 4 |
| VAR00003 | 8.492   | 4  | .001       | 65.889 00 | 44.345 8     | 87.432 2 |
| VAR00004 | 7.761   | 4  | .001       | 63.392 00 | 40.714 9     | 86.069 1 |

经过SPSS计算,自动生成均值、标准差和标准误差检验图(表6-46)和调查意义检验表(表6-47)。表6-46可以清晰地显示五项均值分别为74.301 4、72.019 8、65.889 0和63.392 0;标准差为12.721 00、13.657 95、17.350 24和18.263 50。表6-47可以看出五项调查内容的Sig.分别为.000、.000、.001和.001。这五项均≤.01,由此说明五项调查结果均具有重大意义。

由 SPSS 计算的五项调查内容的相关性结果显示(参见表 6-48):

CORRELATIONS
/VARIABLES=VAR00001 VAR00002 VAR00003 VAR00004
/PRINT=TWOTAIL NOSIG
/MISSING=PAIRWISE.

表 6-48 相关性数据表

| | | VAR00001 | VAR00002 | VAR00003 | VAR00004 |
|---|---|---|---|---|---|
| VAR00001 | Pearson 相关性 | 1 | .996** | .976** | .963** |
| | 显著性(双侧) | | .000 | .004 | .008 |
| | N | 5 | 5 | 5 | 5 |
| VAR00002 | Pearson 相关性 | .996** | 1 | .984** | .972** |
| | 显著性(双侧) | .000 | | .002 | .006 |
| | N | 5 | 5 | 5 | 5 |
| VAR00003 | Pearson 相关性 | .976** | .984** | 1 | .998** |
| | 显著性(双侧) | .004 | .002 | | .000 |
| | N | 5 | 5 | 5 | 5 |
| VAR00004 | Pearson 相关性 | .963** | .972** | .998** | 1 |
| | 显著性(双侧) | .008 | .006 | .000 | |
| | N | 5 | 5 | 5 | 5 |

**.在.01 水平(双侧)上显著相关。

由表 6-47 的相关数据显示,五项内容的 Pearson 相关系数均很高,均在.963 以上。**表明在.01 水平(双侧)上显著相关。

通过 SPSS 对跟踪调查数据的效度和信度计算,其结果如下

(参见表 6-49 和表 6-50):

```
RELIABILITY
  /VARIABLES=VAR00001 VAR00002 VAR00003 VAR00004
  /SCALE('ALL VARIABLES') ALL
  /MODEL=ALPHA.
```

表 6-49 效度计算表

| 案例 | | N | 百分比(%) |
|---|---|---|---|
| 案例 | 有效 | 5 | 100.0 |
| | 已排除[a] | 0 | .0 |
| | 总计 | 5 | 100.0 |

表 6-50 可靠性统计表

| 克伦巴赫 α 系数 | 项　　数 |
|---|---|
| .988 | 4 |

由表 6-49 效度计算表和 6-50 可靠性统计表可知,所调查的5个项目均100%有效,克伦巴赫 α 系数为.988,这说明该跟踪调查数据不仅有效,而且真实可靠。

## 二、对学生译员(非专业)的跟踪调查

良好的认知心理素质有助于口译产品的顺利实现,这在学生译员的口译实践和口译操作中能得以充分体现。本书对所教授复旦大学外文学院大学英语部开设的非英语专业英语口译选修课本科生学生译员进行了 2012—2013 学年度第二学期的跟踪调查。选修该课程的学生译员必须修完大学英语(III)才允许选修该课程。通过跟踪调查,学生译员在良好的认知心理状态下,口译产品的产出结果如下(参见表 6-51):

表 6-51 口译产品实验基本情况表

| 项 目 | 第1周 | 第3周 | 第5周 | 第10周 | 第15周 |
|---|---|---|---|---|---|
| 实验对象 | 学生译员（本科生） | 学生译员（本科生） | 学生译员（本科生） | 学生译员（本科生） | 学生译员（本科生） |
| 实验地点 | HGX106 | HGX106 | HGX106 | HGX106 | HGX106 |
| 实验人数 | 70 | 70 | 69 | 69 | 69 |
| 口译模式 | CI & SI | CI & SI | CI & SI | CI & SI | CI & SI |
| 语言模式 | E-C; C-E | E-C; C-E | E-C; C-E | E-C; C-E | E-C; C-E |
| 实验内容 | 同表6-43 | 同表6-43 | 同表6-43 | 同表6-43 | 同表6-43 |

由表 6-51 良好状态下的口译产品实验基本情况表可知，口译产品的实验对象、实验地点、实验人数、口译的模式、使用语言转换的模式以及实验内容等。对学生译员的口译产出能力评估，进行了 5 次跟踪实验，其实验结果如下（表 6-52）。

表 6-52 良好状态下的口译产出效应表

| 项 目 | 第1周 | 第3周 | 第5周 | 第10周 | 第15周 |
|---|---|---|---|---|---|
| E-C: CI平均正确率(%) | 46.407 | 52.810 | 60.318 | 76.470 | 85.149 |
| C-E: CI平均正确率(%) | 38.925 | 42.671 | 58.949 | 75.391 | 83.157 |
| E-C: SI平均正确率(%) | 35.186 | 37.526 | 45.706 | 71.546 | 80.935 |
| C-E: SI平均正确率(%) | 29.795 | 30.284 | 40.933 | 68.125 | 80.254 |

E-C: (interpreting) from English into Chinese; C-E: (interpreting) from Chinese into English.

由表 6-52 良好状态下的口译产出效应表可以看出，从第 1 周到第 3 周，无论是 CI 还是 SI，无论是英译汉还是汉译英，平均正确率均上升不明显。其中英译汉 CI 平均正确率由 46.407% 上升到

52.810%,增长了6.403%;汉译英CI平均正确率由38.925%上升到42.671%,仅增长了3.746%;英译汉SI平均正确率由35.186%上升到37.526%,增长了2.340%;汉译英SI平均正确率由29.795%上升到30.284%,增长了0.489%,几乎没有增长。由此可见,从第一周到第三周增长数额不大。到第5周虽然有较大增长,但仍然不是特别明显。然而,到了第10周,增长的数额无论与第1周还是与第5周相比都很大。到了第15周,各项目的正确率仍在增加(参见图6-12)。

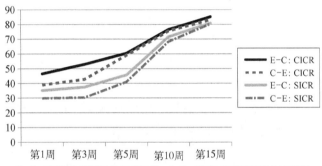

E-C: CICR表示英汉交传正确率;C-E: CICR表示汉英交传正确率;
E-C: SICR表示英汉同传正确率;C-E: SICR表示汉英同传正确率。

**图6-12　口译产出在CI和SI中的正确率跟踪图**

由图6-12口译产出在CI和SI正确率跟踪图可以看出:MTI学生译员随着口译培训时间的延长,在15周的时间内,口译产出识记能力在不断增强,表达正确率在不断上升。

经过SPSS对所跟踪调查内容和数据的检验,其自动生成的结果如下(参见表6-53和表6-54):

T-TEST
/TESTVAL=0
/MISSING=ANALYSIS
/VARIABLES=VAR00001 VAR00002 VAR00003 VAR00004

/CRITERIA=CI(.95).

表 6-53　均值、标准差和标准误差检验

|  | N | 均　值 | 标准差 | 均值的标准误 |
|---|---|---|---|---|
| VAR00001 | 5 | 64.230 8 | 16.208 04 | 7.248 45 |
| VAR00002 | 5 | 59.818 6 | 19.484 09 | 8.713 55 |
| VAR00003 | 5 | 54.179 8 | 20.780 67 | 9.293 40 |
| VAR00004 | 5 | 49.878 2 | 23.037 57 | 10.302 72 |

表 6-54　调查意义检验

|  | 检验值=0 | | | | 差分的 95%置信区间 | |
|---|---|---|---|---|---|---|
|  | t | df | Sig.（双侧） | 均值差值 | 下限 | 上限 |
| VAR00001 | 8.861 | 4 | .001 | 64.230 80 | 44.105 9 | 84.355 7 |
| VAR00002 | 6.865 | 4 | .002 | 59.818 60 | 35.625 9 | 84.011 3 |
| VAR00003 | 5.830 | 4 | .004 | 54.179 80 | 28.377 2 | 79.982 4 |
| VAR00004 | 4.841 | 4 | .008 | 49.878 20 | 21.273 3 | 78.483 1 |

经过 SPSS 计算，自动生成均值、标准差和标准误差检验表（表 6-53）和调查意义检验表（表 6-54）。表 6-53 可以清晰地显示五项均值分别为 64.230 8、59.818 6、54.179 8 和 49.878 2；标准差 16.208 04、19.484 09、20.780 67 和 23.037 57。表 6-54 可以看出五项调查内容的 Sig.分别为.001、.002、.004 和.008。这五项均≤.01，由此说明五项调查结果均具有重大意义。

由 SPSS 计算的五项调查内容的相关性结果显示（参见表 6-55）：
CORRELATIONS
/VARIABLES=VAR00001 VAR00002 VAR00003 VAR00004

/PRINT=TWOTAIL NOSIG
/MISSING=PAIRWISE.

表 6-55 相关性数据表

|  |  | VAR00001 | VAR00002 | VAR00003 | VAR00004 |
|---|---|---|---|---|---|
| VAR00001 | Pearson 相关性 | 1 | .990** | .990** | .988** |
|  | 显著性(双侧) |  | .001 | .001 | .002 |
|  | N | 5 | 5 | 5 | 5 |
| VAR00002 | Pearson 相关性 | .990** | 1 | .978** | .978** |
|  | 显著性(双侧) | .001 |  | .004 | .004 |
|  | N | 5 | 5 | 5 | 5 |
| VAR00003 | Pearson 相关性 | .990** | .978** | 1 | .999** |
|  | 显著性(双侧) | .001 | .004 |  | .000 |
|  | N | 5 | 5 | 5 | 5 |
| VAR00004 | Pearson 相关性 | .988** | .978** | .999** | 1 |
|  | 显著性(双侧) | .002 | .004 | .000 |  |
|  | N | 5 | 5 | 5 | 5 |

\*\*表明在.01水平(双侧)上显著相关。

由表 6-55 的相关数据显示,五项内容的 Pearson 相关系数均很高,均在.978 以上。\*\*表明在.01 水平(双侧)上显著相关。

通过 SPSS 对跟踪调查数据的效度和信度计算,其结果如下(参见表 6-56):

RELIABILITY
/VARIABLES=VAR00001 VAR00002 VAR00003 VAR00004
/SCALE('ALL VARIABLES') ALL
/MODEL=ALPHA.

表 6-56　效度计算表

| | | N | 百分比(%) |
|---|---|---|---|
| 案例 | 有效 | 5 | 100.0 |
| | 已排除a | 0 | .0 |
| | 总计 | 5 | 100.0 |

表 6-57　可靠性统计表

| 克伦巴赫 α 系数 | 项　　数 |
|---|---|
| .992 | 4 |

由表 6-56 效度计算表和 6-57 可靠性统计表可知,所调查 5 项目均 100% 有效,克伦巴赫 α 系数为.992,这说明该跟踪调查数据不仅有效,而且真实可靠。

本研究者通过对所教授的 MTI 学生译员和本科生学生译员的两项跟踪调查说明,口译教师应在传授学生译员口译知识和培养口译技能的同时,注重他们在课堂口译训练时,尤其是口译操作和口译测试时的认知心理问题。口译教师应以 AA 对策、IA 对策、情感指导策略、级度唤醒策略以及情绪调节策略等引导学生译员克服由种种原因引起的心理紧张和焦虑等情感因素问题,使他们以正常的心态、情态、状态来完成各种口译任务,顺利实现各种口译产品。认知口译学的研究不仅对学生译员以良好的心态进行口译操作具有很大的指导意义,对职业译员的口译认知和操作也有一定的借鉴作用。

## 第六节　元情绪背景下学生译员 IMEs 研究

对学生译员使用 ERPs 技术和测试来源记忆的多键范式,探讨他们不同情绪效价背景下来源提取的认知神经机制。在学习阶段,为被试者同时呈现英文词和三种效价情绪图片(重叠);在测验阶段,只呈现英文词,要求被试者进行四键判断:旧词且背景为中性,旧词且背景为正性,旧词且背景为负性,生词。结果发现:在提取阶段,刺激呈现后 300—500 ms,三种情绪背景下,来源判断正确项目和来源判断错误项目都比新项目诱发了更正的 ERPs(即都存在新旧效应),这一结果反映出刺激呈现后 300—500 ms 是一个早期的项目提取阶段,它独立于来源提取。并且,在中性背景下,两种新旧效应没有差别;而在正性和负性背景下,来源判断正确项目的新旧效应显著大于来源判断错误项目的新旧效应。这说明相比于中性背景,情绪背景下被试者可能更早对来源信息产生熟悉感。在 500—650 ms,三种情绪背景下都存在来源判断正确项目的新旧效应,在来源判断错误项目和新项目之间没有显著差异,来源正确与来源错误有显著的新旧效应差异,但二者在头皮分布上是类似的,这反映了晚期的来源提取过程。同时来源正确的新旧效应在这两个时段有显著不同的头皮分布,表明这两个时段有不同的信息加工过程。另外,在 500—650 ms,存在显著的情绪效应,正性背景下正确判断来源诱发的 ERPs 比中性和负性背景下的更正,而且来源判断错误条件下没有情绪效应。综上所述,来源正确和来源错误可能仅仅反映了大脑激活在量上的不同,并不能推断两者存在质的差异;学生译员大脑神经活动的早期不仅反映了对记忆项目的熟悉性,而且也受情绪效应的影响,500 ms 之后大脑神经活动反映的是对记忆项目回想的过程,这一回想过程也与情绪效应有关,受到情绪效应的调节。

## 一、口译元情绪(IMEs)研究的理论基础

随着情绪智力(emotional intelligence,简称 EI)研究的不断深入,在认知心理和脑科学研究领域以元认知和元意识为依据的元

情绪理论也逐渐受到研究者的重视,出现了不少元情绪与其他领域交叉学科的研究,但是尚未有人涉猎元情绪与口译关系的研究。元情绪作为 EI 的核心,是学生译员不可或缺的能力,是做好口译的必要条件。本研究采用理论研究法对学生译员口译行为的元情绪做了系统考察研究。随之对学生译员口译元情绪(IMEs)研究的理论基础、口译元情绪的理论建构、口译元情绪的研究范畴以及口译元情绪的研究展望做了较为详尽的诠释。本研究对口译元情绪概念的正式提出将会受到该领域研究者的关注。口译元情绪对学生译员的口译行为影响颇深,积极的口译元情绪对其口译元情绪管理具有良好效应,使其进行有效口译,乃至增效口译。

1. 从 EI 到元情绪

EI 即情绪智力,这一概念于 1990 年由美国新罕布什尔大学的梅耳(Mayer)和耶鲁大学的萨乐威(Salovey)提出,指"个体监控自己及他人的情绪和情感,并识别、利用这些信息指导自己的思想和行为的能力"(Mayer, DiPaolo & Salovey, 1990:772)。基于多元智能理论(肖友群、曾小荣、肖岚,2015)和英汉翻译的差异性,EI 也被某些学者译作情感智力(卢家楣,2005:1246)。本书认为,"情绪"与"情感"虽相似,却相异,内含异化语义成分。从认知神经科学的视角,"情绪"之表达更为贴切。随着古乐曼(Goleman)《情绪智力》一书的问世(周炎根、张鹏程、卢家楣,2014:15),近年来在认知心理研究领域对"情绪"或"情感",尤其是对 EI 的研究日趋深入。随之,以元认知(meta-cognition)和元意识(meta-consciousness)为依据的元情绪(meta-emotion)及其理论也逐渐受到研究者的重视,出现了一些元情绪与其他领域的交叉学科研究,但至今尚未有人开展元情绪与口译学科的研究。因此,脱离语言外壳(胡家英、庞坤,2015:105)进行超语言的 EI 研究,使学生译员关注 EI 之核心——元情绪,以便更加出色地完成口译任务是迫切需要。

### 2. 口译元情绪的产生

"元"虽属心理学领域,然可溯源(康志峰,2012:106)于哲学范畴。1956年哲学家塔斯基(Tarski)首次将其用于自我意识的研究中(周炎根、张鹏程、卢家楣,2014:15)。它是指个体对自我的反思或自我证明悖论之思考(Nelson,1996:102)。随着"元"概念的引入,哲学和心理学界随即建构了元意识、元记忆(meta-memory)以及元认知等概念,同时语言学界、应用语言学界以及用于语言应用的口译界也随即引入了这些概念。

萨乐威等以元意识和元认知为理据,吸收EI研究相关成果,于1995年提出"元情绪"的概念(周炎根、张鹏程、卢家楣,2014:15)。根据萨乐威以及周炎根等人(2014:15)的解释,元情绪是一种主体对自我情绪的觉察、体验和调控的能力。根据艾科斯翠默拉(Extremera,2011:509)和弗瑞翁等人(Frewen et al.,2012:152)的观点,元情绪具有良好的情绪调节能力,促使个体保持积极与消极情绪的动态平衡。学生译员的口译行为恰好需要其自身的良好情绪调节能力。在口译学习、口译测试以及口译操作的动态活动中,需要其自身保持积极与消极情绪的动态平衡。只有掌握好这一平衡,才能进行有效,甚至增效口译。由此可知,元情绪与口译行为关系密切,口译元情绪亦应运而生。

## 二、口译元情绪的理论建构

### 1. 元情绪理论建构

在认知心理界,元情绪作为一个新兴的研究领域,正在受到研究者的关注。由于对EI内涵和外延的研究受到质疑,萨乐威等于1995年对元情绪进行了概念界定以及理论建构。他们认为元情绪是一种能力,是个体对自身情绪觉知、体验、评价、描述以及监控的能力(周炎根、张鹏程、卢家楣,2014:15)。古特曼等(Gottman et al.,1996)认为,元认知是以自己的认知为对象,元情绪是以自每天在各方面都变得越来越好"(埃米尔·库埃,1920;卫青,2012)流传至今。此概念最初分积极自我暗示和消极自我暗示。积极自我暗示对个体的意志和心理产生影响,令人心情愉悦,情绪乐观,自信增强。此为心理学上所讲的"皮格马利翁效应",也称期望效应。相反,消极的自我暗示会强化个体性格弱点,唤醒自卑、怯懦、嫉妒等影响情绪的负面因素。由此可见,口译元情绪心理暗示法使学生译员在口译考试或现场操作时可以利用心理暗示如"冷静""制怒""镇定"等来调适和放松心理的紧张情绪。口译行为实践证明,口译情绪心理暗示法对学生译员的不良情绪和行为有奇妙的影响和调控作用,既可以松弛过分紧张的情绪,又可激励自己。

② 口译元情绪注意力转移法:是学生译员把注意力从引起不良情绪反应的刺激情境,转移到其他事物上去或从事其他活动的元情绪调节方法。此法是当学生译员个体出现口译行为情绪不佳时,把注意力转移到使自己感兴趣的事或物上去,有助于学生译员个体在混乱的情绪中平静下来,或在活动中找到新的乐趣。学生译员转移注意力,如想象近期发生的趣事、乐事、笑话或即将参加某项愉快的活动,调整元情绪,使之情绪好转,顺利完成口译行为任务。

③ 口译元情绪调解法:由于元情绪的发生既有个体主观因素,如自己内心忧愁、焦虑、紧张等,又有外在客观因素如场景效果不佳、家人生病、领导批评、工作不顺等,个体需要对此做出自我内心调节,强迫自己冷静、沉着、平和,甚至有时可以深呼吸。学生译员可以对源发于自己内心的忧愁、焦虑、紧张等不良行为进行适度的自我调节,自我克制,以平静的情绪对待各种口译行为。对于外部环境如口译教室或同传教室吵闹,音响设备效果不佳,源语声音不清等造成的元情绪问题,一可以通过实地现场解决,二可以自我情绪调控解决。

④ 口译元情绪安慰法：指学生译员个体在完成自己口译行为任务的过程中遇到挫折或失败时，可以找到一种合乎内心需要的理由来对自己的不佳情绪说明或辩解，以避免精神上的痛苦或不安，如用"胜败乃兵家常事""祸福相依""塞翁失马，焉知非福"等词语来安慰自己，往往可以摆脱烦恼，缓解矛盾，消除顾虑、抑郁、失望，达到情绪稳定、自我激励、顺利完成口译任务之目的。

⑤ 口译元情绪升华法：元情绪升华是学生译员对消极情绪的一种高水平的宣泄，是将消极情绪引导到对口译行为任务完成有利的方向上去。如某学生译员因失恋而痛苦万分，但他没有因此而消沉，而是把注意力转移到口译学习和口译训练中，从而证明自己的口译能力。

按照口译元情绪管理方法对学生译员的元情绪进行情绪管理往往可以奏效，但如果失效，仍无需灰心，按照理性思维和行动的情绪疗法，他们会精神愉悦，富有口译教育精神及口译行为成效，并用内化语言重复合理的信念，排解情绪困扰。

## 四、口译元情绪研究展望

1. 理论研究展望

随着本书对口译元情绪研究概念的提出，其理论研究从 EI 到元情绪不断深化，迈向成熟，不仅会从 EI 内涵的视角展开能力论研究，而且会从特质论的层面深入解析，同时还会从混合论的维度全面探究。因此，口译元情绪研究从现在起步，向能力论、特质论以及混合论的多元化生态研究发展，将形成口译元情绪研究的综合理论体系。

2. 实证研究展望

口译元情绪理论研究力度加大；EI 主流理论研究体系形成；元情绪对口译行为的实证研究，尤其是口译神经科学和脑认知科学的实证研究将会越来越多。这一研究开发凸显科学价值，利于口译行为操作,具有可持续研究之前景。

3. 应用研究展望

随着口译元情绪理论研究的起步以及日后实证研究的深入,口译元情绪理论研究将向纵深发展,此为纵向研究趋势;与此同时,该理论研究将向更广泛的口译应用领域辐射,此为未来口译元情绪应用研究的横向趋势。

4. 研究缺陷

虽然本书从 EI 到口译元情绪做了较为深刻的理论探析,建构了口译元情绪理论,但研究仍有待编制特质口译元情绪量表(TMMS)来测量学生译员 EI 核心的元情绪,使研究向纵深发展。

本书对口译元情绪概念的正式提出将会受到该领域研究者的关注。口译元情绪对译员,尤其是学生译员的口译行为影响颇深,积极的元情绪对其元情绪管理具有良好的效应,使其进行有效口译,乃至增效口译。因此,本研究对译员,尤其是学生译员的口译行为具有一定的参考和启示作用。进而言之,这一崭新领域的研究将在理论研究、实证研究以及应用研究等层面硕果累累。

## 第七节　元情绪的负效与增效

本研究应用 TMMS 和 EPQ(艾森克人格问卷)对复旦大学 151 名本科生和 20 名 MTI 研究生做心理测试,将 EPQ 测试结果与常模进行比较,并将 EPQ 各分值与 TMMS 总分做 SPSS 检验。结果:(1) EPQ 内外向(E)和情绪(N)维度均呈正态分布;(2) 人格类型各异的被试 TMMS 得分在 E 和 N 两种维度差异中均呈显著性;(3) 被试绝大多数具有健康的个性特征,其 EI 与个性特征密切相关。结论:人格与 EI 呈多维度相关性。运用元情绪显性负效对策和增效策略,不仅利于学生译员之元情绪管理,而且利于其增效口译。

## 一、元情绪概念

萨乐威等以元意识和元认知为理据,吸收 EI 即情绪智力研究相关成果,于 1995 年提出"元情绪(meta-mood)"的概念(周炎根、张鹏程、卢家楣,2014:15)。根据萨乐威以及周炎根等人(ibid.)的解释,元情绪是一种主体对自我情绪的觉察、体验和调控的能力。根据艾科斯翠默拉(2011:509)和弗瑞翁等人(2012:152)的观点,元情绪具有良好的情绪调节能力,促使个体保持积极与消极情绪的动态平衡。学生译员的口译行为需要较高的元情绪调节能力。他们在进行口译操作的动态活动时,需要其自身保持积极与消极情绪的动态平衡。只有掌握好这一平衡,才能进行有效,甚至增效口译。由此可知,元情绪与口译行为关系密切,会产生显性(explicitness)负效(negative effect)和增效(synergism)影响(康志峰,2012:19)。

## 二、研究对象

1) 复旦大学 2015—2016 学年第二学期 ENGL110043.01-05 班的 151 名选修英语口译课的非英语专业本科生学生译员(简称本科生),19 岁到 24 岁(M=21.5)之间的无偿本科生被试者 151 名(女生 97 名,韩国留学生 3 名),由于 6 名学生因事因病请假,有效被试人数为 145 名。所有被试除了 1 人之外,均为右利手,无身心疾病。他们均表示愿意参加实验,期待实验结果及有关分析能够帮助他们对自己口译过程元情绪特征的认知。受试者的母语为汉语(3 名韩国学生除外),英语为外语,除了 16 名学生具有赴欧美交流经历,其余均未有在英语国家访学、工作或生活经历(参见表 6-57)。

2) 复旦大学外国语言文学学院 2015—2016 学年第二学期 MTI 专硕班的 20 名选修口译理论与实践课的学生译员(简称

MTI),23岁到28岁(M=25.5)之间的无偿专业硕士生被试者20名(包括1名学术硕士,女生15名)。所有受试者均为右利手,无心身疾病。他们均表示愿意参加实验,期待实验结果及有关分析能够帮助他们对自己的口译过程元情绪特征的有一定认知。受试者的母语为汉语,英语为外语,除了3名学生具有赴美交流经历,其余均未有在英语国家访学、工作或生活经历(参见表6-58)。

表6-58 被试状况分布

| 被试对象 | 本 科 生 | 比率(%) | MTI | 比率(%) |
|---|---|---|---|---|
| 被试人数 | 151−6=145(其中6人请假) | 96.03 | 20(其中1人为学术硕士) | 100 |
| 被试年龄段 | 19—24 | — | 23—28 | — |
| 汉语为母语的人数 | 151−3=148(其中3人为韩国留学生) | 98.01 | 20 | 100 |
| 无英语国家访学经历人数 | 151−16=135 | 89.40 | 20−1=19 | 95.00 |
| 具有英语国家访学经历人数 | 16 | 10.60 | 3 | 5.00 |

实验前向被试者说明了实验流程。

## 三、研究方法

1) 本书采用萨乐威研究出的元情绪量表(TMMS),对复旦大学ENGL110043.01-05班的151名选修英语口译课的非英语专业学生译员进行实验。该TMMS由情绪注意、情绪辨别和情绪恢复3个分量表组成,共30个条目。其中,情绪注意是个体对自我情绪度和对他人情绪度的注意,具有涉身性;情绪辨别是个体对自身或他人情绪度的辨别和记忆能力;情绪恢复是个体情绪的自我恢复能力(李萍等,2006:98)。如"经常考虑自我情绪"属于情绪注意;"我通常知道我对事物的情绪"属于情绪辨别;"无论我感觉多么糟糕,也力图往好处想"属于情绪恢复。每个条目按照非常不同意至非常同意5级评分。所有被试同时施测TMMS和症状自评量表(SCL—90),其中SCL—90作为效标量表(齐艳、李川云、李爱军,2003:164)。

2)根据英国心理学家埃森克(H. J. Eysenck)编制的自陈量表——艾森克人格问卷(EPQ),对四个分量表88道题的成人版记分进行实验。(+)为正向记分,即答"是"加一分,答"否"不加分;(一)为反向记分,即答"是"不加分,答"否"加一分。四个分量表分别为:① 内外倾向量表,即E量表(21道题):(+):1 5 10 13 14 17 25 33 37 41 49 53 55 61 65 71 80 84,(一):21 29 45;② 情绪性量表,即N量表(24道题):(+):3 7 12 15 19 23 27 31 35 39 43 47 51 57 59 63 67 69 73 74 77 78 82 86,(一):无;③ 精神质(或称心理变态量表),即P量表(23道题):(+):26 30 34 46 50 66 68 75 76 81 85,(一):2 6 9 11 18 22 38 42 56 62 72 88;④ 效度量表,即L量表(20道题):(+):20 32 36 58 87,(一):4 8 16 24 28 40 44 48 52 54 60 64 70 79 83。

3)将复旦大学ENGL110043.01-05班的145名本科生和外文学院MTI的20名专业硕士作为有效被试者进行TMMS和EPQ实验。用TMMS评定学生译员的EI,用EPQ评定其人格特征。采用现场指导,现场答卷,现场收卷的方式。

4)根据被试在各量表上获得的总分,按常模换算出标准分T分$[T=50+10*(X-M)/SD]$,便可解析被试的个性特征。各量表T分在43.3—56.7之间为趋中型,T分在38.5—43.3分或56.7—61.5分之间为倾向型,T分在38.5分以下或61.5分以上为特殊型。

## 四、SPSS 解析

SPSS(statistical package for the social science),即"社会科学统计软件包",2000 年 SPSS 公司将英文全称改为 statistical product and service solutions,意为"统计产品与服务解决方案",此软件的优点是统计数据精准度高,故本研究以此软件作计算工具。

1) TMMS 测试结果及解析：所有被试者的 TMMS 总分和 3 个分量表——注意分量表(简称 AS)、辨别分量表(简称 IS)和修复分量表(简称 RS)的得分结果如下(参见表 6-59)：

表 6-59　被试的 TMMS 和分量表得分状况

| 组　别 | 本科生 | MTI | 所有被试 |
|---|---|---|---|
| TMMS 总分 | 90.17±9.22* | 93.92±9.38 | 92.40±9.31 |
| F 值(1) | | 6.518 | |
| AS | 28.25±4.76 | 28.71±4.69 | 28.53±4.75 |
| F 值(2) | | 0.035 | |
| IS | 22.10±4.74 | 22.53±4.61 | 22.31±4.66 |
| F 值(3) | | 0.075 | |
| RS | 39.28±5.57** | 40.96±5.91 | 39.53±5.70 |
| F 值(4) | | 7.351 | |

$P<0.05, P<0.01$。

由此表明：AS 和 IS 的本科生和 MTI 之间得分差异不具备显著性特征,而两者的 TMMS 总分与 RS 得分差异具有显著性特征。

2) EPQ 测试结果及解析：MTI 的个性特征与成人常模比较,

过 SPSS 计算无统计学意义。本科生与 MTI 的常模比较情况如下表所示：

表 6-60 被试的 EPQ 比较结果

| 分 类 | P 值 | N 值 | E 值 | L 值 |
|---|---|---|---|---|
| 本科生 | 2.57±1.29* | 4.85±2.25* | 8.62±2.17* | 5.62±2.91 |
| MTI | 2.89±2.14 | 4.79±2.83 | 8.55±2.61 | 5.64±2.68 |

与 MTI 比较，$P<0.05$。

由此表明：本科生的 P 值低于 MTI，E 值高于 MTI（$P<0.05$），由表中 N 和 E 的 Z 值可得出 N 和 E 的五种性格维度，即外向稳健型、外向波动型、趋中型、内向稳健型以及内向波动型。N 维度为 50.91%，E 维度为 45.03%，N 和 E 维度均为正态分布，趋中型 69.82%，极端型 4.06%。趋中型居多，极端型很少，偏好度高。

3) 本科生和 MTI 个性特征的 TMMS 得分情况如下（参见表 6-61）：

表 6-61 被试的 TMMS 得分情况解析

| 类 型 | 内向 C 型 | 趋中型 | 外向型 |
|---|---|---|---|
| AS | 28.29±4.95 | 28.34±4.87* | 28.46±5.01** |
| IS | 23.32±4.81 | 23.51±5.30 | 23.62±5.09 |
| RS | 38.92±6.01 | 39.82±7.12* | 41.07±6.34** |
| TMMS 总分 | 92.60±9.32 | 93.82±8.77* | 94.11±7.42** |

与内向型相比，$P<0.01$；与中间型相比，$P<0.05$。

通过 E 维度的 SPSS 解析，AS 与 RS 得分在内向 C 型与趋中型差异凸显著性 $P<0.01$，外向型与趋中型在 IS 中不具统计学意义，其 AS 与 RS 差异性亦具显著性 $P<0.05$。

4) 本科生和 MTI 情绪特征的 TMMS 得分情况如下（参见

表 6-62):

**表 6-62 被试的 TMMS 得分情况解析**

| 类　型 | 稳健型 | 趋中型 | 波动型 |
|---|---|---|---|
| AS | 30.68±5.12* | 29.41±5.09* | 28.75±5.04** |
| IS | 24.80±5.71* | 23.49±4.15* | 22.78±6.32 |
| RS | 41.63±6.29** | 40.09±5.44* | 39.17±6.40 |
| TMMS 总分 | 94.63±9.30* | 93.85±8.82* | 92.71±7.65 |

与波动型相比,P<0.01;与波动型相比,P<0.01。

通过 N 维度的 SPSS 解析,波动型与稳健型、波动型与趋中型间各分量表差异均具极显著性(P< 0.01),而稳健型与趋中型之间,各项未见显著差异。

通过对以上各项的 SPSS 相关性计算,均显示在.01 水平(双侧)上显著相关(参见表 6-63)。

**表 6-63 各项分值相关性**

| | | VAR00001 | VAR00002 | VAR00003 |
|---|---|---|---|---|
| VAR00001 | Pearson 相关性 | 1 | 1.000** | 1.000** |
| | 显著性(双侧) | | .000 | .000 |
| | N | 4 | 4 | 4 |
| VAR00002 | Pearson 相关性 | 1.000** | 1 | 1.000** |
| | 显著性(双侧) | .000 | | .000 |
| | N | 4 | 4 | 4 |
| VAR00003 | Pearson 相关性 | 1.000** | 1.000** | 1 |
| | 显著性(双侧) | .000 | .000 | |
| | N | 4 | 4 | 4 |

\*\*在.01 水平(双侧)上显著相关。

通过对以上各项效度的 SPSS 计算,均显示有效项为 100％(参见表 6-64)。

表 6-64 分值有效性处理汇总

| | | N | % |
|---|---|---|---|
| 案例 | 有效 | 4 | 100.0 |
| | 已排除[a] | 0 | .0 |
| | 总计 | 4 | 100.0 |

a. 在此程序中基于所有变量的列表方式删除。

通过对以上各项信度的 SPSS 信度计算,均显示克伦巴赫 α 系数为 1.000,得分值具有显著的可靠性(参见表 6-65)。

表 6-65 数据可靠性统计量

| 克伦巴赫 α 系数 | 项 数 |
|---|---|
| 1.000 | 3 |

上述研究发现:P、E、N 量表的得分随年龄增长而下降,L 则上升。精神高焦虑者 P、N 分数较高,L 分数很高,其 SPSS 检验信度和效度良好。

## 五、显性研究

由测试可知:本科生与 MTI 在 TMMS 总分和 RS 得分上差异呈显性。本科生比 MTI 得分低,表明 MTI 对元情绪的修复能力强,与 EI 理论相一致。由此可见,本科生的元情绪能力较低,产生显性负效。因此,对其进行口译训练,提高其 EI 的元情绪能力具有指导价值。

由 EPQ 测试而观之,本科生的 P 值呈显性,明显低于常模,表明本科生病态性人格比例很小;E 值呈显性,高于常模,表明外向型被试较多；N 值高于常模，表明其情绪波动性；L 分量表的差异无显性。本次实验中，本科生与 MTI 的个性维度无 SPSS 统计意义，表明绝大多数被试具有健康的个性特征，只是本科生显现某种程度的情绪波动。

对本科生和 MTI 不同个性和情绪型的 TMMS 得分之比较研究，表明其 EI 的特征：① 不同个性和情绪型的 TMMS 总分差异具有显性——内向型与趋中型，内向型与外向型的 AS、RS 分值具有显性，外向型比其他两组高，表明外向型学生译员的元情绪注意力和恢复力较强；② 波动性与稳定型、波动型与趋中型 TMMS 分值具有显性，稳定型高于其他两组，表明学生译员具有较高的 EI，有"以静制动"之特征，善于洞察周围人之情绪，以调节其元情绪。

## 六、对策

1) 负效对策：针对学生译员元情绪产生的注意力不集中、情绪波动和 EI 能力低等显性负效，应采取以下对策：

① 状态调整与自主训练：学生译员实时建构其口译状态的正确认知，有意识地关注和调节其口译状态，培养口译的自我动能、兴趣以及主动性，使之具有自主训练能力；

② 抑制波动与平静心理：学生译员建构其自身的心理调节框架，尤其是由于情绪波动而产生的注意力不集中、烦躁不安、心跳加快等显性负效，用自我安慰法、愿景想象法以及深呼吸法等使其平静心理；

③ 个性发展与寻求实训：学生译员自我个性的建构需要借助 EI 的能力，发挥其元情绪的作用，开发其良好的个性，主动寻求自我实训。

2) 增效策略：学生译员 EI 各异，个性不同，元情绪能力有别，要使其口译增效，需要采取以下策略：

① 学生译员需要对其元情绪感知与体验实施静态监控,感知语境嬗变,适时调整,快速反应;

② 学生译员需要对其元情绪进行表达与评价,在自我评价呈显性欠佳状态时,需实施内隐激励策略,以达元情绪自评最佳;

③ 学生译员在口译操作的源语解码、言语转换以及目的语信息输出的过程中,需要对其元情绪做出动态调节。

本书通过实验,发现口译负效与增效之显性。学生译员口译行为的元情绪能力越强,其口译效果越好,甚至会凸显增效口译;相反,学生译员口译行为的元情绪能力越差,尤其是出现状态性元情绪的学生译员在口译操作测试中凸显口译显性负效。为此,掌握口译元情绪策略,系统考察并详尽研究学生译员口译行为的元情绪能力,揭示元情绪特点和规律,为学生译员口译学习、口译操作以及口译测试等提供理论依据,有助于学生译员自我情绪管理,实现增效口译。

**本章小结**:本章为口译认知的元情绪研究。首先从口译的主体论、情感论到口译与情感因素的研究,论证了口译与情感因素的关系。然后从模因论、整体论、级度论视角,论证了口译中的听焦虑(AA)模态和译焦虑(IA)模态,从而给出了 AA 对策和 IA 对策。通过对 MTI 学生译员和英语口译本科生及其在元情绪背景下学生译员的 IMEs 实证研究,指出了口译元情绪的负效与增效策略。

# ◀第七章 口译行为的 ERPs 实证研究▶

## 第一节 ERPs 中的 N400 和 P600

与语言理解相关的 ERPs 成分主要包括 N400、左前额负波（left anterior negativity,简称 LAN）、句法加工正波（syntactic positive shift,简称 SPS）以及 P600 等。

### 一、N400 概述

语言加工相关的 ERPs 成分中,研究最广泛的是 N400。库塔斯和希利亚德(1980)在一项语句阅读任务中,发现与语义不匹配的句尾词引出一个负电位,因其潜伏期在 400 ms 左右,故称之为 N400(参见图 7-1)。N400 的研究方法主要有以下几类：① 句尾歧义词：当句子最后一词出现不可预料的歧义时,歧义词与正常词相减可以得到顶区分布的差异负波 N400；② 相关词与无关词：按词性、语义或形、音等可将词分为相关词与无关词,无关词产生明显的 N400；③ 词与非词：对正常拼写的词与拼写错误的非词或假词进行分类,非词或假词产生一个明显的 N400；④ 新词与旧词：当被试辨认出现的词是新词还是旧词时,首次出现的新词产生明显的 N400；⑤ 图片命名：被试的作业任务是命名或辨别图片的异同,意义不同的图片诱发出明显的 N400。听觉语言

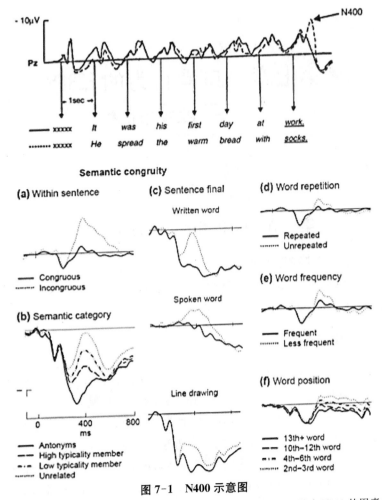

图 7-1　N400 示意图

向下电压为正。视觉通道 N400(Kutas & Hillyard, 1980) 以及影响 N400 的因素 (Kutas & Federmeier et al., 2000)。

N400 一般以双额、额中央波幅最大(Connolly, 1992: 1-18/1995: 276),溯源分析发现听觉语言 N400 的发生源位于听皮质的附近。早期的研究发现视觉语言 N400 以右侧颞顶枕波幅最高(Kutas, 1988: 218-223)。但近年来的研究表明 N400 可能具有多源性,是多个部位共同作用的结果。如西莫斯(Simos,1997:9-39)偶极子定位发现视觉语言 N400 起源于左颞叶海马、海马旁回及后颞新皮质区域;采用颅内电极(McCarthy & Nober et al.,1995:1090-1098)在颞中叶可以记录到清楚的 N400 的成分,认为 N400 起源于双前中颞叶结构,包括杏仁核、海马及海马旁回、前下颞皮质双侧外侧沟和纺锤形回前部等。

## 二、ELAN、LAN、P600/SPS 识解

有很多 ERPs 研究通过词类违反考察句法加工的机制,发现词类句法违反产生潜伏期为 300—500 ms 的左前负波(left anterior negativity,简称 LAN),也有研究发现 LAN 的潜伏期为 100—300 ms(图 7-2)。弗瑞依德瑞西(Friederici,1996:78-84)认为,出现在 100—300 ms 的早期左前负波(early left anterior negativity,简称 ELAN)是词类违反导致的,而出现在 300—500 ms 的左前负波是由形态句法加工导致的。

除了 LAN 和 ELAN 外,研究最多的句法加工的 ERPs 成分是 P600(Neville et al.,1991:151-165;Osterhout & Holcomb, 1992:785-806;Hagoort,Brown & Groothusen,1993:439-484;Friederici et al.,1996:1219-1248)。当被试阅读包含句法歧义的句子时,会产生不同于 N400 的晚期正波,这种正波被称为 P600,也被称作句法正漂移(syntactic positive shift,简称 SPS)。产生 P600 的一般前提条件是句法约束的违反,例如"The broker persuaded to sell the stock was sent to jail"。研究发现,不同语言的不同类型的句法违反(短语结构违反、数的一致违反、性的一致违反等)均可以产生类似的 P600/SPS 效应(图 7-2)。有研究认为 P600/SPS 的大小反映了句法整合的难度(Coulson et al.,1998:21-58)。脑损伤的研究发现,左侧额叶损伤导致 P600 幅度减小,而基底核损伤病人出现了预期的 P600,说明基底核的损伤不影响

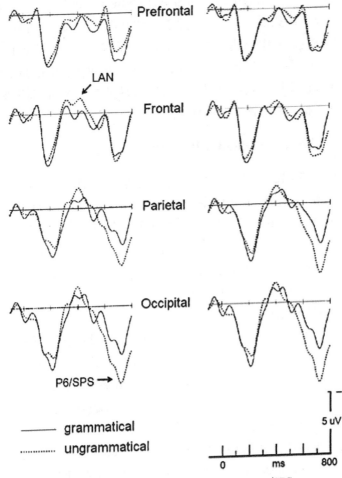

**图 7-2 句法失匹配诱发的 LAN 和 P600/SPS**

向下电压为正。引自 Coulson, King & Kutas, 1998。

句子的理解过程。也有研究发现,布罗卡失语症患者出现了减弱和延迟的 P600/SPS 效应,表明布罗卡区的损伤会导致句法加工障碍。需要注意的是,以 MMN 为指标,研究发现句法是可以自动加工的。实验中,要求被试观看默片,听觉通道呈现句法正确和违反的句子,如 We come/We comes,并以 come 和 comes 做对照。结果发现,有语境"We"的条件下,句法违反产生更为显著的 MMN(Pulvermüller & Shtyrov, 2003:159-172)(图 7-3)。

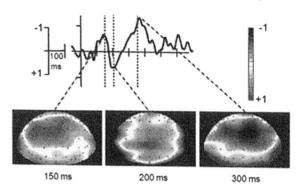

图 7-3　句法自动加工的电生理证据

向下电压为正。引自 Pulvermüller & Shtyrov, 2003。

## 第二节　冲突适应独立于意识

口译作为一种交际活动,在现代计算机网络新模式下(陈坚林,2006:3)要完成一项口译操作的作业任务,大脑需要经历三个复杂阶段:认知、计算和输出(康志峰,2012:42)。第一复杂阶段:听觉认知阶段,包括对源语的听音准备、听觉注意、听辨信息、信息输入、信息解码等听觉认知活动;第二复杂阶段:认知计算阶段,包括认知理解、工作记忆、信息转换、目的语编码等认知计算活动;第三复杂阶段:信息输出阶段,包括编码排序、言语表达等信息输出活动(ibid.)。鉴于此,从口译认知心理学的视角(康志峰,2013)来看,口译行为乃是各类译员(职业译员和学生译员)经历复杂的听觉认知、认知计算和信息输出三个阶段,完成其口译操作的作业任务,从而实现口译产品所产生的行为。

## 一、口译行为与控制模型

虽然已有研究从认知神经心理学的视角,发现(如 Dehaene, van Gaal, Kiesel 等)认知神经机制(诸如抑制控制和任务转换等认知控制功能)独立于意识,但对冲突适应是否需要意识的参与众说纷纭,争执不休。为探究这一问题,本研究从认知口译学的视角,记录了 30 名受试学生译员在完成箭头偏对比掩蔽任务(meta-contrast masking task)时的口译行为和脑电数据。结果,在有意识和无意识条件下,受试学生译员对 SL 信息刺激在反应时和额中 N2、中顶 P3 波幅上均凸显了冲突适应效应。这表明:① 学生译员对 SL 常用词的信息处理无需或几乎无需意识的参与,处于零意识或低意识态势,而对 SL 生僻词句的信息处理不仅需要意识的参与,而且需要处于高度紧张的意识态势;② 学生译员对 SL 信息处理的冲突控制独立于意识;③ 以前的无意识经验对口译信息加工系统具有适应性调节作用。本研究不仅凸显了领悟口译信息认知控制和意识的本质意义,而且彰显了建构认知对口译信息控制与意识关系理论的启示作用。

### 1. 口译行为的认知控制模型

口译行为离不开各类译员的认知活动,而译员在认知过程中对口译信息(包括 SL 信息和 TL 信息)具有意识控制性,形成认知控制(cognitive control)。认知控制是指对不适宜行为进行调节和优化以达到目标的一种能力,包括对行为的计划和调节、抑制不适宜行为、监控和解决冲突等(Ridderinkhof, Ullsperger, Crone & Nieuwenhuis, 2004)。随后,柯雷逊和拉森(2011)与范加尔和拉姆(2012)对认知控制做了进一步阐释。虽然前人对认知控制及其机制的研究颇有成效,但意识在认知控制中的作用仍待探究。据此,在口译行为活动中,译员不仅需要对其口译操作行为进行认知控制,而且需要对 SL 信息进行冲突解决和整合调节。做到:① 译前准备的认知控制:交替传译前用于记录的纸、笔等物资准备,同声传译的注意准备及其心理准备等;② 口译操作的认知控制:在口译操作过程中需要经历三个复杂阶段的认知控制——听觉认知活动、认知计算活动以及信息输出活动。在对 SL 信息进行冲突解决、整合调节以及冲突适应的过程中,认知控制经历了 SL 信息的选择与确准、SL 信息到 TL 信息的转换和 TL 信息的输出。据此,本研究把口译过程中译员对 SL 和 TL 信息的认知控制活动模型称之为口译行为的认知控制模型。由此可见,认知控制在口译中作用显著。然而,在各类译员将 SL 信息转换成 TL 信息的认知控制加工过程中,同样需要意识的参与。

2. 口译行为的意识控制模型

诺曼和夏莉丝(Norman & Shallice,1986)认为认知控制需要意识,并直接参与行为调节和冲突解决,尽管他们尚未明晰这些认知加工需要意识之原因,但他们提出了意识在信息加工中的凸显作用。德哈尼和纳卡茨(2001)提出了意识全局工作空间(global workspace)理论,巴尔(Baar,2002)对这一理论做了较为深刻的阐释。他们认为(Dehaene & Naccache,2001;ibid.),信息加工由一系列单独执行特定任务的无意识模块(unconscious module)完成,只有当信息在整个加工系统中整合起来即"全程点燃"(global ignition,简称 GI)时才能达到意识通达状态。据此,口译中 SL 信息的加工、从 SL 到 TL 信息的转换以及 TL 信息的输出任务均是由无意识模块完成,期间经过了意识通达状态下的 SL 信息解码、TL 信息整合编码以及 TL 信息输出整个系统的 GI,本研究将此称之为口译行为的意识控制模型(conscious control model,简称 CCM2)。

德哈尼和纳卡茨(2001)认为,"有意识"是自上而下策略性认知控制的前提条件。他们的观点是将意识与控制密切相连,由此人们往往会联想到"有意识控制(conscious control)",即意识控制与认知控制的密切关联。其理据是前人的研究发现——认知控制的唤起和执行与前额皮层功能有关,而前额皮层又与意识经验关联,借此许多研究者想到了"有意识认知控制(consciously cognitive control)"的概念,"无意识认知控制(unconsciously cognitive control)"似乎不可思议(Hommel, 2007)。蒋军、陈安涛、张蔚蔚、张庆林等(2012)认为,与传统观点相异,认知控制不仅可以由有意识信息引发,而且还可以由无意识信息引发。而另有人认为,认知控制中的抑制控制功能不需要意识的参与(van Gaal, Ridderinkhof, Fahrenfort, Scholte & Lamme, 2008; Boy, Husain & Sumner, 2010; Lau & Passingham, 2007; Reuss, Kiesel, Kunde & Hommel, 2011)。还有人认为,认知控制中的任务转换功能并不需要意识的参与。尽管如此,对其他一些认知控制能力,尤其是冲突适应是否需要意识的参与问题,还存在激烈的争论(Desender & van Den Bussche, 2012; 蒋军等, 2012)。

本书认为,在口译过程中,各类译员对 SL 信息的处理,不仅具有"有意识认知控制",而且具有"无意识认知控制",因为他们做了来自 SL 大量信息的冲突控制、信息优化(information optimization),而达到冲突适应。对于个体而言如果某些信息是常见、熟知且多用的,其认知控制无需意识参与或有较低程度上的意识参与;如果某些信息罕见,甚至从未见过,不熟悉且不多用,难以理解的,其认知控制定有意识参与和意识控制,而且 SL 信息越生僻,意识的参与度就越高。

在 CI 英汉口译的实验中发现:① 学生译员对常用代词如 I、we、you、he、she、they 等;常见名词如 school、teacher、student、news、society、car、sport、culture 等;熟知动词如 am、is、are、do、

表 7-6 描述统计量 II

|  | N | 极小值 | 极大值 | 均　值 | 标准差 |
|---|---|---|---|---|---|
| VAR00001 | 3 | 1 029.00 | 1 086.00 | 1 057.500 0 | 28.500 00 |
| VAR00002 | 3 | 1 031.00 | 1 047.00 | 1 039.000 0 | 8.000 00 |
| VAR00003 | 3 | 1 097.00 | 1 128.00 | 1 112.500 0 | 15.500 00 |
| VAR00004 | 3 | 1 062.00 | 1 069.00 | 1 065.500 0 | 3.500 00 |
| 有效的 N(列表状态) | 3 |  |  |  |  |

根据 SPSS 的表 7-5 和表 7-6 两项描述性统计,单语和双语语境下的非转换 trials 反应时(ms)以及双语语境下被试平均反应时(ms)的均值和标准差清晰可见。

表 7-7 相关性 I & II

|  |  | VAR00001 | VAR00002 | VAR00003 | VAR00004 |
|---|---|---|---|---|---|
| VAR00001 | Pearson 相关性 | 1 | 1.000** | 1.000** | 1.000** |
|  | 显著性(双侧) |  | .000 | .000 | .000 |
|  | N | 3 | 3 | 3 | 3 |
| VAR00002 | Pearson 相关性 | 1.000** | 1 | 1.000** | 1.000** |
|  | 显著性(双侧) | .000 |  | .000 | .000 |
|  | N | 3 | 3 | 3 | 3 |
| VAR00003 | Pearson 相关性 | 1.000** | 1.000** | 1 | 1.000** |
|  | 显著性(双侧) | .000 | .000 |  | .000 |
|  | N | 3 | 3 | 3 | 3 |
| VAR00004 | Pearson 相关性 | 1.000** | 1.000** | 1.000** | 1 |
|  | 显著性(双侧) | .000 | .000 | .000 |  |
|  | N | 3 | 3 | 3 | 3 |

**在.01水平(双侧)上显著相关。

根据 SPSS 表 7-7 对单语和双语语境下的非转换 trials 反应时(ms)以及双语语境下被试平均反应时(ms)两项的相关性统计,均显示在.01 水平(双侧)上显著相关。

表 7-8　案例处理汇总 I

| 案例 | | N | 百分比(%) |
| --- | --- | --- | --- |
| | 有效 | 3 | 100.0 |
| | 已排除[a] | 0 | .0 |
| | 总计 | 3 | 100.0 |

a. 在此程序中基于所有变量的列表方式删除。

表 7-9　案例处理汇总 II

| 案例 | | N | 百分比(%) |
| --- | --- | --- | --- |
| | 有效 | 3 | 100.0 |
| | 已排除[a] | 0 | .0 |
| | 总计 | 3 | 100.0 |

a. 在此程序中基于所有变量的列表方式删除。

由 SPSS 表 7-8 和表 7-9 两项案例解析汇总可知,被试的单语和双语语境下的非转换 trials 反应时(ms)以及双语语境下被试平均反应时(ms)实验 100%有效。

表 7-10　可靠性统计量 I

| 克伦巴赫 α 系数 | 项　数 |
| --- | --- |
| .914 | 4 |

表 7-11　可靠性统计量 II

| 克伦巴赫 α 系数 | 项　数 |
| --- | --- |
| .845 | 4 |

据 SPSS 表 7-10 和表 7-11 对单语和双语语境下的非转换 trials 反应时(ms)以及双语语境下被试平均反应时(ms)实验的可靠性统计,系数分别为.914 和.845,信度系数很高,证明实验很可靠,同时比较均值单样本检验 Sig.(双侧)四项均为.000,表明实验很有意义。

2) 科斯塔和桑台斯特班(2006:1057-1074)提出只有低熟练双语者依赖于抑制控制,而高熟练双语者在词汇选择时依赖于特定语言选择机制。本研究中被试者均为大二到大四选修英语口译的非英语专业学生,属于非熟练双语者,SL 和 TL 的熟练度差别较大,因此本研究结果支持词汇选择的抑制控制理论 IC 模型。

3) 根据两组组合的行为数据解析,trials 类型和语言之间具有相互作用,说明 SL 和 TL 转换代价不对称。这个结果与芬克倍耐尔和阿尔梅达等(Finkbeiner & Almeida, et al., 2006:1075-1089)的研究结果一致。杰克逊等(2001:169-178)在 L2 转换序列中发现了 N2,他们认为 N2 与对强势语言的抑制有关。本研究对双语混合语境的行为进行数据解析,转换系统中 SL 条件下反应时比 TL 长,从而证明了对 SL 的抑制作用。

4) 在 260—360 ms 时间窗发现潜伏期为 270 ms 的负波,这个负波与杰克逊等(ibid.)发现的 N2 相似。在 SL 条件下,转换序列的波幅小于非转换序列;在 TL 条件下,转换序列和非转换序列波幅没有太大差别。

2. 增效策略

1) 心理词典策略:扩大学生译员个体的心理双语词汇量,使学生译员由"英汉双语心理小词典"变为"英汉双语心理中词典",乃至"英汉双语心理大词典";

2) 熟练双语策略:随着英汉双语心理词汇的扩大,学生译员需要由非熟练双语者向熟练双语者转换;

3) 转换技能策略:实施"ISL+ATL"以及"CASL+ATL"转

换策略①,在双语抑制和激活的竞争中把握平衡技能;

4) 灵动认知策略:熟练掌握认知灵动转换技能,使学生译员由非灵动性认知向灵动性认知转换;

5) 情绪管理策略:学生译员拥有"英汉双语心理大词典"会胸有成竹,临场镇定,具有很好的元情绪管理,双语转换免受负面情绪干扰。

3. 局限性

本实验研究证实了双语转换产生代价,然而转换代价的产生源于学生译员心理词典内的心理词汇识别加工努力还是学生译员心理词典之外的双语技能转换,尚需做进一步实证研究。

本研究通过对学生译员的实验而产生的行为数据和脑电数据结果,可以得出如下结论:1) 对于中英双语者,在 SL 到 TL 的语言转换过程中,词汇的提取符合抑制控制模型,存在对非目的语的抑制;2) 双语转换系列的反应时明显长于无转换的单语系列,汉英任务间转换产生时间代价;3) SL 和 TL 两种转换任务的相对强度将影响用来抑制语言的强度,造成转换代价的不对称;4) 中英双语者对两种语言的激活水平远远高于双语混合语境,存在语境效应;5) 与目的语语义相关的非目的语干扰词,对目的语具有干扰作用。因此,学生译员可采用心理词典、双语熟练、技能转换、灵动认知以及情绪管理等增效策略克服负效口译,催生增效口译。

**本章小结**:本章为口译行为的 ERPs 实证研究。首先,从 N400 的概述和 ELAN、LAN、P600/SPS 识解,探究 ERPs 中

---

① 即对处于激活状态的 SL 抑制,对处于抑制状态的 TL 激活,进而在复杂的 SI 过程中,学生译员既要持续激活 SL,又要总体处于抑制态势,同时还需激活 TL 转换语言,在双语的激活竞争中持续转换的策略。"ISL+ATL"(inhibition in SL+activation in TL) 以及 "CASL+ATL"(continual activation in the general state of inhibition in SL+activation in TL)。

N400 和 P600 的重要性。尔后,探究了口译行为与控制模型,阐明了冲突适应独立于意识。最后,通过双语转换代价实证研究,论证了口译中因双语转换而产生的抑制作用、时间代价以及干扰作用等,给出了提高学生译员口译效果的增效策略。

# 第八章 口译行为的眼动实证研究

口译行为,尤其是视译、交替传译等行为,均可通过眼动仪等手段来测定译员的眼动跟踪轨迹、眼动速度以及眼动注视点的多少,由此掌握其眼动规律,探究其最佳的眼动方式,以期给出口译策略,提高口译效果。

## 第一节 视译轨迹策略研究

### 一、研究缘起

人们在阅读文字时,总是会有意识或无意识地眼动(eye movements)。同样,译员(包括专业译员和学生译员)在视译时对 SL 信息的加工同样会有意识或无意识地眼动。那么,眼动对学生译员在视译过程中处理 SL 信息时有何影响?眼动轨迹与视译成绩的关系如何?靶域占位或称为目标域(target domain,简称 TD)占位,即眼动跟踪的目标范围,与视译成绩的关系如何?本研究以口译认知心理学(康志峰,2013)为基础,建构眼动跟踪轨迹及 TD 占位研究范式。研究者以非英语专业学生译员为研究对象,借助于眼动仪设备做视译的 TD 眼动跟踪轨迹实验,研究眼动跟踪轨迹规律,TD 占位态势,眼睛注视点的正、逆向流动情况及问题对策。

## 二、研究背景

1. 视译溯源

视译是指译员看着 SL 稿口头连续地译成目的语。弗莱士波格(Frishberg,1986)认为,视译是"普通口译的一种特殊情形,译员凭借书面文本,而非口头文本,用会议或听众的语言朗读出来"(Frishberg,1986:20)。英汉视译即译员看着英文稿口头将英文译成中文的过程,反之亦然。视译是口译初期不可或缺的阶段。对于口译初学者来说,视译训练尤为重要。视译亦是同传初期训练中最基本、最常用的训练方法之一。

在国际口译(包括视译)实践中,译前背景信息的获取"被译员一致认为是其工作条件的重要组成部分"(Gile,1995:147)。视译任务要求译员"以书面形式接收源语,以口语形式输出译语"(Lambert,2004:298),实现阅读与翻译同步。视阅翻译通常被认为更接近口译,因为"译员大多可以运用口译任务中的相同策略"(Dragsted,Barbara & Hansen,2007:254)。

通过 CNKI 数据库搜索发现,截至 2017 年 6 月,在国内 CSSCI 期刊上发表的与"视译"相关的文章仅为 14 篇。最早关于"视译"的论文是发表于《外交学院学报》的"浅谈英中视译"(秦亚青,1987:61-70)。国内杨承淑(2011:54-59)、詹成(2012:48-50)、王建华(2014:151-156)等都对视译研究有其独到见解。

2. 眼动研究溯源

一般来讲,眼动具有三种形式:扫视、注视和平滑跟踪。眼动追踪技术已成为口译认知研究的重要工具,亦是口译认知心理学重要的研究方法之一。眼动追踪利用角膜和瞳孔的反光法原理,以毫秒为单位记录眼球注视屏幕的精确位置和其他注视行为,如注视时间、注视次数、回视、瞳孔直径等(闫国利、白学军,2012)。

国际上,1737年波特菲尔德(Porterfield)首次描述眼动,之后的1792年威尔斯(Wells)描述了快速眼动(fast movements of eyes),称之为nystagmus(眼球震颤)(Wade, 2010: 33-68)。1879年,法国巴黎的眼科医生路易斯·艾米勒·贾瓦尔(Louis Émile Javal)则第一次描述了人们阅读中的正常眼动情况(Olitsky & Nelson, 2003: 213-224)。人们在阅读文字时,眼睛从左到右扫视,平稳地经过注视点,偶尔从右往左回视(Medland, Water & Woodhouse, 2010: 740-747)。起初的眼动研究方法简单,1879年贾瓦尔发明了用于检测眼动的检眼镜,第一次用它描述了眼跳和注视(Kapitaniak et al., 2015)。之后发展到摄像机记录、眼动记录仪记录等,当今科技高速发展,除了用摄像机和眼动记录仪记录之外,还可用智能手机拍摄、录像,用SPSS软件计算等先进精准的方法来记录。传统的眼动研究主要用于源语阅读。眼动研究发展至心理学、认知心理学、应用心理学、实验心理学、脑神经科学以及教育等领域。1981年,麦克唐纳和卡朋特(1981: 231-247)两位专家把眼动法引入翻译研究,开辟了眼动与翻译跨学科研究的先河。他们探究了译者在视译过程中如何对有歧义的表达进行理解和语法分析,并同时考察译者如何检测和校正误译(刘艳梅、冉诗洋、李德凤, 2013: 59)。托墨拉和尼叶米(Tommola & Niemi, 1986: 171-184)研究了被试对口译SL输入、重组和输出时的瞳孔直径大小。托墨拉和J.西欧纳(Tommola & J. Hyönä, 1990: 179-188)研究了被试在同声传译、影子跟读(speech shadowing)和倾听(listening)语言信息时的瞳孔变化。

在国内,自1925年中国的沈有乾就在斯坦福大学用眼动仪研究中文阅读,之后的20世纪80年代,沈德立做了大量的眼动阅读研究(刘艳梅、冉诗洋、李德凤, 2013: 59),使我国的眼动研究有了很大进展。进入21世纪,国内的眼动研究呈现快速发展态势,然而研究内容依然主要是阅读领域(ibid.)。龚雨玲(2011:46-49)发表了"阅读中的眼动研究"研究论文。闫国利(2012)出版了《眼动研究心理学导论》。这些眼动研究凸显了在认知心理学领域眼动研究的深入。

3. 眼动研究与 SI

尽管眼动研究作为整体研究链在我国认知心理学领域已较深入,而且该研究在翻译研究领域也有一定的进展,但在口译认知心理学研究领域的眼动研究却是凤毛麟角。截至2017年6月,根据CNKI学术搜索统计(单位:条),与"眼动"有关的翻译类的期刊论文为9篇,其中与"视译+眼动"相关的期刊论文仅1篇,即马星城发表于《外国语》的"眼动跟踪技术在视译过程研究中的应用——成果、问题与展望"(马星城,2017:81-89)。那么,眼动与口译结合这一崭新研究之意义何在呢?

4. 研究假设

前人的眼动研究不仅与阅读相关,而且与认知心理关联。阅读材料作为 TD 是阅读者阅读时眼动跟踪目标,而口译中的视译内容亦即 TD。其不同在于前者是阅读时眼动跟踪后的理解,而后者是快速视译后的口译,即增加了译语输出。那么学生译员在视译过程中眼动的轨迹以及注视点的正、逆向流动对其 SI 成绩有何影响呢?问题对策是什么呢?我们不妨假设:① 学生译员眼动轨迹 TD 占位,与 TD 越贴近,SI 成绩就越好;② 学生译员眼动轨迹与 TD 越偏离,SI 成绩就越差;③ 眼动轨迹注视点的逆向流动,即回视率越高,成绩越好。

## 三、视译眼动实验

本研究是对学生译员从 SL 英文信息到 TL 中文信息转换时 SI 的眼动跟踪实验,包括研究方法、实验准备、实验过程等。

1. 研究方法

在认知心理学研究领域,以往常用的眼动记录方法有:① 雷纳以视频为基础的瞳孔监视法(video-based pupil monitoring);② 杜乔斯基(Duchowsky)的图像或录像记录法[photo-DculoGraphy(POG)or video-OculoGraphy(VOG)];③ 对眼球运动进行观察的观察法等(卞迁等,2009:34-37)。随着科技的进步,实验设备的更新,本研究使用目前国际最为先进的眼动跟踪轨迹研究法。

2. 实验准备

1)设备准备:某省属大学人文学院网络心理学系的 Tobii TX300 眼动仪设备,九点校准,采样率 300 Hz 的屏幕式眼动仪,可在 300 Hz、120 Hz 和 60 Hz 的采样下运行。配有即插即用的 23 英寸显示屏,这款高端眼动研究设备可提供高质量精准的眼动追踪数据和稳定的眼动追踪能力,实现了眼动神经功能的非侵入式研究。

2)实验编程:轨迹校准(calibration)(九点校准)——预热材料输入(预设 30 秒钟)——眼睛休息(预设 10 秒钟)——测试材料输入(预设 45 秒钟)(参见图 8-1)。

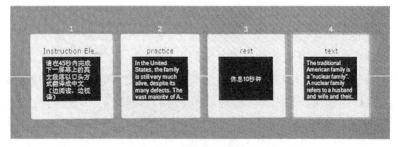

图 8-1　实验编程程序总图

3)被试准备:2016—2017 学年第二学期非英语专业 2014 级和 2016 级本科生 83 名学生,19 岁到 22 岁之间(M=19.50)。由于个体差异,本次实验有效被试人数为36名,其中女生21名,男生15名。3名视力正常,非近视(not myopic,NM);1名矫正后左眼4.6,8名矫正后左眼4.8,4名矫正后左眼4.9,20名矫正后左眼5.0;1名矫正后右眼4.6,9名矫正后右眼4.8,2名矫正后右眼4.9,21名矫正后右眼5.0;36名被试者裸眼视力或双眼矫正视力均在4.6(含4.6)以上,无色盲、色弱等眼疾。他们均表示愿意参加实验,期待实验结果和有效的眼动方法,使之视译增效。被试者的母语为汉语,英语为外语(参见表8-1)。实验前研究者向被试者说明了实验流程。

表8-1 被试者状况分布表

| 序号 | 实验序号 | 年龄(周岁) | 年级 | 性别 | 矫正后的左眼视力 | 矫正后的右眼视力 |
| --- | --- | --- | --- | --- | --- | --- |
| 1 | P01 | 22 | 2014 | 男 | 4.9 | 4.8 |
| 2 | P02 | 19 | 2016 | 女 | 5.0 | 5.0 |
| 3 | A01 | 20 | 2016 | 女 | 4.8 | 4.8 |
| 4 | A02 | 19 | 2016 | 女 | 4.8 | 4.8 |
| 5 | A03 | 20 | 2016 | 女 | 5.0 | 5.0 |
| 6 | A04 | 19 | 2016 | 女 | 4.8 | 4.8 |
| 7 | A05 | 19 | 2016 | 女 | 4.8 | 4.8 |
| 8 | A06 | 19 | 2016 | 男 | 4.8 | 4.8 |
| 9 | A07 | 19 | 2016 | 男 | 5.0 | 4.9 |
| 10 | A08 | 20 | 2016 | 男 | 5.0 | 5.0 |
| 11 | A09 | 19 | 2016 | 男 | 5.0 | 5.0 |
| 12 | A10 | 20 | 2016 | 女 | 5.0 | 5.0 |
| 13 | A11 | 19 | 2016 | 男 | 5.0 | 5.0 |
| 14 | A12 | 18 | 2016 | 女 | 4.9 | 4.9 |

续 表

| 序号 | 实验序号 | 年龄（周岁） | 年级 | 性别 | 矫正后的左眼视力 | 矫正后的右眼视力 |
|---|---|---|---|---|---|---|
| 15 | A13 | 18 | 2016 | 女 | 4.8 | 4.8 |
| 16 | A14 | 19 | 2016 | 女 | 5.0 | 5.0 |
| 17 | A15 | 17 | 2016 | 女 | 5.0 | 5.0 |
| 18 | A16 | 19 | 2016 | 女 | 5.0 | 5.0 |
| 19 | A17 | 20 | 2016 | 女 | 5.0 | 5.0 |
| 20 | A18 | 19 | 2016 | 女 | 5.0 | 5.0 |
| 21 | A19 | 19 | 2016 | 女 | 5.0 | 5.0 |
| 22 | A20 | 19 | 2016 | 女 | 5.0 | 5.0 |
| 23 | A21 | 20 | 2016 | 女 | 5.0 | 5.0 |
| 24 | A22 | 20 | 2016 | 女 | 5.0 | 5.0 |
| 25 | A23 | 19 | 2016 | 女 | 5.0 | 5.0 |
| 26 | A24 | 19 | 2016 | 男 | 5.0(NM) | 5.0(NM) |
| 27 | A25 | 20 | 2016 | 女 | 5.0(NM) | 5.0(NM) |
| 28 | A26 | 21 | 2016 | 男 | 5.0 | 5.0 |
| 29 | A27 | 19 | 2016 | 男 | 5.0(NM) | 5.0(NM) |
| 30 | A28 | 20 | 2016 | 男 | 5.0 | 5.0 |
| 31 | A29 | 19 | 2016 | 男 | 4.8 | 4.8 |
| 32 | A30 | 20 | 2016 | 男 | 4.6 | 4.6 |
| 33 | A31 | 20 | 2016 | 男 | 4.9 | 5.0 |
| 34 | A32 | 19 | 2016 | 女 | 5.0 | 5.0 |
| 35 | A33 | 20 | 2016 | 男 | 4.9 | 5.0 |
| 36 | A34 | 19 | 2016 | 男 | 4.8 | 4.8 |

续 表

| 序号 | 实验序号 | 年龄（周岁） | 年级 | 性别 | 矫正后的左眼视力 | 矫正后的右眼视力 |
|---|---|---|---|---|---|---|
| M | — | 19.50 | — | 15—21 | 4.93 | 4.93 |
| ∑ | 36 | — | — | 36 | 177.60 | 177.60 |

NM：not myopic 非近视。

3. 实验程序

程序 1：九点轨迹校准（参见图 8-2）。

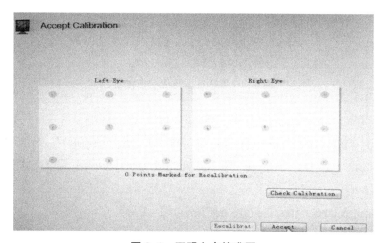

图 8-2 双眼九点校准图

图 8-2 为可以接受（accept）的双眼九点校准图，当被试的左眼（left eye）和右眼（right eye）跟着红点目标九点移动校准后，即九个绿点在九个灰圈中占位（参见图 8-2），双眼在屏幕居中占位（参见图 8-3），即可获得校准通过。

程序 2：被试者对预热材料 30 秒钟内完成视译，教师在旁边按照视译标准（10 分）对被试者打分。

预热材料：In the United States (1 分), the family (1 分) is

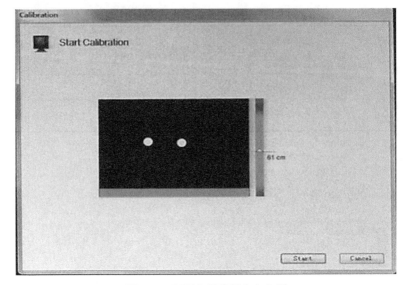

图 8-3 双眼在屏幕居中占位图

still very much alive (1 分), despite its many defects (1 分). The vast majorities of Americans (1 分) live with people (1 分) to whom they are related by blood and marriage (1 分). Most American couples (1 分) have two or three children (1 分), though larger families are not unusual (1 分).

程序 3：眼睛休息 10 秒钟。

程序 4：被试者对测试实验材料 45 秒钟内完成 SI。

材料：The traditional American family (1 分) is a "nuclear family" (1 分). A nuclear family refers to a husband and wife and their children (1 分). The average American family today (1 分) has two or three children (and maybe a few pets) (1 分). In some cultures (1 分), people live close to their extended family (1 分). Several generations may even live together (1 分). In America, only in a few cases (1 分) does more than one household live under one roof (1分)(康志峰,2011:226)。

## 四、数据解析

1. 成绩解析

36名有效被试实验中,2名被试(P01和P02)做了预实验,他们的预测试得分为4/4,正式实验得分为7/5.5,其他34名正式实验的得分情况如下表8-2所示。预测试总得分均值为1.99,总和为71.50;正式实验得分均值为5.72,总和为206.00。预测试与正式实验成绩均值3.86,总和为138.75。首次进入时间(潜伏期)为均值为1,总和为27。首次进入时间均值为2.69,总和69.92。注视点个数统计,在一个兴趣区或在一个兴趣区组中的注视点个数,均值为5.77,总和为127,注视点最小值为1,最大值为15,说明很大的个体差异性。总访问时间、兴趣区或兴趣区组中的所有注视点的持续时间之和,均值为1.60,总和为35.24,最小值0.07;最大值4.88,同样说明很大的个体差异性(参见表8-2)。

表8-2 被试成绩解析表

| 序号 | 实验序号 | 预测试得分(满分10) | 正式实验得分(满分10) | 预测试与正式实验成绩均值(M) | 首次进入时间(潜伏期)(time to first fixation) | 首次进入时间均值(time to first fixation mean) | 注视点个数统计(fixation count) | 总访问时间(total visit duration) |
|---|---|---|---|---|---|---|---|---|
| 1 | P01 | 4 | 7 | 5.5 | — | — | — | — |
| 2 | P02 | 4 | 5.5 | 4.75 | — | — | — | — |
| 3 | A01 | 4 | 5.5 | 4.75 | 1 | 1.45 | 10 | 2.9 |
| 4 | A02 | 3 | 6.5 | 4.75 | 1 | 0.84 | 2 | 0.25 |
| 5 | A03 | 0 | 4 | 2 | 1 | 8.77 | 1 | 0.18 |

续表

| 序号 | 实验序号 | 预测试得分(满分10) | 正式实验得分(满分10) | 预测试与正式实验成绩均值(M) | 首次进入时间(潜伏期)(time to first fixation) | 首次进入时间均值(time to first fixation mean) | 注视点个数统计(fixation count) | 总访问时间(total visit duration) |
|---|---|---|---|---|---|---|---|---|
| 6 | A04 | 4 | 7 | 5.5 | — | — | — | — |
| 7 | A05 | 6.5 | 6 | 6.25 | — | — | — | — |
| 8 | A06 | 3 | 5.5 | 4.25 | — | — | — | — |
| 9 | A07 | 2 | 7 | 4.5 | 1 | 1.18 | — | — |
| 10 | A08 | 1.5 | 5 | 3.25 | 1 | 11.25 | 3 | 0.58 |
| 11 | A09 | 2 | 5 | 3.5 | 1 | 1.25 | — | — |
| 12 | A10 | 2 | 4 | 3 | 1 | 0.89 | 13 | 3.86 |
| 13 | A11 | 2 | 6 | 4 | 1 | 1.02 | 4 | 1.08 |
| 14 | A12 | 1 | 5 | 3 | 1 | 1.3 | 5 | 1.52 |
| 15 | A13 | 0 | 5.5 | 2.75 | — | — | — | — |
| 16 | A14 | 1 | 6.5 | 3.75 | 1 | 1.12 | 6 | 1.91 |
| 17 | A15 | 2 | 5 | 3.5 | — | — | — | — |
| 18 | A16 | 2 | 6.5 | 4.25 | 1 | 1.11 | — | — |
| 19 | A17 | 1 | 4.5 | 2.75 | — | — | — | — |
| 20 | A18 | 2 | 6 | 4 | 1 | 14.89 | 5 | 0.59 |
| 21 | A19 | 0.5 | 3.5 | 2 | 1 | 1.8 | 8 | 2.14 |
| 22 | A20 | 2.5 | 7 | 4.75 | 1 | 0.84 | 6 | 2.1 |
| 23 | A21 | 3 | 7.5 | 5.25 | 1 | 1.5 | — | — |

续 表

| 序号 | 实验序号 | 预测试得分（满分10） | 正式实验得分（满分10） | 预测试与正式实验成绩均值（M） | 首次进入时间（潜伏期）（time to first fixation） | 首次进入时间均值（time to first fixation mean） | 注视点个数统计（fixation count） | 总访问时间（total visit duration） |
|---|---|---|---|---|---|---|---|---|
| 24 | A22 | 2 | 5.5 | 3.75 | 1 | 1.38 | 2 | 0.5 |
| 25 | A23 | 0 | 5 | 2.5 | 1 | 1.53 | 15 | 4.88 |
| 26 | A24 | 2.5 | 7.5 | 5 | 1 | 1.34 | 8 | 2.09 |
| 27 | A25 | 2 | 5.5 | 3.75 | 1 | 1.07 | 1 | 0.07 |
| 28 | A26 | 3 | 7 | 5 | 1 | 1.47 | 10 | 2.15 |
| 29 | A27 | 3.5 | 8 | 5.75 | — | — | — | — |
| 30 | A28 | 0 | 4 | 2 | 1 | 1 | 7 | 1.53 |
| 31 | A29 | 0.5 | 6 | 3.25 | 1 | 0.81 | — | — |
| 32 | A30 | 3 | 7 | 5 | 1 | 1.18 | 4 | 1.35 |
| 33 | A31 | 1 | 5 | 3 | 1 | 6.08 | 5 | 1.2 |
| 34 | A32 | 0.5 | 5.5 | 3 | 1 | 1.19 | 8 | 3.08 |
| 35 | A33 | 0 | 5 | 2.5 | 1 | 3.66 | 2 | 0.89 |
| 36 | A34 | 0.5 | 4 | 2.25 | 1 | 2.65 | 2 | 0.39 |
| M | — | 1.99 | 5.72 | 3.86 | 1 | 2.69 | 5.77 | 1.60 |
| ∑ | 36 | 71.50 | 206.00 | 138.75 | 27 | 69.92 | 127 | 35.24 |

2. SPSS 计算

将预测试和正式实验成绩代入 SPSS 统计软件计算，描述统计量和单个样本检验显示：有效项 36 项，预测试极小值为.00，极大值为 6.50，均值为 1.986 1，标准差为 1.485 58，均值标准误差为.247 60，t

值 8.022,Sig.=.000<.001,差分的 95％置信区间下限1.483 5,上限 2.488 8;正式测试极小值为 3.50,极大值为 8.00,均值为 5.722 2,标准差为 1.142 96,均值标准误差为.190 49,t 值30.039,Sig.=.000<.001,差分的 95％置信区间下限 5.335 5,上限 6.108 9,这些数据说明统计水平显著,该实验有意义(参见表 8-3)。

表 8-3 描述统计量和单个样本检验

| 有效的 N (列表状态) | N | 极小值 | 极大值 | 均值 | 标准差 | 均值的标准误 | t | Sig. (双侧) | 差分的 95％置信区间 | |
|---|---|---|---|---|---|---|---|---|---|---|
| | | | | | | | | | 下限 | 上限 |
| VAR00001 (预测试) | 36 | .00 | 6.50 | 1.986 1 | 1.485 58 | .247 60 | 8.022 | .000 | 1.483 5 | 2.488 8 |
| VAR00002 (正式实验) | 36 | 3.50 | 8.00 | 5.722 2 | 1.142 96 | .190 49 | 30.039 | .000 | 5.335 5 | 6.108 9 |

经过对 36 名(N)被试预测试成绩和正式实验成绩的 SPSS 相关性检验显示:Pearson 相关系数为.566,在.01 水平(双侧)上显著相关(参见表 8-4)。

表 8-4 相 关 性

| | | VAR00001 | VAR00002 |
|---|---|---|---|
| VAR00001 (预测试) | Pearson 相关性 | 1 | .566** |
| | 显著性(双侧) | | .000 |
| | N | 36 | 36 |
| VAR00002 (正式实验) | Pearson 相关性 | .566** | 1 |
| | 显著性(双侧) | .000 | |
| | N | 36 | 36 |

**在.01 水平(双侧)上显著相关。

SPSS 对实验数据的计算还显示:36 项实验数据均 100％有

效(参见表 8-5)。

表 8-5 案例处理汇总

| | | N | 百分比(%) |
|---|---|---|---|
| 案例 | 有效 | 36 | 100.0 |
| | 已排除[a] | 0 | .0 |
| | 总计 | 36 | 100.0 |

a. 在此程序中基于所有变量的列表方式删除。

SPSS 对预测试与正式实验成绩数据的计算还显示：克伦巴赫 α 系数为.707,由此表明被试预测试成绩和正式实验数据可靠(参见表 8-6)。

表 8-6 可靠性统计量

| 克伦巴赫 α 系数 | 项 数 |
|---|---|
| .707 | 2 |

3. 眼动轨迹解析

1) GazePlot 总轨迹图解析(参见图 8-4)：通过眼动仪对 36 名被试的眼动跟踪轨迹记录,发现了由 36 名个体眼动跟踪轨迹

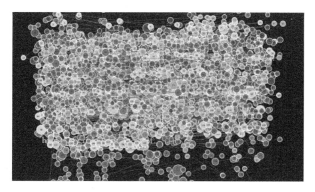

图 8-4 GazePlot 眼动跟踪总轨迹图

合成的 GazePlot 总轨迹图，该图凸显了眼动跟踪轨迹的综合性、多样性及复杂性。总轨迹 TD 占位凸显，但 TD 周边亦有游离迹象。

2) GazePlot 个案 HS(high score)轨迹图解析(参见图8-5)：A04 GazePlot 轨迹图是获得较高分数(预测试成绩 4 和正式实验 7)代表性的眼动跟踪轨迹图。由图 8-5 A04 GazePlot 眼动跟踪轨迹图观之，A04 的总体眼动轨迹贴近 TD。虽然最后⑫⑤—⑮⑥部分注视点超出 TD 界限如⑬①、⑮⑨等，但总体仍在 TD 范围之内。除了个别词内回视(回视率 4%)之外，整个轨迹未发现明显回视。

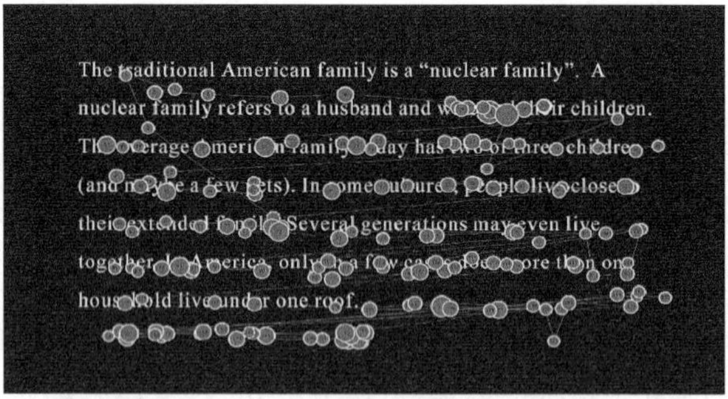


**图 8-5　A04 GazePlot 眼动跟踪轨迹图**

3) GazePlot 个案 LS(low score)轨迹图解析(参见图 8-6)：A19 GazePlot 轨迹图是该被试者得分最低(预测试成绩 0.5 分和正式实验 3.5 分)代表性的眼动跟踪轨迹图。由图 8-6 A19 GazePlot 眼动跟踪轨迹图观之，A19 的总体眼动轨迹偏离 TD，尤其是⑨⑩—⑩①、⑪⑤—⑫⑧、⑭④等注视点远离 TD，偏离率高达 83%；整个眼动跟踪轨迹态势不稳，眼动轨迹注视点的逆向流动凸显，回视率高达 75%。该被试对 SL 的认知以及 LTM、STM 和 WM(康志峰，2016)均出现问题。

第八章
口译行为的眼动实证研究

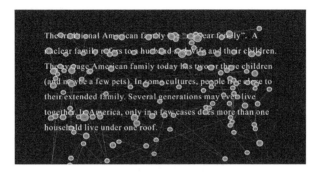

图 8-6　A19 GazePlot 眼动跟踪轨迹图

A19 GazePlot 眼动轨迹①—⑨解析如下：①第 5 行中部第 5 个词 generations 中的第 1 个字母 g 开始；②第 2 行前部第 2 个词 family 中的字母 y；③第 1 行第 2 个词 traditional 中的 t；④第 1 行第 2 个词 traditional 中的第 1 个 i；⑤第 1 行第 2 个词 traditional 中的 a；⑥第 2 行前部第 2 个词 family 中的字母 m；⑦第 1 行第 2 个词 traditional 中的 o；⑧第 1 行第 3 个词 American 中的 i；⑨第 1 行第 3 个词 American 中的 e。由此观之，该学生译员的眼动轨迹极为不稳定，尤其是④与⑤，⑧与⑨均呈逆向眼动态势，⑤与⑥呈上下眼动态势（参见图 8-7）。

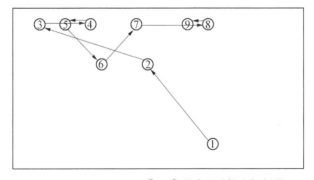

图 8-7　A19 GazePlot ①—⑨眼动跟踪轨迹解析图

327

由此可见，眼动轨迹注视点的逆向流动及频繁回视抑制大脑灵动思维和视阅速度，造成视译速度减慢，效果不佳，成绩降低。

A19 GazePlot 该被试者眼动跟踪轨迹㉒—㉖解析如下：㉒第 4 行尾部第 12 个词 close 中的第 1 个字母 c 与第二个字母 l 之间，㉓处于两行之间，即第 4 行后半部分第 11 个词 live 与第 5 行后半部分第 7 个词 even 之间，㉔和㉕均向下远离 TD 轨迹，而㉖又突然返回至第 4 行 live 中的 v（参加图 8-8）。

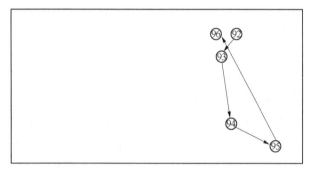

图 8-8　A19 GazePlot ㉒—㉖眼动轨迹解析图

由此观之，该被试眼动跟踪轨迹凸显忽上忽下、忽左忽右极为紊乱的态势。进而，㉙以上的眼睛注视点多数远离 TD，而游离至 TD 下方。本研究将这种忽上忽下、忽左忽右之眼动跟踪轨迹注视点的逆向流动以及频繁回视的眼动跟踪轨迹称之为非常态眼动跟踪轨迹。这种非常态眼动跟踪轨迹是造成学生译员视译成绩低的重要因素之一。

4. 研究发现

① 学生译员的平均眼动跟踪轨迹 TD 占位率高于偏离率，而且他们的 TD 占位率越高，其视译平均成绩就越高；相反，TD 偏离越高，视译成绩就越差；② 眼动跟踪轨迹回视率越低，成绩就越

高;反之,眼动跟踪轨迹回视率越高,成绩就越低。鉴于此,问题在于:① 眼动跟踪轨迹 TD 偏离问题;② 眼动跟踪轨迹逆向流动,即回视问题。因此,研究假设①和②成立,而③不成立。

## 五、策略与展望

策略:① TD 占位策略:使眼动跟踪轨迹占位 TD;② 零回视策略:使眼动跟踪轨迹正向流动,非逆向流动;③ 积极认知策略:学生译员积极认知 TD 内容,精准快速反应 SL 信息。研究局限性:非常态眼动跟踪轨迹是造成学生译员视译成绩低的重要因素之一,然而英汉双语基础、心理因素(如高焦虑)(康志峰,2013:76-81)等仍是造成学生译员视译成绩低的因素。

展望:① 研究视野——本研究只是对学生译员的视译眼动研究,有待于向职业译员的视译、交传以及同传眼动研究发展;② 研究方法——本研究仅采用实证研究实验法、比较法以及 SPSS 软件计算法,其研究方法有待多样化;③ 研究范畴——本研究只涉及口译学与口译认识心理学的跨学科研究,其研究范畴尚需扩展至口译学与认知语言学、认知神经科学、认知心理学、心理语言学等跨学科领域。总之,各种眼动研究将向口译领域如视译、交传、同传等纵深发展。

由此可得:① 非常态眼动跟踪轨迹如偏离 TD,说明学生译员对 SL 认知理解产生偏差或缓慢,这是造成视译成绩低的重要因素,对此应采取 TD 占位策略,使眼动跟踪轨迹紧跟 TD;② 眼动跟踪轨迹逆向流动,回视率高,说明学生译员对 SL 认知理解不明晰或缓慢,这是造成视译成绩低的重要因素,应采取零回视策略,使眼动跟踪轨迹正向流动,非逆向流动;③ 采取积极认知策略,使学生译员积极认知 TD 内容,激活 LTM 信息,发挥 WM 之功效,精准快速反应 SL 信息。眼动跟踪研究对视译等口译操作不仅具有理论意义,而且具有应用价值,此为本研究价值之所在。

## 第二节 眼动跟踪靶域与视译速效研究

### 一、研究缘起

在英语口译教学过程中,本研究者通过观察发现:学生译员在口译时眼动的速度快慢不一,成绩高低各异。眼动速度与口译绩效是否有关联(correlation)?若有关联,眼动速率对口译有何效应?为此,本研究拟从口译认知心理学(康志峰,2013)视角,以眼动跟踪靶域实验为研究方法,借助于眼动仪设备对研究者所教授的非英语专业的81名学生译员做视译眼动跟踪实验。通过对学生译员的眼动跟踪 TD 实验,探究其视译眼动跟踪 TD 速度、速效及对视译绩效之影响。随之给出视译增效策略,建构眼动跟踪 TD 理论。

### 二、研究现状

1. 国际研究

早在 1879 年,兰多特(Landolt)就撰写了 *Manual of Examination of the Eyes*(《眼睛检测手册》)一书,记载了不连续眼动的检测研究。1981 年,麦克唐纳和卡朋特两位专家把眼动法引入翻译研究,开辟了眼动与翻译跨学科研究的先河。巴萨罗(1999:577-660)以语言具身法(the embodied language approach)解释了人脑对语言处理的速度快慢不一。换言之,语义理解的认知过程是以具身为基础(body-based)的(Wilson,2002:625-636)。这一识解引起了诸多学者的共鸣(Glenberg & Kaschak,2002:558-565;Kousta, Vigliocco, Vinson, Andrews & Del Campo,2011:14-34);Stanfield & Zwaan,2001:153-156)。林纳、阿西答、沃尔和史密斯(Lingnau, Ashida, Wall &

Smith,2009:1-14)认为,人脑理解的速度包含了超越时空的复杂计算。斯皮德和韦格利奥科(Speed & Vigliocco,2014:367-382)发现,在与现实事件有效互动的过程中,大脑对信息解码的速度至关重要。鉴于此,国外眼动研究至今已逾百年,而且随着科技的快速发展,其研究不断深化,然而对于口译眼动速度研究尚付阙如。

2. 国内研究

详见本章第一节视译轨迹策略研究二、研究背景2.眼动研究溯源。

3. 理论建构

口译认知心理学,是以口译信息加工为核心的口译活动性的动态型认知心理学(康志峰,2013:vi)。在复杂的口译过程中,知觉的形成、注意力的分配、记忆包括长时记忆和工作记忆(ibid.,2016:71)等信息加工的诸多认知心理活动参与其中。近年来随着口译认知心理研究的不断深入,口译的ERPs跨学科研究(ibid.,2016:85-91)开始渗透,口译的眼动跟踪TD研究业已起步,但尚未见其成果。因此,口译的眼动跟踪理论建构迫在眉睫。

口译眼动跟踪理论建构:眼动是眼球和眼窝的肌肉带动着眼睛移动(Wade,2010:34),称之为眼动。眼动追踪技术作为口译认知心理学的一种重要研究方法,已成为口译认知研究的重要工具。眼动追踪利用角膜和瞳孔的反光法原理,以毫秒为单位记录眼球注视屏幕的精确位置和其他注视行为,如注视时间、注视次数、回视、眼跳、瞳孔直径等(闫国利、白学军,2012)。TD乃靶域或目标域,是口译员(包括学生译员)眼动跟踪的目标范围。口译眼动跟踪研究是研究者利用眼动跟踪的方法,借助眼动仪等设备检测并记录译员(包括学生译员)在口译时的眼动跟踪速度、轨迹、注视点等的研究。口译眼动跟踪理论是在口译员眼动跟踪过程中所建构形成的理论。这一理论将会被应用在口译眼动实验研究和口译教学中。

## 三、预设与触发

1. TD 驱动

本书预设为学生译员的心理词典，LTM 中的口译知识和 WM（康志峰，2016：71-74）中口译技能等信息。该预设由元认知主体学生译员个体触发，而触发又源于口译目标任务之 TD 驱动。口译目标任务乃双语转换，这就需要学生译员对 SL 进行认知加工努力。然而，由于学生译员的个体差异，他们对处于激活状态的 SL 信息加工过程速度不一，那么其加工速度对口译绩效是否有影响呢？

2. 研究假设

① 眼动跟踪 TD 速度越快，视译成绩就越差；② 眼动跟踪 TD 速度越慢，视译成绩也越差；③ 眼动跟踪 TD 速度均匀，视译成绩较好。

这三项假设是否能得以证实，是否能够实现理想的认知模型（康志峰，2010：18-21）尚需以下实证研究检验。

3. 研究对象

详见本章第一节三、视译眼动实验 2. 实验准备 3）被试准备。

4. 研究设计

研究方法、设备准备、实验材料和实验编程等详见本章第一节三、视译眼动实验 1. 研究方法 2. 实验准备 3. 实验程序等。

## 四、数据解析

1. 时速与成绩解析

在 36 名有效被试实验中，2 名被试（P01 和 P02）为预试验，他们首次进入时间（潜伏期），首次进入时间均值，访问停留数量,以及总访问时间均未记录(用"—"表示),其预测试得分均为4,正式实验得分为 7 和 5.5。其他 34 名正式实验首次进入时间(潜伏期)均值为 1,总和为 27。首次进入时间均值均值为 2.69 总和为 69.92。注视点个数统计,在一个兴趣区或在一个兴趣区组中的注视点个数均值为 5.77,总和为 127,注视点最小值为 1,最大值为 15,说明很大的个体差异性。总访问时间、兴趣区或兴趣区组中的所有注视点的持续时间之和均值为 1.60,总和为 35.24,最小值 0.07;最大值 4.88,同样说明很大的个体差异性。预测试总得分均值为 1.99,总和为 71.50;正式实验得分均值为 5.72,总和为 206.00。预测试与正式实验成绩均值 3.86,总和为 138.75(参见表 8-7)。

表 8-7 被试者测试时速与成绩分布表

| 序号 | 实验序号 | 首次进入时间(潜伏期)(Time to First Fixation) | 首次进入时间均值(Time to First Fixation Mean) | 访问停留数量(Visit Duration Number) | 总访问时间(Total Visit Duration) | 预测试得分(满分10) | 正式实验得分(满分10) | 预测试与正式实验成绩均值(M) |
|---|---|---|---|---|---|---|---|---|
| 1 | P01 | — | — | — | — | 4 | 7 | 5.5 |
| 2 | P02 | — | — | — | — | 4 | 5.5 | 4.75 |
| 3 | A01 | 1 | 1.45 | 3 | 2.9 | 4 | 5.5 | 4.75 |
| 4 | A02 | 1 | 0.84 | 2 | 0.25 | 3 | 6.5 | 4.75 |
| 5 | A03 | 1 | 8.77 | 3 | 0.18 | 0 | 4 | 2 |
| 6 | A04 | — | — | — | — | 4 | 7 | 5.5 |
| 7 | A05 | — | — | — | — | 6.5 | 6 | 6.25 |
| 8 | A06 | — | — | — | — | 3 | 5.5 | 4.25 |
| 9 | A07 | 1 | 1.18 | 3 | — | 2 | 7 | 4.5 |
| 10 | A08 | 1 | 11.25 | 4 | 0.58 | 1.5 | 5 | 3.25 |

续 表

| 序号 | 实验序号 | 首次进入时间（潜伏期）(Time to First Fixation) | 首次进入时间均值 (Time to First Fixation Mean) | 访问停留数量 (Visit Duration Number) | 总访问时间 (Total Visit Duration) | 预测试得分（满分10） | 正式实验得分（满分10） | 预测试与正式实验成绩均值（M） |
| --- | --- | --- | --- | --- | --- | --- | --- | --- |
| 11 | A09 | 1 | 1.25 | 2 | — | 2 | 5 | 3.5 |
| 12 | A10 | 1 | 0.89 | 2 | 3.86 | 2 | 4 | 3 |
| 13 | A11 | 1 | 1.02 | 2 | 1.08 | 2 | 6 | 4 |
| 14 | A12 | 1 | 1.3 | 1 | 1.52 | 1 | 5 | 3 |
| 15 | A13 | — | — | — | — | 0 | 5.5 | 2.75 |
| 16 | A14 | 1 | 1.12 | 3 | 1.91 | 1 | 6.5 | 3.75 |
| 17 | A15 | — | — | — | — | 2 | 5 | 3.5 |
| 18 | A16 | 1 | 1.11 | 1 | — | 2 | 6.5 | 4.25 |
| 19 | A17 | — | — | — | — | 1 | 4.5 | 2.75 |
| 20 | A18 | 1 | 14.89 | 1 | 0.59 | 2 | 6 | 4 |
| 21 | A19 | 1 | 1.8 | 1 | 2.14 | 0.5 | 3.5 | 2 |
| 22 | A20 | 1 | 0.84 | 2 | 2.1 | 2.5 | 7 | 4.75 |
| 23 | A21 | 1 | 1.5 | 1 | — | 3 | 7.5 | 5.25 |
| 24 | A22 | 1 | 1.38 | 2 | 0.5 | 2 | 5.5 | 3.75 |
| 25 | A23 | 1 | 1.53 | 1 | 4.88 | 0 | 5 | 2.5 |
| 26 | A24 | 1 | 1.34 | 1 | 2.09 | 2.5 | 7.5 | 5 |
| 27 | A25 | 1 | 1.07 | 1 | 0.07 | 2 | 5.5 | 3.75 |
| 28 | A26 | 1 | 1.47 | 4 | 2.15 | 3 | 7 | 5 |
| 29 | A27 | — | — | — | — | 3.5 | 8 | 5.75 |
| 30 | A28 | 1 | 1 | 2 | 1.53 | 0 | 4 | 2 |
| 31 | A29 | 1 | 0.81 | 3 | — | 0.5 | 6 | 3.25 |
| 32 | A30 | 1 | 1.18 | 1 | 1.35 | 3 | 7 | 5 |

续 表

| 序号 | 实验序号 | 首次进入时间(潜伏期)(Time to First Fixation) | 首次进入时间均值(Time to First Fixation Mean) | 访问停留数量(Visit Duration Number) | 总访问时间(Total Visit Duration) | 预测试得分(满分10) | 正式实验得分(满分10) | 预测试与正式实验成绩均值(M) |
|---|---|---|---|---|---|---|---|---|
| 33 | A31 | 1 | 6.08 | 3 | 1.2 | 1 | 5 | 3 |
| 34 | A32 | 1 | 1.19 | 2 | 3.08 | 0.5 | 5.5 | 3 |
| 35 | A33 | 1 | 3.66 | 6 | 0.89 | 0 | 5 | 2.5 |
| 36 | A34 | 1 | 2.65 | 4 | 0.39 | 0.5 | 4 | 2.25 |
| M | — | 1 | 2.69 | 2.26 | 1.60 | 1.99 | 5.72 | 3.86 |
| ∑ | 36 | 27 | 69.92 | 61 | 35.24 | 71.50 | 206.00 | 138.75 |

2. SPSS 计算

1) 粗算:将表 8-7 中预测试和正式实验的时速值及得分代入 SPSS 统计软件计算,描述统计量和单个样本检验显示:有效项 38 项,预测试极小值为.00,极大值为 138.75,总均值为 3.889 4,总标准差为 9.410 86,均值标准误差为 1.526 65(参见表 8-8)。

表 8-8 描述统计量

|  | N | 极小值 | 极大值 | 均 值 | 标准差 | 均值的标准误 |
|---|---|---|---|---|---|---|
| VAR00001 | 38 | .00 | 27.00 | 1.447 4 | 4.278 78 | .694 11 |
| VAR00002 | 38 | .00 | 69.92 | 3.820 5 | 11.455 83 | 1.858 38 |
| VAR00003 | 38 | .00 | 61.00 | 3.270 0 | 9.724 28 | 1.577 49 |
| VAR00004 | 38 | .00 | 35.24 | 1.896 8 | 5.687 80 | .922 68 |
| VAR00005 | 38 | .00 | 71.50 | 3.815 5 | 11.368 81 | 1.844 27 |

续 表

|  | N | 极小值 | 极大值 | 均 值 | 标准差 | 均值的标准误 |
|---|---|---|---|---|---|---|
| VAR00006 | 38 | .00 | 8.00 | 5.571 6 | 1.448 24 | .234 94 |
| VAR00007 | 38 | 2.00 | 138.75 | 7.404 2 | 21.912 31 | 3.554 65 |
| 有效的N（列表状态） | M=38 | | | M=3.889 4 | M=9.410 86 | M=1.526 65 |

VAR00001＝首次进入时间（潜伏期）；VAR00002＝首次进入时间均值；VAR00003＝访问停留数量；VAR00004＝总访问时间；VAR00005＝预测试得分；VAR00006＝正式实验得分；VAR00007＝预测试与正式实验成绩均值。（下同）

由表8-8可知：t值 VAR00001-VAR00007 分别为 2.085、2.056、2.073、2.056、2.069、23.715、2.083，t值均值为 5.162；df均为 37；Sig.(VAR00001-VAR00007)分别为 0.044、0.047、0.045、0.047、0.046、0.000、0.044，均值为 0.039，凸显较大的显著性，尤其是 VAR00006＝0.000＜0.001 显著性最大；均值差值 VAR00001-VAR00007 分别为 1.447 37、3.820 53、3.270 00、1.896 84、3.815 53、5.571 58、7.404 21，均值为 3.889 44；差分的95％置信区间的下限分别为 0.041 0、0.055 1、0.073 7、0.027 3、0.078 7、5.095 6、0.201 8，均值为 0.796 2，上限分别为 2.853 8、7.586 0、6.466 3、3.766 4、7.552 4、6.047 6、14.606 6，均值为 6.982 7。这些数据说明统计水平显著，该实验有意义。

表8-9 单个样本检验

| | 检验值 | | | | | |
|---|---|---|---|---|---|---|
| | t | df | Sig.（双侧） | 均值差值 | 差分的95％置信区间 | |
| | | | | | 下限 | 上限 |
| VAR00001 | 2.085 | 37 | .044 | 1.447 37 | .041 0 | 2.853 8 |
| VAR00002 | 2.056 | 37 | .047 | 3.820 53 | .055 1 | 7.586 0 |
| VAR00003 | 2.073 | 37 | .045 | 3.270 00 | .073 7 | 6.466 3 |

续 表

|  | 检验值 | | | | 差分的 95％ 置信区间 | |
|---|---|---|---|---|---|---|
|  | t | df | Sig.（双侧） | 均值差值 | 下限 | 上限 |
| VAR00004 | 2.056 | 37 | .047 | 1.896 84 | .027 3 | 3.766 4 |
| VAR00005 | 2.069 | 37 | .046 | 3.815 53 | .078 7 | 7.552 4 |
| VAR00006 | 23.715 | 37 | .000 | 5.571 58 | 5.095 6 | 6.047 6 |
| VAR00007 | 2.083 | 37 | .044 | 7.404 21 | .201 8 | 14.606 6 |
| M | 5.162 | 37 | 0.039 | 3.889 44 | 0.796 2 | 6.982 7 |

由表 8-10 相关性计算可知，VAR00001-VAR00007 相关性系数平均值分别为 0.938、0.919、0.936、0.927、0.920、0.688、0.930，以上平均值的均值为 0.894，＊＊在.01 水平（双侧）上显著相关。VAR00001-VAR00007 显著性双侧系数均为 0.000，显著性极大。

表 8-10 相 关 性

| | | VAR00001 | VAR00002 | VAR00003 | VAR00004 | VAR00005 | VAR00006 | VAR00007 | Mean |
|---|---|---|---|---|---|---|---|---|---|
| VAR00001 | Pearson 相关性 | 1 | .967＊＊ | .994＊＊ | .982＊＊ | .981＊＊ | −.649＊＊ | .992＊＊ | .938 |
| | 显著性（双侧） | | .000 | .000 | .000 | .000 | .000 | .000 | |
| | N | 38 | 38 | 38 | 38 | 38 | 38 | 38 | |
| VAR00002 | Pearson 相关性 | .967＊＊ | 1 | .966＊＊ | .938＊＊ | .944＊＊ | −.662＊＊ | .956＊＊ | 0.919 |
| | 显著性（双侧） | .000 | | .000 | .000 | .000 | .000 | .000 | |
| | N | 38 | 38 | 38 | 38 | 38 | 38 | 38 | |

续表

|  |  | VAR 00001 | VAR 00002 | VAR 00003 | VAR 00004 | VAR 00005 | VAR 00006 | VAR 00007 | Mean |
|---|---|---|---|---|---|---|---|---|---|
| VAR 00003 | Pearson 相关性 | .994** | .966** | 1 | .973** | .973** | −.658** | .985** | 0.936 |
|  | 显著性（双侧） | .000 | .000 |  | .000 | .000 | .000 | .000 |  |
|  | N | 38 | 38 | 38 | 38 | 38 | 38 | 38 |  |
| VAR 00004 | Pearson 相关性 | .982** | .938** | .973** | 1 | .962** | −.659** | .973** | 0.927 |
|  | 显著性（双侧） | .000 | .000 | .000 |  | .000 | .000 | .000 |  |
|  | N | 38 | 38 | 38 | 38 | 38 | 38 | 38 |  |
| VAR 00005 | Pearson 相关性 | .981** | .944** | .973** | .962** | 1 | −.581** | .997** | 0.920 |
|  | 显著性（双侧） | .000 | .000 | .000 | .000 |  | .000 | .000 |  |
|  | N | 38 | 38 | 38 | 38 | 38 | 38 | 38 |  |
| VAR 00006 | Pearson 相关性 | −.649** | −.662** | −.658** | −.659** | −.581** | 1 | −.606** | 0.688 |
|  | 显著性（双侧） | .000 | .000 | .000 | .000 | .000 |  | .000 |  |
|  | N | 38 | 38 | 38 | 38 | 38 | 38 | 38 |  |
| VAR 00007 | Pearson 相关性 | .992** | .956** | .985** | .973** | .997** | −.606** | 1 | 0.930 |
|  | 显著性（双侧） | .000 | .000 | .000 | .000 | .000 | .000 |  |  |
|  | N | 38 | 38 | 38 | 38 | 38 | 38 | 38 | M=0.894 |

\*\* 在.01 水平（双侧）上显著相关。

表 8-11 和表 8-12 显示，有效值为 38，有效率为 100％；可靠性统计量克伦巴赫 α 系数为 0.904。由此而表明，该实验有效值和有效率高，实验可靠性强。

表 8-11 案例处理汇总

|  |  | N | 百分比(%) |
|---|---|---|---|
| 案例 | 有效 | 38 | 100.0 |
|  | 已排除[a] | 0 | .0 |
|  | 总计 | 38 | 100.0 |

a. 在此程序中基于所有变量的列表方式删除。

表 8-12 可靠性统计量

| 克伦巴赫 α 系数 | 项　数 |
|---|---|
| .904 | 7 |

(2) 精算:将表 8-8 中预测试和正式实验的时速值及得分代入 SPSS 统计软件做精算,描述统计量和单个样本检验显示:有效项 24 项,测试极小值为 0.00,极大值为 138.75,总均值为 4.931 5,总标准差为 11.708 77,均值标准误差为 2.390 04(参见表 8-13)。

表 8-13 描述和单个样本统计量

|  | N | 极小值 | 极大值 | 均　值 | 标准差 | 均值的标准误差 |
|---|---|---|---|---|---|---|
| VAR00001 | 24 | 1.00 | 27.00 | 2.083 3 | 5.307 23 | 1.083 33 |
| VAR00002 | 24 | .84 | 69.92 | 5.805 4 | 14.133 57 | 2.885 00 |
| VAR00003 | 24 | 1.00 | 61.00 | 4.760 8 | 12.045 45 | 2.458 77 |
| VAR00004 | 24 | .07 | 35.24 | 3.003 3 | 6.969 61 | 1.422 67 |
| VAR00005 | 24 | .00 | 71.50 | 4.478 8 | 14.319 78 | 2.923 01 |
| VAR00006 | 24 | .00 | 7.50 | 5.238 3 | 1.562 54 | .318 95 |
| VAR00007 | 24 | 2.00 | 138.75 | 9.150 4 | 27.623 19 | 5.638 56 |
| 有效的 N (列表状态) | 24 |  |  | M= 4.931 5 | SD= 11.708 77 | M= 2.390 04 |

由表 8-13 可知：t 值 VAR00001-VAR00007 分别为 1.923、2.012、1.936、2.111、1.532、16.464、1.623，t 值均值为 3.937；df 均为 23；Sig.（VAR00001-VAR00007）分别为 0.067、0.056、0.065、0.046、0.139、0.000、0.118，M＝0.070＞0.001，具有一定的显著性，但不如粗算时凸显，其中 VAR00006＝0.000＜0.001 显著性最大；均值差值 VAR00001-VAR00007 分别为 2.083 33、5.805 42、4.760 83、3.003 33、4.478 75、5.238 33、9.150 42、4.931 49，M＝4.931 49；差分的 95% 置信区间的下限最低值为 −2.513 8，最高值为 4.578 5，均值为 −0.012 7，上限最低值 4.324 4，最高值为 20.814 7，均值为 9.875 7。这些数据说明统计水平较为显著，该实验有意义。

表 8-14　单个样本检验

| | 检验值 | | | | | |
|---|---|---|---|---|---|---|
| | t | df | Sig.（双侧） | 均值差值 | 差分的 95% 置信区间 | |
| | | | | | 下限 | 上限 |
| VAR00001 | 1.923 | 23 | .067 | 2.083 33 | −.157 7 | 4.324 4 |
| VAR00002 | 2.012 | 23 | .056 | 5.805 42 | −.162 7 | 11.773 5 |
| VAR00003 | 1.936 | 23 | .065 | 4.760 83 | −.325 5 | 9.847 2 |
| VAR00004 | 2.111 | 23 | .046 | 3.003 33 | .060 3 | 5.946 3 |
| VAR00005 | 1.532 | 23 | .139 | 4.478 75 | −1.568 0 | 10.525 5 |
| VAR00006 | 16.424 | 23 | .000 | 5.238 33 | 4.578 5 | 5.898 1 |
| VAR00007 | 1.623 | 23 | .118 | 9.150 42 | −2.513 8 | 20.814 7 |
| M | 3.937 | 23 | .070 | 4.931 49 | −0.012 7 | 9.875 7 |

由表 8-15 相关性计算可知，VAR00001-VAR00007 相关性系数平均值分别为 M1＝0.951，M2＝0.930，M3＝0.949，M4＝0.938，M5＝0.943，M6＝0.746，M7＝0.947，M（1-7）＝0.915，

\*\*.在.01 水平(双侧)上显著相关。VAR00001-VAR00007 显著性双侧系数均为 0.000,显著性极大。

表 8-15 相 关 性

| | | VAR 00001 | VAR 00002 | VAR 00003 | VAR 00004 | VAR 00005 | VAR 00006 | VAR 00007 | Mean |
|---|---|---|---|---|---|---|---|---|---|
| VAR 00001 | Pearson 相关性 | 1 | .966\*\* | .994\*\* | .985\*\* | .997\*\* | −.714\*\* | .999\*\* | .951 |
| | 显著性(双侧) | | .000 | .000 | .000 | .000 | .000 | .000 | |
| | N | 24 | 24 | 24 | 24 | 24 | 24 | 24 | |
| VAR 00002 | Pearson 相关性 | .966\*\* | 1 | .966\*\* | .935\*\* | .960\*\* | −.719\*\* | .964\*\* | 0.930 |
| | 显著性(双侧) | .000 | | .000 | .000 | .000 | .000 | .000 | |
| | N | 24 | 24 | 24 | 24 | 24 | 24 | 24 | |
| VAR 00003 | Pearson 相关性 | .994\*\* | .966\*\* | 1 | .976\*\* | .990\*\* | −.721\*\* | .993\*\* | 0.949 |
| | 显著性(双侧) | .000 | .000 | | .000 | .000 | .000 | .000 | |
| | N | 24 | 24 | 24 | 24 | 24 | 24 | 24 | |
| VAR 00004 | Pearson 相关性 | .985\*\* | .935\*\* | .976\*\* | 1 | .982\*\* | −.706\*\* | .984\*\* | 0.938 |
| | 显著性(双侧) | .000 | .000 | .000 | | .000 | .000 | .000 | |
| | N | 24 | 24 | 24 | 24 | 24 | 24 | 24 | |
| VAR 00005 | Pearson 相关性 | .997\*\* | .960\*\* | .990\*\* | .982\*\* | 1 | −.675\*\* | .999\*\* | 0.943 |
| | 显著性(双侧) | .000 | .000 | .000 | .000 | | .000 | .000 | |
| | N | 24 | 24 | 24 | 24 | 24 | 24 | 24 | |

续 表

|  |  | VAR 00001 | VAR 00002 | VAR 00003 | VAR 00004 | VAR 00005 | VAR 00006 | VAR 00007 | Mean |
|---|---|---|---|---|---|---|---|---|---|
| VAR 00006 | Pearson 相关性 | −.714** | −.719** | −.721** | −.706** | −.675** | 1 | −.690** | 0.746 |
|  | 显著性（双侧） | .000 | .000 | .000 | .000 | .000 |  | .000 |  |
|  | N | 24 | 24 | 24 | 24 | 24 | 24 | 24 |  |
| VAR 00007 | Pearson 相关性 | .999** | .964** | .993** | .984** | .999** | −.690** | 1 | 0.947 |
|  | 显著性（双侧） | .000 | .000 | .000 | .000 | .000 | .000 |  |  |
|  | N | 24 | 24 | 24 | 24 | 24 | 24 | 24 | M=0.915 |

\*\*在.01水平（双侧）上显著相关。

精算的有效值为24项，已排除项为0项，有效率为100%；可靠性统计量克伦巴赫α系数为0.904。由此而表明，该精算实验效度高，可靠性强。

无论是粗算，还是精算，均表明该实验显著性较强（Sig.值0.039和0.070），具有较好的统计学意义；实验项目的相关性很强（0.894和0.915），均凸显在.01水平（双侧）上显著相关；实验效度高（100%），可靠性强（克伦巴赫α系数＝0.904）。

3. 速效检验

1）慢速检测：在检测的36名（2名预试验＋34名正式实验）被试中有7名被试的视译靶域速度≤50%，即不足和等于视译内容的一半。其得分也在5.5分以下。典型的例子为被试A03，该被试在规定的45秒钟内，只完成整体口译任务的一半内容，得分4分（最低分为3.5分，满分10分）（如图8-9所示）。其眼动速度比正常眼动速度慢了一倍，更多的是回视。由此而判断其大脑为惰性认知（inert cognition），而并非灵动认知。究其原因,乃是学生译员慢速眼动,大脑处于低焦虑状态(康志峰,2011:81),尤其是逆向眼动和频繁回视,抑制了大脑灵动思维和视阅速度,造成视译速度减慢。之外,学生译员长时记忆中的心理词典、百科知识、双语熟练、转换技能、情绪管理等因素同样亦是其中之因。

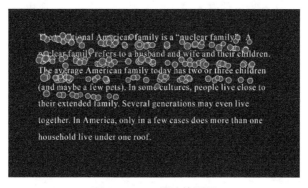

图 8-9　A03 慢速检测图

2) 快速检测:在检测的 36 名被试中有 9 名被试的视译速度≥100%,即等于或超越视译靶域的整体内容。其得分也在 5.5 分以下。典型的例子为被试 A30(参见图 8-10),该被试在规定的 45 秒钟内,视译速度超越了整体 TD 口译任务,预试验得分 0 分,正式实验得分 4 分。其眼动速度比正常眼动速度快了 20%。由此而判断其大脑在对源语的认知过程中处于高焦虑态势(康志峰,2011:81-85),需要对其进行元情绪管理(康志峰,2016:16-20)。被试 A19 更为典型(参见图 8-11),其大脑处于极度 HA 状态,对 SL 的认知极为混乱,其预试验得分为 0.5,正式实验得分为 3.5,是所有被试中的最低分。究其原因,乃是学生译员非常态快速眼动,尤其是处于 HA 态势的学生译员,视译时视阅速度增快,而对 SL 的有效认知较少。当然亦不排斥慢速检测中提及的其他因素。

图 8-10　A30 快速检测图

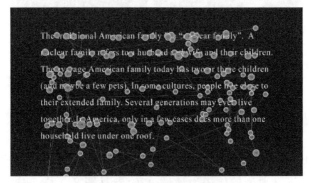

图 8-11　A19 快速检测图

3) 标速检测：在检测的 36 名被试中有 20 名被试的视译速度≌100%，即等于或约等于视译靶域的整体内容。除了 3 名被试得分在 5.5 分以下，其余均为 6 分以上。这表明被试以标速对 TD 内容做视译，其大脑处于对 SL 认知的常态，其元情绪进行了很好的调适、修正以及优化管理(康志峰，2016：16-20)，故而绩效最佳。典型的例子为被试者 A20(参见图 8-12)，该被试者在规定的 45 秒钟内，基本完成了整体 TD 口译任务，预试验得分 7 分，正式实验得分 8 分(被试中的最高分)。其眼动速度处于常态，元情绪管理较好，对 SL 信息能够灵动认知，精准反应，成绩最优。

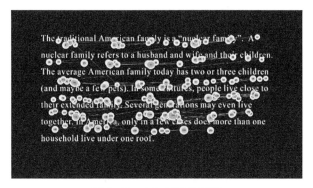

图 8-12　A20 标速检测图

## 五、析出与策略

1. 析出

1) 通过程序实验、数据解析、速效检验,析出研究假设成立。除了 A4 眼动跟踪 TD 速度快,成绩高之外,其余被试者有如下规律:① 眼动跟踪 TD 速度越快,视译成绩就越差;② 眼动跟踪 TD 速度越慢,视译成绩同样越差;③ 眼动跟踪 TD 速度均匀,视译成绩较好。

2) 眼动跟踪速率受元情绪及情绪影响,LA 和 HA 状态(康志峰,2011:81-85)导致学生译员视译速率过慢或过快,从而影响视译绩效。

3) 眼动跟踪速率过慢或过快凸显出大脑对 SL 信息的惰性认知和极速认知(overspeed cognition)、无效认知(void cognition)、负效认知(negative-effect cognition)(康志峰,2016:16-20),抑制了灵动认知,同样不利于视译绩效。

2. 策略

鉴于眼动跟踪实验过程中学生译员存在的问题,本研究采取以下策略:

1) 速度策略：眼动跟踪占位 TD 以 1.489 词/秒为宜。具体包括：① 匀速——眼动跟踪 TD 正向匀速扫视；② 戒急——切忌急速眼动扫视或偏离 TD；③ 戒惰——切忌逆向扫视或回视频频造成过度迟缓。

2) 情绪策略：学生译员在译前和译中应对其元情绪和情绪进行优化管理。主要包括：① 觉察情绪；② 控制情绪；③ 修正情绪。

3) 认知策略：学生译员自身的灵动认知管理。主要包括：① 扩大心理词典，补充 LTM 信息；② 掌握双语转换技能，减少双语转换代价；③ 实现灵动认知。

研究局限性：虽然非常态眼动跟踪 TD 速率是造成学生译员 SI 成绩低的重要因素，然非常态眼动跟踪轨迹、元情绪、惰性认知、双语能力等因素亦不容忽视，有待进一步研究。

## 六、结语

非常态眼动跟踪 TD 速率是造成学生译员视译成绩低的重要因素。结果：(1) 高速低效——眼动跟踪 TD 平均速度越快，视译成绩就越差；(2) 低速低效——眼动跟踪 TD 平均速度越慢，视译成绩同样越差。常态的眼动跟踪 TD 会产生匀速高效——眼动跟踪 TD 平均速度均匀，产生速效，视译成绩较好。眼动跟踪 TD 速效研究对视译等口译操作不仅具有理论意义，而且具有应用价值，开辟了我国口译教学和研究的新路径。

## 第三节 视译眼动跟踪靶域：注视点与绩效

### 一、研究缘起

近年来，随着口译研究的不断深入，借助 ERPs、眼动仪、

fMRI、EEG、E-prime 等新兴技术设备开展口译研究已经成为当前认知口译学(康志峰,2018：12)领域的新趋势。本研究是针对学生在视译过程中眼动跟踪靶域占位注视点(occupying fixations)的实验研究。学生眼动注视点的总数(sum of fixations)与口译绩效(performances)是否有关联呢？他们眼动注视点的持续时间(durations)与口译绩效是否成正比呢？为此,本研究从口译认知心理学(ibid.)视角,以所教授的非英语专业 83 名本科生为研究对象,借助于眼动仪设备进行 SI 眼动跟踪 TD 占位注视点实验。通过眼动跟踪 TD 占位注视点实验数据解析、SPSS 统计计算以及注视点与绩效检验,探究学生视译过程中眼动跟踪 TD 占位注视状况及效应,提出视译增效策略。

## 二、研究现状

1. 国际研究

过去十余年间,眼动技术支持下的翻译认知研究发展迅速,涌现出一批颇具开拓意义的研究(如 O'brien, 2006; Pavlović & Jensen, 2009; Shreve et al., 2010; Dragsted & Carl, 2013)。布赛(Busey, 2013)发表了眼动注视研究论文"Temporal Sequences Quantify the Contributions of Individual Fixations in Complex Perceptual Matching Tasks"(Speed & Vigliocco, 2014：367-382)。格拉马蒂克夫(Gramatikov)于 2017 年发表了眼动注视的研究论文"Detecting Central Fixation by Means of Artificial Neural Networks in a Pediatric Vision Screener Using Retinal Birefringence Scanning"。文中阐释了探测中心注视点的神经网络结构(参见图 8-13)。这一结构包括隐蔽层(hidden layer)和输出层(output layer),为双层结构。该网络的输入 P 包含 P1-P4,凸显了 4 个正常的 RBS 谱功率(spectral powers),分别

为 P2.5/P4.5,P3.5/P4.5,P5.5/P4.5,P6.5/P4.5。隐蔽层包含 4 个神经元(neurons)。网络信号的输出呈现或缺失中心注视点(Gramatikov,2017:1)。

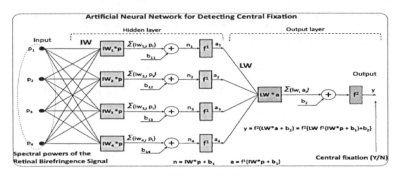

图 8-13　中心注视点探测的神经网络结构图(Gramatikov,2017:1)

由此观之,国外眼动研究至今已逾百年。科技的迅猛发展推动眼动设备的更新,从而促使眼动研究不断深入,亦为认知口译学(康志峰,2018:12)研究开辟了新路径。

2. 国内研究

详见本章第一节视译轨迹策略研究二、研究背景 2. 眼动研究溯源。

3. 研究理据

认知口译学(ibid.)是从认知的视角出发,将认知心理学与译员的实践相结合,对职业译员和学生译员等的口译实践操作、口译测试以及口译研究等在口译认知信息输入、口译认知记忆、口译认知信息加工、口译认知表达以及口译认知评估等过程中认知心理研究的一门科学(ibid.,:14)。在复杂的口译过程中,知觉的形成、注意力的分配(Gile,1995:147)、认知控制与冲突时应(康志峰,2017:92)、长时记忆信息的激活、工作记忆的运作、双语转换的认知努力(ibid.,2018:84)以及双语迁转增效(ibid.,2016:77)

等诸多信息加工的认知活动参与其中。近年来基于认知心理研究的口译 ERPs 研究(ibid., 2016: 85-91)和口译眼动跟踪研究正在展开,然而眼动实验只是口译认知研究的一种手段,实验如何设计? 数据如何解析? 对口译实践和教学的启示是什么? 这些问题均需要新的研究范式。本书通过对眼动注视点的解析,结合认知口译学理论,形成口译眼动跟踪实验范式和理论构念,为今后相关口译认知研究提供借鉴与指导,进而丰富认知口译学(ibid., 2018: 12)理论体系。

## 三、实验准备

1. 研究假设

学生在视译过程中眼动跟踪注视点的多少和注视时间的长短对其视译成绩有何影响呢? 假设:(1) 眼动跟踪 TD 占位注视点的数量与绩效成正比。(2) 在 TD 占位注视点注视时间越长,成绩越差;而在注视点注视时间越短,成绩越好。(3) 成绩较好的被试与成绩较差的被试相比,前者注视靶域相对集中,而后者散乱。

2. 研究方法

眼动跟踪注视研究法:利用眼动仪记录学生译员进行英译汉视译时的注视点及注视时长,解析其与口译绩效的相关性。学生的成绩由教师根据学生实际的口译精准度和口译量打分。

3. 研究对象

详见本章第一节视译轨迹策略研究三、视译眼动实验 3)被试准备。

4. 实验准备

1) 设备准备和 2) 实验材料详见本章第一节视译轨迹策略研究三、视译眼动实验 2. 实验准备。3) 实验编程:轨迹校准(九点校准)——预热材料输入(预设 30 秒钟)——眼睛休息(预设 10 秒钟)——测试材料输入(预设 45 秒钟)(参见图 8-14)。其他程序参见本章第一节视译轨迹策略研究三、视译眼动实验 3. 实验程序。

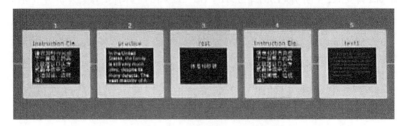

图 8-14　实验五步程序设计图

## 四、数据解析

### 1. 样本精选

本研究采用实验生成数据的低、中、高三个精选样本,将其预试验得分、正式实验得分、被试个体注视点数以及完成任务量等数据列表(参见表 8-16),进行综合解析。

表 8-16　实验数据样本解析

| 实验序号(No. of experiments) | 数据样本(L/M/H) | 预试验得分(Marks of pre-experiment) | 正式实验得分(Marks of formal experiments) | 注视点数(Numbers of fixation) | 完成任务量(Accomplished numbers)(总任务量为 67 词) | 完成任务量占总任务量百分比(%) |
|---|---|---|---|---|---|---|
| A03 | L1 | 0 | 4 | 177 | 35 | 52.24 |
| A10 | L2 | 2 | 4 | 177 | 60 | 89.56 |
| A34 | L3 | 0.50 | 4 | 183 | 50 | 74.63 |
| A11(TD 占位范例) | M1 | 2 | 6 | 151 | 67 | 100.00 |
| A18 | M2 | 2 | 6 | 52 | 35 | 52.24 |
| A29 | M3 | 0.50 | 6 | 127 | 61 | 91.05 |

续 表

| 实验序号(No. of experiments) | 数据样本(L/M/H) | 预试验得分 (Marks of pre-experiment) | 正式实验得分 (Marks of formal experiments) | 注视点数 (Numbers of fixation) | 完成任务量 (Accomplished numbers) (总任务量为67词) | 完成任务量占总任务量百分比(%) |
|---|---|---|---|---|---|---|
| A04 | H1 | 4 | 7 | 163 | 67 | 100.00 |
| A20 | H2 | 2.50 | 7 | 155 | 59 | 88.06 |
| A26 | H3 | 3 | 7 | 181 | 47 | 70.15 |
| M | — | 1.83 | 5.67 | 151.78 | 53.44 | 79.77 |
| *A27 | *H0 | 3.5 | 8 | 149 | Null(注视点偏离TD) | Null |

L1-3为低样本；M1-3为中样本；H1-3为高样本；*A27为特例无效样本。

## 2. SPSS 计算

将表 8-16 中的 L1-3、M1-3 和 H1-3 代入 SPSS(20.0 中文版)做计算,自动生成结果如下(参见表 8-17)：描述统计解析有效项为 9 项；4 项变量预试验得分(VAR00001)、正式实验得分(VAR00002)、注视点数(VAR00003)、完成任务量(VAR00004)极小值分别为.00、4.00、52.00、35.00；4 项变量极大值分别为 4.00、7.00、183.00、67.00；4 项变量均值为 1.833 3、5.666 7、151.777 8、53.444 4；4 项变量的标准差分别为 1.299 04、1.322 88、41.544 49、12.410 79；标准误分别为.433 01、.440 96、13.848 16、4.136 93。由此清晰地看出 L1-3,M1-3 和 H1-3 三个层级 9 个样本 4 个变量极小值、极小值、均值、标准差以及标准误数据。

表 8-18 显示,t 值的 4 个变量分别为 4.234、12.851、10.960、12.919；df 值的 4 个变量均为 8,Sig.(双侧)的 4 个变量分别为.003＜.01、.000＜.01、.000＜.01、.000＜.01,4 个 p 值明显＜.01＜.05,凸显样本对照的差异显著性。由此说明,三个层级 9 个样本的 4 个变量的

实验具有统计学的意义。

表8-17 描 述 统 计 量

| | N | 极小值 | 极大值 | 均　值 | 标准差 | 均值的标准误 |
|---|---|---|---|---|---|---|
| 预试验得分 | 9 | .00 | 4.00 | 1.833 3 | 1.299 04 | .433 01 |
| 正式实验得分 | 9 | 4.00 | 7.00 | 5.666 7 | 1.322 88 | .440 96 |
| 注视点数 | 9 | 52.00 | 183.00 | 151.777 8 | 41.544 49 | 13.848 16 |
| 完成任务量 | 9 | 35.00 | 67.00 | 53.444 4 | 12.410 79 | 4.136 93 |
| 有效的 N（列表状态） | 9 | | | | | |

表8-18 单个样本检验

| | 检 验 值 | | | | | |
|---|---|---|---|---|---|---|
| | t | df | Sig.（双侧） | 均值差值 | 差分的95%置信区间 | |
| | | | | | 下限 | 上限 |
| 预试验得分 | 4.234 | 8 | .003 | 1.833 33 | .834 8 | 2.831 9 |
| 正式实验得分 | 12.851 | 8 | .000 | 5.666 67 | 4.649 8 | 6.683 5 |
| 注视点数 | 10.960 | 8 | .000 | 151.777 78 | 119.843 9 | 183.711 7 |
| 完成任务量 | 12.919 | 8 | .000 | 53.444 44 | 43.904 7 | 62.984 2 |

对 L1-3、M1-3 和 H1-3，N=9 项进行相关性检验（参见表8-19），结果显示在0.05水平（双侧）上显著相关。

表8-19 相 关 性

| | | 预试验得分 | 正式实验得分 | 注视点数 | 完成任务量 |
|---|---|---|---|---|---|
| 预试验得分 | Pearson 相关性 | 1 | .727* | −.016 | .420 |
| | 显著性（双侧） | | .026 | .968 | .260 |
| | N | 9 | 9 | 9 | 9 |

续 表

|  |  | 预试验得分 | 正式实验得分 | 注视点数 | 完成任务量 |
|---|---|---|---|---|---|
| 正式实验得分 | Pearson 相关性 | .727* | 1 | −.272 | .330 |
|  | 显著性(双侧) | .026 |  | .479 | .386 |
|  | N | 9 | 9 | 9 | 9 |
| 注视点数 | Pearson 相关性 | −.016 | −.272 | 1 | .295 |
|  | 显著性(双侧) | .968 | .479 |  | .441 |
|  | N | 9 | 9 | 9 | 9 |
| 完成任务量 | Pearson 相关性 | .420 | .330 | .295 | 1 |
|  | 显著性(双侧) | .260 | .386 | .441 |  |
|  | N | 9 | 9 | 9 | 9 |

\* 在 0.05 水平(双侧)上显著相关。

根据 SPSS 解析的案例处理汇总自动生成的表格(参见表 8-20),显示有效项为 9 项,有效率为 100%。据此可知,三个层级检验样本的 9 项实验 100% 有效。

表 8-20 案例处理汇总

|  |  | N | % |
|---|---|---|---|
| 案例 | 有效 | 9 | 100.0 |
|  | 已排除[a] | 0 | .0 |
|  | 总计 | 9 | 100.0 |

a. 在此程序中基于所有变量的列表方式删除。

3. 注视图解析

低样本中,选取 A03 作为 L1,A10 作为 L2,A34 作为 L3。他们的预试验分别得分为 0、2、0.5;三名被试正式实验得分均为 4 分(36 名正式实验平均得分 5.72 分)。其注视点数分别为 177、177、183。完成任务的词数分别为 35、60、50;各占总任务量的 52.24%、

89.56%、74.63%(参见图8-15)。由此可见,A03、A10、A34完成任务数不同,TD空间占位面积不同(分别为Small、Large、Middle,简称S、M、L),正式实验得分(4分)却相同。故而,眼动跟踪注视点数目的多少与成绩不成正比。

图8-15 低样本眼动跟踪注视图

中样本中,选取A11作为M1,A18作为M2,A29作为M3。它们的预试验分别得分为2、2、0.5;正式实验得分均为6分。其注视点数分别为151、52、127。完成任务的词数分别为67、35、61;各占总任务量的100.00%、52.24%、91.05%(参见图8-16)。由此可见,A11、A18、A29完成任务数不同,TD空间占位面积不同(M、S、L),正式实验得分(6分)却相同。进而证明,眼动跟踪注视点数目的多少与成绩不成正比。

图8-16 中样本眼动跟踪注视图

高样本中,选取A04作为H1,A20作为H2,A26作为H3。他们的预试验分别得分为4、2.5、3;正式实验得分均为7分。其注视点数分别为163、155、181。完成任务的词数分别为67、59、47;各占总任务量的100.00%、88.06%、70.15%(参见图8-17)。由此可见,A04、A20、A26完成任务数不同,TD空间占位面积不同(L、

M、L),正式实验得分(7分)却相同。再次证明,眼动跟踪注视点数目的多少与成绩不成正比。

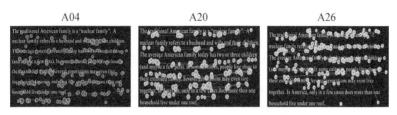

图 8-17　高样本眼动跟踪注视图

由此发现,眼动跟踪 TD 占位注视点多少与得分高低不成正比例,假设(1)不成立。

4. 热点识解

从实验产生的热点图(heat map)(参见图 8-18)观之,图中呈现颜色各异,深度不同。颜色越深,说明关注该处的被试越多;颜色越浅,说明关注该处的被试越少。首先,图中(参见图 8-18)最凸显处是红色,为"nuclear family"一词,由此说明许多被试在该词停留时间较长,平均停留时间为 1.39 s(参见表 8-21);其次是"American family",年均停留时间为 1.03 s;再次是"generations",平均停留时间为 0.69 s;再次是"extended"一词,平均停留时间为 0.53 s 等。

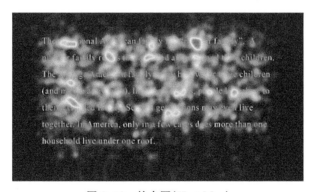

图 8-18　热点图(Heat Map)

在这些热点词上停留较长的时间,说明被试:① 对该词语义不明,心理词典中阙如;② 对该词不知如何与中文对应。但通过对热点图和兴趣区(参见图 8-19)的注视点解析,发现被试者对于某个或某几个词的注视时间长短与其成绩没有太大关系。在注视点注视时间越长,成绩不一定越差;而在注视点注视时间越短,成绩不一定越好。

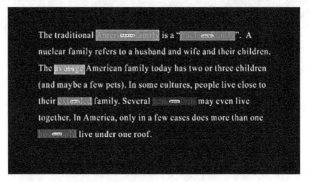

图 8-19　兴趣区(Areas of Interest)

5. 热点词与兴趣区 SPSS 计算

根据实验生成的热点图、兴趣区以及每名被试眼动跟踪产生的数据,选取 L1-3、M1-3 和 H1-3 三个层级被试的热点词、注视点和注视时长数据(参见表 8-21)。

表 8-21　热点图和兴趣区解析表

| 实验序号 | 数据样本(L/M/H) | 热点词(Words of Heat Spot)/注视点(Gaze Plot)/注视时长(Fixation Duration) | | | | | | 平均M2 |
|---|---|---|---|---|---|---|---|---|
| | | American family | nuclear family | average | extended | generations | household | — |
| | | ---can□ | ar□f--- | ---era--- | ---end--- | ---rat--- | ---seh--- | 3 |
| A03 | L1 | 0.89 | 0.18 | 0.19 | — | — | — | 0.42 |
| A10 | L2 | 1.26 | 3.61 | 0.89 | — | 0.58 | 0.38 | 1.34 |

续 表

| 实验序号 | 数据样本(L/M/H) | 热点词(Words of Heat Spot)/注视点(Gaze Plot)/注视时长(Fixation Duration) | | | | | | 平均M2 |
|---|---|---|---|---|---|---|---|---|
| | | American family | nuclear family | average | extended | generations | household | — |
| | | ---can□ | ar□f--- | ---era--- | ---end--- | ---rat--- | ---seh--- | 3 |
| A34 | L3 | 1.84 | 0.34 | — | 0.34 | 0.46 | | 0.76 |
| A11 | M1 | 0.88 | 1.04 | 0.74 | 1.14 | 0.76 | 0.33 | 0.82 |
| A18 | M2 | 0.46 | 0.58 | 0.23 | — | — | | 0.42 |
| A29 | M3 | 0.66 | — | 0.18 | 0.2 | 0.97 | — | 0.50 |
| A04 | H1 | — | — | 0.28 | 0.49 | — | 0.41 | 0.39 |
| A20 | H2 | 0.83 | 2.00 | — | — | 0.91 | | 1.25 |
| A26 | H3 | 1.41 | 1.98 | 0.31 | 0.49 | 0.46 | | 0.93 |
| M1 | — | 1.03 | 1.39 | 0.40 | 0.53 | 0.69 | 0.37 | 0.74 |
| *A27 | *H0 | | | | | 0.30 | 0.80 | 0.55 |

---:省略字母;□:空格;M1:精选样本(L/M/H)总平均;M2:精选被试个体平均。

将 L1-3、M1-3 和 H1-3 三个层级被试的热点词、注视点和注视时长数据代入 SPSS(20.0 中文版)做计算,自动生成结果如下(参见表 8-22):描述统计解析有效项为 9 项;3 项变量热点词(VAR00001)、注视点(VAR00002)和注视时长(VAR00003)极小值均为.00;3 项变量极大值分别为 1.84、3.61、.89;3 项变量均值分别为.914 4、1.081 1、.313 3;3 项变量的标准差分别为.540 60、1.224 71、.306 59;标准误分别为.180 20、.408 24、.102 20。由此清晰地看出 L1-3、M1-3 和 H1-3 三个层级 9 个样本 3 个变量极大值、极小值、均值、标准差以及标准误数据。

表 8-22 描述统计量

| | N | 极小值 | 极大值 | 均值 | 标准差 | 均值的标准误 |
|---|---|---|---|---|---|---|
| 热点词 | 9 | .00 | 1.84 | .914 4 | .540 60 | .180 20 |
| 注视点 | 9 | .00 | 3.61 | 1.081 1 | 1.224 71 | .408 24 |
| 注视时长 | 9 | .00 | .89 | .313 3 | .306 59 | .102 20 |
| 有效的 N（列表状态） | 9 | | | | | |

单样本检验结果（参见表 8-23）显示，t 值的 3 个变量分别为 5.075、2.648、3.066；df 值的 3 个变量均为 8，Sig.（双侧）的 3 个变量分别为.001＜.01、.029＞.05、.015＞.05。3 个 p 值中，第一个明显＜.01，凸显样本对照的差异显著性；第二个和第三个＞.05，但相差不大，仍具有统计学的意义。

表 8-23 单个样本检验

| | 检验值 | | | | | |
|---|---|---|---|---|---|---|
| | t | df | Sig.（双侧） | 均值差值 | 差分的 95% 置信区间 | |
| | | | | | 下限 | 上限 |
| 热点词 | 5.075 | 8 | .001 | .914 44 | .498 9 | 1.330 0 |
| 注视点 | 2.648 | 8 | .029 | 1.081 11 | .139 7 | 2.022 5 |
| 注视时长 | 3.066 | 8 | .015 | .313 33 | .077 7 | .549 0 |

另外，9 项被试样本在 3 个变量中的相关系数为.962，相关度较大。根据 SPSS 解析的案例处理汇总自动生成的表格（略），显示有效项为 9 项，有效率为 100%。据此可知，三个层级检验样本的 9 项实验 100% 有效。

6. 研究发现

1) 假设①不成立。被试 TD 占位注视点的数量与其绩效表层不成正比,亦不成反比。

2) 假设②同样不成立。被试无论绩效高低,其 TD 占位注视点注视时间长度与绩效亦无表层差异。

3) 假设③成立。成绩较好的被试与成绩较差的被试相比,其注视点的数量和注视时长从表面看不出差别,无规律可循,但前者注视靶域相对集中,而后者散乱。

4) 成绩好的被试与成绩差的被试其 TD 占位注视点的数量、注视时间长度以及 TD 占位注视点的集中度凸显其深层差异性。

由此洞悉,学生对某注视点注视时间长,而绩效低,表明:① 其心理词典或 LTM 中缺乏该词信息或该词信息模糊;② 受源语干扰而双语转换能力不足;③ 知识点掌握不牢,语块切分不当;④ 处于高焦虑(HA)态势;⑤ 元认知僵化;⑥ 眼动跟踪轨迹紊乱等。相反,他们对某注视点注视时间越短,但绩效低,说明① 其心理词典或 LTM 中对该词信息的掌握不熟练;② 双语转换不熟练;③ 信息阙如,大脑空白,眼睛一扫而过;④ 预制语块不会切分;⑤ 元认知僵化;⑥ 眼动跟踪轨迹紊乱等。由此析出,心理词典、LTM 信息、双语转换技能等是影响学生眼动跟踪 TD 占位注视点数量和时间的主要因素。鉴于此,采取应对策略方可达眼动跟踪 TD 占位注视之绩效。

## 五、策略与展望

1) 心理词典策略:扩大学生的心理词汇量;
2) 双语转换策略:培养学生的双语转换能力;
3) 预制语块策略:加强学生的预制语块知识学习;
4) LTM 信息策略:增加各种双语知识的 LTM 信息量;
5) 灵动认知策略:在训练学生对 SL 元认知的基础上,增强其灵动认知;
6) TD 占位策略:TD 跟踪占位注视点相对集中,切忌散乱。

研究局限与展望：(1) 研究视野有待扩大——本研究是涉及眼动跟踪 TD 占位注视点数量、时长和靶域之研究,尚有待于扩展至眼动跟踪 TD 占位轨迹、速度等全方位研究;(2) 研究对象有待扩大——本研究只是对学生的视译眼动研究,有待于向职业译员的视译、交传以及同传眼动研究发展;(3) 研究方法尚需增多——本研究仅采用实证研究实验法、优选比较法以及 SPSS 软件计算法,其研究方法有待多样化。今后的眼动研究将向口译领域如视译、交传、同传等的多模态、多维度、多视角之纵深发展。

## 六、结语

本研究的眼动跟踪 TD 占位注视点记录实验得出以下结论:① 被试 TD 占位注视点的数量与其绩效表层不构成正比,亦不成反比;② 被试无论其绩效高低,其 TD 占位注视点注视时间长度与绩效亦无表层差异;③ 成绩较好的被试 TD 占位注视点相对集中,而成绩较差的被试 TD 占位注视点相对散乱;④ 成绩好与成绩差的被试 TD 占位注视点的数量、注视时长以及 TD 占位注视点靶域的集中度凸显其深层差异性。进而析出,心理词典、LTM 信息、双语转换技能等是影响学生眼动跟踪 TD 占位注视点数量和时间的主要因素。鉴于此,采取相应的心理词典扩大策略、预制语块策略、灵动认知策略以及熟练双语转换策略等激活 LTM 信息,以达更好的视译绩效。

**本章小结**：本章为口译行为的眼动实证研究。该章通过对学生译员的眼动实验研究,探析了学生译员在做视译时的眼动追踪轨迹,为学生译员指出了正确的眼动跟踪靶域轨迹,眼动速率与绩效之关系以及眼动跟踪注视点与口译产出绩效之关系。给出了增效视译策略,同时也为口译员交传时眼动研究奠定了基础。

# 第九章 口译认知研究对策与展望

认知口译学(康志峰,2018:12)理论构念已基本形成。国内外口译认知过程研究者阿尔维斯、雅格布森、康志峰、文旭、李德凤、王建华等研究者的成果亦陆续问世。认知口译学(ibid.)作为口译认知过程研究的一门科学,不仅是口译认知研究的术语,而且是从认知的视角对口译进行深入研究的方向,同时也是职业译员和口译教师研究、学生译员学习研究的一门学科(ibid.)。因此,认知口译学的诞生孕育着我国认知口译学作为一门学科供硕、博研究生进行学习和研究之开端,同时也预示着我国口译研究由单一向多元,由表层向纵深发展。

## 第一节 口译认知研究对策

### 一、研究不足

虽然口译认知过程研究在研究者层面、理论研究层面、实证研究层面、方法论研究层面、成果产出研究层面等业已展开,然在研究过程中尚存诸多问题,尤其是理论研究层面、实证研究层面以及方法论研究层面均凸显不足。

理论研究层面:理论构建尚不完善,尚需进行系统性、深层次的理论建构。

实证研究层面：该层面有三难，寻找高层次被试难（按照统计学的要求寻找30名职业译员被试难，寻找30名口译专业博士生学生译员难），实验设计难（在进行正式实验前的实验设计难），处理数据难（实验后有大量复杂的数据需要处理）。

方法论研究层面：虽然有 ERPs、EEG、fMRI、E-Prime、SPSS、血液流变检测、眼动跟踪等新方法，然而在研究中还存在着技术操作、部分变量难以掌握、计算复杂度高等问题，尚需精准、加深和扩展。

## 二、研究对策

1）扩大口译认知研究者的范围。目前中国口译研究者主要是口译教师，而口译教师的队伍不大，人数不多，资质不够，口译研究方向的博士屈指可数，其研究精力有限，研究成果不足。因此，中国应该在保证质量、避免"放羊效应"的前提下，加快口译人才的培养步伐，使更多的口译人才如口译教师、口译译员、口译研究员、口译方向的博士生、硕士生等充实到认知口译学研究队伍中，加快中国口译认知研究的步伐，使中国的口译认知研究成为世界口译认知研究的领头羊。

2）加强口译认知研究理论的认知意识和对认知口译学科理论的建构。不仅研究口译认知概念性理论知识、技能性和技巧性方法论，并总结归纳口译认知经验，而且更重要的是随着中国经济和科技网络的发展，与时俱进地进行多模态、立体式口译教学学科研究，多视角的生态口译认知理论研究，口译与认知心理学、认知心理语言学、神经语言学、认知神经语言学等跨学科研究（康志峰、邱东林，2011：81-84），口译认知的国际化研究等。

3）加强口译认知研究方法论的系统化、规范化以及科学化。

增强在口译理论研究层面的可靠性,理据的充足性;在实证研究层面的科学性,数据的准确性以及论证的层级性、阶段性和完整性。

4) 拓宽口译认知研究视野,努力打破较为狭窄、单一模式的研究空间。充分利用语境、背景知识、文化因素、比喻意义、俚语行话等超语言信息(李少彦,2011:41),不仅使听者意会,而且使译者出彩,进行多模态、多视角、多元化研究,打造口译研究的广阔空间。

5) 深化口译认知理论与口译认知过程的实证研究,而并非只囿于口译认知表层性的理论研究。口译认知理论研究应向纵深发展,以赶上并超过西方口译认知研究之步伐,与国际接轨。

6) 口译认知研究成果发表的渠道不畅,数额有限。为打开中国口译认知研究之大门,建议相关学术期刊加大口译认知研究论文的发表数量或创办具有中国口译认知研究特色的期刊。中国翻译认知研究会创办的《翻译研究与教学》打开了认知口译学论文发表的通道,加上已有的《外语教学》《外语教学理论与实践》《中国外语》《外语电化教学》等 CSSCI 核心期刊,将会出现更多口译认知过程研究论文,由此开创口译认知研究论文发表的新局面。

## 第二节　口译认知研究论今

知不足,尔后进。虽然我国原来对口译认知研究并未重视,也未提上议事日程,但是近 10 年口译认知研究成果迭出,犹如雨后春笋,其发展势头迅猛,可谓与时俱进,突飞猛进。

## 一、继往开来与时俱进

1. 继往开来

中国的口译研究开始于 20 世纪七八十年代,这一阶段的研究人员多为党和国家领导人的随从人员和教师,而真正意义上的口译研究进入发展的时期是20世纪90年代以后(刘和平,2005:21-24)。1980—1989年中国发表口译论文40多篇,这些论文主题多为口译研究的"点滴""略谈""漫谈""体会""初议""秘诀"等(张威,2011:94-106)。直到20世纪90年代口译研究才进入缓慢发展时期。这些教师对口译的认识从感性到理性,由经验总结逐步上升到理论,但总体而言这一阶段的研究尚属直觉感受、经验积累及其总结(康志峰,2013:10)。21世纪初至今为中国口译研究的转型提升阶段。这一阶段随着中国口译教学的日渐兴起,口译博士点的设立,MTI口译硕士专业课程的设置,翻译专业和英语专业本科生以及非英语专业口译选修课程的建设,相关口译研究也日益增多,口译研究内容不断增加,研究层次逐步提升。据不完全统计,1996—2005年发表在国内十四种外语类核心期刊上的口译研究论文共计161篇(刘绍龙、王柳琪,2007);2006—2020年这14年间发表口译论文的数量在迅速增加。

2. 与时俱进

如今,中国的口译研究不再只是口译技能介绍或口译经验总结,而是在向着口译研究理论化、实证研究客观化、技能研究科学化、多模态跨学科研究多样化的方向发展。口译认知研究作为口译研究的一部分,主要是对译员口译行为过程的研究。这一研究在建构其理论体系,向规范化、系统化、前沿化发展。中国的口译认知研究与国际接轨的同时,也在突飞猛进、创新发展。

## 二、理论建构创新发展

1. 理论建构

以口译认知心理学(康志峰,2013)理论和建构主义(constructivism)为指导,对口译认知理论之建构,形成了较为成熟的理论构念——认知口译学。这一研究理论的建构是在口译实践之基础上,对作为认知主体的译员在口译操作过程中所进行的体验性的认知活动。这一认知活动不仅凸显了译员对 SL 的解构,而且再现了 TL 之重构。这一解构和重构模型理论强调口译过程中译员认知的多维性和对等性,凸显具身性、体验性、互动性、转换性、描述性、识解性等的口译认知观。同时,在这一模型理论建构下,由于译员,尤其是学生译员存在着个体生理结构、认知框架、认知方式、认知能力,以及认知水平等差异性,个体大脑神经对 SL 信息加工模式不同,以及解码、转换、编码和再现等强度不同、效度不同,因而其口译产品之绩效亦不尽相同。这一理论研究分为口译认知过程研究、口译认知要素研究、口译认知范式研究、口译认知方法研究、口译认知绩效研究、口译认知评价标准研究等。进而,随着口译认知研究的不断深入,探究其跨学科研究,如认知口译学与口译认知心理学、心理语言学、认知神经科学等学科的交叉与渗透亦会不断深入。

2. 创新发展

近 10 年随着认知翻译的迅猛发展,不少专家学者对口译认知的研究亦愈加兴趣盎然。我国口译认知研究成果由原来的零星散点到 10 年来的硕果累累,突飞猛进,创新发展。不仅研究范围在扩大,如由视译转向交替传译和同声传译,由口译本体研究到跨学科研究等,而且实现了研究方法论的革命,在传统研究法如反应时测量法、抽象分析法、口语报告法、联想回忆测验法、电脑模拟法、心理咨询法和问卷调查法等多种研究方法(康志峰,2013:38)的基础上,采用血液流变检测法、事件相关电位检测法、SPSS 和 E-prime 计算解析法、眼动跟踪法(康志峰,2017:92)等新方法。近年来复旦大学的康志峰教授、澳门大学的李德凤教授等都利用先进的 ERPs、EEG、fMRI、眼动仪等对学生译员做了大量实验研究,产出了许多创新成果。

## 第三节 口译认知研究前瞻

认知口译学是口译学的发展,它既是新的概念,新的学科,又是新的研究方向。这一新的研究方向既有多模态口译认知理论研究,又有多模态口译认知应用研究。这一应用研究含有对学生译员的教学实践研究等。多模态口译认知理论研究包括口译认知认识论和方法论研究,口译认知认识论研究包含语言层面如 SL、SL 与 TL 双语关系、双语信息转换以及技能等的研究,认知层面如口译与思维、心理、神经等的研究(康志峰,2011:81-85),国际化层面如国内口译认知研究迈向国际化的研究,生态层面如口译认知的人为因素、环境因素等的口译认知生态研究,社会层面研究如口译认知交际与社会需要研究等,文化层面如口译认知与文化的关系等;方法论研究包含定性法、分析法、归纳法、阐释法、描绘法、预测法等。多模态应用研究包含研究对象和研究方法,其发展必然借鉴认知心理学、认知心理语言学、心理语言学、神经语言学、认知神经语言学、跨文化交际学、符号学、阐释学,以及社会学等诸多跨学科领域的研究。研究对象包括口译参与者如职业译员和学生译员等、口译认知过程、口译操作、口译效果、口译产品以及口译教学等;研究方法包括调查法、实验法、定量法、思辨法、总结法、(口译教学研究的)立体法等。为此,中国学者仲伟合和王斌华(2010:9)曾做过一些基础研究,本研究对之进行加深扩展,形成了新的口译认知研究框架(参见图 9-1)。

从中国口译认知研究的现状可析出其正在经历的转向:① 由口译认知经验总结向口译认知理论研究的转向,例如口译认知语料库的创新与研究;② 由单一认知口译学科内的概念知识和技能技巧的研究向该学科领域实证研究的转变;③ 由单一的认知

# 第九章
## 口译认知研究对策与展望

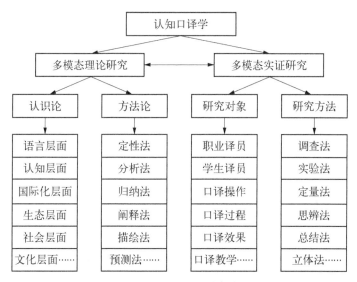

图 9-1　口译认知研究框架图

口译学科研究向该学科与认知心理学(康志峰,2012:106-109)、认知心理语言学、神经语言学、认知神经语言学、跨文化交际学、符号学、阐释学,以及社会学等跨学科研究的转向;④ 由国内口译认知研究开始迈向国际化口译认知研究,与国际接轨,逐步实现由国内口译认知研究向国际口译认知研究的转向;⑤ 逐步探索口译认知研究的新视角,实现由一般性口译认知过程研究向生态化口译认知研究的转向;⑥ 随着 IT 的飞速发展,实现由传统口译教学研究到现代网络计算机技术下立体式口译认知教学研究的转向(康志峰,2012:42-45);⑦ 由同传或交传单一口译认知模态研究向多模态口译认知研究的转变,例如按场合来分除会议口译外,还有商务口译、法庭口译、社区口译、导游口译、谈判口译等,按形式来分除同声传译、交替传译外,还有耳语口译等多种口译认知模态的研究。

由此观之,中国口译认知研究正处于转型提升时期。随着中国经济的发展,网络技术的飞跃,口译教学规模的扩大,口译认知研究也会随之由学科内向学科外,由单一学科向跨学科,由国内向国际,由单一视角向多元视角,由单一模态向多模态,由初浅向纵深,多方位、多模式全面发展。中国口译认知研究的发展前景非常广阔,其中口译认知与认知心理跨学科研究的认知口译学是重要的发展方向之一。

未来的认知口译学研究范围更广:不仅具有口译和口译认知本体研究,还有与脑科学、认知神经、认知心理等相结合的跨学科研究;研究方法更多:除了传统研究法,还有现代技术研究法,除了 ERPs、EEG、fMRI、E-prime 等借助技术设备和软件研究之外,还会有更新的技术手段;研究路径更宽:除了口译认知理论研究和口译认知实证研究外,还会有更新的研究路径;研究成果更多:口译认知理论研究、口译认知实验研究以及口译认知教学研究等成果会更多。

**本章小结**:本章总结了口译认知研究现状,指出其研究不足,同时给出了研究对策。目前的口译认知研究应该继往开来、与时俱进,创建完整的口译认知理论体系,完善认知口译学理论建构,明确认知口译学发展之方向。认知口译学研究的明天会更加美好。

◀ **参考文献** ▶

[1] Ackerman, P. L., Beier, M. E. & Boyle, M. O. Individual Differences in Working Memory within a Homological Network of Cognitive and Perceptual Speed Abilities [J]. *Journal of Experimental Psychology: General*, 2002(131): 567-589.
[2] Aitchison, J. *Words in the Mind: An Introduction to the Mental Lexicon* (2nd ed.) [M]. Oxford: Blackwell, 1994: 82-97.
[3] Albir, H. *Introduction to Translation and Translation Studies: Translation Studies* [M]. 2001.
[4] Alves, F. Translation Process Research at the Interface: Paradigmatic, Theoretical, and Methodological Issues [A]. In Ferreira, A. & Schwieter, J. W. (Eds.), *Psycholinguistic and Cognitive Inquiries into Translation and Interpreting* [C]. Amsterdam/New York: John Benjamins, 2015: 17-40.
[5] Anderson, J. R. *Cognitive Psychology and Its Implication* [M]. San Francico: Freeman, 1980.
[6] Anderson, J. R. *The Architecture of Cognition* [M]. Cambridge, MA: Harvard University Press, 1983.
[7] Ansorge, U., Fuchs, I., Khalid, S. & Kunde, W. No Conflict Control in the Absence of Awareness [J]. *Psychological Research*, 2011(75): 351-365.
[8] Atkinson, R. C. & Shiffrin, R. M. Human Memory: A Proposed System and Its Control Processes [A]. In Spence, K. W. & Spence, J. T. (Eds.), *The Psychology of Learning and Motivation* (Vol.8) [C]. London: Academic Press, 1968.

[9] Auden, W. H. *The Age of Anxiety: A Baroque Eclogue* [M]. New York: Randon House, Inc., 1947: 3.

[10] Azizian, A. & Polich, J. Evidence for Attentional Gradient in the Serial Position Memory Curve from Event-Related Potentials [J]. *Journal of Cognitive Neuroscience*, 2007(12): 2071-2081.

[11] Baars, B. J. The Conscious Access Hypothesis: Origins and Recent Evidence [J]. *Trends in Cognitive Sciences*, 2002(6): 47-52.

[12] Baddeley, A. D. & Hitch, G. J. Working Memory [A]. In Bower, G. A. (Ed.), *The Psychology of Learning and Motivation* [C]. New York: Academic Press, 1974(8): 47-90.

[13] Baddeley, A. D. The Influence of Acoustic and Semantic Similarity on Long-Term Memory for Word Sequences [J]. *Quarterly Journal of Experimental Psychology*, 1966(18): 302-309.

[14] Baddeley, A. D. *Working Memory* [M]. New York: Oxford University Press, 1986.

[15] Baddeley, A. D. *Human Memory: Theory and Practice* [M]. Boston: Allyn and Bacon, 1990.

[16] Baddeley, A. D. Short-Term and Working Memory [A]. In, E. & F. I. M., F. I. M (Eds.), *The Oxford Handbook of Memory* [C]. New York: Oxford University Press, 2000: 77-92.

[17] Baddeley, A. D. Working Memory Conscious Awareness [A]. In Collins, A. F. Gathercole, S. E. Conway, M. A. & Morris, P. E. (Eds.) *Theories of Memory* [C]. Hove, U. K: Erlbaum, 1993: 11-28.

[18] Baddeley, A. D., Gathercole, S. E. & Papagno, C. The Phonological Loop as a Language Learning Device [J]. *Psychological Review*, 1998 (105): 158-173.

[19] Baddeley, A. Is Working Memory Still Working? [J] *European Psychologist*, 2002(7): 85-97.

[20] Baran, J. A. Managing Auditory Processing Disorders in Adolescents and Adults [J]. *Semin Hear*, 2002(23): 327.

[21] Barsalou, L. W. Perceptual Symbol Systems [J]. *Behav. Brain Sci*, 1999(22): 577-660.

[22] Barsalou, L. W. Situated Simulation in the Human Conceptual

System [J]. *Language and Cognitive Processes*, 2003(18): 513-562.
[23] Bartlett. F. C. *Remembering: A Study in Experimental and Social Psychology* [M]. London: Cambridge University Press, 1932.
[24] Bell, R. T. *Translation and Translating: Theory and Practice* [M]. London and New York: Longman, 1991.
[25] Berger H. Electroencephalogram in Humans [J]. *Archiv fur Psychiatrie und nervenkrankheiten*, 1929(87): 527-570.
[26] Best, J. B. *Cognitive Psychology* [M]. John Wiley and Sons, Inc., 1999. 黄秀瑄译. 认知心理学 [M]. 台北: 心理出版社, 2009: 104, 110, 406.
[27] Blackmore, S. *The Meme Machine* [M]. Oxford University Press, 1999: 4, 6.
[28] Bodner, G. & Mulji, R. Prime Proportion Affects Masked Priming of Fixed and Free-choice Responses [J]. *Experimental Psychology*, 2010 (57): 360-366.
[29] Bokura, H., Yamaguchi, S. & Kobayashi, S. Electrophysiological Correlates for Response Inhibition in a Go/No Go task [J]. *Clinical Neurophysiology*, 2001, 112(12): 2224-2232.
[30] Boncoddo, R., Dixon, J. A. & Kelley, E.. The Emergence of a Novel Representation from Action: Evidence from Preschoolers [J]. *Developmental Science*, 2010(13): 370-377.
[31] Botvinick, M. M., Braver, T. S., Barch, D. M., Carter, C. S. & Cohen, J. D. Conflict Monitoring and Cognitive Control [J]. *Psychological Review*, 2001(108): 624-652.
[32] Bower, G. H. Mood and Memory [J]. *American Psychologist*, 1981 (2): 129.
[33] Boy, F., Husain, M. & Sumner, P. Unconscious Inhibition Separates Two Forms of Cognitive Control [J]. *Proceedings of the National Academy of Sciences*, 2010(107): 11134-11139.
[34] Brislin, R. W. et al. *Cross-cultural Research Methods* [M]. New York: John Wiley & Sons, 1973: 1.
[35] Broadbent, D. E. *Perception and Communication* [M]. London: Pergamon Press, 1958.
[36] Broadbent, D. E. & Gregory, M. Donders' B- and C-reactions and S-R

compatibility [J]. *Journal of Experimental Psychology*, 1962(63):
575-578.

[37] Brooks, L. Spatial and Verbal Components of the Act of Recall [J]. *Canadian Journal of Psychology*, 1968(22): 349-368.

[38] Brown, A. L. Metacognition, Executive Control, Self-Regulation, and Other More Mysterious Mechanisms [A]. In Weinert, F. E. & Kluwe, R. H. (Eds.), *Metacognition, Motivation, and Understanding* [C]. Hillsdale, NJ: Lawrence Erlbaum, 1987.

[39] Brown, A. L. & Burton, R. R. Diagnostic Models for Procedural Bugs in Basic Mathematical Skills [J]. *Cognitive Science*, 1978(2): 155-192.

[40] Bruer, J. T. *Schools for thought: A Science of Learning in the Classroom* [M]. MIT Press, 1994: 2.

[41] Busey, T. et al. Temporal Sequences Quantify the Contributions of Individual Fixations in Complex Perceptual Matching Tasks [J]. *Cognitive Science*, 2013(37): 731-756.

[42] Calvo, M. G & Carreiras, M. Selective Influence of Test Anxiety on Reading Process [J]. *British Journal of Psychology*, 1993 (84): 375-388.

[43] Caplan, D. Language and the Brain [A]. In Gernsbacher, M. A. (Ed.), *Handbook of Psycholinguistics* [C]. San Diego, CA: Academic Press, 1994: 1023-1053.

[44] Carpenter, P. A., Just, M. A. & Shell, P. What One Intelligence Test Measures: A Theoretical Account of the Processing in the Raven Progressive Matrices Test [J]. *Psychological Review*, 1990 (97): 404-431.

[45] Carroll, D. W. *Psychology of Language* [M]. Beijing: Foreign Language Teaching and Research Press, 2000: 4.

[46] Carroll, S. *Input and Evidence: The Raw Material of Second Language Acquisition* [M]. Philadelphia: John Benjamins, 2000.

[47] Carter, R. & Frith, C. Mapping the Brain [J]. London: Weidenfeld & Nicolson, 1998.

[48] Cassady, J. C. & Johnson, R. E. Cognitive Test Anxiety and Academic Performance [J]. *Contemporary Educational Psychology*, 2002(27): 270-295.

[49] Chapman, L. J. &. Chapman, J. P. Atmosphere Effect Re-Examined [J]. *Journal of Experimental Psychology*, 1959(58): 220-226.

[50] Cheng, P. W. From Covariation to Causation: A Causal Power Theory [J]. *Psychological Review*, 1997(104): 367-405.

[51] Cheng, P. W. &. Holyoak, K. J. Pragmatic Reasoning Schemas [J]. *Cognitive Psychology*, 1985(17): 391-416.

[52] Cheng, P. W. &. Novick, L. R. Covariation in Natural Causal Induction [J]. *Psychological Review*, 1992(99): 365-382.

[53] Chery, L. Rusting, Personality, Mood, and Cognitive Processing of Emotional Information: Three Conceptual Frameworks [J]. *Psychological Bulletin*, 1998(2): 166.

[54] Chomsky, N. *Aspects of the Theory Syntax* [M]. Cambridge, MA: MIT Press, 1965.

[55] Chorover, S. L. &. Schiller, P. H. Short-Term Retrograde Amnesia in Rats [J]. *Journal of Comparative and Physiological Psychology*, 1965(59): 73-78.

[56] Clark, A. *Supersizing the Mind: Embodiment, Action, and Cognitive Extension* [M]. New York: Oxford University Press, 2011.

[57] Clayson, P. E. &. Larson, M. J. Conflict Adaptation and Sequential Trial Effects: Support for the Conflict Monitoring Theory [J]. *Neuropsychologia*, 2011(49): 1953-1961.

[58] Collette, F. &. van der Linden, M. Brain Imaging of the Central Executive Component of Working Memory [J]. *Neuroscience and Biobehavioral Reviews*, 2002(26): 105-125.

[59] Coloma, R., Rebolloa, I., Palaciosa, A., Juan-Espinosa, M. &. Kyllonenb, P. C. Working Memory Is (Almost) Perfectly Predicted by G. [J]. *Intelligence*, 2004(32): 277-296.

[60] Connolly, J. F., Phillips, N. A. &. Forbes, K. A. The Effects of Phonological and Semantic Feature of Sentence-Ending Words on Visual Event-related Brain Potential [J]. *Electroencephalogr Clin Neurphysiol*, 1995, 94(4): 276.

[61] Connolly, J. F., Phillips, N. A., Stewart, S. H., et al. Event-related Potential Sensitivity to Acoustic and Semantic Properties of Terminal Words in Sentences [J]. *Brain Lang*, 1992(43): 1-18.

[62] Connolly, S. A Real-Time Policy for Performing Setup Changes in a Manufacturing System [D]. Mater's Thesis, MIT Operations Research Center, May, 1992/1995.

[63] Conrad, R. Acoustic Confusions in Immediate Memory [J]. British Journal of Psychology, 1964(55): 75-84.

[64] Conway, A. R. A., Cowan, N., Bunting, M. F., Therriault, D. J. & Minkoff, S. R. B. A Latent Variable Analysis of Working Memory Capacity, Short-Term Memory Capacity, Processing Speed, and General Fluid Intelligence [J]. Intelligence, 2002(30): 163-183.

[65] Conway, A. R. A., Kane, M. J. & Engle, R. W. Working Memory Capacity and Its Relation to General Intelligence [J]. Trends in Cognitive Sciences, 2003(7): 547-552.

[66] Cook, G. D. Discourse [M]. Oxford: Oxford University Press, 1989: 69.

[67] Cooper, L. A. & Shepard, R. N. Chronometric Studies of the Rotation of Mental Images [A]. In Chase, W. G. (Ed.), Visual Information Processing [C]. New York: Academic Press, 1973.

[68] Costa, A., Santesteban, M. & Caño, A. On the Facilitatory Effects of Cognates in Bilingual Speech Production [J]. Brain and Language, 2005, 94(1): 94-103.

[69] Costa, A., Santesteban, M. & Ivanova, I. How do highly proficient bilinguals control their lexicalization process? Inhibitory and language-specific selection mechanisms are both functional [J]. Journal of Experimental Psychology: Learning, 2006, 32(5): 1057-1074.

[70] Coulson, S., King, J. & Kutas, M.. Expect the Unexpected: Event-related Brain Response of Morphosyntatic Violations [J]. Language and Cognitive Process, 1998(13): 21-58.

[71] Cowan, N. Short-term Memory, Working Memory, and Their Importance in Language Processing [J]. Topic Lang Disorder, 1996(17): 1.

[72] Craik, F. I. M. & Lockhart, R. S. Levels of Processing: A Framework for Memory Research [J]. Journal of Verbal Learning and Verbal Behavior, 1972(11): 671-684.

[73] Crollen, V., G., Dormal, X., Seron, F., Lepore & O., Collignon. Embodied numbers: The role of vision in the development of number-

space interactions [J]. *Cortex*, 2013(49): 276-283.
[74] Cummins, D. D. Naïve Theories and Causal Deduction [J]. *Memory and Cognition*, 1995(23): 646-658.
[75] Damasio, A. R. & Damasio, H., H. Cortical systems for retrieval of concrete knowledge: the convergence zone framework [A]. In *Large-Scale Neuronal Theories of the Brain. Computational Neuroscience* [C]. Koch, C. & Davis, J. (Eds.), Cambridge, MA: MIT Press, 1994, 61-74.
[76] Daneman, M. & Carpenter, P. A. Individual differences in working memory and reading [J]. *Journal of Verbal Learning and Verbal Behavior*, 1980(19): 450-466.
[77] Darwin, C. T., Turvey, M. T. & Crowder, R. G. An Auditory Analogue of the Sperling Partial Report Procedure: Evidence for Brief Auditory Storage [J]. *Cognitive Psychology*, 1972(3): 255-267.
[78] Davis, H., Davis, P. A., Loomis, A. L., et al. Electrical reactions of the human brain to auditory stimulation during sleep [J]. *Journal of Neurophysiology*, 1939, 2(6): 500-514.
[79] Davis, P. A. Effects of Acoustic Stimuli on the Waking Human Brain [J]. *Journal of Neurophysiology*, 1939, 2(6): 494-499.
[80] Davis, S. *Pragmatics: A Reader* [M]. Oxford: Oxford University Press, 1991.
[81] Dawkins, R. *How a Scientist Changed the Way We Think—The Gene Meme* [M]. Oxford University Press, 2006: 50.
[82] Dawkins, R. *The Selfish Gene* [M]. Oxford University Press, 1976/1981/1998/2001/2006: 4, 50, 194.
[83] De Houwer J. The Extrinsic Affective Simon Task [J]. *Experimental Psychology*, 2003(50): 77-85.
[84] Deary, I. J. *Looking Down on Human Intelligence: From Psychometrics to the Brain* [M]. New York: Oxford University Press, 2000.
[85] Dehaene, S. & Naccache, L. Towards a Cognitive Neuroscience of Consciousness: Basic Evidence and a Workspace Framework [J]. *Cognition*, 2001(79): 1-37.
[86] Dehaene, S., Changeux, J. P., Naccache, L., Sackur, J. & Sergent,

C. Conscious, Preconscious, and Subliminal Processing: A Testable Taxonomy [J]. *Trends in Cognitive Sciences*, 2006(10): 204-211.

[87] Demanez L, Boniver V, Dony Closon B, et al. Central Auditory Processing Disorders: Some Cohorts Studies [J]. *Acta Otorhinolaryngol Belg*, 2003(57): 291.

[88] DeRosa, D. V. & Tkacz, D. Memory Scanning of Organized Visual Material [J]. *Journal of Experimental Psychology: Human Learning and Memory*, 1976(2): 688-697.

[89] Desender, K. & van Den Bussche, E. Is Consciousness Necessary for Conflict Adaptation? A State of the Art [J]. *Frontiers in Human Neuroscience*, 2012(6): 3.

[90] Deutsch, F. A. & Deutch, D. Attention: Some Theoretical Considerations [J]. *Psychological Review*, 1963(70): 80-90.

[91] Dijkstra, A. T. & Van Heuven, W. J. B. The BIA Model and Bilingual Word Recognition [A]. In J. Grainger & A. Jacobs (Eds.). *Localist Connectionist Approaches to Human Cognition* [C]. Hillsdale, NJ: Erlbaum, 1998: 189-225.

[92] Dobbins, I. G. et al. Cortical Activity Reductions During Repetition Priming Can Result From Rapid Response Learning [J]. *Nature*, 2004: 428.

[93] Dolcos, F. & Cabeza, R. Event-related Potentials of Emotional Memory: Encoding Pleasant, Unpleasant, and Neutral Pictures [J]. *Cognitive, Affective and Behavioral Neuroscience*, 2002 (3): 252-263.

[94] Donchin, E. & Coles, M. G. H. Is the P300 Component a Manifestation of Context Updating? [J] *Behavioral Brain Science*, 1988 (11): 357-374.

[95] Donders, F. C. Die Schnelligkeit Psychischer Processe [J]. On the Speed of Mental Processes. *Archiv für Anatomie und Physiologie und Wissenschaftliche Medizin*, 1868: 657-681.

[96] Dove, G. On the Need for Embodied and Disembodied Cognition [J]. *Frontiers in Psychology*, 2011(1): 1-13.

[97] Dragsted, B. & Hansen, I. G. Speaking your translation: Exploring synergies between translation and interpreting [A]. In Franz Pöchhacker,

Jakobsen, A. L. & Mess, I. M. (Eds.), *Interpreting Studies and Beyond* [C]. Frederiksberg: Copenhagen Business School Press, 2007: 254.

[98] Dragsted & Carl. Towards a Classification of Translation Styles Based on Eye-tracking and Key Logging Data [J]. *Journal of Writing Research*, 2013(1): 133-158.

[99] Dryden, J. On Translation [A]. In Schulte, R. & Biguenet, J. (Eds.), *Theories of translation—An anthology of essays from Dryden to Derrida* [C]. Chicago and London: The University of Chicago Press, 1992: 20.

[100] Duncan, J. Attention, Intelligence, and the Frontal Lobes [A]. In Gazzaniga, M. S. (Ed.), *The Cognitive Neurosciences* [C]. Cambridge, MA: MIT Press, 1995: 721-733.

[101] Dunn, J. R. & Schweitzer, M. E. Feeling and Believing: The Influence of Emotion on Trust [J]. *Journal of Personality and Social Psychology*, 2005(5): 736.

[102] Eckensberger, L. H. The Necessity of a Theory for Applied Cross-cultural Research [A]. In Cronbach, L. H. & Drenth, P. J. D. (Eds.), *Mental Tests and Cultural Adaptation* [C]. The Hague: Mouton, 1972: 100.

[103] Elangovan, S. & Stuart, A. Interactive Effects of High-Pass Filtering and Masking Noise on Word Recognition [J]. *Ann Otol Rhinol Laryngol*, 2005(114): 867.

[104] Engle, R. W. Working Memory Capacity as Executive Attention [J]. *Current Directions in Psychological Science*, 2002(11): 19-23.

[105] Engle, R. W., Tuholski, S. W., Laughlin, J. E. & Conway, A. R. A. Working Memory, Short-Term Memory, and General Fluid Intelligence: A Latent-Variable Approach [J]. *Journal of Experimental Psychology: General*, 1999(3): 309-331.

[106] Ericsson, K. A. & Simon, H. A. Verbal Reports as Data [J]. *Psychological Review*, 1980(87): 215-251.

[107] Eva, M. M., Antoni, R. F. & Matti, L. Event-Related Potentials in the Study of Bilingual Language Processing [J]. *Journal of Neurolinguistics*, 2008, 21(6): 477-508.

[108] Evans, J., St. T., Newstead, S. E. & Byrne, R. M. J. *Human Reasoning* [M]. Hillsdale, NJ: Lawrence Erlbaum, 1993.

[109] Extremera, N. Trait Meta-Mood and Subjective Happiness: A 7-Week Prospective Study [J]. *Journal of Happiness Studies*, 2011, 12(3): 509-517.

[110] Finkbeiner, M., Almeida, J., Janssen, N. & Caramazza, A. Lexical Selection in Bilingual Speech Production Does not Involve Language suppression [J]. *Journal of Experimental Psychology: Learning, Memory and Cognition*, 2006, 32(5): 1075-1089.

[111] Flavell, J. H. Metacognitive Aspects of Problem Solving [A]. In Resnick, L. B. (Ed.), *The Nature of Intelligence* [C]. Hillsdale, NJ: Erlbaum, 1976: 231-235.

[112] Flavell, J. H. Speculations About the Nature and Development of Metacognition [A]. In Weinert, F. E. & Kluwe, R. H. (Eds.), *Metacognition, Motivation, and Understanding* [C]. Hillsdale, NJ: Lawrence Erlbaum, 1987.

[113] Flavell, J. H. et al. 1976.洪戈力、欧阳昱译.认知发展[M].上海: 华东师范大学出版社,1989/2002.

[114] Francken, J. C., Gaal, S. V. & de Lange, F. P. Immediate and Long-term Priming Effects Are Independent of Prime Awareness [J]. *Consciousness and Cognition*, 2011(20): 1793-1800.

[115] Frishberg, N. *Interpreting: An Introduction (Rev. ed.)* [M]. Silver Spring, MD: RID Publications, 1990.

[116] Freud, S. *New Introductory Lectures in Psychoanalysis* [M]. New York: W. W. Norton & Co., Inc., 1974.

[117] Frewen, P. A., Dozois, D. A., Neufeld, R. J. & Lanius, R. A. Disturbances of Emotional Awareness and Expression in Posttraumatic Stress Disorder: Meta-mood, Emotion Regulation, Mindfulness, and Interference of Emotional Expressiveness [J]. *Psychological Trauma: Theory, Research, Practice, and Policy*, 2012, 4(2): 152-161.

[118] Friederici, A. D., Hahne, A. & Mecklinger, N. Temporal Structure of Syntactic Parsing: Early and Late Event-related Brain Potential Effects [J]. *Journal of Experimental Psychology: Learning,*

*Memory and Cognition*, 1996, 22(5): 1219-1248.
[119] Friederici, A. D. Towards a Neural Basis of Auditory Sentence Processing [J]. *Trends Cogni. Sci.*, 2002(6): 78-84.
[120] Frings, C., & Wentura, D. Trial-by-trial Effects in the Affective Priming Paradigm [J]. *Acta Psychologica*, 2008(128): 318-323.
[121] Gagné, E. D., Yekovich, C. W. & Yekovich, F. R. *The Cognitive Psychology of School Learning* (2nd ed.) [M]. New York: Harper Collins College Publishers, 1993.
[122] Gagne, R. M. 皮连生等译,学生的条件与教学论 [M]. 上海: 华东师范大学出版社, 1999.
[123] Galambos, R. & Sheatz, G. C. An Electroencephalograph Study of Classical Conditioning [J]. *American Journal of Physiology-legacy Content*, 1962, 203(1): 173-184.
[124] Gallese, V. & Lakeoff, G. The Brain's concepts: the role of the sensory-motor system in conceptual knowledge [J]. *Cognitive Neuropsychology*, 2005, 22(3): 455-479.
[125] Gazzaniga, M. S., Ivry, R. B. & Mangun, G. R. *Cognitive Neuroscience: the Biology of the Mind* (2nd ed.) [M]. New York: W. W. Norton & Company, Inc., 2002: 97.
[126] Geal-Dor, M., Kamenir, Y. & Babkoff, H. Event-Related Potentials (ERPs) and Behavioral Responses: Comparison of Tonal Stimuli to Speech Stimuli in Phonological and Semantic Tasks [J]. *J Basic Clin Physical Pharmacol*, 2005(16): 139.
[127] Gerrig, R. J. & Zimbardo, Philip G. *Psychology and Life* [M]. Boston: Akkyen & Bacon, 2010.
[128] Gevins, A., Smith, M. E., Le, J., et al. High Resolution Evoked Potential Imaging of the Cortical Dynamics of Human Working Memory [J]. *Electroencephalography and Clinical Neurophysiology*, 1996(98): 327-348.
[129] Gile, D. *Basic Concepts and Models for Interpreter and Translator Training* [M]. Amsterdam and Philadelphia: John Benjamins, 1995: 147.
[130] Gile, D. Opening Up in Interpretation Studies. In Snell-Hornby, Mary, Pšchhacker, P. & Kaindl, K. (Eds.), *Translation Studies: An*

Interdiscipline [M]. Amsterdam/Philadelphia: John Benjamins Publishing Company, 1994: 149-158.

[131] Glenberg, A. M. Embodiment as a Unifying Perspective for Psychology [J]. Advanced Review, John Wiley & Sons Ltd., 2008 (1): 586-596.

[132] Glenberg, A., M., Sato, L., Cattaneo, L., Riggio, D., Palumbo & G., Buccino. Processing Abstract Language Modulates Motor System activity [J]. The Quarterly Journal of Experimental Psychology, 2008(61): 905-919.

[133] Goldman-Rakic, P. S. & Friedman, H. R. The Circuitry of Working Memory Revealed by Anatomy Metabolic Imaging [A]. In Levin, H. S. Eisenberg, H. M. & Benton, A. L. Frontal Lobe Function and Dysfunction [C]. Oxford: Oxford University Press, 1991: 73-91.

[134] Gottman, J. M., Katz, L. & Hooven, C. Parental Meta-Emotion Philosophy and the Emotional Life of Families: Theoretical Models and Preliminary Data [J]. Journal of Family Psychology, 1996, 10(3): 243-268.

[135] Graesser et al. Discourse Comprehension [J]. Annual Review of Psychology, 1997(48): 163-189.

[136] Grainger, J. & Beauvillain, C. Language Blocking and Lexical Access in Bilinguals [J]. Quarterly Journal of Experimental Psychology, 1987(39A): 295-319.

[137] Gramatikov, B. I. Detecting Central Fixation by Means of Artificial Neural Networks in a Pediatric Vision Screener Using Retinal Birefringence Scanning [J]. BioMedical Engineering OnLine, 2017: 1-23. DOI 10.1186/s12938-017-0339-6.

[138] Gratton, G. Bosco, C. M., Kramer, A. F., et al. Event-related Brain Potentials as Indices of Information Extraction and Response Priming [J]. Electroencephalography and Clinical Neurophysiology, 1990, 75(5): 419-432.

[139] Gratton, G., Coles, M. & Donchin, E. Optimizing the Use of Information: Strategic Control of Activation of Responses [J]. Journal of Experimental Psychology: General, 1992(121): 480-480.

[140] Gray, J. R., Chabris, C. F. & Braver, T. S. Neural Mechanisms of

General Fluid Intelligence [J]. *Nature Neuroscience*, 2003 (6): 316-322.
[141] Green, D. W. Mental Control of the Bilingual Lexico-Semantic System [J]. *Bilingualism: Language and Cognition*, 1998, 1(2): 67-81.
[142] Greenwald, A. G. & Nosek, B. A. Health of the Implicit Association Test at Age 3 [J]. *Zeitschrift für Experimentelle Psychologie*, 2001 (48): 85-93.
[143] Grill-Spector, K., Henson, R. & Martin, A. Repetition and the Brain: Neural Models of Stimulus-Specific Effects [J]. *Trends in Cognitive Sciences*, 2006, 10(1).
[144] Grosjean, F. The Bilingual's Language Modes [A]. In J. Nicol (Ed.) *One Mind, Two Languages: Bilinguals Language Processing* [C]. Oxford, England: Blackwell, 1992: 1-22.
[145] Gutt, E. A. *Translation and Relevance: Cognition and Context* [M]. Oxford: Blackwell, 1991.
[146] Hagoort, P., Brown, C. & Groothusen, J. The Syntactic Positive Shift (SPS) as an ERP Measure of Syntactic Processing [J]. *Language, Memory and Cognition*, 1993(8): 439-484.
[147] Halliday, M. A. K. & Hassan, R. Cohesion in English [A]. London: Longman Hammerly, H. 1991. *Fluency and Accuracy* [C]. UK: Multilingual Matters, 1976: 225-227.
[148] Hambrick, D. Z. Why Are Some People More Knowledgeable Than Others? A Longitudinal Study of Language Acquisition [J]. *Memory & Cognition*, 2003(31): 902-917.
[149] Harnad, S. The Symbol Grounding Problem [J]. *Physica D Nonlinear Phenomena*, 1990(42): 335-346.
[150] Healy, A. F. & McNamara, D. S. Verbal Learning and Memory: Does the Model Still Work? [J] *Annual Review of Psychology*, 1996(47): 143-172.
[151] Hick, W. E. A Simple Stimulus Generator [J]. *Quarterly Journal of Experimental Psychology*, 1951(3): 94-95.
[152] Hick, W. E. Information Theory in Psychology [J]. *IEEE Transactions on*

Information Theory, 1953(1): 130-133.
[153] Hick, W. E. On the Rate of Gain of Information [J]. Quarterly Journal of Experimental Psychology, 1952(4): 11-26.
[154] Hilgard, E. R., Atkinson, R. L. & Atkinson, R. C. Introduction to Psychology [M]. New York: Harcourt Brace Jovanovich, 1979.
[155] Hillyard, S. A. & Kutas, M. Electrophysiology of Cognitive Processing [J]. Annual Review of Psychology, 1983, 34(1): 35.
[156] Hintzman, D. L. Articulatory Coding in Short-term Memory [J]. Journal of Verbal Learning and Verbal Behavior, 1967(6): 312-316.
[157] Hintzman, D. L. Classification and Aural Coding in Short-term Memory [J]. Psychonomic Science, 1965(3): 161-162.
[158] Hommel, B. Consciousness and Control: Not Identical Twins [J]. Journal of Consciousness Studies, 2007(14): 155-176.
[159] Hosoda, C. et al. Neural Mechanisms of Language Switch [J]. Journal of Neurolinguistics, 2012, 25(1): 44-61.
[160] Hyman, R. Stimulus Information as a Determinant of Reaction time [J]. Journal of Experimental Psychology, 1953(45): 188-196.
[161] Ionescu, T. & Vasc, D. Embodied Cognition: Challenges for Psychology and Education [J]. Procedia-Social and Behavioral Sciences, 2014(128): 275-280.
[162] Jackson, G. M. et al. ERP Correlates of a Receptive Language-Switching Task [J]. The Quarterly Journal of Experimental Psychology, 2004, 57(2): 223-240.
[163] Jackson, G. M., Swainson, R., Cunnington, R. & Jackson, S. R., ERP Correlates of Executive Control During Repeated Language Switching [J]. Bilingualism: Language and Cognition, 2001(4): 169-178.
[164] Jakobson, R. Linguistics and Poetics [A]. In Sebeok, T. (Ed.), Style in Language [C]. Cambridge, MA: MIT Press, 1960: 356.
[165] James, W. The Principles of Psychology (Vols. 1 & 2) [M]. New York: Henry Holt, 1890: 403-404.
[166] Jenkins, J. G. & Dallenbach, K. M. Obliviscence during Sleep and Waking [J]. American Journal of Psychology, 1924(35): 605-612.

[167] Jiang, J., Bailey, K., Chen, A., Cui, Q. & Zhang, Q. Unconsciously Triggered Emotional Conflict by Emotional Facial Expressions [J]. *PLoS One*, 2013(8): e55907.
[168] John, W. & Sons. *The Handbook of Translation and Cognition* [M]. John Benjamins, 2017: 195-209.
[169] Johnson, R., Jr., Kreiter, K., Zhu, J. & Russo, B. A Spatio-Temporal Comparison of Semantic and Episodic Cued Recall and Recognition Using Event-Related Brain Potentials [J]. *Cognitive Brain Research*, 1998(7): 119-136.
[170] Johnson-Laird, P. N., Byrne, R. M. J. & Schaeken, W. Propositional Reasoning by Model [J]. *Psychological Review*, 1992(99): 418-439.
[171] Johnson-Laird, P. N. & Byrne, R. M. J. *Deduction* [M]. Hillsdale, NJ: Erlbaum, 1991.
[172] Just, M. A. & Carpenter, P. A. A Capacity Theory of Comprehension: Individual Differences in Working Memory [J]. *Psychological Review*, 1992(99): 122-149.
[173] Kahneman, D. & Tversky, A. On the Psychology of Prediction [J]. *Psychological Review*, 1973(80): 237-251.
[174] Kane, M. J. & Engle, R. W. The Role of Prefrontal Cortex in Working-Memory Capacity, Executive Attention, and General Fluid Intelligence: An Individual-differences Perspective [J]. *Psychonomic Bulletin & Review*, 2002(9): 637-671.
[175] Kane, M. J., Hambrick, D. Z., Tuholski, S. W., Wilhelm, O., Payne, T. W. & Engle, R. W. The Generality of Working Memory Capacity: A Latent-Variable Approach to Verbal and Visuospatial Memory Span and Reasoning [J]. *Journal of Experimental Psychology: General*, 2004(133): 189-217.
[176] Kang, Z. F. （康志峰）*A Study of AAM and IAM from the Perspective of Cognitive Psychology* [D] Presented in Partial Fulfillment of the Requirements for the Degree of Doctor of Philosophy. Graduate School of Fudan University, 2010: vi, 4, 12, 22, 133-139, 173-180, 184-202.
[177] Kapitaniak, B., Walczak, M., Kosobudzki, M., Jóźwiak, Z. & Bortkiewicz, A. Application of eye-tracking in drivers testing: a review

of research [J]. *International Journal of Occupational Medicine and Environmental Health*, 2015, 28(6): 941-954.
[178] Karl, S. & Helfried, M. Attention and Working Memory as Predictors of Intelligence [J]. *Intelligence*, 2004(32): 329-347.
[179] Keesing, F. M. *Cultural Anthropology: The Science of Custom* [M]. Standford University Press, 1958: 18.
[180] Kerns, J. G. Anterior Cingulate and Prefrontal Cortexactivity in an fMRI Study of Trial-to-trial Adjustments on the Simon Task [J]. *Neuroimage*, 2006(33): 399-405.
[181] Kiesel, A. et al. Unconscious Manipulation of Free Choice in Humans [J]. *Consciousness and Cognition*, 2006(15): 397-408.
[182] Kiessling, J., Pichora-Fuller, M. K., Gatehouse, S., et al. Candidature for and Delivery of Audiological Services: Special Needs of Older People [J]. *Int J Audiol*, 2003(42): 292.
[183] Kiraly, D. *Pathways to Translation: Pedagogy and Process* [M]. Kent: Kent State University Press, 1995.
[184] Klatzky, R. L. *Human Memory: Structures and Processes* (2nd ed.) [M]. San Francisco: Freeman, 1980.
[185] Kleinmann, H. H. Avoidance Behavior in Adult Second Language Acquisition [J]. *Language Learning*, 1977(27): 93-107.
[186] Kok, A. On the Utility of P3 Amplitude as a Measure of Processing Capacity [J]. *Psychophysiology*, 2001(38): 557-577.
[187] Kosslyn, S. M. & Rosenberg, R. S. *Psychology* [M]. Boston: Allyn and Bacon, 2001.
[188] Kousta, S. T., Vigliocco, G., Vinson, D. P., Andrews, M. & Del Campo, E. The Representation of Abstract Words: Why Emotion Matters [J]. *Journal of Experimental Psychology General*, 2011, 140(1): 14-34.
[189] Kroll, J. F. & Stewart, E. Category Interference in Translation and Picture Naming: Evidence for Asymmetric Connections Between Bilingual Memory Representations [J]. *Journal of Memory and Language*, 1994(33): 149-174.
[190] Kunde, W. Sequential Modulations of Stimulus-response Correspondence Effects Depend on Awareness of Response Conflict [J]. *Psychonomic*

*Bulletin & Review*, 2003(10): 198-205.
[191] Kusak, G., Grune, K., Hagendorf, H. & Metz, A. M. Updating of Working Memory in a Running Memory Task: An Event-Related Potential Study [J]. *International Journal of Psychophysiology*, 2000(39): 51-65.
[192] Kutas, M. *Models for Lake Entrophication* [M]. Springer US, 1988 (2): 404-407.
[193] Kutas, M. & Hillyard, S. A. Reading Senseless Sentences: Brain Potentials Reflect Semantic Incongruity [J]. *Science*, 1980 (207): 203-205.
[194] Kutas, M., Van Petten, C. & Besson, M. Event-Related Potentials Asymmetries During the Reading Sentences [J]. *Electroencephalogr Clin Neurphysiol*, 1988(69): 218-223.
[195] Kyllonen, P. C. & Christal, R. E. Reasoning Ability Is (Little More Than) Working-Memory Capacity?! [J]. *Intelligence*, 1990 (14): 389-433.
[196] Lakoff, G. & Johnson, M. *Philosophy in the Flesh: The Embodied Mind and Its Challenge to Western Thought* [M]. New York: Basic Books, 1999.
[197] Lamb, Sydney. *Pathways of the Brain: The Neuro-Cognitive Basis of Language* [M]. Amsterdam: John Benjamins, 1999.
[198] Lambert, S. Shared Attention During Sight Translation, Sight Interpretation and Simultaneous Interpretation [J]. *Meta*, 2004 (2): 294-306.
[199] Laming, D. R. J. *Information Theory of Choice-Reaction Times* [M]. New York: Academic Press, 1968.
[200] Landauer, T. K. How Much Do People Remember? Some Estimates of the Quantity of Learned Information in Long-Term Memory [J]. *Cognitive Science*, 1986(10): 477-493.
[201] Landolt, E. *A Manual of Examination of the Eye* (S. M. Burnett, Trans.) [M]. London: Bailliere, Tindall and Cox, 1879.
[202] Larsby, B., Hauml llgren, M., Lyxell, B., et al. Cognitive Performance and Perceived Effort in Speech Processing Tasks: Effects of Different Noise Backgrounds in Normal-Hearing and Hearing-

Impaired Subjects [J]. *Int J Audiol*, 2005, 44: 131.
[203] Larson, G. E. & Saccuzzo, D. P. Cognitive Correlations of General Intelligence: Toward a Process Theory of G [J]. *Intelligence*, 1989 (1): 5-31.
[204] Larson, M. J., Kaufman, D. A. S. & Perlstein, W. M. Neural Time Course of Conflict Adaptation Effects on the Stroop Task [J]. *Neuropsychologia*, 2009(47): 663-670.
[205] Lau, H. C. & Passingham, R. E. Unconscious Activation of the Cognitive Control System in the Human Prefrontal Cortex [J]. *The Journal of Neuroscience*, 2007(27): 5805-5811.
[206] Leahey, T. H. & Harris, R. J. *Human Learning* [M]. Engle-wood Cliffs, NJ: Prentice-Hall, 1985.
[207] Levelt, W. J. M. *Speaking: From Intention to Articulation* [M]. Cambridge, MA: MIT Press, 1989.
[208] Li, X. B., Li, X. Y. & Luo, Y. J. *Selective Effect of Negative Emotion on Spatial and Verbal Working Memory: An ERP Study* [M]. Proceedings of ICNN'05, IEEE Press, 2005: 1284-1289.
[209] Lingnau, A., Ashida, H., Wall, M. B. & Smith, A. T. Speed Encoding in Human Visual Cortex Revealed by fMRI Adaptation [J]. *Journal of Vision*, 2009, 9(13): 1-14.
[210] Logie, R. H. *Vi-suo-spatial Working Memory* [M]. Hove: Law-rence Erlbaum Associates Ltd, 1995.
[211] Lohman, D. F. Spatial Ability and G [A]. In Dennis, I. & Tapsfield, P. (Eds.), *Human Abilities: Their Nature and Measurement* [C]. Hillsdale, NJ: Erlbaum, 1996: 97-116.
[212] Luck, S. J. *Event-related Potentials: a Methods Handbook* [M]. Cambridge, MA: MIT Press, 2005: 7.
[213] Lynch, S. & Yarnell, P. R. Retrograde Amnesia: Delayed Forgetting after Conclusion [J]. *American Journal of Psychology*, 1973(86): 643-645.
[214] Marsh, R. L. & Hicks, J. L. Event-Based Prospective Memory and Executive Control of Working Memory [J]. *Journal of Experimental Psychology: Learning, Memory, and Cognition*, 1998 (24): 339-349.

[215] Martin, J. S. & Jerger, J. F. Some Effects of Aging on Central Auditory Processing [J]. *J Rehabil Res Dev*, 2005(42): 25.
[216] Masquelier, M. P. Management of Auditory Processing Disorders [J]. *Acta Otorhinolaryngol Belg*, 2003(57): 301.
[217] Massaro, D. W. *Auditory Information Processing. In Handbook of Learning and Cognitive Processing* [M]. Hillsdale, NJ: Lawrence Erlbaum Associates, 1975: 275-320.
[218] Matlin, M. *Cognition* [M]. New York: CBS College Publishing, 1983.
[219] Mauss, I. B., Cook, C. L., Cheng, Y. & Gross, J. J. Individual Differences in Cognitive Reappraisal: Experiential and Physiological Responses to an Anger Provocation [J]. *International Journal of Psychophysiology*, 2007(3): 116.
[220] May, R. *The Meaning of Anxiety* [M]. 朱侃如译,焦虑的意义 [M]. 桂林:广西师范大学出版社,2010(176): 182.
[221] Mayer, J. D. & Stevens, A. A. An Emerging Understanding of the Reflective (meta-) Experience of Mood [J]. *Journal of Research in Personality*, 1994, 28(3): 351-373.
[222] Mayer, J. D. & Salovey, P. What Is Emotional Intelligence? [A] In Salovey, P. & Sluyter, D. J. (Eds.), *Emotional development and emotional intelligence: Educational implications* (pp.3-34) [C]. New York: Basic Books, 1997.
[223] Mayer, J. D., DiPaolo, M. & Salovey, P. Perceiving Affective Content in Ambiguous Visual Stimuli: A Component of Emotional Intelligence [J]. *Journal of Personality Assessment*, 1990, 54(3-4): 772-781.
[224] Mayer, R. E. *Thinking and Problem Solving: An Introduction to Human Cognition and Learning* [M]. Glenview, IL: Scott, Foresman and Company, 1977.
[225] McCarthy, G., Luby, M., Gore, J. & Goldman-Rakic, P. Infrequent Events Transiently Activate Human Prefrontal and Parietal Cortex as Measured by Functional MRI [J]. *Journal of Neurophysiology*, 1997 (77): 1630-1634.
[226] McCarthy, M. *Vocabulary* [M]. Oxford: Oxford University Press, 1990: 35-42.

[227] McDonald, J. & Carpenter, P. A. Simultaneous Translation: Idiom Interpretation and Parsing Heuristics [J]. *Journal of Verbal Learning and Verbal Behavior*, 1981(20): 231-247.

[228] McFarland, C & Buehler, R. The Impact of Negative Affect on Autobiographical Memory: The Role of Self-Focused Attention to Moods [J]. *Journal of Personality and Social Psychology*, 1998 (6): 1424.

[229] McLaughlin, J., Osterhout, L. & Kim, A. Neural Correlates of Second-language Word Learning: Minimal Instruction Produces Rapid Change [J]. *Nature neuroscience*, 2004, 7(7): 703.

[230] Medland, C., Walter, H. & Woodhouse, M. Eye Movements and Poor Reading: Does the Developmental Eye Movement Test Measure Cause or Effect? [J]. *Ophthalmic and physiological optics*, 2010 (30): 740-747.

[231] Merkel, J. Die zeitlichen Verhältnisse der Willensthätigkeit (The Temporal Relations of the Actions of Will, or The Timing of Voluntary Action) [J]. *Philosophische Studien* (*Philosophical Studies*), 1885(2): 73-127.

[232] Messick, S. Human Abilities and Modes of Attention: The Issue of Stylistic Consistencies in Cognition [A]. In Dennis, I. & Tapsfield, P. (Eds.), *Human Abilities: Their Nature and Measurement* [C]. Hillsdale, NJ: Erlbaum, 1996: 77-96.

[233] Mill, J. S. *A System of Logic* (8th ed.) [M]. New York: Harper, 1874.

[234] Miller, G. A. The Magical Number Seven, Plus or Minus Two: Some Limits on Our Capacity for Processing Information [J]. *Psychological Review*, 1956(63): 81-97.

[235] Minami, H. & Dallenbach, K. M. The Effect of Activity upon Learning and Retention in the Cockroach [J]. *American Journal of Psychology*, 1946(59): 1-58.

[236] Moray, N. Attention in Dichotic Listening: Affective Cues and the Influence of Instructions [J]. *Quarterly Journal of Experimental Psychology*, 1959(11): 56-60.

[237] Moray, N., Bates, A. & Barnett, T. Experiments on the Four-Eared

Man [J]. *Journal of the Acoustical Society of America*, 1965(38): 196-201.

[238] Morris, C. *Foundation of the Theory of Signs* [M]. Chicago: University of Chicago Press, 1938.

[239] Mowrer, O. H. A Stimulus-Response Analysis of Anxiety and Its Role as a Reinforcing Agent [J]. *Psychology Review*, 1939(6): 553.

[240] Murdock, B. B. Jr. The Serial Position Effect in Free Recall [J]. *Journal of Experimental Psychology*, 1962(64): 482-488.

[241] Neisser, U. & Beller, H. K. Searching Through Word Lists [J]. *British Journal of Psychology*, 1967(56): 349-358.

[242] Neisser, U. *Cognitive Psychology* [M]. New York: Appleton-Century-Crofts, 1967.

[243] Neisser, U. Remembering as Doing [J]. *Behavioral and Brain Sciences*, 1996, 19.

[244] Nelson, T. O. Consciousness and Meta-Cognition [J]. *American Psychologist*, 1996, 51(2): 102-116.

[245] Nelson, T. O. Detecting Small Amounts of Information in Memory: Savings for Nonrecognized Items [J]. *Journal of Experimental Psychology: Human Learning and Memory*, 1978(4): 453-468.

[246] Nelson, T. O. Savings and Forgetting From Long-Term Memory [J]. *Journal of Verbal Learning and Verbal behavior*, 1971 (10): 568-576.

[247] Neville, H. J., Nicol, J. L., Barss, A., Forster, K. I. & Garrett, M. F. Syntactically Based Sentence Processing Classes: Evidence From Event-related Brain Potentials [J]. *Journal of Cognitive Neuroscience*, 1991(3): 151-165.

[248] Nieuwenhuis, S., Stins, J. F., Posthuma, D., Polderman, T. J., Boomsma, D. I. & de Geus, E. J. Accounting for Sequential Trial Effects in the Flanker Task: Conflict Adaptation or Associative Priming? [J]. *Memoy and Cognition*, 2006(34): 1260-1272.

[249] Nobre, A. C. & McCaahy, G. Language-Related Field Potentials in the Anterior—Medial Temporal Lobe: Ⅱ Effects of Word Type and Semantic Priming [J]. *Neurosci*, 1995, 15(2): 1090-1098.

[250] Nordhielm, C. A Levels-of-Processing Model of Advertising Repetition

Effects [A]. In Scott, L. M. & Batra, R. (Eds.), *Persuasive Imagery: A Consumer Response Perspective* [C]. Mahwah, NJ: Lawrence Erlbaum Associates, 2003: 91-104.

[251] Nordhielm, C. The Influence of Level of Processing on Advertising Repetition Effects [J]. *Journal of Consumer Research*, 2002(29): 371-382.

[252] Norman, D. & Shallice, T. Attention to Action: Willed and Automatic Control of Behavior [A]. In Davidson, R. J., Schwartz, G. E. & Shapiro, D. (Eds.), *Consciousness and Self-Regulation* (Vol. 4) [C]. New York: Plenum, 1986, 1-18.

[253] Oberauer, K. Is the Focus of Attention in Working Memory Expanded Through Practice? [J] *Journal of Experimental Psychology: Learning, Memory, and Cognition*, 2006, 32(2).

[254] O'brien, S. Eye-Tracking and Translation Memory Matches [J]. *Perspectives: Studies in Translatology*, 2006(14): 185-203.

[255] Olofsson, J. K., Nordin, S., Sequeira, H., et al. Affective Picture Processing: An Integrative Review of ERP Findings [J]. *Biological Psychology*, 2008, 77(3): 250-255.

[256] Olofsson, J. K., Nordin, S., Sequeira, H. & Polich, J. Affective Picture Processing: An Integrative Review of ERP Findings [J]. *Biological Psychology*, 2008(3): 247-265.

[257] Orfanidou, E. & Sumner, P. Language Switching and the Effects of Orthographic Specificity and Response Repetition [J]. *Memory and Cognition*, 2005, 33(2): 355-369.

[258] Osterhout, L., Holcomb, P. J. Event-Related Brain Potential Elicited by Syntactic Anomaly [J]. *Journal of Memory and Language*, 1992 (31): 785-806.

[259] Paivio, A. Perceptual Comparisons Through the Mind's Eye [J]. *Memory & Cognition*, 1975(3): 635-647.

[260] Palomba, D., Angrilli, A. & Mini, A. Visual Evoked Potentials, Heart Rate Responses and Memory to Emotional Pictorial Stimuli [J]. *International Journal of Psychophysiology*, 1997(1): 55-67.

[261] Pavlović, N. & Jensen, H. Eye-Tracking Translation Directionality [A]. In Pym, Anthony & Perekrestenko, Alexander (Eds.).

*Translation Research Projects 2* [C]. Universitat Rovira I Virgili, Tarragona, 2009: 101-119.
[262] Penfield, W. The Interpretive Cortex [J]. *Science*, 1959（129）: 1719-1725.
[263] Peng, D. L., Orchard, L. N. & Stem, J. N. Evaluation of Eye Movement Variables of Chinese and American Readers [J]. *Pavlovian Journal of Biological Science*, 1983, 18(2): 56-62.
[264] Peterson, L. R. & Peterson, M. J. Short-Term Retention of Individual Verbal Items [J]. *Journal of Experimental Psychology*, 1959(58): 193-198.
[265] Phelan, M. *The Interpreter's Resource* [M]. UK: Frankfurt Lodge, Clevedon Hall, Victoria Road, Clevedon BS21 7HH. Printed and Bound in Great Britain by the Cromwell Press Ltd., 2001: 4-5.
[266] Philips, D. P. Sensory Representations, the Auditory Cortex, and Speech Perception [J]. *Semin Hear*, 1998(19): 319.
[267] Piaget, J. *The Grasp of Conscious: Action and Concept in the Young Child* [M]. Cambridge, MA: Harvard University Press, 1976.
[268] Piaget, J. *The Origins of Intelligence in Children* [M]. New York: International Universities Press, 1952.
[269] Piaget, J. *The Origins of Intelligence in Children* [M]. New York: W.W. Norton & Company, Inc., 1936.
[270] Polich, J. Updating P300: An Integrative Theory of P3a and P3b [J]. *Clinical Neurophysiology*, 2007(118): 2128-2148.
[271] Polyn, S. M. et al. Category-Specific Cortical Activity Precedes Retrieval During Memory Search [J]. *Science*, 2005(310).
[272] Porjesz, B. & Begleiter, H. Alcoholism and Human Electrophysiology [J]. *Alcohol Research and Health*, 2003, 27(2): 153-160.
[273] Posner, M. I. & Snyder, C. R. R. Attention and Cognitive Control [A]. In Solso, R. L. (Ed.), *Information Processing and Cognition: The Loyola Symposium* [C]. Hillsdale, NJ: Erlbaum, 1975: 55-85.
[274] Posner, M. I., Boies, S. J., Eichelman, W. H. & Taylor, R. L. Retention of Visual and Name Codes of Single Letters [Monograph] [J]. *Journal of Experimental Psychology*, 1969(77): 353-363.

[275] Potter, M. C., et al. Lexical and Conceptual Representation in Beginning and Proficient Bilinguals [J]. *Journal of Verbal Learning and Verbal Behavior*, 1984(1): 23-38.

[276] Proverbio, A. M., Leoni, G. & Zani, A. Language Switching Mechanisms in Simultaneous Interpreters: An ERP Study [J]. *Neuropsychologia*, 2004, 42(12): 1636-1656.

[277] Pulvermuller, F. & Shtyrov, Y. Automatic Processing of Grammar in the Human Brains as Revealed by the Mismatch Negativity [J]. *Neuroimage*, 2003(20): 159-172.

[278] Pylyshyn, Z. Computation and Cognition [J]. *Cognition & Psychology*, 1980, 38(2): 239-240.

[279] Raichle, M. E. Images of Mind: Studies With Modern Imaging Techniques [J]. *Annual Review of Psychology*, 1994(45): 333-356.

[280] Reber, A. S. *The Pengun Dictionary of Psychology* [M].《心理学词典》,上海译文出版社,1996: 51.

[281] Reuss, H., Kiesel, A., Kunde, W. & Hommel, B. Unconscious Activation of Task Sets [J]. *Consciousness and Cognition*, 2011(20): 556-567.

[282] Revlis, R. Two Models of Syllogistic Reasoning: Feature Selection and Conversion [J]. *Journal of Verbal Learning and Verbal Behavior*, 1975(14): 180-195.

[283] Ridderinkhof, K. R., Ullsperger, M., Crone, E. A. & Nieuwenhuis, S. The Role of the Medial Frontal Cortex in Cognitive Control [J]. *Science*, 2004(306): 443-447.

[284] Rips, L. J. & Marcus, S. L. Supposition and the Analysis of Conditional Sentences [A]. In Just, M. A. & Carpenter, P. A. (Eds.), *Cognitive Processes in Comprehension* [C]. Hillsdale, NJ: Erlbaum, 1977.

[285] Roelofs, A. Lemma Selection Without Inhibition of Languages in Bilingual Speakers [J]. *Bilingualism: Language and Cognition*, 1998, 1(2): 94-95.

[286] Rogers, W. A., Hertzog, C. & Fisk, A. D. An Individual Differences Analysis of Ability and Strategy Influences: Age-Related Differences in Associative Learning [J]. *Journal of Experimental Psychology:*

*Learning*, *Memory*, *and Cognition*, 2000(26): 359-394.
[287] Rugg, M. D. & Coles, M. G. H. The ERP and Cognitive Psychology: Conceptual Issues [M]. London: Oxford University Press, 1995.
[288] Rumelhart, D. E. Schemata: the Building Blocks of Cognition [A]. In Spiro, R. J., Bruce, B. C. & Brewer, W. E. (Eds.) *Theoretical Issues in Reading Comprehension* [C]. Hillsdale, N J: Erlbaum, 1980: 33-58.
[289] Russell, W. R. & Nathan, P. W. Traumatic Amnesia [J]. *Brain*, 1946(69): 280-300.
[290] Rydning, A. & Lachaud, C. The Reformulation Challenge in Translation: Context Reduces Polysemy During Comprehension, but Multiplies Creativity During Production [A]. In Shreve, G. & Angelone, E. (Eds.). *Translation and Cognition* [C]. 2010: 85-108.
[291] Sachs, J. S. Recognition Memory for Syntactic and Semantic Aspects of Connected Discourse [J]. *Perception and Psychophysics*, 1967(2): 437-442.
[292] Schacter, D. L., Dobbins, I. G. & Schnyer, D. M. Specificity of Priming: A Cognitive Neuroscience Perspective [J]. *Nature Reviews Neuroscience*, 2000, 5(11).
[293] Schunn, C. D. & Reder, L. M. Strategy Adaptivity and Individual Differences [A]. In Medin, D. L. (Ed.), *The Psychology of Learning and Motivation* [C]. New York: Academic Press, 1998: 115-154.
[294] Scovel, T. The Effect of Affect on Foreign Language Learning: A Review of the Anxiety Research [J]. *Language Learning*, 1978(28): 129-142.
[295] Seleskovitch, D. *L'interprète dans les conférences internatinales: problèmes de langage et de communication* [M]. Paris: Minard, 1968. trans. (1978) as Interpreting for International Conferences, Washington, DC: Pen and Booth, 1978.
[296] Shah, P. & Miyake, A. The Separability of Working Memory Resources for Spatial Thinking and Language Processing: An Individual Differences Approach[J]. *Journal of Experimental Psychology: General*, 1996(125): 4-27.
[297] Shanks, D. R., Holyoak, K. J. & Medin, D. L. (Eds.). *The*

Psychology of Learning and Motivation (Vol. 34). Causal Learning [M]. San Diego: Academic Press, 1996.

[298] Shannon, C. E. A Mathematical Theory of Communication [J]. Bell System Technical Journal, 27, 379-423, 623-656.

[299] Shlesinger, M. Interpreting as a Cognitive Process [A]. In Tarping and Marping the Processes of Translation and Interpreting, 2000: 3.

[300] Shreve et al. Cognitive Effort, Syntactic Disruption, and Visual Interference in a Sight Translation Task [A]. In Shreve, G. M. & Angelone, E. (Eds.), *Translation and Cognition* [C]. New York: John Benjamins Publishing Company, 2010.

[301] Shulman, H. G. Semantic Confusion Errors in Short-Term Memory [J]. *Journal of Verbal Learning and Verbal Behavior*, 1972(11), 221-227.

[302] Simos, P. G., Basile, L. F. H. & Papanicolaou, A. C. Source Localization of the N400 Response in a Sentence-Reading Paradigm Using Evoked Magnetic Fields and Magnetic Resonance Imaging [J]. *Brain Research*, 1997, 762(1), 9-39.

[303] Smith, E. E. & Jonides, J. Working Memory: A View from Neuroimaging [J]. *Cognitive Psychology*, 1997(33): 5-42.

[304] Smith, L. B. Dynamic Systems, Sensorimotor Processes, and the Origins of Stability and Flexibility [A]. In Spencer, J., Thomas, M. & McClelland, J. (Eds.). *Toward a Unified Theory of Development: Connectionism and Dynamic Systems Theory Re-Considered* [C]. Oxford, Oxford University Press, 2009.

[305] Smyth, M. M., Morris, P. E., Levy, P. & Ellis, A. W. *Cognition in Action* [M]. London: Lawrence Erlbaum Associates Ltd., 1987.

[306] Sokmen, J. K. Current Trends in Teaching Second Language Vocabulary [A]. In Schmitt, N. & McCarthy, M. (Eds.) *Vocabulary: Description, Acquisition and Pedagogy* [C]. Shanghai: Shanghai Foreign Language Education Press, 2002.

[307] Solso, R. L. *Cognitive Psychology* (3rd ed.) [M]. Needham Heights, MA: Allyn and Bacon, 1991: 148.

[308] Solso, R. L. Twenty-Five Years of Recommended Readings in Psychology [J]. *American Psychologist*, 1979(34): 703-706.

[309] Souza, P. Older Listeners' Use of Temporal Cues Altered by Compression Amplification [J]. *J Speech Lang Hear Res*, 2000 (43): 661.

[310] Speed, L. J. & Vigliocco, G. Eye Movements Reveal the Dynamic Simulation of Speed in Language [J]. *Cognitive Science*, 2014(38): 367-382.

[311] Spellman, B. A. Acting as Intuitive Scientists: Contingency Judgments Are Made While Controlling for Alternative Potential Causes [J]. *Psychological Science*, 1996(7): 337-346.

[312] Sperber, D. & Wilson, D. *Relevance: Communication and Cognition* [M]. Blackwell and Oxford, 1986.

[313] Sperber, D. & Wilson, D. *Relevance: Communication and Cognition* [M]. Foreign Language Teaching and Research Press, 2001: 29.

[314] Sperling, G. The Information Available in Brief Visual Presentations [J]. *Psychological Monographs*, 1960(74): 1-29.

[315] Spielberger, C. D. & Gorsuch, R. L. *Manual for the State-Trait Anxiety Inventory (Form Y)* [M]. Palo Alto, CA: Consulting Psychologists Press, 1983: 36-60.

[316] Spielberger, C. D. & Gorsuch, R. L. *Manual for the State-Trait Anxiety Inventory* [M]. Palo Alto: Consulting Psychologists Press, 1970: 39-63.

[317] Stanfield, R. A. & Zwaan, R. A. The Effect of Implied Orientation Derived From Verbal Context on Picture Recognition [J]. *Psychological Science*, 2001(12): 153-156.

[318] Stauffer, J. M., Ree, M. J. & Caretta, T. R. Cognitive-components Tests Are Not Much More Than G: An Extension of Kyllonen's Analysis [J]. *Journal of General Psychology*, 1996(123): 193-205.

[319] Stemmer, B. *Neuropragmatics: Disorders and Neural Systems* [M]. Handbook of the Neuroscience of Language, 2008: 61.

[320] Sternberg, R. J. 2003.认知心理学 [M]. 杨炳钧等(译).中国轻工业出版社,2006: 119.

[321] Sternberg, S. High-Speed Scanning in Human Memory [J]. *Science*, 1966(153): 652-654.

[322] Sternberg, S. Memory-scanning: Mental Processes Revealed by

Reaction-Time Experiments [J]. *American Scientist*, 1969 (4): 421-457.

[323] Strom, B., Hocevar, D. & Zimmer, J. Preference for Course Difficulty and Test Anxiety: An Analysis of Classroom Personality Characteristic [J]. *Contemporary Educational Psychology*, 1987(12): 87-94.

[324] Sutton, S., Braren, M., Zubin, J., et al. Evoked-potential Correlated of Stimulus Uncertainty [J]. *Science*, 1965: 150.

[325] Sutton, S., Braren, M., Zubin, J., et al. Evoked-Potential Correlates of Stimulus Uncertainty [J]. *Science*, 1965, 150(3700): 1187-1188.

[326] Taylor, I. & Taylor, M. M. *The Psychology of Reading* [M]. New York: Academic Press, 1983.

[327] Thomas, M. S. C. & Allport, A. Language Switching Costs in Bilingual Visual Word Recognition [J]. *Journal of Memory and Language*, 2000, 43(1): 44-66.

[328] Tommola, J. & Niemi, P. Mental Load in Simultaneous Interpreting: An Online Pilot Study [A]. In Evensen, L. (Ed.), Nordic *Research in Text Linguistics and Discourse Analysis* [C]. Trondheim: Tapir, 1986: 171-184.

[329] Tommola, J. & Hyönä, J. Mental Load in Listening, Speech Shadowing and Simultaneous Interpreting: a Pupil-Lometric Study [A]. In Tommola, J. (Ed.), *Foreign Language Comprehension and Production* [C]. Turku: Publications of the Finnish Association for Applied Linguistics, 179-188.

[330] Tulving, E. & Donaldson, W. (Eds.) *Episodic and Semantic Memory, Organization of Memory* [M]. New York: Academic Press, 1972, 381-403.

[331] Tulving, E. Episodic and Semantic Memory [A]. In Tulving, E. & Donaldson, W. (Eds.), *Organization of Memory* [C]. New York: Academic Press, 1972.

[332] Tun, P. A., O'Kane, G. & Wingfield, A. Distraction by Competing Speech in Young and Older Adult Listeners [J]. *Psychol Aging*, 2002 (17): 453.

[333] Van, Berkum J. A, Brown, C. M. & Hagoort, P. Early Referential

Context Effects in Sentence Processing: Evidence From Event-Related Brain potentials [J]. *Journal of Memory and Language*, 1999, 41 (2): 147-182.

[334] Van Dijk, T. A. Semantic Discourse Analysis [A]. In Van Dijk, T. A. (Ed.), *Handbook of Discourse Analysis* [C]. London: Academic Press, 1985(2): 107.

[335] Van Gaal, S. & Lamme, V. A. F. Unconscious High-level Information Processing: Implication for Neurobiological Theories of Consciousness [J]. *The Neuroscientist*, 2012, 18: 287-301.

[336] Van Gaal, S., Lamme, V. A. F. & Ridderinkhof, K. R. Unconsciously Triggered Conflict Adaptation [J]. *PLoS One*, 2010 (5): e11508.

[337] Van Gaal, S., Lamme, V. A. F., Fahrenfort, J. J. & Ridderinkhof, K. R. Dissociable Brain Mechanisms Underlying the Conscious and Unconscious Control of Behavior [J]. *Journal of Cognitive Neuroscience*, 2011(23): 91-105.

[338] Van Gaal, S., Ridderinkhof, K. R., Fahrenfort, J. J., Scholte, H. S. & Lamme, V. A. F. Frontal Cortex Mediates Unconsciously Triggered Inhibitory Control [J]. *The Journal of Neuroscience*, 2008 (28): 8053-8062.

[339] Van Heuven, W. J. B., Dijkstra, T. & Grainger, J. Orthographic Neighborhood Effects in Bilingual Word Recognition [J]. *Journal of Memory and Language*, 1998, 39(3): 458-483.

[340] Wade, N. J. Pioneers of Eye Movement Research [J]. *i-Perception*, 2010(1): 34.

[341] Wade, N. 2010. Pioneers of Eye Movement Research [J]. i-Perception (1): 33-68.

[342] Walter, W. G. Contingent Negative Variation: an Electric Sign of Sensori-Motor Association and Expectancy in the Human Brain [J]. *Nature*, 1964(230): 380-384.

[343] Was, C. A. The Persistence of Content-Specific Memory Operations: Priming Effects Following a 24-h Delay [J]. *Psychology Bulletin & Review*, 2010, 17(3).

[344] Weinrich, U. *Languages in Contact* [M]. New York: Linguistic Circle

of New York, 1953.
[345] Wetherick, N. E. & Gilhooly, K. J. Syllogistic Reasoning: Effects of Premise order [A]. In Gilhooly, K. J., Keane, M., Logie R., & Erdos, G. (Eds.), *Lines of Thinking: Reflections on the Psychology Thought* (Vol.1)[C]. Chichester, UK: John Wiley, 1990.
[346] Wickens, D. D. Characteristics of Word Encoding [A]. In Melton, A. & Martin, E. (Eds.), *Coding Processes in Human Memory* [C]. Washington, D. C.: Winston, 1972: 191-215.
[347] Wickens, D. D. Encoding Categories of Words: An Empirical Approach to Meaning [J]. *Psychological Review*, 1970(77): 1-15.
[348] Wickens, D. D. Some Characteristics of Word Encoding [J]. *Memory and Cognition*, 1973(1): 485-490.
[349] Widdowson, H. G. *Teaching Languages as Communication* [M]. Oxford: Oxford University Press, 1988.
[350] Wilson, D. & Sperber, D. Pragmatics and modularity [J]. *Chicago Linguistic Society Parasession on Pragmatics & Grammatical Theory*, 1986.
[351] Wilson, M. Six Views of Embodied Cognition [J]. *Psychonomic Bulletin & Review*, 2002(9): 625-636.
[352] Wilss, W. *Knowledge and Skills in Translator Behaviour* [M]. Amsterdam and Philadelphia: John Benjamins, 1996.
[353] Wilss, W. *Kognition und Übersetzen* [M]. De Gruyter, 1988.
[354] Woltz, D. J. Long-Term Semantic Priming of Word Meaning [J]. *Journal of Experimental Psychology: Learning, Memory, and Cognition*, 2010, 36(6).
[355] Wu, J. H., Mai, X. Q., Chan, C. C. H., Zheng, Y. Q. & Luo, Y. J. Event-Related Potentials During Mental Imagery of Animal Sounds [J]. *Psychophysiology*, 2006(6): 592-597.
[356] Yeni-Komshian, G. H. & Lafontaine, L. Discrimination and Identification of Voicing and Place Contrasts in Aphasic Patients [J]. *Canadian Journal of Psychology*, 1983(37): 107-131.
[357] http://baike.baidu.com/view/1009037.htm.
[358] http://baike.baidu.com/view/1072823.htm.
[359] http://baike.baidu.com/view/1170608.htm.

[360] Remarks by President in a National Address to America's Schoolchildren, http://v.youku.com/v_show/id_XMjUxNjYwMjQ4.html 2009, 8.

[361] [法] 埃米尔·库埃,卫青(译). 超级心理暗示术[M]. 武汉:武汉大学出版社,2012.

[362] 白学军、沈德立. 初学阅读者和熟练阅读者阅读课文时眼动特征的比较研究[J]. 心理发展与教育,1995(2):15-19.

[363] 卞迁等. 2009. 当代眼动记录技术述评[J]. 心理学报(1):34-37.

[364] 常欣,王沛. 句子加工:句法违例与语义违例范式下的 ERP 研究述评[J]. 外语与外语教学,2007(1):58.

[365] 陈安定. 英汉比较与翻译[M]. 北京:中国对外翻译出版公司,2006:253-257.

[366] 陈坚林. 大学英语教学新模式下计算机网络与外语课程的有机整合[J]. 外语电化教学,2006(6):3.

[367] 陈顺森,唐丹虹. 考试焦虑对错误记忆的影响[J]. 心理发展教育,2009(1):46-53.

[368] 程琪龙. 致使对象角色的选择和操作[J]. 外国语,2007(1):35-41.

[369] 崔占玲,张积家. 汉-英双语者言语理解中语码转换的机制——来自亚词汇水平的证据[J]. 心理学报,2010,42(3):208-219.

[370] 但汉才,倪道风. 不同年龄听力正常成年人 DPOAE 比较[J]. 听力学及言语疾病杂志,2007(1):34-35.

[371] 邓愉联. 外语学习焦虑感研究[J]. 当代教育论坛(学科教育研究),2008(12):83.

[372] 邓媛,朱健平. 口译认知加工焦虑与口译策略关系的实证研究[J]. 湖南大学学报(社会科学版),2016,30(6):107-112.

[373] 丁锦红,张钦,郭春彦. 认知心理学[M]. 北京:中国人民大学出版社,2010:4-7,35-41,92,205.

[374] 符荣波. 英汉双向交替传译中译语停顿的对比研究[J]. 外语教学与研究,2012(3):437.

[375] 甘志珊. 听障及认知退化/心理声学听性处理障碍老龄人士的听力补偿[J]. 听力学及言语疾病杂志,2006(6):456-457.

[376] 高名凯. 语言学概论[M]. 北京:商务印书馆,1985.

[377] 葛明贵,鲍奇. 考试焦虑与智力水平、人格类型的关系[J]. 中国心理卫

生杂志,1995(3):105-106.
[378] 耿立波,杨亦鸣.基于ERP实验的二语句子阅读能力的心理现实性研究[J].外语教学理论与实践,2014(3):23-29.
[379] 龚雨玲.阅读中的眼动研究[J].湖南社会科学,2011(1):46-49.
[380] 桂诗春.新编心理语言学[M].上海:上海外语教育出版社,2002:48-49.
[381] 郭菁.文化进化的meme理论及其难题[J].哲学动态,2005(1):54-56.
[382] 韩江洪.切斯特曼翻译规范论介绍[J].外语研究,2004(2):44-47,56.
[383] 郝玫,郝君平.英语成绩与成就动机、状态焦虑的相关研究[J].外语教学与研究,2001(2):111-115.
[384] 何自然,何雪林.模因论与社会语用[J].现代外语,2003(2):200-209.
[385] 何自然.语言中的模因[J].语言科学,2005(6):54-64.
[386] 胡庚申.近年来中国口译研究综述[J].外语教学与研究,1990(4):1-6.
[387] 胡庚申,盛茜.中国口译研究又10年[J].中国科技翻译,2000(2):39-44.
[388] 胡加圣,陈坚林.外语教育技术学论纲[J].外语电化教学,2013(2).
[389] 胡家英,庞坤."脱离源语语言外壳"假说在汉英同传中语际转换障碍的消除[J].外语学刊,2015(6):105-109.
[390] 贾飞.私立大学非英语专业大学生英语学习焦虑调查研究[J].中外教育研究,2010(11):72.
[391] 蒋军,陈安涛,张蔚蔚,张庆林.无意识信息引发的认知控制及其神经机制[J].心理科学进展,2012,(20):1573-1584.
[392] 蒋显文,贺显斌.关于贝尔的翻译过程模式[J].南华大学学报(自然科学版),2000(2):75-79.
[393] 康志峰.英语中级口译教学大纲.英语中级口译指南[M].上海:复旦大学出版社,2004:13,232.
[394] 康志峰.英语中级口译指南[M].上海:复旦大学出版社.2005:13,148,169,232.
[395] 康志峰,英语高级口译实用教程[M].上海:华东理工大学出版社,2006(5),233-234.
[396] 康志峰.口译理论与实践技艺[M].上海:华东理工大学出版社,2007:3,71-93,122.

[397] 康志峰. 英语中级口译实用大全[M]. 上海：上海科学普及出版社,2010.
[398] 康志峰. 双及物构式 ICM 识解的功能、性能及语义增量[J]. 外语与外语教学,2010(6)：18.
[399] 康志峰. 口译中听、译两种焦虑模态的认知心理管窥[D]. 2010.
[400] 康志峰,邱东林. 2010. 双及物构式 ICM 识解的功能、性能及语义增量[J]. 外语与外语教学(6)：18-21.
[401] 康志峰. Choking 与口译考试焦虑[J]. 外语与翻译,2011(3)：25-30.
[402] 康志峰,邱东林. 交替传译与"AA＋EA"策略[J]. 外语教学理论与实践,2011(2)：81-84.
[403] 康志峰. 交替传译与"AA＋EA"策略[J]. 外语教学理论与实践,2011(2)：81-85.
[404] 康志峰. 口译焦虑的动因、级度及其影响[J]. 外语研究,2011(4)：81-85.
[405] 康志峰. 英语高级口译实用大全[M]. 上海：上海科学普及出版社,2011：204,226,246,268.
[406] 康志峰. 现代信息技术下口译多模态听焦虑探析[J]. 外语电化教学,2012(3)：42.
[407] 康志峰. 口译焦虑对交替传译的效应与影响[J]. 中国科技翻译,2012(1)：19-21,18.
[408] 康志峰. 口译的分类、方法和技巧[J]. 英语知识,2012(8)：1-4.
[409] 康志峰. 多模态口译焦虑的级度溯源[J]. 外语教学,2012(3)：106-109.
[410] 康志峰. 立体论与多模态口译教学[J]. 外语界,2012：34-41.
[411] 康志峰. 认知心理视阈下的口译研究[M]. 北京：国防工业出版社,2012.
[412] 康志峰. 现代信息技术下口译多模态听焦虑探析[J]. 外语电化教学,2012(3)：42-45.
[413] 康志峰. 口译认知心理学[M]. 北京：北京燕山出版社,2013.
[414] 康志峰. EAP 视听说对英语口译关联迁转的增效性——以交替传译为例[J]. 外语教学理论与实践,2016(2)：77-84.
[415] 康志峰. 英汉双向口译实践教程[M]. 北京：国防工业出版社,2013：55-56.

[416] 康志峰. 模因论·整体论·级度论——多模态口译焦虑的模因建构[J]. 外语教学理论与实践,2013(3):76-81.

[417] 康志峰. 英汉双向口译实践教程[M]. 北京:国防工业出版社,2013:108.

[418] 康志峰. 口译认知心理学:范式与前瞻[J]. 当代外语研究,2014(11):52-56.

[419] 康志峰. EAP视听说对英语口译关联迁移的增效性——以交替传译为例[J]. 外语教学理论与实践,2016(2):77-84+46.

[420] 康志峰. 汉英增效口译:长时记忆与工作记忆的ERP实证研究[J]. 外语电化教学,2016(4):85-91.

[421] 康志峰. 同声传译增效研究:WM维度[J]. 外语研究,2016(6):71-74.

[422] 康志峰. 元情绪对高校学生口译的负效与增效[J]. 中国科技翻译,2016(3):16-20.

[423] 康志峰. 口译行为的ERP证据:认知控制与冲突适应[J]. 中国外语,2017(4):92-102.

[424] 康志峰. 双语代码转换与口译增效策略[J]. 外语教学,2018(3):84-88.

[425] 康志峰. 认知口译学:范式与路径[J]. 翻译研究与教学,2018(1上):12.

[426] 康志峰,连小英. 视译眼动跟踪靶域:注视点与绩效[J]. 上海翻译,2020(1):25.

[427] 科克,费希尔,道森,等. 人类行为、学习和脑发展:典型发展[M]. 科学教育出版社,2013:1-2.

[428] 李德超,王巍巍. 关于有声思维法口译研究[J]. 外语教学与研究,2011(6):900-910.

[429] 李德凤. 翻译认知过程研究之沿革与方法述要[J]. 中国外语,2017(4):1.

[430] 李芳琴. 论口译记忆策略[J]. 中国科技翻译,2004:18-19.

[431] 李炯英. 外语学习焦虑的心理学和神经生物学分析[J]. 天津外国语学院学报,2004(4):46-51.

[432] 李萍等. 应用元情绪量表对士兵的情绪智力与个性特点研究[J]. 中国职业医学,2006,33(2):98

[433] 李奇. 视听觉信息整合脑机制研究[M]. 国防工业出版社,2014:50.

[434] 李少彦. 口译中超语言信息探析[J]. 中国翻译,2011(3):41.

[435] 梁宁建. 当代认知心理学[M]. 上海:上海教育出版社,2003:1,35,42,51-69.

[436] 林洁绚,董燕萍,蔡任栋. 口译中源语理解和语码重构在资源分配上的层级关系[J]. 外语教学与研究 2015(5):447-457.

[437] 刘和平,许明. 探究全球化时代的口译人才培养模式——第九届全国口译大会暨国际研讨会述评[J]. 中国翻译,2012:53-59.

[438] 刘和平. 口译理论研究成果与趋势浅析[J]. 中国翻译,2005(4):71-74.

[439] 刘欢欢等. 认知灵动性对非熟练双语者语言转换的影响———项ERPs研究[J]. 心理学报,2013,45(6):636-648.

[440] 刘绍龙,王柳琪. 对近十年中国口译研究现状的调查与分析[J]. 广东外语外贸大学学报,2007,18(1):37-40.

[441] 刘艳梅,冉诗洋,李德凤. 2013. 眼动法在翻译过程研究中的应用与展望[J]. 外国语(5):59-66.

[442] 刘燕妮,舒华. ERP与语言研究[J]. 心理科学进展,2003(4):296.

[443] 卢家楣. 对情绪智力概念的探[J]. 心理科学,2005,28(5):1246-1249.

[444] 罗洛·梅. 焦虑的意义(朱侃如译)[M]. 桂林:广西师范大学出版社,2010.

[445] 罗跃嘉,黄宇霞,李新影等. 情绪对认知加工的影响:事件相关脑电位系列研究[J]. 心理科学进展,2006,14(4):505-510.

[446] 马萧. 从模因到规范——切斯特曼的翻译模因论评述[J]. 广东外语外贸大学学报,2005(3):53-56,61.

[447] 马星城. 眼动跟踪技术在视译过程研究中的应用——成果、问题与展望[J]. 外国语,2017(2):81-89.

[448] 穆雷,王斌华. 国内口译研究的发展及研究走向——基于30年期刊论文、著作和历届口译大会论文的分析[J]. 中国翻译,2009(4):19-25.

[449] 欧阳天斌,梁勇. 听觉事件相关电位测试技术的进展[J]. 听力学及言语疾病杂志,2007(2):168.

[450] 彭聃龄,张必隐. 认知心理学[M]. 杭州:浙江教育出版社,2004.

[451] 皮亚杰. 发生认识论原理[M]. 北京:商务印书馆,1996:60-61.

[452] 齐艳,李川云,李爱军. 元情绪量表(TMMS)在1 000名新兵中的修订和初步应用[J]. 健康心理健康,2003,11(3):164

[453] 秦亚青. 浅谈英中视译[J]. 外交学院学报,1987(1):61-70.
[454] 邵志芳. 认知心理学——理论、实践和应用[M]. 上海:上海教育出版社,2009:18-24,318.
[455] 束定芳. 认知语言学研究方法[M]. 上海外语教育出版社,2013.
[456] 孙利. 关联理论视阈下的口译认知过程与口译教学探究[J]. 外语界,2013(1):79-87.
[457] 孙喜兰. 论外语学习中语言焦虑及应对策略[J]. 河南科技学院学报(社科版),2006(2):125.
[458] 谭金凤,伍姗姗,王小影,王丽君,赵远方,陈安涛. 奖励驱动的双任务加工过程中的分离脑机制:来自ERP的证据[J]. 心理学报,2013:285-297.
[459] 谭绍珍,曲琛. 认知过程模型研究述评[J]. 成都师范学院学报,2004,20(11):33-35.
[460] 唐孝威. 用心理相互作用及其统一性观点研究认知[A]. 唐孝威,黄华新. 语言与认知研究[C]. 社会科学文献出版社,2009:2-3.
[461] 滕守尧. 审美心理描述[M]. 成都:四川人民出版社,1998:1.
[462] 王斌. 密母与翻译[J]. 外语研究,2004(3):38-44.
[463] 王德春,吴本虎,王德林. 神经语言学[M]. 上海外语教育出版社,1997:12.
[464] 王建华. 认知图式理论视角下视译信息加工研究[J]. 外国语文,2014(2):151-156.
[465] 王亮. 言语感知机制研究进展[J]. 听力学及言语疾病杂志,2006(1):14-15.
[466] 王明利. 论元语言与外语教师的话语行为[J]. 外语与外语教学,2007(1):27-30.
[467] 王甦,汪安圣. 认知心理学[M]. 北京:北京大学出版社,1992.
[468] 王湘玲,胡珍铭,邹玉屏. 认知心理因素对口译策略的影响——职业译员与学生译员交替传译之实证研究[J]. 外国语,2013(1):73-81.
[469] 王湘玲,胡珍铭. 口译认知过程中信息处理模型的图式诠释[J]. 湖南大学学报(社会科学版),2011,25(5):107-110.
[470] 王向峰. 文艺美学辞典[M]. 沈阳:辽宁人民出版社,1988:216.
[471] 王晓钧,廖国彬,张玮. 22年情绪智力研究的现状、特点及趋势[J]. 心理科学,2013,36(3):753-760.
[472] 王益文,林崇德,魏景汉,罗跃嘉,卫星. 工作记忆中汉字与空间的分离

及动态优势半球的 ERP 效应[J]. 心理学报,2004(3):253-259.

[473] 王银泉,万玉书. 外语学习焦虑及其对外语学习的影响——国外相关研究概述[J]. 外语教学与研究,2001(4):122.

[474] 韦琴红. 论多模态话语中的模态、媒介与情态[J]. 外语教学,2009(4):54.

[475] 魏景汉. 认知神经科学基础[M]. 人民教育出版社,2008.

[476] 夏嘉驷,时汶. 模因论与人文社会科学——生物基因理论在语言上的应用[J]. 科技进步与对策,2003(9):133-134.

[477] 肖友群,曾小荣,肖岚. 基于多元智能理论的英语专业复合型人才培养模式研究[J]. 外国语文,2015(5):138-142.

[478] 谢朝群,何自然. 语言模因说略[J]. 现代外语,2007(1):30-39.

[479] 谢天振. 现行翻译定义已落后于时代的发展——对重新定位和定义翻译的几点反思[J]. 中国翻译,2015(3):14.

[480] 辛勇,李红,袁加锦. 负性情绪干扰行为抑制控制:一项事件相关电位研究[J]. 心理学报,2010(3):334-341.

[481] 徐盛桓. 幂姆与文学作品互文性研究[J]. 暨南大学华文学院学报,2005(1):59-67.

[482] 徐盛桓. 专栏:心智哲学与语言研究[J]. 外语教学,2012(1):1.

[483] 许明. 西方口译认知研究概述[J]. 中国翻译,2008(1):16-21,95.

[484] 闫国利,白学军. 中文阅读的眼动研究[J]. 心理学动态,2000(3):19.

[485] 闫国利,白学军. 眼动研究心理学导论[M]. 北京:科学出版社,2012.

[486] 颜林海. 翻译认知心理学[M]. 科学出版社,2008:15-16,60-83,120-129,176-183,220,241-244.

[487] 杨承淑. 老手与新手译员的口译决策过程[J]. 中国翻译,2011(4):54-59.

[488] 杨晓萍. 改进听力技能[J]. 外语学刊,1995(1):72.

[489] 杨亦鸣. 语言的神经机制与语言理论研究[M]. 学林出版社,2003.

[490] 姚岚. 同声传译与工作记忆关系的批评分析[J]. 外国语,2012(5):71-79.

[491] 叶蜚声,徐通锵. 语言学纲要[M]. 北京:北京大学出版社(第三版),1997:3.

[492] 叶仁敏,Hagtvet, K. A. 中学生的成就动机、测验焦虑、智力水平与学业成绩关系的探讨[J]. 应用心理学,1989(3):52-56.

[493] 尹丕安. 模因论与隐喻的认知理据[J]. 西安外国语学院学报,2005(2): 12-14.
[494] 于萍. 语言病理学概述[J]. 听力学及言语疾病杂志,2006(1):8.
[495] 原琳等. 情绪稳定性与情绪关注在情绪一致性效应产生中的作用[J]. 心理科学,2009(4):854.
[496] 詹成. 视译教学的原理、步骤及内容[J]. 上海翻译,2012(2):48-50.
[497] 张必隐. 阅读心理学[M]. 北京:北京师范大学出版社,2002:9,157.
[498] 张承芬,毛伟宾. 考试焦虑、能力自我知觉与学生成就归因关系初探[J]. 心理科学,1992(6):54-56.
[499] 张金玲. 交替传译中短时记忆训练的认知心理学基础[J]. 沈阳:沈阳师范大学学报(社会科学版),2007(5):49-51.
[500] 张莹. 从觅母的角度谈异化翻译的趋势[J]. 深圳大学学报,2003(6):109-113.
[501] 张威. 同声传译与工作记忆的关系研究[D]. 北京外国语大学研究生院博士学位论文,2007:6.
[502] 张威. 口译语料库的开发与建设:理论与实践的若干问题[J]. 中国翻译,2009(3):54-59.
[503] 张威. 口译认知研究:同声传译与工作记忆的关系[M]. 外语教学与研究出版社,2011.
[504] 张威. 中外口译研究对比分析[J]. 中国外语,2011(9):94-106.
[505] 张威. 近十年来口译语料库研究现状及发展趋势[D]. 2012.
[506] 张威. 口译研究的跨学科探索:困惑与出路[J]. 中国翻译,2012(3):13-19.
[507] 张玉翠. 口译中的短时记忆及其训练[J]. 常熟理工学院学报(教育科学),2009:87-89.
[508] 郑丽玉. 认知心理学理论与应用[M]. 五南图书出版公司,2010:24-25,60-62,70-71,75-80.
[509] 郑昭明. 认知心理学[M]. 桂冠图书股份有限公司,1993.
[510] 仲伟合,朱琳. 具身认知视角下的翻译认知心理特征与过程[J]. 外国语(上海外国语大学学报),2015(6):68-78.
[511] 仲伟合,王斌华. 口译研究的"名"与"实"——口译研究的学科理论建构之一[J]. 中国翻译,2010(5):7-9.
[512] 周蒙. 近十年国内口译的心理实验法研究综述[J]. 现代语文(语言研究

版),2015(5):28-31.
[513] 周统权,徐晶晶. 心智哲学的神经、心理学基础:以心智理论研究为例[J]. 外语教学,2012(1):8.
[514] 周炎根,张鹏程,卢家楣. 元情绪的研究现状与展望[J]. 应用心理学,2014,20(1):25-31.
[515] 庄锦英. 影响情绪一致性效应的因素[M]. 心理科学,2006(5):1104.

# 附录1　口译中的主要缩略语及其翻译

| AA | Auditory Anxiety | 听焦虑 |
| --- | --- | --- |
| AAM | Auditory Anxiety Modality | 听焦虑模态 |
| AAS | Auditory Anxiety Scale | 听焦虑量表 |
| AD | Anxiety Degree | 焦虑等级 |
| AI | Artificial Intelligence | 人工智能 |
| AIIC | International Association of Conference Interpreters | 国际译协 |
| AP | Auditory Perception | 听觉认知 |
| BER | Brain Evoked Response | 大脑诱发反应 |
| CDE | College of Distance Education | 网络教育学院 |
| CI | Consecutive Interpreting | 交替传译 |
| CIS | Cognitive Interpreting Studies | 认知口译学 |
| CNV | Contingent Negative Variation | 伴随性电位负变化 |
| CPI | Cognitive Psychology of Interpretation/Interpreting | 口译认知心理学 |
| CPT | Cerebrum Processing Time | 大脑加工时间 |
| CPU | Central Processing Unit | 中央处理器 |

续 表

| CRW | Closer Related Words | 高相关词 |
|---|---|---|
| CTA | Cognitive Testing Anxiety | 认知测试焦虑 |
| CTAS | Cognitive Test Anxiety Scale | 认知测试焦虑量表 |
| DET | Domino Effect Time | 效应器反应时间 |
| DPOAE | Distortion Product Otoacoustic Emissions | 畸变产物耳声 |
| EEG | Electroencephalogram | 脑电图 |
| E-Prime | Experimental Paradigm | 实验范式 |
| ERP | Evoked Response Potential | 诱发反应电位 |
| ERPs | Event-Related Potentials | 事件相关电位 |
| FDU | Fudan University | 复旦大学 |
| FIT | International Federation of Translators | 国际译联 |
| fMRI | Functional Magnetic Resonance Imaging | 功能性磁共振成像 |
| HA | Higher Anxiety | 高焦虑 |
| HAM | Higher Anxiety Modality | 高焦虑模态 |
| HDTV | High Definition Television | 高清电视 |
| IA | Interpreting Anxiety | 口译焦虑 |
| IAM | Interpreting Anxiety Modality | 口译焦虑模态 |
| IAS | Interpreting Anxiety Scale | 口译焦虑量表 |
| ICM | Idealized Cognitive Model | 理想认知模型 |
| IT | Information Technology | 信息技术 |
| KW | Key Words | 关键词 |
| LA | Lower Anxiety | 低焦虑 |
| LAM | Lower Anxiety Modality | 低焦虑模态 |
| LRW | Lesser Related Words | 低相关词 |

续 表

| | | |
|---|---|---|
| LTM | Long-term Memory | 长时记忆 |
| LTS | Long-term Storage | 长期贮存 |
| MA | Medium Anxiety | 中等焦虑 |
| MAM | Medium Anxiety Modality | 中等焦虑模态 |
| MCE | Mood-Congruent Effect | 情绪一致性效应 |
| MEG | Magnetoencephalography | 脑磁描记法 |
| MEM | Medium Exciting Modality | 中等兴奋模态 |
| MMN | Mismatch Negativity | 失匹配负波 |
| MS | Memory Span | 记忆广度 |
| MTI | Master of Translation and Interpreting | 翻译（笔译和口译）硕士 |
| PDP | Parallel-Distributed Processing | 平行分布式加工 |
| PET | Positron Emission Tomography | 正电子发射型断层成像；正电子发射断层摄影（术） |
| PNDT | Perceiving Nerve Delivering Time | 感觉神经传递时间 |
| PM | Primary Memory | 初级记忆 |
| RT | Reaction Time | 反应时 |
| SAM | Search of Associative Memory | 联结记忆搜索 |
| SAT | State Anxiety Test | 状态焦虑测试表现 |
| SI | Simultaneous Interpreting | 同声传译 |
| SL | Source Language | 来源语 |
| SM1 | Secondary Memory | 次级记忆 |
| SM2 | Sensory Memory | 感觉记忆 |
| SPSS | Statistical Package for the Social Science | 社会科学统计软件包，简称 SPSS 统计软件 |

续 表

| SR | Sensory Register | 感觉记录元 |
|---|---|---|
| SS | Sensory Storage | 感觉贮存 |
| STM | Short-term Memory | 短时记忆 |
| STS | Short-term Storage | 短期贮存 |
| TL | Target Language | 目的语 |
| VEP | Visual Evoked Potential | 视诱发反应 |
| WM | Working Memory | 工作记忆 |
| WMS | Working Memory System | 工作记忆系统 |
| 2AA | Anxiety Attention+Anxiety Adjust | 焦虑关注/焦虑调节 |
| 2EA | Exciting Attention+Exciting Adjust | 兴奋关注/兴奋调节 |

# 附录2 中英文词及干扰词

| 分类 | 中文词 | 英文词 | 中文干扰词 | 英文干扰词 |
|---|---|---|---|---|
| 1 | 旗 | flag | 布 | cloth |
| 2 | 海 | sea | 洋 | ocean |
| 3 | 船 | boat | 舰 | ship |
| 4 | 国 | country | 家 | family |
| 5 | 羊 | goat | 毛 | wool |
| 6 | 鹿 | deer | 马 | horse |
| 7 | 电 | electricity | 光 | light |
| 8 | 嘴 | mouth | 牙 | tooth |
| 9 | 兔 | rabbit | 鼠 | mouse |
| 10 | 桌 | table | 椅 | chair |
| 11 | 楼 | building | 房 | house |
| 12 | 袜 | socks | 腿 | legs |
| 13 | 鞋 | shoe | 脚 | foot |
| 14 | 炮 | cannon | 枪 | gun |
| 15 | 树 | tree | 草 | grass |
| 16 | 鹰 | eagle | 鸟 | bird |

附录 2
中英文词及干扰词

续 表

| 分类 | 中文词 | 英文词 | 中文干扰词 | 英文干扰词 |
|---|---|---|---|---|
| 17 | 刀 | knife | 叉 | fork |
| 18 | 碗 | bowl | 锅 | pot |
| 19 | 云 | cloud | 雾 | fog |
| 20 | 花 | flower | 画 | picture |
| 21 | 牛 | cattle | 驴 | donkey |
| 22 | 铝 | aluminum | 铜 | copper |
| 23 | 铁 | iron | 钢 | steel |
| 24 | 虎 | tiger | 狮 | lion |
| 25 | 蝉 | cicada | 虫 | insect |
| 26 | 枣 | jujube | 豆 | bean |
| 27 | 液 | fluid | 水 | water |
| 28 | 茶 | tea | 叶 | leaf |
| 29 | 盘 | plate | 碟 | dish |
| 30 | 裤 | pants | 裙 | dress |

# ◀ 后　　记 ▶

　　国家项目非同小可,从设计、起笔、申请、获准、研究、发表到结项,每一环节无不慎之又慎,辛苦劳作。从资料搜集、理论研究、实验设计、精心操作、数据采集、论文发表、专著杀青到创新升华,每一步骤环环相扣,心血所聚。映雪囊萤,挑灯夜战。累病了,医院见;病愈了,单位现。"鉴物于肇不于成,赏士于穷不于达",宁穷而守高,宁苦而执著。挑灯夜战,教室临摹,专题研讨,实验出效,云帆直挂,沧海济达。

　　编者自 20 世纪 80 年代就萌发口译之念,无论春夏秋冬,勤学苦练,勇于实践,奔走于城市之间,徜徉于名川之岸,攀登于山峦之巅,穿梭于名胜古迹之中。90 年代考到复旦,口译机会增多,又适逢改革春风,中、高级口译基地在沪落成。之后的 2003 年开始教授复旦的本科生英语口译,2012 年开始教授复旦外文学院 MTI 的口译理论与实践,2018 年开始教授复旦外文学院口译方向博士生的认知口译学。2007 年出版了《口译理论与实践技艺》专著,2010 年撰写出《口译中听、译两种焦虑模态的认知心理管窥》专著,2012 年出版了《认知心理视阈下的口译研究》专著,2013 年出版了《口译认知心理学》专著。期间发表论文百余篇,出版教材 50 多部。

　　这本《认知口译学》为第四部专著,然杀青晒出,难免感慨。严复有译事三难——信、达、雅,项目同样有研事三难:申请难,研究难,成果难。时代递嬗,世风丕变,毕竟电脑早已替代鹅毛笔,易非常,难正常,我们使用的不可能再是老式"织布机",而是先进的ERPs,EEG 和 Tobii。有过畏难,有过退缩,然大家咬紧牙关(Bite the bullet),砥砺前行,解密认知,解码口译,建构认知口译学。

项目圆满完成离不开欧洲翻译协会会长雅格布森(Jakobsen)、美国认知心理学专家格利登(Laraine M. Glidden)、上海中医药大学的认知神经语言学专家韩燕教授等专家指导,离不开邱东林教授、赵仑教授、孟建国教授、段继红教授、韩燕教授、张立新副教授、王炎强老师、管玉华老师等本课题组成员的积极帮助,离不开研究者所带博士后李夏青、马拯副教授、博士研究生连小英副教授、博士研究生肖婷副教授、博士研究生时颖、硕士研究生谈晓雯等全体成员的勤勉于业,孜孜以求,终有所成,鄙人作为主持人感愧之情难以言表,在此谨向他们表示谢忱!

"未济终焉心缥缈,百事翻从阙陷好。"世事圆满,不留缺憾,自然好。然理论颇深,实验复杂,数据繁结,囿于学识,疏漏不足,诚望专家指谬正误!

康志峰<br>
2020 年 6 月于复旦园

图书在版编目(CIP)数据

认知口译学/康志峰著. —上海：复旦大学出版社,2020.11(2023.10重印)
ISBN 978-7-309-15118-3

Ⅰ.①认… Ⅱ.①康… Ⅲ.①英语-口译-高等学校-教材 Ⅳ.①H315.9

中国版本图书馆 CIP 数据核字(2020)第 100679 号

认知口译学
康志峰 著
责任编辑/唐 敏

复旦大学出版社有限公司出版发行
上海市国权路 579 号 邮编：200433
网址：fupnet@fudanpress.com http://www.fudanpress.com
门市零售：86-21-65102580 团体订购：86-21-65104505
出版部电话：86-21-65642845
江苏凤凰数码印务有限公司

开本 890 毫米×1240 毫米 1/32 印张 13.625 字数 342 千字
2023 年 10 月第 1 版第 2 次印刷

ISBN 978-7-309-15118-3/H·3008
定价：45.00 元

如有印装质量问题，请向复旦大学出版社有限公司出版部调换。
版权所有 侵权必究